Was bedeutet es für einen Menschen, frei zu sein? Wie frei sind wir überhaupt in unserem Willen? Bedeutet es Unfreiheit, wenn unser Wollen durch eine Lebensgeschichte mit all ihren Zufälligkeiten bedingt ist? Was für eine Freiheit setzen wir voraus, wenn wir Menschen moralisch beurteilen und zur Verantwortung ziehen? Und warum ist uns Willensfreiheit überhaupt wichtig?

Mit all diesen Fragen beschäftigt sich der Philosoph Peter Bieri in diesem Buch. Von einem Philosophen geschrieben, ist es keine akademische Abhandlung, sondern viel mehr eine Bühne, auf der die verschiedenen Lösungen für das Problem der Willensfreiheit zur Diskussion gestellt werden. In kleinen, immer wieder abgewandelten Szenen verstrickt er scheinbar zwingende Vorstellungen von Freiheit so lange in Widersprüche, bis sich am Ende die Prinzipien einer wirklichen Freiheit erkennen lassen. Sie wird uns nicht geschenkt, sondern muss immer neu erarbeitet werden. Mit der erzählerischen Verve eines hochgelobten Romanautors führt Bieri vor, was wir durch genaues Denken für uns gewinnen können. Und dies als ein außerordentliches, mitreißendes Lesevergnügen, ganz bestimmt nicht nur für Philosophen.

Peter Bieri, Dr. phil., geboren 1944 in Bern, ist Professor für Philosophie an der Freien Universität Berlin. Unter dem Pseudonym Pascal Mercier veröffentlichte er die Romane ›Perlmanns Schweigen‹ (1995), ›Der Klavierstimmer‹ (1998) und ›Nachtzug nach Lissabon‹ (2004).

Unsere Adressen im Internet: www.fischerverlage.de
www.hochschule.fischerverlage.de

Peter Bieri

Das Handwerk der Freiheit

Über die Entdeckung des eigenen Willens

Fischer Taschenbuch Verlag

7. Auflage: Mai 2007

Veröffentlicht im Fischer Taschenbuch Verlag,
einem Unternehmen der S. Fischer Verlag GmbH,
Frankfurt am Main, September 2003

Lizenzausgabe mit freundlicher Genehmigung
des Carl Hanser Verlags, München Wien
© Carl Hanser Verlag München Wien 2001
Druck und Bindung: Clausen & Bosse, Leck
Printed in Germany
ISBN 978-3-596-15647-4

Für Heike

Há duas sortes de filósofos aos quais não me fio. Os primeiros são os técnicos, que tomam a exactidão da matemática por modelo e crêem que a clareza reside na fórmula. Os segundos são os hagiógrafos, em cujas mãos a filosofia se converte em interpretação interminável de textos sagrados. Caso haja deveras uma compreensão filosófica, haveria esta de gerar-se de maneira diversa: a través de um reflexionar cuja clareza, exactidão e profundidade consistam na proximidade à experiência que cada qual faz consigo próprio, sem perceber-la completamente e sem compreendê-la.

Pedro Vasco de Almeida Prado,
Da Ilusão e do Auto-Engano na Filosofia
Lisboa 1899

Es gibt zwei Arten von Philosophen, denen ich mißtraue. Die einen sind die Techniker, die sich die Genauigkeit der Mathematik zum Vorbild nehmen und glauben, die Klarheit liege in der Formel. Die anderen sind die Hagiographen, in deren Händen Philosophie zur endlosen Auslegung heiliger Texte wird. Sollte es tatsächlich philosophische Einsicht geben, so müßte sie auf andere Weise zustande kommen: durch ein Nachdenken, dessen Klarheit, Genauigkeit und Tiefe in der Nähe zu der Erfahrung bestünde, die ein jeder mit sich selbst macht, ohne sie recht zu bemerken und ohne sie zu verstehen.

Pedro Vasco de Almeida Prado,
Über Täuschung und Selbstbetrug in der Philosophie
Lissabon 1899

VORWORT

Nachdem ich eine Unzahl von Texten über Willensfreiheit gelesen und mich an ihnen gerieben hatte, schob ich sie eines Tages alle beiseite und fragte mich: Was hast du an dem Thema nun eigentlich verstanden? Und: Was glaubst du, was das ist: hier etwas zu verstehen? Aus dem Versuch, mir diese Fragen zu beantworten, ist das vorliegende Buch entstanden.

Es sollte ein genaues Buch sein, und ein Buch, in dem auch über philosophische Genauigkeit nachgedacht würde. Auf der anderen Seite wollte ich kein akademisches Buch schreiben, kein Buch also, das schwerfällig wäre, indem es den Leser über die Schlachtfelder der Fachliteratur schleifte. Nicht über die Texte anderer Autoren sollte gesprochen werden, sondern einfach über Phänomene und Gedanken. Deshalb fehlen im Hauptteil die üblichen Fußnoten. Über die vielen Einsichten und Überlegungen, die ich der Literatur verdanke, berichte ich in einem gesonderten Teil am Ende des Buches.

Und noch ein Ziel habe ich mir gesetzt: Ich wollte über ein zum Verzweifeln komplexes Thema in einfacher, mühelos fließender Sprache schreiben, die ohne unnötige Fremdwörter und ohne Jargon auskäme. Die befreiende Erfahrung war: Es geht!

Berlin, August 2000

P. B.

INHALT

PROLOG

Der Irrgarten

I

Unsere Idee der Welt ist die Idee einer *verständlichen* Welt. Es ist die Idee einer Welt, in der wir verstehen können, *warum* etwas geschieht. Zwar gibt es darin vieles, was wir nicht verstehen, und vermutlich wird das immer so bleiben. Trotzdem, denken wir, ist die Welt eine Gesamtheit von Phänomenen, in die wir Licht bringen können, indem wir uns erklären, warum die Phänomene so sind, wie sie sind. Selbst wenn dieser Gedanke eine Täuschung wäre: Anders können wir über die Welt nicht denken.

Phänomene zu erklären und dadurch verständlich zu machen, heißt, die *Bedingungen* zu entdecken, von denen sie abhängen. Wenn sie erfüllt sind, und nur wenn sie erfüllt sind, tritt das Phänomen auf. Für jede einzelne Bedingung gilt, daß sie notwendig ist: Wäre sie nicht erfüllt, würde das betreffende Phänomen nicht auftreten. Zusammengenommen sind die Bedingungen jeweils hinreichend: Wenn sie alle erfüllt sind, kann es nicht ausbleiben, daß sich das Phänomen einstellt. Wenn wir die Bedingungen kennen, die das Phänomen möglich machten, und die Bedingungen, die zusammen sein Eintreten festlegten, haben wir den Eindruck zu verstehen, warum es vorliegt. Wenn uns das Phänomen, umgekehrt, rätselhaft erscheint, dann deshalb, weil wir nicht wissen, welche Bedingungen es waren, die es ermöglichten und die zusammen dafür sorgten, daß es auch wirklich eintrat.

Was etwas zu einer notwendigen oder hinreichenden Bedingung macht, ist, daß es *gesetzmäßig* mit demjenigen verknüpft ist, wofür es eine Bedingung ist. Wenn Phänomene nur zufällig aufeinanderfolgen oder nur zufällig zusammen auftreten – wenn also keine Regelmäßigkeit zu erkennen ist –, dann gilt das eine nicht als Bedingung für das andere. Alles, was geschieht, ist also gesetzmäßig mit anderem, was geschieht, verknüpft. Entsprechend bedeutet unser Unverständnis einem Phänomen gegenüber, daß wir die gesetzmäßigen Zusammenhänge, in die es eingebettet ist, nicht kennen.

Dieser Zusammenhang zwischen Bedingung, Gesetzmäßigkeit und Verstehen ist grundlegend für unsere Idee einer Welt, in der wir planvoll handeln können. Die drei Begriffe gehören zusammen. Wachten wir eines Tages auf und verfügten über einen von ihnen nicht mehr, so hätten wir auch die beiden anderen verloren.

2

Der Gedanke, daß eine verständliche Welt eine Welt ist, in der es Bedingungen und Gesetze gibt, die festlegen, wann was geschieht, hat eine wichtige Konsequenz: Die Vergangenheit legt in einer solchen Welt eine einzige, eindeutig bestimmte Zukunft fest. Die tatsächliche Vergangenheit dieser Welt, zusammen mit den in dieser Welt gültigen Gesetzen, läßt nur ein einziges zukünftiges Geschehen zu. Es gibt zu jedem Zeitpunkt nur eine einzige mögliche Zukunft. Um sich eine Abweichung vom tatsächlichen Weltverlauf vorstellen zu können, müßte man entweder annehmen, daß die Vergangenheit anders gewesen wäre, als sie tatsächlich war, oder daß die Gesetze andere wären, als sie tatsächlich sind. Für diese Idee hat man das Wort *Determinismus* geprägt. Ich werde es meiden. Es trägt gedanklich nichts Neues bei, und es hat wegen seines stählernen Klangs eine Aura von unheilvollen Assoziationen, die uns nur stören würden.

Der bisherige Gedankengang hat den Charakter des Selbstverständlichen, und es gibt auf den ersten Blick keinen Grund, sich daran zu stoßen. Das hat damit zu tun, daß bisher nur von der Welt draußen die Rede war: von der Natur. Doch auch die Menschen gehören zur Welt, und das bedeutet: Auch für das, was sie tun, gibt es Bedingungen, die gesondert notwendig und zusammen hinreichend für ihre Taten sind. Betrachten wir Rodion Raskolnikov, die Figur aus Dostojewskis Roman *Verbrechen und Strafe*. Raskolnikov erschlägt mit der Axt eine wucherische Pfandleiherin. Diese Tat geschieht nicht ohne vorausgehende Bedingungen. Raskolnikov, ein ehemaliger Student, ist bettelarm, geht in Lumpen und haust in einer schäbigen Dachkammer. In letzter Zeit hat sich seine Lage zunehmend verschlechtert. Der Unterricht, der ihm etwas eingebracht hatte, ist weggefallen, und er hat seit langem die Miete nicht mehr bezahlen können. Er hat kaum mehr etwas zu essen. Alles, was zu versetzen war, hat er der Pfandleiherin bereits gegeben. Von zu Hause hört er mit Schrecken und einem Gefühl der Demütigung, daß seine Schwester einer Ehe nur deshalb zugestimmt hat, weil sich damit die Möglichkeit der Fortsetzung seines Studiums und einer späteren Anstellung eröffnen könnte. Seine Mutter hat ihre winzige Rente aufs Spiel gesetzt, damit sie und ihre Tochter die notwendige Reise machen können. Da beginnt Raskolnikov an das viele Geld zu denken, das die Wucherin hortet. In einem Gasthaus wird er Zeuge eines Gesprächs, in dem jemand laut darüber nachdenkt, was schon dabei wäre, die widerwärtige Alte aus dem Weg zu räumen und sich das Geld anzueignen, um anderen, wertvolleren Menschen ein besseres Leben zu ermöglichen. Was er hört, fällt auf fruchtbaren Boden. Schon lange nämlich liebäugelt er mit dem Gedanken, daß es außergewöhnliche Menschen gebe, die über

Leichen gehen dürften; sogar einen Aufsatz hat er dazu veröffentlicht. Schließlich dann erfährt er durch Zufall, daß die Alte an einem bestimmten Abend mit Sicherheit allein zu Hause sein würde. All das zusammen führt am Ende dazu, daß er hingeht und zuschlägt.

Wenn wir das lesen, verstehen wir Raskolnikovs Tat. Er tat es, weil die Dinge so lagen. Hätten sie anders gelegen, wäre es nicht zu der Tat gekommen. Dostojewski seziert Raskolnikovs Innenwelt, um uns verständlich zu machen, wie und warum er zu seinem Verbrechen getrieben wurde. Er deckt die notwendigen und zusammen hinreichenden Bedingungen für die Tat auf.

Wir brauchen nicht bei Raskolnikov zu bleiben. Wir können auch uns selbst und unsere vergangenen Taten auf diese Weise betrachten. Zwar können wir nicht aus uns heraustreten, und wir werden uns nie so äußerlich sein, wie Raskolnikov es ist. Aber wir können auf unsere Taten zurückblicken und sie so sezieren wie Raskolnikovs Tat. Wir sehen sie dann in ihrer kleinteiligen Bedingtheit und verstehen, wie sie sich aus den gegebenen Bedingungen in uns entwickelt haben. Diese Bedingungen sind die Motive unseres Handelns: unsere Wünsche, Gefühle, Gedanken, Überzeugungen und Erwartungen. Sie legen fest, was wir in einem bestimmten Moment tun. Und diese Motive haben ihrerseits Vorbedingungen: Sie entwickeln sich aus dem, was in der Welt draußen geschieht, aber auch aus dem, was wir getan haben, und aus früheren Motiven. Diese Kette können wir in Gedanken zurückgehen, bis in die Zeit vor unserer Geburt: Immer wieder gibt es Bedingungen und Bedingungen für Bedingungen. Und da die Idee der Bedingtheit mit der Idee der Gesetzmäßigkeit verknüpft ist, gilt, daß auch unser Handeln Gesetzmäßigkeiten unterliegt. Auch für das, was wir tun, schreibt sich die Vergangenheit nach ehernen Gesetzen in die Zukunft fort.

3

»Unser Leben ist eine Linie auf der Oberfläche der Erde, die zu beschreiben uns die Natur befiehlt und von der wir keinen Augenblick abzuweichen vermögen … Nichtsdestoweniger, trotz der Fesseln, durch die wir fortwährend gebunden sind, gibt man vor, wir seien frei …« So schrieb Baron d'Holbach, der französische Atheist und Materialist des 18. Jahrhunderts. Die beschwörende Metapher fängt ein, was wir bisher besprochen haben, sie ist eindrucksvoll, und es scheint keine Frage zu sein, daß der Baron recht hat, wenn er ihren Gehalt als etwas betrachtet, das in schärfstem Kontrast zur Idee der Freiheit steht. Warum?

Weil die Idee der Freiheit mit einer Perspektive auf uns selbst verknüpft ist, die mit der bisher beschriebenen Sichtweise in einem Konflikt steht, der nicht schärfer und unversöhnlicher sein könnte. Es ist die Perspektive von innen, in der wir nicht der Vergangenheit, sondern der Gegenwart und Zukunft zugewandt sind. Aus ihr sehen die Dinge ganz anders aus. Da ist uns keine Linie vorgezeichnet. Ganz im Gegenteil, es macht unsere Freiheit aus, daß wir in ganz unterschiedliche Richtungen gehen können. Die Linie unseres Handelns hat eine Vielfalt möglicher Verzweigungen. Wir können überlegen, bevor wir etwas tun, und in diesem Überlegen zeigt sich ein *Spielraum verschiedener Möglichkeiten*, zwischen denen wir *wählen* können. Ich kann überlegen, ob ich jetzt an diesem Buch weiterschreibe oder lieber ins Kino oder essen gehe. Ich bin der felsenfesten Überzeugung, daß mir all diese Handlungen offenstehen. Wenn schon zum voraus feststünde, was ich tun werde: Was hätte es dann für einen Sinn, darüber nachzudenken, was ich tun will? Es ist aus dieser Perspektive *unmöglich*, mir vorzustellen, ich hätte keine Wahl. Das verstieße gegen die Logik der Innenperspektive und widerspräche meiner manifesten, unbezweifelbaren Erfahrung der

Freiheit. Zu dieser Erfahrung nämlich gehört, daß ich der *Urheber* meines Tuns bin und nicht ein Wesen, das als bloßer Spielball des Weltgeschehens eine zuvor gezogene Weltlinie entlanggeführt wird.

Das gilt auch, wenn ich aus dieser Perspektive erneut auf mein vergangenes Tun zurückblicke. Es gehört zu meinem Selbstverständnis als freie Person, daß ich damals auch etwas anderes hätte tun können, als ich tatsächlich tat. Jeder vergangene Moment war auch eine vergangene Gegenwart mit einer vergangenen Zukunft, und in jedem dieser Momente galt dasselbe, was jetzt gilt: Ich hätte auch anders handeln können. Ich hatte die Wahl und die Freiheit der Entscheidung.

Genau so ist es auch bei Raskolnikov, wenn wir uns in ihn hineinversetzen und uns gewissermaßen seine Innenperspektive ausleihen. Gewiß, es gibt vieles, was einen in seiner Lage dazu bringen kann, die Alte aus dem Weg räumen zu wollen. Seine Tat ist, wie gesagt, verständlich. Aber auch er konnte über verschiedene Möglichkeiten nachdenken, sie gegeneinander abwägen und wählen, welche er verwirklichen wollte. Es hätte auch andere Auswege aus seiner Lage gegeben. Er hätte, als die Nachhilfestunden aufhörten, hartnäckig nach anderer Arbeit suchen können. Er hätte trotz Demütigung und Wut abwarten können, was sich aus der Eheschließung seiner Schwester entwickeln würde. Oder er hätte sich ganz einfach sagen können, daß man niemanden umbringt, gleichgültig, wie schlecht es einem geht. Er hätte durchaus anders gekonnt. Denn auch er war der Urheber seines Tuns.

4

Deshalb wird Raskolnikov zur *Verantwortung* gezogen und bestraft. Bei vielen Gelegenheiten nämlich nehmen die anderen uns gegenüber nicht die zuvor geschilderte neutrale Außenperspektive ein, aus der heraus, was wir tun, den Charakter des Zwangsläufigen und Unabänderlichen hat. Sie ziehen uns zur Rechenschaft, weil sie uns, wie sich selbst, aus der Innenperspektive betrachten als Personen, welche die Freiheit der Entscheidung haben. Die Idee der freien Entscheidung und die Idee der Verantwortung, die jemand für sein Tun trägt, sind aufs engste miteinander verknüpft. Man kann die eine ohne die andere nicht denken. Manchmal, etwa wenn wir einen Irren vor uns zu haben glauben, nehmen wir die reine Außenperspektive ein. Damit hören wir aber auch auf, ihn für sein Tun zur Verantwortung zu ziehen. Es ergäbe keinen *Sinn* und schiene uns nicht *fair*, ihn für etwas verantwortlich zu machen, was ihm einfach nur zugestoßen ist, ohne daß er darüber selbst hätte bestimmen können. Und nicht nur die Zuschreibung von Verantwortung geben wir in einem solchen Fall auf. Auch unsere *Empfindungen* ihm gegenüber verändern sich grundlegend. Jemandem gegenüber, dem wir die Freiheit der Entscheidung zubilligen, entwickeln wir moralische Empfindungen wie Groll und Entrüstung, und wir machen ihm Vorwürfe wegen seines Tuns. Wenn wir unser Urteil ändern und ihm die Freiheit absprechen, verlieren solche Empfindungen ihren Sinn. Und so wäre es auch mit den Empfindungen uns selbst gegenüber: Sollte sich herausstellen, daß wir nie den Hauch einer Chance hatten, von der tatsächlichen Lebenslinie abzuweichen: Was hätte es für einen Sinn, sich Vorwürfe zu machen oder Reue zu empfinden?

5

Was wir vor uns haben, ist ein Konflikt zwischen zwei Gedankengängen, die aus unterschiedlichen Provinzen unseres Denkens schöpfen: auf der einen Seite die Überlegung, die sich an der Idee einer verständlichen, bedingten und gesetzmäßigen Welt orientiert; auf der anderen Seite die Erinnerung an unsere Freiheitserfahrung, die in den Ideen der Urheberschaft, der Entscheidung zwischen verschiedenen Möglichkeiten und der Verantwortung ihren Ausdruck findet. Beide Gedankengänge besitzen ihre eigene Schlüssigkeit, und keinem von ihnen haftet die Willkürlichkeit eines bloßen Gedankenspiels an. Weder die Idee einer verständlichen Welt noch die Idee des freien, verantwortlichen Tuns sind Ideen, die wir einfach *aufgeben* könnten – nicht einmal, wenn wir gedanklich unter Druck geraten. Das ist nicht deshalb so, weil wir sie beide so sehr *mögen*. Es ist ernster: Obwohl sie sich widersprechen, brauchen wir beide, um uns und unsere Stellung in der Welt zu artikulieren. Diese Artikulation wäre *offensichtlich* unvollständig und verzerrt, wenn eine der beiden Ideen fehlte. Und doch gilt hier, was bei jedem Widerspruch gilt: Wenn die beiden begrifflichen Bilder – das Bild der Bedingtheit und das Bild der Freiheit – sich widersprechen, so heben sie sich gegenseitig auf. An eines von ihnen *und* an seine Negation zu glauben bedeutet, *nichts* zu glauben und also *kein* Bild zu besitzen.

Wie vertrackt und tückisch die gedankliche Situation ist, wird deutlich, wenn wir für einen Moment versuchen, den einen Gedankengang *gegen* den anderen zu wenden. Nehmen wir an, wir sagen: »Ich bin in meinem Tun frei, und das bedeutet, daß ich immer mehrere Möglichkeiten habe. Also kann es nicht sein, daß, was ich tue, Bedingungen hat, die festlegen, was ich tun werde.« Was würde das bedeuten? Es würde heißen, daß unser Handeln, weil es durch nichts festgelegt wäre, auch nicht durch unsere Motive, vollständig *zufällig* wäre. Was wir täten, hinge von *nichts* ab. Es könnte genausogut das eine wie das andere Tun eintreten. Es wäre bloßer Zufall, daß Raskolnikov, wenn er vor der Pfandleiherin steht, die Axt hebt und zuschlägt. Es hätte auch etwas ganz anderes eintreten können: daß er die Alte umarmt, daß er sich umdreht und geht, und so weiter. Und seine Tat hätte nichts mit seiner Armut, seinem Wunsch nach Geld, seiner Kenntnis der Wohnung und ihres Alleinseins zu tun. Es wäre, mit anderen Worten, eine völlig *unbegründete* Tat. Und es wäre deshalb eine völlig *unverständliche* Tat. Wäre es überhaupt noch eine Handlung? Machen wir die Gegenprobe. Nehmen wir an, wir sagen: »Handlungen sind etwas, was aus Motiven entsteht. Wir tun etwas, *weil* wir etwas wollen. Deshalb sind Handlungen auch verständlich. Bedingungen aber gibt es nur, wo es Regelmäßigkeiten gibt, also Gesetze, die festlegen, was geschieht. Es steht also, gegeben gewisse Bedingungen, fest, was wir tun werden. Also gibt es keine freie Wahl, und wir täuschen uns, wenn wir beim Überlegen das Gegenteil annehmen.« Jetzt haben wir die Idee der verständlichen Handlung gerettet, aber die Idee der freien Entscheidung verloren, und mit ihr die Idee der Verantwortung.

Wir sind in einem Dilemma: Wenn wir unser Handeln bestimmt sein lassen durch Motive, so erfüllt es die eine Bedingung für ein Handeln; aber weil es ein festgelegtes Handeln ist, ist es kein freies Handeln und erfüllt damit die andere Bedingung für ein Handeln nicht. Wenn es umgekehrt kein durch Motive festgelegtes Handeln ist, ist ihm die Freiheit nicht genommen, und es könnte in diesem Sinne ein Handeln sein; da es dann aber ein zufälliges, unverständliches Geschehen wäre, erfüllt es die andere Bedingung für ein Handeln nicht. Wir bekommen also in keinem Sinne eine stimmige Idee von Handeln. Und was für die Idee des *Handelns* gilt, gilt gleichermaßen für die Idee des *Willens*: Seine Bedingtheit droht, ihm die Freiheit und damit den Charakter echten Wollens zu nehmen; seine Unbedingtheit macht ihn zu einem unverständlichen, entfremdeten Willen, dessen pure Zufälligkeit auch nicht der Idee der Freiheit entspricht. Die für unser Selbstverständnis grundlegenden Ideen des Handelns und Wollens, die so vertraut sind und so klar schienen, entpuppen sich als in sich *unstimmige* Ideen. Und unstimmige Ideen sind *keine* Ideen.

6

Es ist nicht wie bei einer Logelei, einem kniffligen Kreuzworträtsel oder einem raffinierten Puzzlespiel. Die Herausforderung ist mehr als ein Test für spielerischen Scharfsinn. Auch ist die gedankliche Situation, in die wir geraten sind, anders als bei einer Paradoxie – der Frage etwa, wie der schnelle Achill die langsame Schildkröte überholen kann, wo die Schildkröte doch immer schon weiter ist – wenn auch nur ein winziges Stück –, wenn er ankommt, oder der Frage, was wir sagen sollen, wenn ein Kreter behauptet, daß alle Kreter lügen, und damit etwas sagt, das genau dann wahr ist, wenn es falsch ist. Wenn wir feststellen, daß wir, begrifflich gesehen, die Verständlichkeit von Tun und Wollen mit ihrer Unfreiheit bezahlen und die Freiheit mit Selbstentfremdung, so ist das mehr als eine belästigende oder belustigende Irritation. Die Entdeckung bedeutet eine Verwirrung, die das Gleichgewicht der Gefühle in Gefahr bringt. Wir empfanden uns als Teil der Natur und gleichzeitig als frei und verantwortlich, und nun stellt sich heraus, daß die beiden Dinge nicht zusammengehen, wobei es unmöglich scheint, das eine für das andere zu opfern. Und was uns dabei am meisten verstört: Das gewohnte moralische Denken scheint seinen Halt zu verlieren. Der Richter schickt Raskolnikov ins Straflager nach Sibirien und zerstört sein Leben. Wir stimmen zu. Aber *dürfen* wir das eigentlich? Wenn Raskolnikov nicht anders konnte, als diese eine Linie auf der Oberfläche der Erde zu ziehen, die ihn zum Mörder machte: Ist es dann nicht unfair und grausam, ja unmenschlich, ihn einzusperren? Wenn seine Tat dagegen bedingungslos frei war und ihm als etwas zustieß, das nichts mit ihm und seiner Lebensgeschichte zu tun hatte: Ist es dann nicht vollkommen sinnlos, ihn dafür zu bestrafen? In welche gedankliche Richtung wir auch gehen: Die moralische Einstellung, die unser Leben so nachhaltig bestimmt wie kaum etwas anderes, scheint hoffnungslos konfus zu sein. Es sieht so aus, als seien wir gerade dort, wo es um alles geht, das Opfer einer tiefen, verstörenden Verwirrung.

7

Treten wir einen Schritt zurück. Ist der Widerspruch im Denken, der sich aufgetan hat, etwas, das wir einfach *anerkennen* müssen? Ist das einzig Redliche vielleicht dieses: ihn als etwas hinzunehmen, das in der Natur der Sache begründet liegt? Ist das am Ende die Pointe des Ganzen? Geht es darum, die Unstimmigkeit nicht als etwas zu sehen, was leider *unausrottbar* ist, sondern als eine *wesentliche* Unstimmigkeit?

Aber sie fällt ja nicht vom Himmel, sondern ist etwas, das durch unser Denken entsteht. Muß man deshalb nicht doch erwarten, daß dieses Denken sie auch zu bereinigen vermag? Denn was könnte es heißen zu sagen, es liege in der Natur unseres Denkens, daß es zu solchen Widersprüchen führt? Was könnte das heißen, gegeben, daß man *nichts* denkt, wenn man etwas Widersprüchliches denkt?

Oder sollen wir sagen, daß der Widerspruch zwar zu beseitigen *ist*, daß *wir* das aber nicht vermögen, weil wir hier an die Grenzen unseres Denkens stoßen? Aber was könnte das bedeuten: daß ein Konflikt in unserem Denken von jenseits der Grenzen dieses Denkens her auflösbar ist? Würde man eine solche Auskunft überhaupt *verstehen*?

Wir sehen: Es gibt nicht nur den einen Irrgarten. Dahinter gibt es noch einen *weiteren* Irrgarten: denjenigen, in dem wir uns verlaufen, wenn wir über den ersten nachdenken.

8

Können wir das Ganze einfach *vergessen* und weitermachen wie bisher? *Natürlich* können wir das. Niemand *zwingt* uns dazu, nach einem Ausweg aus dem Irrgarten zu suchen. Meistens fällt es ja auch gar nicht auf, daß die Dinge nicht so einfach sind, wie wir glauben. Ein Richter muß ein ziemlich nachdenklicher Richter sein, um zu bemerken, daß er eigentlich gar nicht richtig weiß, wie Lebensgeschichte, Freiheit und Verantwortung zusammenhängen. Doch *wenn* er einmal die Verunsicherung erfahren hat, zu der unser Nachdenken geführt hat, *wird* er wissen wollen, wie sich die Sache denn nun verhält. Man lebt nicht gut mit dem Gefühl, gerade über die wichtigsten Dinge keine Klarheit zu besitzen.

Das ist der Grund, warum es Philosophie gibt. Sie ist der Weg und die Anstrengung, über die grundlegenden gedanklichen Dinge, die uns beschäftigen, Klarheit zu gewinnen. »Darüber kann man lange philosophieren.« Eine solche Einstellung spöttischer Resignation stellt die Dinge auf den Kopf. Sie tut, als müßte es für immer *willkürlich* bleiben, was wir über die tiefsten Dinge, die uns beschäftigen, glauben. Als gehörte es gleichsam zur Natur dieser Dinge, daß es bei unauflösbaren Meinungsverschiedenheiten bleiben muß. Bei Licht besehen, ist das eine erstaunliche Einstellung. Denn man müßte einen *Grund* haben – einen sehr *starken* Grund –, um sie zu verteidigen. Wie sollte er aussehen? In Wirklichkeit ist es umgekehrt: Meinungsverschiedenheiten sind nicht der Endpunkt der Philosophie, sondern ihr Anfang. Eine philosophische Beschäftigung mit einem Thema wie der Willensfreiheit bedeutet den Versuch, in der Sache eine begründete Entscheidung herbeizuführen. Und das geht. Davon handelt dieses Buch.

ERSTER TEIL

Bedingte Freiheit

1. Etwas tun – etwas wollen

Wie beginnen?

Wenn man sich in einem Irrgarten verläuft, so bedeutet das, daß man die *Übersicht* verloren hat. Wie können wir sie bei unserem Thema zurückgewinnen? Es kann nicht dadurch geschehen, daß wir die beschriebenen Gedanken immer wieder *nachvollziehen* und uns stets von neuem in sie *verstricken*. Wir müssen ein anderes, distanziertes Verhältnis zu ihnen gewinnen: Wir müssen sie betrachten wie *im Zitat*. Statt zu sagen: »Aber Freiheit des Tuns und Wollens ist doch ...«, können wir sagen: »Gewöhnlich denken wir, Freiheit sei ...«. Und dann können wir uns – besonnener und kritischer als vorher – mit den Wegen beschäftigen, die unser Denken zu nehmen pflegt. Indem wir die Identifikation mit Gedankengängen lösen, bringen wir sie vor uns, statt uns nur von ihnen treiben zu lassen. Dadurch können wir leichter erkennen, wo und warum sie uns in die Irre führen.

Zu diesem Schritt gehört, daß wir die Ideen oder Begriffe, auf die es ankommt, *zum Thema machen*, statt, wie früher, nur mit ihnen zu *hantieren*. Wie stellt man das an? Ideen oder Begriffe erschließen sich in *Wörtern*, oder besser: in *Worten*. Denn es geht nicht darum, auf Wörter zu starren, wie sie im Wörterbuch stehen. Es geht darum, Wörter *in Aktion* zu betrachten: in ihrem Beitrag, den sie zur Artikulation von Gedanken leisten. Wörter in Aktion sind der Ankerplatz, wenn man Begriffen auf den Grund gehen will. Die Logik ihrer Verwendung ist Ausgangspunkt und Beleg für die Dinge, die wir über eine Idee, wie zum Beispiel die Idee der Freiheit, sagen. Unsere sprachliche Sensibilität ist ein guter, wenn auch nicht unfehlbarer Führer, wenn es darum geht, über Ideen Klarheit zu gewinnen. Das darf man nicht mißverstehen: Es ist keineswegs so, daß sich *alles*, was es an einer solchen Idee zu entdecken gibt, in der Betrachtung von Wörtern und ihrer Logik erschließt. Es gibt viele Entdeckungen ganz anderer Art zu machen, von denen später – namentlich in den beiden Intermezzi – die Rede sein wird. Doch eines bleibt richtig, auch nachdem man den Blickwinkel erweitert hat: Wir können nur dann sicher sein, daß unsere Auskünfte über eine Idee für die anderen nachvollziehbar und damit überprüfbar bleiben, wenn sie in einer übersichtlichen Beziehung zur Logik der entsprechenden Wörter stehen. Nur dann nämlich ist klar, von *welcher* Idee die Rede ist. Das ist der Grund, warum die Sprache so wichtig ist für die Philosophie.

Am Anfang einer philosophischen Betrachtung von Wörtern steht eine Erfahrung, die man so beschreiben kann: Es findet eine *Verfremdung* der Wörter statt. So ist es bei ›tun‹ und ›wollen‹. Es vergeht kaum ein Tag, ohne daß wir von jemandem sagen: »Er tut …«, »Sie will …« Dabei haben wir den Eindruck, etwas vollkommen Klares zu sagen. Niemand, der Deutsch versteht, wird stutzen. Die Wörter besitzen große alltägliche Vertrautheit, und diejenigen, die sie gebrauchen, tun es in dem Gefühl, genau zu wissen, wovon die Rede ist. Das jedoch kann sich ändern. Stellen Sie sich vor, jemand fragt Sie: »Aber was ist das eigentlich: etwas *tun*? Und was ist das: der *Wille*?« Die Frage verfremdet die sonst vertrauten Wörter. Mit einemmal wissen Sie nicht mehr, was Sie sagen sollen. Seinerzeit, als Sie die Sprache lernten, haben Sie die Wörter aufgeschnappt und dann nachgeplappert. Wenn Sie nun aufgefordert sind zu sagen, welche Idee es ist, die darin zum Ausdruck kommt, so wird Ihnen das als schwierige Aufgabe vorkommen. Nicht deshalb, weil Sie es *überhaupt* nicht wüßten. Als jemand, der der Sprache mächtig ist, wissen Sie im Prinzip sogar *alles* darüber. Aber Sie wissen es nicht in *ausdrücklicher Form*. Und so besteht denn der erste Schritt, um den Ausweg aus dem Irrgarten zu finden, darin, das verborgene in ein ausdrückliches Wissen zu verwandeln.

Etwas tun: die Idee einer Handlung

Wenn Raskolnikov die Pfandleiherin mit der Axt erschlägt, so ist das etwas, was er *tut*. Es ist eine *Handlung*. Was ist es, was wir mit diesem Begriff einzufangen suchen? Welche Erfahrungen werden darin zusammengefaßt, und wie müssen sie untereinander verbunden sein, damit der Begriff paßt?

Raskolnikov kann seine Bewegung *spüren*. Es ist nicht eine Bewegung, die abläuft, ohne erlebt zu werden, wie das gewöhnlich für seinen Lidschlag gilt oder für die Bewegungen, die er während des Schlafs macht. Das Heben und Senken des Arms wird von einer inneren Erfahrung begleitet, es hat für ihn eine Innenseite. Er achtet nicht eigens darauf, seine Aufmerksamkeit ist bei der Frau. Aber das Erlebnis der Bewegung, das Körpergefühl, ist da. Eine Bewegung, bei der es fehlte, würden wir nicht als ein Tun betrachten.

Nicht jede Bewegung mit einer Innenseite ist eine Handlung. Wenn unser Arm hochgeht, weil er gezogen wird, so spüren wir das auch; trotzdem zählt das nicht als ein Tun. Die Armbewegung ist nur dann ein Tun, wenn wir den Arm *heben*. Der Unterschied zwischen dem Heben und dem bloßen Hochgehen des Arms ist der Unterschied zwischen einer Bewegung, die wir *in Gang setzen* und *vollziehen*, und einer, die wir bloß *erleiden*, weil sie uns nur *zustößt* und also nur *geschieht*. (Man könnte diesen Unterschied auch so ausdrücken: Das eine ist eine aktive, das andere eine passive Bewegung.

Doch damit würde man nichts Neues sagen: Man würde nur die Unterscheidung zwischen Tun und Erleiden wiederholen.) Raskolnikov handelt, weil er seine Bewegung vollzieht. Er macht dabei eine besondere Erfahrung: Er *führt* den Arm mit der Axt, und das bedeutet, daß er in besonders enger Fühlung mit seiner Bewegung ist – daß es eine innere Nähe zu ihr gibt, die fehlt, wenn jemand nur bewegt wird, statt etwas zu bewegen.

Raskolnikov, indem er seine Bewegung in Gang setzt und vollzieht, ist ein Täter. Das heißt: Er ist der *Urheber* seiner Tat. Die Ideen des Tuns und der Urheberschaft sind untrennbar miteinander verknüpft. Wenn die eine fällt, fällt auch die andere. So ist es bei einer Marionette. Weil ihre Bewegungen von anderen und nicht von ihr selbst in Gang gesetzt und geführt werden, ist sie nicht ihr Urheber, und aus diesem Grund sind ihre Bewegungen keine Handlungen. Dasselbe Zusammenspiel der beiden Ideen kann man beobachten, wenn jemand mitten in einer Handlung von einem epileptischen Krampf überfallen wird. Anders als bei der Marionette sind es hier nicht äußere, sondern innere Kräfte, welche die Regie übernehmen. Doch auch hier gilt: Die zuckenden Bewegungen sind deshalb keine Handlungen mehr, weil der Kranke nicht als ihr Urheber gelten kann. Mit einemmal ist da niemand mehr, der etwas tut. Was es gibt, ist nur noch die Szene eines Geschehens.

Wenn Raskolnikov sich als Urheber seiner Tat erfährt, dann erlebt er seine Bewegung als Ausdruck eines *Willens*. Er führt den Arm mit der Axt auf eine bestimmte Weise, weil er die Alte erschlagen will. Würde er von einem anderen Willen geleitet – wie etwa dem, sie zu umarmen –, so wären die von ihm geführten Bewegungen andere. Und stünde hinter seinen Bewegungen überhaupt kein Wille, so wäre seine Bewegung für ihn nur wie ein Zucken, wenngleich – anders als beim Epileptiker – ein erlebtes Zucken, eines mit einer Innenseite.

Er erlebte sich dann nicht als Urheber seiner Bewegung, der, indem er sie vollzöge, in einer besonderen inneren Nähe zu ihr stünde, und deshalb erführe er sie nicht als ein Tun. Auf diese Weise sind die Ideen der Handlung, der Urheberschaft und des Willens miteinander verschränkt.

Raskolnikov verläßt seine Kammer, geht zum Haus der Alten, steigt die Treppe hoch, und schließlich schlägt er zu. All diese Bewegungen sind von seinem mörderischen Willen geleitet, und deshalb ergeben sie einen *Sinn*. Diesen Sinn zu entdecken, heißt, sie als Ausdruck eines Willens zu sehen. Wenn es uns gelingt, Bewegungen auf diese Weise zu sehen, haben wir den Eindruck, sie zu *verstehen*. Wir können sie jetzt *erklären* oder *interpretieren*, indem wir den leitenden Willen benennen: »Er geht die Treppe hoch, weil er die Alte töten und das gehortete Geld an sich bringen will.« Es gehört zur Idee einer Handlung, die von einem Urheber vollzogen wird, daß sich eine solche Interpretation für sie finden läßt. Solange wir davon ausgehen, daß eine Bewegung ein Tun ist, werden wir versuchen, den Täter zu verstehen, indem wir ihn in seinem Willen erkennen. Wenn uns das gelingt, nehmen wir an, daß er die Bewegung als ihr Urheber mit der besonderen inneren Nähe vollzieht, die ein Tun auszeichnet. Kommen wir dagegen zu der Überzeugung, daß wir eine sinnlose, unverständliche Bewegung vor uns haben, so erscheint sie uns nicht mehr als etwas, das jemand handelnd vollzieht, sondern als etwas, dem die innere Führung fehlt und das bloß geschieht. Mit dem Sinn und der Verstehbarkeit verschwindet auch der Eindruck der Urheberschaft.

Dieser Zusammenhang besteht nicht nur, wenn wir andere betrachten. Es gibt ihn auch in unserem eigenen Fall. Um mich als vollziehenden Urheber meiner Bewegungen erfahren zu können, bin ich darauf angewiesen, mich als jemanden zu verstehen, dessen Bewegungen einen Sinn haben, weil sie von einem Willen geleitet sind. Das wird mir deutlich, wenn ich unterwegs feststelle, daß ich vergessen habe, was ich wollte. Plötzlich verstehe ich nicht mehr, warum ich hier bin, mein Gehen ergibt keinen Sinn mehr. Immer weniger empfinde ich es als Bewegung, die ich als Urheber in Gang setze. Meine Schritte werden immer zögerlicher. Schließlich bleibe ich stehen und besinne mich. Weitergehen werde ich erst, wenn ich den vergessenen Willen und den alten Sinn wiedergefunden habe, oder wenn ich dem Gehen durch einen neuen Willen einen neuen Sinn verleihen kann. Erst dann wird, was das Gehen anlangt, die Erfahrung der Urheberschaft zurückkehren. In der Zwischenzeit mag ich andere Bewegungen als das Gehen vollziehen; vielleicht reibe ich mir die Stirn, zeichne mit der Fußspitze Linien in den Sand oder zünde eine Zigarette an. Für diese Bewegungen gilt dasselbe wie für das Gehen: Ich erlebe sie als Handlungen, solange sie einen Sinn ergeben, etwa als Mittel der Konzentration. Sollte es mir geschehen, daß ich ihren Sinn ebenfalls vergesse, so würden auch sie verebben, und am Ende stünde ich regungslos da als einer, dessen Urheberschaft auf nichts zusammengeschrumpft ist.

Eine letzte Erfahrung, die in den Begriff der Handlung einfließt: Wenn ich eine Bewegung, als ihr Urheber, aus einem Willen heraus führe, so erlebe ich sie als Verwirklichung einer *Möglichkeit unter anderen*. Das Spüren der Bewegung ist nur so lange ein Führen, als es von dem Eindruck begleitet wird, daß ich der Bewegung in jedem Augenblick ganz unterschiedliche Wendungen geben könnte – daß es also einen *Bewegungsspielraum* gibt. Erlebte ich die Bewegung als eine, die – wie bei einem Geschoß, das seiner unvermeidlichen ballistischen Kurve folgt – nur einen einzigen, unabänderlichen Lauf nehmen könnte, so wäre kein Platz für das Erlebnis des Führens. Ginge uns die Erfahrung des Bewegungsspielraums verloren, so verlören wir damit auch das Bewußtsein, uns aus einem Willen heraus zu bewegen und also etwas zu tun. Statt als Urheber der Bewegung eine Handlung zu vollziehen, wären wir nun wie irgendein mechanisches System, dessen Bewegungen in festgefügten, starren Bahnen verlaufen. Auf diese Weise ist die Innenperspektive eines Handelnden mit einer ersten, elementaren Erfahrung von Freiheit verknüpft.

In dieser ersten Skizze von dem, was es heißt, etwas zu tun, spielt der Gedanke der Bedingtheit durchgängig eine wichtige Rolle. Eine Bewegung von jemandem ist dann und nur dann eine Handlung, wenn der Betreffende ihr Urheber ist. Er ist dann und nur dann ihr Urheber, wenn der Bewegung ein Wille zugrunde liegt. Dann und nur dann hat die Bewegung einen Sinn. Dabei ist es nicht nur so, daß die fragliche Bewegung, wenn sie ein vollzogenes Tun mit Urheberschaft und Sinn ist, tatsächlich von einem Willen abhängt, gleichgültig, ob der Täter davon weiß oder nicht; sondern es kennzeichnet die Erfahrung des Tuns und der Urheberschaft, daß sie eine Erfahrung von solcher Bedingtheit ist. Wenn uns – wie beim unverständlich gewordenen Gehen – das Bewußtsein dieser Bedingtheit verlorengeht, dann geht uns auch die Erfahrung von Urheberschaft und Sinn verloren. *Erlebte Urheberschaft ist erlebte Bedingtheit durch den Willen.* Würde sich Raskolnikov auf der Treppe zur Wucherin mit jedem Schritt ein bißchen weniger von seinem mörderischen Willen getrieben fühlen, weil der bedingende Wille zu weichen begänne, so würde er die tödliche Bewegung der Axt, sollte sie trotzdem stattfinden, am Ende nicht als seine Tat erleben. Und sollte es ihm geschehen, daß er den Willen zwar unvermindert spürte, er ihm aber plötzlich wie etwas erschiene, das seine bedingende Kraft verloren hat, so würde er sich, wenn die Axt auf den Kopf der Alten niedersaust, nicht mehr als Urheber eines Schlags fühlen. Sollte es einen Willen, auch einen heftigen Willen, geben können, den wir als wirkungslos erlebten, obgleich er spürbar in uns wütet, so würde er uns für uns selbst nicht zu Tätern machen; wir kämen uns wie ein bloßes Gefäß für ihn vor.

Gäbe es für Raskolnikovs Tat keine Bedingungen, von denen sie abhinge, so wäre sie keine Tat. Es ist nicht denkbar, daß wir von etwas entdeckten oder annähmen, daß es durch nichts bedingt ist, und es wäre dennoch eine Tat. So gibt es denn keinen Konflikt zwischen der Idee der Handlung und dem Gedanken der Bedingtheit. Niemand sagt: »Ich möchte in meinen Bewegungen nicht durch meinen Willen bestimmt sein, denn das würde eine Einschränkung meiner Freiheit bedeuten.« Oder: »Ich möchte in meinen Bewegungen nicht der Sklave meines Willens sein, das würde meinen Bewegungsspielraum einengen«. Niemand sagt so etwas, weil wir solche Sätze, genau genommen, gar nicht verstünden, denn sie drücken keinen Gedanken aus. Wo es keinen bestimmenden Willen gibt, kann von Freiheit nicht die Rede sein, und also auch nicht davon, daß ein hinzukommender Wille eine Einschränkung der Freiheit bedeutet. Wo kein Wille die Bewegungen lenkt, gibt es keinen Spielraum, der durch ihn eingeengt werden könnte. Und die Tatsache, daß ich überhaupt etwas will, kann unmöglich meine Versklavung bedeuten, denn ohne meinen Willen gibt es keine Freiheit, die mir durch ihn genommen werden könnte.

Der Wille: was ist das?

Wir haben den Begriff des Willens erfunden, um die Idee des Handelns entwickeln zu können. Er bildet die begriffliche Plattform für den Gedanken des Tuns. Wachten wir morgen auf und hätten ihn vergessen, so hätten wir auch die Ideen des Tuns, der Urheberschaft und des Handlungssinns vergessen.

Doch damit, daß wir diese Funktion des Begriffs verstanden haben, haben wir noch längst nicht alles verstanden. Der Wille: was ist das eigentlich?

Nehmen Sie an, Sie spielen Klavier, und Ihr Ehrgeiz ist es, den Minutenwalzer von Chopin wirklich in sechzig Sekunden zu spielen. Wir sehen Sie jeden Tag üben, eine Uhr im Blickfeld. »Sie will das Stück unbedingt in der vorgeschriebenen Zeit spielen«, sagen wir. Was haben wir im Auge, wenn wir in dieser Weise von Ihrem Willen sprechen?

Das eine, was wir Ihnen zuschreiben, ist der *Wunsch*, den Walzer schnell genug zu spielen. Wir denken, daß Sie es möchten und gerne tun würden. Wenn man etwas will, so möchte man es auch. Gewolltes ist Gewünschtes, und was sich zu wollen lohnt, ist wünschenswert. Es klänge paradox, wenn jemand angesichts Ihres hartnäckigen Übens sagte: »Sie will es schaffen, möchte es aber nicht«.

Nun haben wir zu jeder Zeit viele Wünsche, und längst nicht alle werden zu einem Willen. Wenn sie es werden, dann haben sie gegenüber den übrigen Wünschen die Oberhand gewonnen und sind *handlungswirksam* geworden. Ein Wunsch muß also eine bestimmte Rolle erfüllen, um ein Wille zu werden: Er muß uns *in Bewegung setzen*. So ist es mit Ihrem Wunsch, den Walzer zu spielen: Jeden Tag treibt er Sie von neuem zum Klavier. Täte er das nicht, und bliebe es dabei, daß Sie sich das Stück nur immer wieder anhörten, so könnte man Ihnen zwar den Wunsch, nicht aber den Willen zuschreiben, es zu spielen.

Damit Ihr Wunsch handlungswirksam werden kann, müssen Sie eine Vorstellung von den Schritten haben, die zu seiner Erfüllung führen. Daß ein Wunsch das Verhalten im Sinne eines Willens zu lenken beginnt, bedeutet, daß ein gedanklicher Prozeß in Gang kommt, der sich mit der Wahl der Mittel beschäftigt. Ein bloßes Wünschen verlangt diesen Schritt nicht. Wenn Sie den Minutenwalzer nicht nur spielen *möchten*, sondern wirklich spielen *wollen*, überlegen Sie, wie Sie sich die Noten beschaffen können und wann Sie Zeit zum Üben haben. Daß auf diese Weise auch der planende Verstand beteiligt ist, entspricht dem Eindruck, daß uns ein Wollen viel mehr ausfüllt und in Besitz nimmt als ein bloßes Wünschen.

Es kennzeichnet die Entstehung eines Willens, daß es nicht beim bloßen Gedankenspiel bleibt. Sie entwickeln die *Bereitschaft*, die nötigen Schritte auch wirklich zu tun. Sie besorgen sich die Noten, notieren Fingersätze und üben Passage für Passage. Die Größe dieser Bereitschaft entscheidet darüber, wie stark oder schwach Ihr Wille ist. Willensstärke oder Willensschwäche zeigen sich an dem Ausmaß, in dem jemand bereit ist, die Schritte zur Erfüllung eines Wunschs auch dann noch zu tun, wenn sich ungeahnte Hindernisse auftürmen und er mehr von sich einsetzen muß als angenommen.

Der Wille hat Grenzen. Sie sind von zweifacher Art. Einmal werden sie dem Willen durch das gezogen, was die Wirklichkeit zuläßt und was nicht. Man mag sich *wünschen*, die Vergangenheit zu ändern oder die Welt neu zu erschaffen. *Wollen* kann man es nicht, denn es geht nicht. Freilich gibt es Donquichotterien: Jemand kann sich über die Grenzen des Möglichen täuschen und seinen ganzen Willen auf etwas richten, was er irrtümlich für möglich hält. Fanatische Weltverbesserer sind ein Beispiel. Umgekehrt kann sich herausstellen, daß die Reichweite unseres Willens größer ist als angenommen, weil sich Dinge als machbar erwiesen haben, die zuvor unmöglich schienen. Früher konnte man sich nur wünschen, auf den Mond zu fliegen; heute kann man es auch wollen. Am verstiegenen wie am kleinmütigen Willen zeigt sich, daß es, strenggenommen, nicht die Wirklichkeit ist, die unserem Wollen Grenzen setzt, sondern das, was wir über sie glauben. Wenn es anders scheint, dann deshalb, weil es – wie bei der unabänderlichen Vergangenheit – klare Fälle gibt, in denen alle dasselbe glauben.

Die Begrenztheit des Willens hat, zweitens, mit der Begrenztheit unserer Fähigkeiten zu tun. Sie mögen sich wünschen, nach Mailand in die Scala zu fahren und eine Oper zu hören. Das ist etwas, was Sie nicht nur wünschen, sondern auch wollen können. Es ist ein Wunsch, der auch zum Willen werden kann. Wenn Sie sich dagegen wünschen, in der Scala auf der Bühne zu stehen und eine Arie zu singen, so ist das etwas, das die meisten von Ihnen nur wünschen und nicht auch wollen können. Es ist ein Wunsch, der nicht zum Willen werden kann. Dieses Mal ist der Grund nicht, daß so etwas in der Welt einfach nicht möglich ist. Es hat speziell mit Ihnen und Ihren Fähigkeiten zu tun. Die meisten von Ihnen können eine Arie nicht so singen, daß es für die Scala reicht. Wollen hat mit Können zu tun. Dabei ist es nicht so, daß einer nur wollen kann, wozu er tatsächlich fähig ist. Sie können durchaus etwas wollen, von dem sich dann herausstellt, daß Sie es gar nicht können. Sie mögen lange für Chopins Stück üben, um dann festzustellen: Ich kann es nicht. Trotzdem kann man, wenn man Sie üben sieht, sagen: »Sie hat den festen Willen«, und Sie sagen im Rückblick zu Recht: »Ich wollte es unbedingt«. Für den Willen kommt es nicht auf die wirklichen Fähigkeiten an, sondern auf die vermeintlichen. Nicht auf die Fakten, sondern auf das Selbstbild. Solange dieses Bild Ihnen sagt, daß Sie zu etwas fähig sind, können Sie es wollen, indem Sie die Verwirklichung versuchen. Wenn Sie das Bild korrigieren müssen, wird aus Ihrem Willen ein bloßer Wunsch. Eines Tages, als es mit dem Minutenwalzer wieder nichts wird, schließen Sie den Deckel über der Tastatur. Sie glauben nicht mehr daran. Und damit verschwindet der Wille, der Sie in Bewegung setzen könnte. Der Wunsch dagegen bleibt: Sie spüren Neid, wenn Sie jemanden hören, der es schafft. Und auch das Umgekehrte gilt: Wenn Sie entdecken, daß Sie sich, was die Verwirklichung eines Wunsches betrifft, unterschätzt haben, so kann aus dem bloßen Wunsch ein Wille werden.

Nach diesem Verständnis ist der Wille nicht ein separater Posten im seelischen Inventar. Es gibt keine besonderen Akte oder Leistungen des Willens. Daß jemand etwas will, bedeutet einfach, daß es in ihm das skizzierte Zusammenspiel von Wunsch, Überzeugung, Überlegung und Bereitschaft gibt und daß diese innere Struktur für sein Tun verantwortlich ist.

Kann man unter Willen auch etwas anderes verstehen? Es müßte etwas von unseren Wünschen Verschiedenes sein. Wenn Sie Stunde um Stunde, Tag für Tag verbissen am Minutenwalzer üben, so müßte nun gelten: Sie werden vom Wunsch in Bewegung gesetzt, ihn schnell genug zu spielen, und *außerdem* ist da noch ein Wille, der Ihre Finger über die Tasten gleiten läßt. Oder: Die Kraft Ihres Wunsches, wie stark er auch sein mag, *reicht* für die erforderlichen Bewegungen nicht *aus*; erst wenn der Wille dazukommt, beginnen Sie mit dem Üben und bleiben dabei. Oder: Sie brauchen einen zusätzlichen Willen, weil Wünsche *überhaupt* nichts sind, was jemanden in Bewegung setzen kann; sie sind mehr wie träge Schattierungen Ihres Gemüts. Nichts von alledem klingt richtig. Und dafür gibt es einen Grund: Die Rede vom Willen *funktioniert* nicht nach dem Muster einer Aufzählung von Kräften. Wir brauchen sie nicht, um die kleinteilige Geschichte über eine innere Mechanik zu vervollständigen. Sie ist einfach ein Mittel, um summarisch und großflächig über uns als Wünschende und Urheber unseres Tuns zu sprechen.

Der Wille, von dem ich bisher gesprochen habe, mündet in eine Handlung. Gibt es auch einen Willen, der sich nicht in einem Tun verwirklicht? Können Wollen und Tun auseinanderfallen?

Manchmal läßt man die Dinge laufen und tut nichts. Dieses Stillhalten und Gewährenlassen kann Ausdruck eines Willens sein. Einige werden sagen: Das zeigt, daß auch Unterlassungen Handlungen sind. Andere werden es bei der Feststellung bewenden lassen, daß eine Unterlassung in der gleichen Weise vom Willen abhängen kann wie eine Handlung. Entscheidend ist, daß sich am Begriff des Willens durch diese Beobachtung nichts ändert: Der Wille ist auch hier ein Wunsch, der gegenüber anderen, gegenläufigen Wünschen die Oberhand behält. Das ist es, was wir meinen, wenn wir sagen, daß es uns eine gewaltige Willensanstrengung gekostet hat, nicht einzugreifen.

Ein anderer Fall ist der erfolglose Versuch im Sinne eines vereitelten Handelns. Sie wollen heute wieder am Minutenwalzer arbeiten, werden aber durch die verschlossene Tür des Konservatoriums daran gehindert. Ihr Wille bleibt ein bloßer Wille, der nicht in die Tat umgesetzt werden kann. Daß es trotzdem ein Wille und nicht nur ein Wunsch ist, zeigt sich daran, daß gilt: Wäre die Tür offen gewesen, wären Sie hineingegangen und hätten geübt. Es liegt nicht an Ihnen und Ihren Wünschen, daß es heute nichts wird, sondern an den Umständen. Ein Wille ist ein Wunsch, der handlungswirksam wird, wenn die Umstände es erlauben und nichts dazwischen kommt.

Bis jetzt war von jemandem die Rede, der etwas *tun* will, wie beispielsweise Klavier spielen. Das ist der häufigste, aber nicht der einzige Fall. Wir können auch etwas *werden* wollen. Sie können Arzt oder Krankenschwester werden wollen. Doch auch hier ist stillschweigend von einem Tun die Rede: Sie wollen sich zu einem Arzt oder einer Krankenschwester *machen*, und das heißt: Sie wollen dasjenige tun, was dafür erforderlich ist.

Schließlich kann man auch wollen, daß etwas *der Fall wird* oder *der Fall bleibt*. Sie mögen wollen, daß der Krach aus dem Nebenhaus endlich aufhört. Und jemand kann Sie fragen: »Willst du, daß ich bleibe?« Vielleicht ist es auch nur so, daß Sie sich das Ende des Lärms wünschen und daß die Frage lautet: »Möchtest du, daß ich bleibe?« Der Unterschied zwischen dem bloßen Wunsch und dem Willen liegt auch hier in der Möglichkeit und Bereitschaft zu handeln. Wenn Sie die Stille nicht nur herbeisehnen, sondern herbeiführen wollen, dann werden Sie beim Nachbarn Sturm klingeln, und wenn Sie wirklich wollen, daß jemand bei Ihnen bleibt, so werden Sie notfalls versuchen, ihn festzuhalten. Dagegen muß es beim bloßen Wunsch bleiben, wenn das Gewünschte außerhalb Ihres Einflußbereichs liegt. Strenggenommen können Sie im Lotto nicht gewinnen wollen; Sie können es nur wünschen. Und daß die Deutschen das Fußballspiel gewinnen, ist ebenfalls nicht etwas, worauf sich Ihr Wille richten kann. Wenn Sie trotzdem sagen, daß Sie es wollen, so ist das nur ein rhetorisches Mittel, um der Stärke Ihres Wunsches Ausdruck zu verleihen. Wenn etwas offensichtlich unerreichbar ist, so tragen wir dem mit dem Konjunktiv Rechnung: »Ich wünschte, ich wäre ganz woanders«, »Ich würde mir besseres Wetter wünschen«. In der irrealen Ausdrucksform spiegelt sich die resignative Brechung, mit der wir über solche Wünsche sprechen. Es sind keine Wünsche, die uns in Bewegung setzen.

2. Tun und lassen, was man will

Raskolnikovs Mord ist eine Handlung. Darüber hinaus wollen wir sagen, daß er eine *freie* Handlung ist. Verfremden wir auch dieses vertraute Wort und fragen uns: Was genau sind die Erfahrung und der Gedanke, den es zum Ausdruck bringen soll?

Handlungsfreiheit: die Grundidee

Auf den ersten Blick scheint die Antwort ganz einfach: Raskolnikovs Tun ist frei, weil es Ausdruck seines Willens ist; er selbst bestimmt über sein Handeln, und zwar durch seinen Willen. Und entsprechend: Sein Tun wäre unfrei, wenn es nicht seinem Willen entspränge. Wir hatten gesehen, daß der Begriff des Willens die Funktion hat, der Idee des Handelns und der Urheberschaft Konturen zu verleihen. Nun sieht es so aus, als würde er, indem er diese Funktion ausübt, mit einem Schlag auch noch etwas anderes leisten: die Idee der Handlungsfreiheit zu erläutern.

Doch das kann nicht richtig sein. Daß ein Tun aus einem Willen entsteht, ist nicht etwas, was es im besonderen zu einem freien Tun macht; vielmehr ist es eine Voraussetzung dafür, daß es sich überhaupt um ein Tun handelt. Verstünden wir die Freiheit des Handelns einfach als seine Willentlichkeit, so folgte: Jede Handlung als solche ist frei; denn was sie zu einer Handlung macht, ist, daß sie von einem Willen gelenkt wird. Freiheit und Urheberschaft wären dann dasselbe.

43

Der begriffliche Preis wäre hoch: Wir verlören die Idee der unfreien Handlung. Sagten wir nun von jemandem, daß er zwar handle, es aber nicht aus Freiheit tue, so verwickelten wir uns in einen Widerspruch. Ein unfreies Tun könnte kein Handeln mehr sein. Verlust von Freiheit käme einem Verlust von Urheberschaft gleich.

Trotzdem ist der Begriff des Willens ein Ausgangspunkt, wenn wir die Idee der Handlungsfreiheit verstehen wollen. Das zeigt sich, wenn wir die vielleicht geläufigste Auskunft dazu betrachten: *Jemand ist frei, wenn er tun und lassen kann, was er will.* Diese Erläuterung sieht der ersten täuschend ähnlich: Ein Tun ist frei, wenn es Ausdruck eines Willens ist. Doch hinter der Ähnlichkeit verbirgt sich ein wichtiger Unterschied, der sich als Unterschied in der *Fragerichtung* verstehen läßt. Man kann mit einem gegebenen Verhalten beginnen und fragen: Steht dahinter ein Wille oder nicht? Damit stellt man die Frage: Ist es eine Handlung oder nicht? Von Freiheit ist in dieser Frage noch nicht die Rede. Man kann aber auch, umgekehrt, mit einem gegebenen Willen beginnen und fragen: Kann er in einem Tun verwirklicht werden? Damit wirft man die Frage nach der Freiheit des Handelnden auf. Das Ausmaß, in dem er frei ist, ist das Ausmaß, in dem er das, was er will, in die Tat umsetzen kann. Entsprechend ist der Mangel an Freiheit zu verstehen: Er liegt nicht darin, daß ein Verhalten von keinem Willen gelenkt wird; das bedeutet nur, daß es kein Tun ist. Was einen Handelnden unfrei macht, ist, daß in ihm ein Wille ist, der daran gehindert wird, in eine Handlung zu münden. So ist es beim Gelähmten, der aufstehen, und beim Gefangenen, der weglaufen will.

Wir sehen jetzt, wie wichtig es war, den Willen nicht als einen Wunsch zu beschreiben, der in jedem Fall handlungswirksam wird, sondern als einen, der es wird, wenn die Umstände es zulassen, und der auch dann ein Wille bleibt, wenn er an der Verwirklichung gehindert wird. Verlangten wir für

Willentlichkeit die tatsächliche Wirksamkeit von Wünschen, so könnten wir den Gedanken nicht mehr ausdrücken, daß jemand in seinem Handeln unfrei sein kann. Für diesen Gedanken brauchen wir einen Begriff von Willen, der vorsieht, daß Wollen und Tun auseinanderfallen können.

Spielräume: von der Welt zu mir selbst

Raskolnikov ist in seinem Handeln frei. Er ist weder gelähmt noch gefangen, und während er die Treppe zur Wucherin hochsteigt, geschieht nichts, was ihm die Ausführung seiner Tat verwehrte. Er kann seinem mörderischen Willen freien Lauf lassen. Doch zu seiner Freiheit gehört noch etwas anderes: Die Alte zu erschlagen ist nicht das *einzige*, was er tun kann. Er könnte auch etwas *anderes* tun: sich energisch nach Arbeit umsehen, vom Geld des künftigen Schwagers leben oder eine Bank überfallen. Es gibt für ihn einen *Spielraum möglicher Handlungen*. Der Gedanke eines solchen Spielraums setzt die elementare Erfahrung des Bewegungsspielraums fort, die, wie wir gesehen haben, zur Idee des Tuns gehört. Er ist ein wichtiger Bestandteil unserer Idee von Handlungsfreiheit. Von einem, der frei ist, wollen wir sagen, daß das eine, was er *tatsächlich* tut, nicht das einzige ist, was er tun *könnte*. Ein frei Handelnder hat, bevor er schließlich zur Tat schreitet, in diesem Sinne eine *offene Zukunft* vor sich. Müßten wir über Raskolnikov, den wir auf seinem Weg zur Wucherin betrachten, sagen, daß er gar nichts anderes tun *kann*, als was er gleich tun *wird*, und daß es für ihn nur diese eine Zukunft als Mörder gibt, so könnte er nicht als einer gelten, der in seinem Tun frei ist. Und Entsprechendes gilt auch für die Vergangenheit: Frei war ein vergangenes Tun nur dann, wenn der Täter damals auch hätte anders handeln können. Nur wenn seine vergangene Zukunft offen war, handelte es sich bei seiner Tat um eine Tat aus Freiheit. Deshalb schockiert es uns, wenn wir bei d'Holbach lesen, daß es nur eine einzige Linie gibt, die wir auf der Oberfläche der Erde ziehen können, und daß sie von vornherein festgelegt ist.

Doch dieser Gedanke ist vielschichtiger und komplizierter, als die glatte Oberfläche seiner Formulierung vermuten läßt. Es gibt nämlich verschiedene Arten von Spielräumen für unser Tun, und entsprechend gibt es unterschiedliche Lesarten für die Formel, daß wir statt des einen auch etwas anderes tun könnten.

Einmal kann es eine Frage der *Gelegenheiten* sein. Statt dieses Buch zu lesen, könnten Sie eine Unmenge anderer Dinge tun. Sie könnten etwa essen gehen, sich einen Film ansehen oder einen Freund besuchen. Wenn Sie später sagen, daß Sie auch etwas anderes hätten tun können, so meinen Sie: Es gab die Gelegenheit dazu. Die Freiheit ist hier der Reichtum der Gelegenheiten. So ist es auch bei längerfristigem Handeln: Ich bin frei darin, Jura zu studieren oder Journalist zu werden, wenn ich sowohl die Zulassung zum Studium als auch das Angebot einer Zeitung habe. Wenn ich in diesem Sinn von den verschiedenen Möglichkeiten spreche, die ich habe und die meine Freiheit ausmachen, so frage ich die Welt daraufhin ab, was sie mir zu bieten hat. Das Nachdenken über meine jetzigen und vergangenen Möglichkeiten ist weniger ein Nachdenken über *mich* – obwohl die sprachliche Form so lautet – als darüber, wie die *Welt* zu einem bestimmten Zeitpunkt beschaffen ist.

Der Reichtum der Gelegenheiten kann größer sein, als ich glaube. Ich könnte vielleicht mehr Dinge tun, als ich denke, weil die Gelegenheiten zahlreicher sind als angenommen. Wenn man mich von außen betrachtet, kann man sagen: Er hat mehr Freiheit, als ihm bewußt ist. Solche Freiheit liegt im *Bestehen* und nicht im *Kennen* von Spielräumen; das Ausmaß, in dem man frei *ist*, ist größer als das Ausmaß, in dem man sich für frei *hält*. Man könnte das *objektive* Freiheit nennen und über sie sagen, was man auch sonst über eine objektive Sachlage sagt: Ihre Existenz ist nicht ihr Gedachtwerden.

Mein Freiheitsspielraum kann, zweitens, die *Mittel* betreffen, die ich habe, um die Chancen, die mir die Welt bietet, zu nutzen. Daß ich frei darin bin, Jurist oder Journalist zu werden, setzt voraus, daß ich mir ein Studium leisten kann und nicht auf das Geld angewiesen bin, das ich als Volontär bei der Zeitung verdienen würde. Der Handlungsspielraum, den die Welt für mich bereithält, kann größer sein als der Spielraum, den mir meine beschränkten Mittel lassen. Raskolnikov etwa könnte, arm wie er ist, nicht in ein anderes Land reisen, um dort sein Glück zu versuchen. Auch was diesen Spielraum anlangt, kann man sich täuschen. Ich kann eine Erbschaft gemacht haben, von der ich nichts weiß, oder ich habe vergessen, daß ich irgendwo in der Jacke noch Geld habe, und gehe mit knurrendem Magen am Restaurant vorbei.

Wie viele Möglichkeiten des Handelns mir offenstehen, kann, drittens, von meinen *Fähigkeiten* abhängen. Ich muß über analytische Intelligenz und eine gewandte Feder verfügen, um sowohl vor Gericht als auch bei einer Zeitung bestehen zu können. Entsprechend stiften fehlende Fähigkeiten Unfreiheit. Wenn Sie unmusikalisch sind, werden Sie sich sagen müssen: Ich kann niemals Dirigent werden. Und auch hier kann die objektive Freiheit größer sein als die vermeintliche. Es kann einer sein Talent zum Malen erst spät entdecken, nachdem er anderen jahrelang nur neidisch zugesehen hat.

Der Weg von den Gelegenheiten zu den Mitteln und weiter zu den Fähigkeiten ist ein Weg, der immer näher an mich heranführt. Die Spielräume werden mit jedem Schritt persönlicher. Am Ende steht der intimste Spielraum: der Spielraum meines Willens. Die Gelegenheiten sind da, ich habe die Mittel, ich verfüge über die nötigen Fähigkeiten. Ich betrachte diesen gesamten Spielraum, und nun gilt: Ob ich das eine tue oder etwas anderes, hängt ausschließlich daran, was ich will. Es ist das Spiel meines Willens, das mich den einen Weg in die Zukunft gehen läßt und nicht einen der vielen anderen, die auch möglich wären. Und wenn ich rückblickend sage, daß ich auch etwas anderes hätte tun können, so ist jetzt gemeint: Ich hätte anders gehandelt, wenn ich etwas anderes gewollt hätte. Daß ich mir, wenn es um den Willen geht, am nächsten bin, kommt darin zum Ausdruck, daß ich mit Emphase sagen werde: Jetzt liegt es wirklich nur noch an *mir*, was ich tun werde.

Gibt es auch beim Willen den Unterschied zwischen objektiver und mir bewußter Freiheit? Gibt es einen Willen, den ich haben kann, ohne davon zu wissen? Oder ist der Spielraum meines Wollens deckungsgleich mit dem Spielraum des mir bekannten Wollens? Wenn ich von jedem Willen, der mir möglich ist, automatisch auch wüßte, so läge darin eine vollkommene Nähe zu mir selbst. Ich wäre über mich selbst stets auf dem laufenden und mir ganz und gar durchsichtig. Doch in Wirklichkeit ist die Intimität zwischen mir als Wissendem und mir als Wollendem längst nicht so groß. Ich kann, was meinen Willen betrifft, Überraschungen erleben. So kann ich etwa die befreiende Erfahrung machen, daß mir jemandem gegenüber, dem ich bislang nur mit Übelwollen begegnen konnte, mit einemmal Wohlwollen gelingt. Oder umgekehrt: Ich entdecke, daß mich in einem Zusammenhang, wo ich stets gutwillig zu sein pflegte, plötzlich der Teufel reitet. Jemand kann bis an den Rand eines Mordes getrieben werden und dabei in den Bann eines Willens geraten, den er nicht einmal im Traum für möglich gehalten hätte. Das sind Erfahrungen, die eine Ahnung davon vermitteln, daß man über seine Wünsche und ihre mögliche Handlungswirksamkeit längst nicht alles weiß. Und natürlich gibt es auch längerfristige Beobachtungen, die mich darüber belehren können, daß es außer dem vertrauten noch einen verborgenen Willen in mir gibt. Wenn ich auf mein Tun zurückblicke, so mag ich darin ein Muster entdecken, das mich verblüfft sagen läßt: Es sieht ganz so aus, als hätte ich die ganze Zeit etwas anderes gewollt, als ich dachte. Weil uns alles, was mit dem Willen zu tun hat, im Kern trifft, können solche Entdeckungen gewaltige Erschütterungen bedeuten, sowohl angenehme als auch unangenehme. In jedem Fall zeigen sie mir, daß der Spielraum meines möglichen Wollens und damit meine Freiheit größer ist als angenommen.

Was man wollen kann: Begrenztheit als Bestimmtheit des Willens

Unser Wille entsteht nicht im luftleeren Raum. Was wir wünschen und welche unserer Wünsche handlungswirksam werden, hängt von vielen Dingen ab, die nicht in unserer Verfügungsgewalt liegen.

So hängt, was ich will, davon ab, was mir begegnet, also von den *äußeren Umständen*. Das gilt einmal für meinen kurzfristigen Willen. Was ich in einem Geschäft kaufen oder in einem Restaurant essen will, welches Buch ich lesen und welche Reise ich buchen will – das sind Dinge, die durch die Angebote bestimmt werden, die man mir macht. Was sich mir an Gelegenheiten bietet, legt den Spielraum fest, innerhalb dessen sich mein Wille bilden kann. Ähnlich ist es bei der Bildung eines längerfristigen Willens. Auch was man auf die Dauer tun und werden will, hängt davon ab, welche Angebote die Welt für einen bereithält. Man kann nur diejenigen Berufe ergreifen wollen, die es in einer Gesellschaft gibt. Jemandes beruflicher Wille wäre vielleicht ein ganz anderer gewesen, hätte es andere soziale Rollen und andere Möglichkeiten gegeben, Geld zu verdienen. Der langfristige wie der kurzfristige Wille variiert mit Variationen in den äußeren Umständen. Und so gibt es einen einfachen und klaren Sinn, in dem man sagen kann: Unser Wille hätte auch ein anderer sein können, als er tatsächlich war: vorausgesetzt nämlich, die Umstände wären andere gewesen.

Es hängt also nicht allein von uns ab, was wir wollen. *Stört uns das?* Fühlen wir uns dadurch in unserer Freiheit beschnitten? Auf den ersten Blick kann es so scheinen. Wenn ich in einem grauen, monotonen Land lebe, das von einer Mauer und von Stacheldraht umschlossen wird: Besteht meine Unfreiheit, auch meine Unfreiheit des Willens, nicht gerade darin, daß es nur so wenige Dinge zu wollen gibt? Daß ich zwar vieles wünschen, aber nur weniges wollen kann, da man das Unmögliche nur wünschen und nicht wollen kann? Kann ich nicht eine Revolution anzetteln wollen, damit der Spielraum für den Willen endlich größer wird? Sicher; doch das war nicht die Frage. Die Frage war, ob es uns stört, daß wir in unserer Willensbildung *überhaupt* von einem Spielraum von Gelegenheiten abhängen, den wir nicht selbst geschaffen haben, gleichgültig, wie groß er sein mag. Und da ist die Antwort: nein. Auch nach der Revolution kann ich nicht Beliebiges wollen, sondern nur solches, das die neue Welt als Möglichkeit enthält. Das ist einfach deshalb so, weil jede Welt eine *bestimmte* Welt ist, die in ihrer Bestimmtheit Grenzen setzt und tausend Dinge ausschließt. Und wir *brauchen* diese Bestimmtheit und diese Grenzen, damit auch unser Wille jeweils ein *bestimmter* Wille sein kann.

Nehmen wir an, was unmöglich ist: daß wir in einer Welt lebten, in der es keine Begrenzungen für unseren Willen gäbe, weil diese Welt keinerlei Bestimmtheit besäße. Auf den ersten Blick mag es scheinen, als könnte hier vollkommene Freiheit des Willens im Sinne seiner vollständigen Ungebundenheit herrschen. In Wirklichkeit gäbe es in einer Welt von derart totaler Vagheit *nichts* zu wollen, denn es gäbe nichts, nämlich nichts Bestimmtes, worauf sich ein Wille richten könnte. Wir als die Bewohner dieser Welt könnten nicht vollkommen freie, sondern müßten vollkommen willenlose Wesen sein. Deshalb *kann* uns die Bedingtheit und prinzipielle Begrenzung unseres Wollens durch die Gelegenheiten der Welt nicht stören. Denn dasjenige, an dem sie gemessen werden müßte, um uns zu stören, ist nicht *denkbar*. Die Grenzen, die dem Willen durch die Welt gezogen werden, sind kein Hindernis für die Freiheit, sondern deren Voraussetzung.

Die Welt mit ihren Angeboten legt fest, was ich zu einem gegebenen Zeitpunkt wollen kann. Der Rest liegt bei mir. Was heißt das?

Es kann viele, ganz unterschiedliche Dinge bedeuten. Was ich innerhalb des Spielraums, den mir die Umstände lassen, jeweils will, kann einmal von meinen *körperlichen Bedürfnissen* abhängen. Der Wille zu essen, ins Warme zu flüchten oder sich hinzulegen, ergibt sich aus Hunger, Frieren und Müdigkeit. Ohne diese körperlichen Empfindungen hätte ich einen solchen Willen nicht. Es können auch meine *Gefühle* sein, die darüber bestimmen, welcher Wille sich in mir bildet. Mein rücksichtsloser Wille, das brennende Haus zu verlassen, koste es, was es wolle, entspringt meiner panischen Angst vor dem Feuer. Der Wille des Opfers, seinen Peiniger zu töten, speist sich aus dem Haß. Der Wille, der mich ins Wasser springen läßt, um jemanden zu retten, entstammt dem Mitgefühl. Ohne diese Emotionen hätte ich den Willen nicht: Ich hätte nicht den Wunsch, er würde nicht handlungswirksam, und er ließe nicht die Bereitschaft entstehen, das Nötige zu tun. Auch von meiner *Geschichte* und ihrem Ergebnis, dem *Charakter*, hängt es ab, was ich unter bestimmten Umständen will. Wenn ich zu jemandem geworden bin, dem seine Erfahrungen nur dann etwas bedeuten, wenn er sie mit anderen teilen kann, werde ich unter den gleichen Umständen etwas anderes wollen als derjenige, der stets auf Abgrenzung bedacht ist. Wer durch leidvolle Erfahrung mit Veränderungen dazu gebracht wurde, ängstlich am Gewohnten festzuhalten, wird in derselben Situation etwas ganz anderes wollen als derjenige, der unter Erstarrung gelitten hat und nun nichts mehr fürchtet, als festgelegt zu werden. Und natürlich stellen seelische Verletzungen, ob erinnert oder vergessen, die Weichen für den weiteren Verlauf eines Willens. All diese Dinge geben einer Person ihr inneres Profil, das in der Begegnung mit den Umständen eher den einen als den anderen Willen zeitigt.

Stellt die Tatsache, daß ich in der Ausformung meines Willens nicht nur durch die äußeren Umstände, sondern auch die Umstände in mir selbst beeinflußt und begrenzt werde, eine Beeinträchtigung meiner Freiheit dar? Ist sie ein Grund zur Klage?

Wiederum kann es auf den ersten Blick scheinen, als sei das durchaus der Fall. Erleben wir es nicht oft genug als ärgerliche Beschränkung, daß wir unter ähnlichen Umständen immer wieder die gleiche Art von Willen entwickeln? Sind solche Wiederholungen nicht wie die Mauern eines Kerkers? Möchten wir aus dieser inneren Monotonie nicht manchmal ausbrechen und uns durch eine innere Revolution umgestalten, so daß uns als Antwort auf alte Umstände neue Formen des Willens gelingen könnten? Gewiß; doch das war, wiederum, nicht die Frage. Die Frage war, ob es uns stört, daß unser Wille *überhaupt* durch körperliche Bedürfnisse, Gefühle, Geschichte und Charakter beeinflußt und begrenzt wird. Und da ist die Antwort, wiederum: nein. Auch nach einer inneren Revolution könnte ich nicht Beliebiges wollen, sondern nur solches, das die neue innere Welt zuließe. Und das ist gut so; denn nur dadurch, daß ein Wille in einer Innenwelt mit festen Konturen verankert ist, ist er der Wille einer bestimmten Person, also überhaupt *jemandes* Wille.

Nehmen wir auch hier das Unmögliche an: daß mein Wille völlig unabhängig vom Rest meiner Innenwelt wäre. Man verstünde dann gar nicht mehr, was es heißen sollte, daß er immer noch *mein* Wille wäre. Wenn die Abhängigkeit von äußeren Umständen dafür sorgt, daß ein Wille ein bestimmter Wille ist, so sorgt die Abhängigkeit von inneren Umständen dafür, daß es ein Wille ist, der jemandem *zugehört*. Ein vollständig ungebundener Wille wäre *niemandes* Wille und also *kein* Wille. Wesen mit einem grenzenlosen Willen wären, statt eine besonders große Freiheit des Wollens zu besitzen, gänzlich willenlose Wesen, weil es an ihnen nichts gäbe, das unter die Idee des Willens fiele, welche die Idee eines notwendigerweise persönlichen Willens ist. Deshalb gilt auch hier: Die prinzipielle Bedingtheit unseres Wollens durch Geschichte und Erleben *kann* uns nicht stören; denn dasjenige, mit dem sie verglichen werden müßte, um uns zu stören, ist nicht denkbar. Und so ist die Begrenzung unseres Wollens durch etwas, was vorausgeht, wiederum kein Hindernis für die Freiheit, sondern deren Voraussetzung.

3. Die Freiheit der Entscheidung

Unsere Freiheit ist die Freiheit, uns für oder gegen etwas *entscheiden* zu können. Verfremden wir auch dieses Wort: Wovon genau sprechen wir hier? Welches sind die Erfahrungen, die in dem Wort zusammengefaßt werden?

Die Idee der Entscheidung knüpft an eine einfache und unbezweifelbare Beobachtung an: Was wir wollen, ist nicht unabhängig davon, was wir denken. Wir können mit unseren Gedanken Einfluß auf unseren Willen nehmen. Überlegend können wir am eigenen Willen arbeiten und darüber bestimmen, wie er sein soll. Zwar sprechen wir davon, daß wir uns entscheiden, etwas zu *tun*. Aber die Handlung ist Ausdruck eines Willens, und wir bereiten sie vor, indem wir den Willen durch Überlegung in eine bestimmte Richtung lenken. Dadurch üben wir Macht auf den Willen aus und werden seine Urheber. Man kann auch sagen: Wir werden in einem emphatischen Sinne sein *Subjekt*. Das Ausmaß, in dem uns das gelingt, ist das Ausmaß, in dem unser Wille Freiheit besitzt; das Ausmaß, in dem es uns mißlingt, ist das Ausmaß seiner Unfreiheit.

Instrumentelle Entscheidungen

Unsere Entscheidungen sind von verschiedenem Umfang und von unterschiedlicher Tiefe, je nachdem, wie eingeschränkt oder umfassend der Wille ist, den sie betreffen. Betrachten wir zunächst Entscheidungen, die den Mitteln zur Verwirklichung eines bereits feststehenden Willens gelten, der zur Zeit nicht in Frage steht. Ich werde sie *instrumentelle* Entscheidungen nennen. Die Frage, auf die sie antworten, lautet: Was tue ich am besten, wenn ich X will? Und die Antwort, die sich der Betreffende gibt, läßt in ihm den instrumentellen Willen entstehen, Y zu tun. Der Tennisspieler etwa bewegt sich aus dem unbefragten Willen heraus, den Punkt zu machen und das Match zu gewinnen. Wenn der Ball kommt, trifft er blitzartig eine Entscheidung, wie er ihn am besten zurückschlägt. Seine Einschätzung der Situation läßt in ihm den instrumentellen Willen entstehen, den Ball flach oder hoch, nach links oder rechts zu schlagen. Entsprechendes gilt für den Notarzt, der aus dem vorgegebenen Willen heraus handelt, den Patienten zu retten: Er wird als Folge davon, was er über die Situation denkt, den instrumentellen Willen ausbilden, das Atmungsgerät anzuschließen oder eine Spritze zu geben. Und ähnlich ist es bei den vielen unauffälligen und banalen Dingen, die wir wollen: das Licht anmachen, vom Regen ins Trockene flüchten, einem entgegenkommenden Fahrzeug ausweichen. Wir wollen diese Dinge, weil sie ein Mittel sind, um einem anderen, umfänglicheren Willen zur Verwirklichung zu verhelfen, etwa dem Willen zu arbeiten, sich nicht zu erkälten und heil ans Ziel zu kommen.

In den genannten Beispielen erleben wir unseren instrumentellen Willen nicht als etwas, das wir uns lange zurechtlegen müßten. Er stellt sich ohne Anstrengung ein, wie von selbst. Doch seine Unmittelbarkeit bedeutet nicht seine Blindheit. Auch wenn sich ein Wille aus Gewohnheit oder in zeitlicher Bedrängnis entwickelt, wird er von einer Einschätzung der Situation gelenkt und ist in diesem Sinn das Ergebnis einer Entscheidung. Seine Spontaneität besteht einfach darin, daß wir keinen ausdrücklichen Prozeß des Abwägens durchlaufen müssen, um ihn aufzubauen. Was ihn in seiner fließenden Selbstverständlichkeit entstehen läßt, ist sedimentierte Erfahrung, die wir uns nicht jedes Mal in artikulierter Form vor Augen führen müssen.

Anders ist es, wenn die Situation neu und kompliziert ist oder wenn der erforderliche Wille einen zeitlich größeren Spannungsbogen haben soll. Dann treten wir in einen Prozeß ausdrücklichen Abwägens verschiedener Möglichkeiten ein, an dessen Ende die sorgsam abgewogene Entscheidung und der langsam gereifte Entschluß steht. Doch trotz des Unterschieds in Dauer und Artikuliertheit ist das Entscheidungsgeschehen hier von der gleichen Art wie bei spontanen Entscheidungen: Wir bilden durch Überlegen einen Willen aus.

Betrachten wir eine Miniaturwelt: Schach. Ich stelle Überlegungen von aufsteigender Komplexität an: über die momentane Stellung; über meine möglichen Züge; über die möglichen Reaktionen des Gegners auf meine möglichen Züge; über das, was er über seine Möglichkeiten denkt; darüber, was er glaubt, daß ich denke; und schließlich darüber, was er mir für Gedanken über seine eigenen Gedanken zuschreibt. Am Ende, nach langer Überlegungszeit, halte ich ein Damengambit für den besten Zug. Es entsteht in mir der Wille, die schützende Figur vor der Dame wegzuziehen. Ich habe mich entschieden, und jetzt bewege ich die Hand.

Analoges gilt für instrumentelle Entscheidungen in der großen, wirklichen Welt, die ernsthafter und folgenreicher sind als im Schach. Ich möchte beispielsweise an die Macht kommen. Das ist der handlungswirksame Wunsch, der mein Tun bestimmt. Gegeben diesen Willen, mache ich eine Bestandsaufnahme meiner jetzigen Lage: Wie stark ist meine Partei, und was sind die derzeitigen Chancen, daß sie mich zum Kandidaten macht? Nun überlege ich, was ich tun könnte, um meinem Ziel näher zu kommen: Wie trickse ich meinen Parteirivalen aus? Zu was für Parolen greife ich, um die Wähler auf meine Seite zu ziehen? Anschließend male ich mir aus, wie die anderen auf meine möglichen Manöver reagieren könnten und wie sie selbst ihre Möglichkeiten einschätzen: Was macht der Rivale, wenn ich Bestechungsgerüchte über ihn in Umlauf bringe? Für wie groß hält er seine Glaubwürdigkeit? Ist er käuflich? Und schließlich frage ich mich, ob die anderen mich in meinen Machenschaften und meinem verbalen Opportunismus durchschauen werden. Am Ende steht mein instrumenteller Wille fest: Ich werde den Rivalen kaufen und den Wahlkampf mit dem Slogan der moralischen Erneuerung bestreiten. Ich habe mich entschieden, und jetzt setze ich mich in Bewegung, Richtung Bank.

Das Paradox des widerwilligen Tuns

In Frontlazaretten amputierten die Ärzte nicht selten ohne Narkose. Sie mußten die Schreie der Patienten aushalten und die feindseligen Blicke der anderen, denen sie wie Schlächter vorkamen. Die Situation verlangte ihnen eine seltene Festigkeit des Willens ab. Was sie sich, wenn sie ins Wanken gerieten, in Erinnerung rufen mußten, war der feststehende und fraglose Wille, das Leben der Verwundeten zu retten. Das ging nur, wenn sie amputierten, obwohl es keine Narkosemittel mehr gab. Also trafen sie die instrumentelle Entscheidung, den Patienten aberwitzige Schmerzen zuzufügen. Danach gab es in ihnen den instrumentellen Willen, die Säge zu führen. Es war ein schwieriger Wille, denn er verstieß gegen alles, was sie für gewöhnlich wünschten. Sie mußten sich überwinden und zwingen und sich jede Bewegung abringen. Sie empfanden einen ausgeprägten *Widerwillen* gegen das, was sie taten. Man würde sie als sadistische Monster darstellen, wenn man über sie sagte: Sie hatten den Wunsch, den Soldaten die Beine abzusägen. »Ich hab's, weiß Gott, nicht *gerne* getan«, werden sie später sagen, »es hat mir nun wirklich nicht *gefallen*.« Und doch wünschten sie es und mußten es wünschen, um diesen instrumentellen Willen zu haben, denn Wollen ist handlungswirksames Wünschen. Sie mußten also etwas leisten, was auf den ersten Blick unmöglich scheint: etwas Unerwünschtes wünschen, etwas wünschen, was sie nicht mochten, oder, wie man auch sagen kann: ein Übel wünschen. Wenn sie später, nach dem Krieg, zurückblickten, mochten sie verwirrt sagen: »All das Blut und all die entsetzlichen Schreie: Ich haßte, was ich tat, aus ganzer Seele. Wenn jemand etwas derart haßt, dann wünscht er es mit Sicherheit nicht, und wenn er es nicht wünscht, dann will er es auch nicht. Und doch tat ich es. Also wollte ich es. Also wünschte ich es doch! Wie ist das möglich?«

Die eine Möglichkeit, das Paradox aufzulösen, wäre, die Verbindung zwischen Tun und Wollen zu lockern und zu sagen: Wollen verlangt zwar Wünschen, aber Handeln verlangt nicht immer Wollen. Dann könnte man das Unerwünschte tun, ohne es wünschen zu müssen. Doch solange Wollen an Wünschen gebunden bleibt, würde das heißen: Der widerwillig Handelnde ist einer, der, weil er gegen all seine Wünsche handelt, aus keinem Willen heraus, also willenlos handelt. Doch Widerwilligkeit und Willenlosigkeit sind zwei ganz verschiedene Dinge. Widerwilliges Tun ist echtes Tun mit Urheberschaft, wenngleich widerwilliger. Willenloses Tun dagegen ist ein Tun ohne Urheber und ohne Sinn, und also ist es kein Tun.

Würde es helfen, die andere Verbindung zu lockern, diejenige zwischen Wollen und Wünschen? Etwas widerwillig zu tun, hieße dann, es willig zu tun, ohne es zu mögen. Ist das nicht genau die richtige Beschreibung für den Lazarettarzt? Wünschen gehörte dann nicht mehr notwendigerweise zum Wollen, es wäre kein wesentlicher Bestandteil mehr. Es wäre eine Frage des Zufalls, ob ein Wille auch mit einem entspre-

chenden Wunsch einhergeht oder allen Wünschen zuwiderläuft. Man könnte etwas gegen all seine Wünsche wollen und
es »aus reiner Willenskraft« heraus tun. Es wäre nun dieser
wunschlose Wille, der uns in Bewegung setzt. Das müßte dann
aber beim freudigen Tun genauso gelten wie beim widerwilligen. Wenn ich aus Sehnsucht zu jemandem reise, wäre es
nicht die Sehnsucht, die mich in Gang hält, sondern der von
ihr unabhängige, nur zufällig mit ihr zusammen auftretende
Wille. Das wäre eine Situation wie diejenige, die wir früher
erwogen haben: daß die Bewegung Ihrer Finger, wenn Sie
verbissen am Minutenwalzer üben, nicht von Ihrem Wunsch
nach Perfektion gelenkt wird, sondern von einem zusätzlichen, reinen Willen. Und der Gedanke ist hier nicht über-
zeugender als dort.

Doch müssen wir so weit gehen? Können wir nicht bei der
bisherigen Verbindung von Wollen und Wünschen bleiben,
aber einen Begriff von Wünschen zugrunde legen, der Mögen und gerne Tun nicht verlangt? Einen neutralen, sozusagen gereinigten Begriff, der von allen Obertönen des Ge-
fallens frei ist? Es wäre dann kein Problem mehr zu sagen: Die
Lazarettärzte wünschten, was sie haßten und verabscheuten.
In diesem neuen, ausgedünnten Sinn von ›wünschen‹ könnte
man alles wünschen, selbst dasjenige, gegen das man mit seinem ganzen Inneren revoltiert und dessen Abwesenheit man
– im ursprünglichen Sinne des Worts – von ganzem Herzen
wünscht. Das Paradox der Widerwilligkeit wäre verschwunden. Aber es wäre ein Pyrrhussieg. Denn die Auflösung wäre
um den Preis erkauft, daß wir jetzt mit einem Wort operier-
ten, das seinen Zusammenhang mit der ursprünglichen Sprache des Wünschens verloren hätte. Es war aber diese Sprache,
die uns zu verstehen half, was ein Wille ist. Dasjenige, was wir
vom ursprünglichen Begriff des Wünschens abgezogen hätten, würde uns nun auch beim Begriff des Willens fehlen.
Was übrig bliebe, wäre ein farbloser Begriff, in dem von der

Erfahrung des Wollens nichts mehr wiederzuerkennen wäre. Wir hätten das Thema verloren.

Doch was dann? Wir sagen: »Wer das eine will, muß das andere mögen«. Oft heißt das: Wer ein Ziel erreichen will, muß auch die Mittel wollen. Das Problem war, daß die Mittel oft nicht angenehm, also nicht wünschenswert sind. Doch nun muß man sich an eine Unterscheidung erinnern, die eine vertraute Erfahrung zum Ausdruck bringt: Man kann etwas einfach so, *um seiner selbst willen*, zu tun wünschen, und man kann etwas *als Mittel* zu tun wünschen, es also nur zu tun wünschen, weil es ein Mittel ist, um einen ursprünglichen Wunsch zu erfüllen. Denken wir an die sprichwörtliche bittere Medizin. Es ist unangenehm, sie zu schlucken, wir verziehen das Gesicht. Wir würden es nicht tun wollen, wenn wir es als etwas betrachteten, das um seiner selbst willen zu tun ist. Der bittere Geschmack ist nicht in sich wünschenswert wie der Geschmack von Schokolade, sondern abstoßend. Wenn wir das Zeug schlucken, dann deshalb, weil es Heilung verspricht, also etwas, das in sich wünschenswert ist. In diesem Licht betrachtet, wird die Medizin zu etwas, das wir durchaus zu schlucken wünschen, denn jetzt sehen wir das Schlucken als etwas, das zur Erfüllung eines ursprünglichen Wunsches beiträgt. »Das nehme ich gerne in Kauf«, sagen wir. Das Einnehmen der bitteren Substanz, könnte man sagen, besitzt jetzt eine *geborgte Wünschbarkeit*.

Manchmal verändert sich dadurch sogar das ursprüngliche Empfinden. Wenn man die Erfahrung gemacht hat, daß das Bittere die Schmerzen vertreibt, kann man es zu mögen beginnen als etwas, das Linderung verheißt. Oder stellen Sie sich vor, Ihre heimliche Liebe ist versessen darauf, Monopoly zu spielen. Bisher haben Sie dieses Spiel gehaßt. Monopoly zu spielen, war das letzte, was Sie sich wünschten. Doch an der Monopoly-Runde Ihrer Freunde teilzunehmen, ist zur Zeit die einzige Möglichkeit, das einzige Mittel, die geliebte

Person zu sehen. Sie versäumen kein einziges Treffen mehr, Sie drängen sogar darauf, daß man sich öfter trifft. »Mit einemmal scheinst du das Spiel zu mögen«, sagen die Freunde. »O ja, ich *liebe* es!« sagen Sie. Dann erfahren Sie, daß Ihre Liebe nicht auf Gegenliebe stößt. Jetzt ist Ihnen das Spiel wieder genauso verhaßt wie früher, womöglich noch mehr. Seine geborgte Wünschbarkeit ist verschwunden.

Auf dieselbe Weise löst sich auch das Paradox des amputierenden Lazarettarztes auf. Es zwingt uns weder dazu, das Handeln vom Wollen zu lösen, noch dazu, das Wollen vom gewöhnlich verstandenen Wünschen zu lösen. Es genügt zu sagen: Der Arzt wünscht die Amputation als das einzige Mittel, den Patienten zu retten. »Ich wünschte, ich hätte eine Säge«, mag er verzweifelt sagen, wenn sich keine findet. Und wenn dann doch eine auftaucht, ist er glücklich darüber, daß er nun operieren kann, und zugleich unglücklich, daß er dem Soldaten diese Schmerzen zufügen muß.

Substantielle Entscheidungen

Wenn wir uns entscheiden, nehmen wir Einfluß auf unseren Willen. Entscheiden ist Willensbildung durch Überlegen. Als Ergebnis des Nachdenkens bildet sich der Wille heraus, etwas Bestimmtes zu tun. Beim instrumentellen Entscheiden, das wir bisher besprochen haben, ging es darum, was man am besten tut und also will, um einem anderen, bereits feststehenden Willen zur Verwirklichung zu verhelfen. Dieser vorgängige, übergeordnete Wille war der unbefragte Fixpunkt der Entscheidung. Doch das ist nicht die einzige Art von Entscheidungssituation, die wir kennen. Statt zu fragen: Was tue ich am besten, wenn ich X will?, können wir auch fragen: Will ich X wirklich, und warum? Oder, in einer umfassenden

Formulierung: Was ist es eigentlich, was ich will? Wenn wir uns eine solche Frage stellen, stehen wir vor einer Entscheidung neuer Art. Es ist eine Entscheidung von größerer Tiefe als bisher, denn in ihr beschäftigen wir uns nachhaltiger und ausdrücklicher mit unserem Willen als bei einer bloß instrumentellen Entscheidung. Wir sind uns selbst auf ganz andere Weise Thema, als wenn wir uns nur fragen, wie wir am besten zum Ziel kommen. Jetzt geht es um die Substanz unseres Lebens, und ich werde solche Entscheidungen deshalb *substantielle* Entscheidungen nennen.

In einer substantiellen Entscheidung geht es stets um die Frage, welche meiner Wünsche zu einem Willen werden sollen und welche nicht. Trotz dieser Gemeinsamkeit sind substantielle Entscheidungen nicht aus einem Guß. Sie haben nicht immer dieselbe Logik, es sind nicht immer die gleichen Fähigkeiten daran beteiligt, und das innere Geschehen, das ihnen vorausgeht, ist nicht immer dasselbe. Betrachten wir zunächst Entscheidungen, die aus dem Reservoir alter, bereits bestehender Wünsche schöpfen, die mir bewußt sind in dem Sinne, daß ich über sie berichten könnte. Da gibt es zwei Fälle zu unterscheiden. Im einen handelt es sich um Wünsche, die zwar ihrem Gehalt nach miteinander verträglich sind, die aber nicht gleichzeitig erfüllt werden können. Die Entscheidung besteht darin, sie, was ihre Handlungswirksamkeit betrifft, in eine zeitliche Rangfolge zu bringen. Im kleinen Maßstab gilt das etwa, wenn Sie Ihren Tag planen. Es ist ein freier Tag, und der Beruf zwingt Ihnen nicht von vornherein eine Rangfolge Ihrer Wünsche auf. Sie möchten ausgiebig Zeitung lesen, mit den Kindern spielen, ins Schwimmbad gehen, wieder einmal richtig kochen, endlich den neuen Film ansehen, der in aller Munde ist, den Keller aufräumen und einen Freund besuchen. Seinem Gehalt nach schließt keiner dieser Wünsche die anderen aus. Es ist nicht widersprüchlich, all diese Dinge zu wünschen. Nur geht es aus zeitlichen Gründen nicht, sie alle zusammen in die Tat umzusetzen. Sie werden sich entscheiden müssen. Das bedeutet, daß Sie einige der Wünsche zurückstellen. Der Keller und der Freund müssen warten. Sollen Sie vor oder nach dem Schwimmen mit den Kindern spielen? Vor oder nach dem Essen ins Kino gehen? Sie müssen zeitliche Ordnung in Ihre Wünsche bringen. Dabei greifen Sie auf das zurück, was Sie über die Welt wissen: wann das Schwimmbad geöffnet hat, was im Kino die Anfangszeiten sind, wann die Kinder schlafen gehen. Und Sie denken an die Erfahrungen, die Sie mit sich selbst gemacht haben: wie Sie sich nach dem Schwimmen, dem Essen, dem Spielen und dem Kino in der Regel fühlen. All das zusammen ist das Spielmaterial für die Entscheidung darüber, wie dieser Tag aussehen soll. Am Ende steht eine Reihenfolge fest, und nun lassen Sie die Wünsche einen nach dem anderen wirksam werden. Und analog ist es, wenn es sich um Entscheidungen im größeren Maßstab handelt. Sollen Sie erst das Examen machen und dann ins Ausland gehen, oder umgekehrt? Muß der Kinderwunsch warten, bis Sie mit der Ausbildung fertig sind, oder wollen Sie beides auf einmal bewältigen? Wiederum geht es um die zeitliche Rangfolge Ihrer Wünsche, und wiederum wird es darauf ankommen, über sie im Lichte dessen zu entscheiden, was Sie über die Welt und sich selbst wissen.

Mit substantiellen Entscheidungen dieser Art machen Sie etwas *mit sich* und *für sich*: Sie geben der Gesamtheit Ihrer momentanen, bewußten Wünsche ein zeitliches Profil, das vorher nicht da war. In diesem Sinne sind Sie nach der Entscheidung ein anderer als vorher. Dieser gestaltende, schöpferische Aspekt des substantiellen Entscheidens wird noch deutlicher, wenn wir uns nun Entscheidungen zuwenden, die Sie treffen müssen, weil sich Ihre Wünsche dem Gehalt nach nicht miteinander vertragen. So kann es sein, daß Sie sich auf der einen Seite sehr von einer mönchischen Lebensform angezogen fühlen. Die Zurückgezogenheit, Stille und Konzentration innerhalb der Klostermauern fasziniert Sie, und wann immer Sie einen Kreuzgang sehen, denken Sie: Es wäre das Opfer wert. Dann setzen Sie sich ins Café, betrachten die Liebenden und finden: Nein, doch nicht. Und so geht es hin und her. Diesen Konflikt können Sie nicht durch zeitliche Entzerrung lösen. Sie müssen sich entscheiden, und das heißt jetzt: Sie müssen für einen der widerstreitenden Wünsche *Partei ergreifen* und den anderen ausschließen als einen Wunsch, der niemals zum Willen werden kann. Das ist etwas, das uns auch passieren kann, wenn wir vor der Berufswahl stehen. Für einige mag es ganz klar sein, daß sie ihren Weg in der Geschäftswelt machen und viel Geld verdienen wollen. Oder daß sie Schauspieler auf dem Weg zum Oscar werden wollen. Zwar gibt es da eine Menge instrumenteller Entscheidungen zu treffen, und auch um die zeitliche Staffelung untergeordneter Wünsche muß man sich kümmern. Aber der übergeordnete, alles überwölbende Wunsch steht fest und übernimmt von Beginn an die Regie. Da gibt es nicht viel zu entscheiden. Andere dagegen, die sich von Film oder Geschäft nicht weniger angezogen fühlen, haben es schwerer, denn es gibt Fragen in ihnen, die gegenläufig sind und Unsicherheit mit sich bringen: Muß es eigentlich viel Geld sein? Kann es nicht auch viel freie Zeit sein, um mich mit den Kindern zu beschäftigen, oder mit meiner Phantasie? Was will ich letzten Endes werden: ein Erfolgreicher oder einer, der sein Leben im Verborgenen lebt? Wieder ist eine Entscheidung nötig, die darin besteht, sich hinter einen der unverträglichen Wünsche zu stellen und den anderen zu einem Wunsch zu erklären, der für immer Wunsch bleiben muß und nie Wille werden kann. Und schließlich kann auch ein moralisches Dilemma eine Entscheidung dieser Größe erzwingen: Will ich ein Arzt sein, der der flehentlichen Bitte eines Todgeweihten entspricht und seinem unerträglichen Leid frühzeitig ein Ende setzt, auch wenn ich dazu das Gesetz brechen muß? Oder ist mir die Gesetzestreue das höhere Gut? Will ich jemand sein, dem die Loyalität gegenüber der Familie über alles geht, oder bin ich bereit, die Angehörigen zu verlassen, wenn ein politisches Engagement oder der Wunsch nach Selbstverwirklichung es verlangen?

Wann immer wir eine Entscheidung von diesem Umfang und dieser Tiefe fällen, machen wir etwas mit uns und für uns, das weit über die zeitliche Organisation unserer Wünsche hinausgeht: Indem wir für den einen Wunsch und gegen andere Partei ergreifen und ihn zum Willen machen, *identifizieren* wir uns mit ihm. Wir bestimmen darüber, wer und wie wir, insgesamt betrachtet, sein wollen. Wir entscheiden uns für eine bestimmte Identität. Wie machen wir das?

Die Macht der Phantasie

Es ist die Phantasie, die uns dabei hilft. Sie ist die Fähigkeit, im Inneren Möglichkeiten auszuprobieren. Wir brauchen sie bereits bei instrumentellen Entscheidungen. Man benötigt Phantasie, um gut Schach zu spielen; es kommt darauf an, sich viele mögliche Züge und Gegenzüge vorzustellen und sich versuchsweise in den Kopf des Gegners zu versetzen. Es gewinnt derjenige, der dem anderen mindestens einen Schritt voraus ist, und diesen Vorsprung verdankt er seiner größeren Einbildungskraft. So ist es bei allen instrumentellen Entscheidungen: der Erfinderische gelangt leichter ans Ziel als der Phantasielose, er versteht es besser, seinem Willen zur Verwirklichung zu verhelfen. Im Sinne der Handlungsfreiheit ist er deshalb der Freiere.

Wenn wir uns in einer substantiellen Entscheidung um unseren Willen kümmern, muß die Phantasie noch eine andere Dimension haben: Wir müssen uns vorstellen können, wie es uns in verschiedenen Situationen, die wir uns ausmalen, mit unseren Wünschen ergehen würde. Das müssen wir bereits dann wissen, wenn es um nicht mehr geht als die zeitliche Rangfolge der Wünsche. Zwar spielt dabei auch die instrumentelle Phantasie eine wichtige Rolle: Wie stelle ich es an, nach dem Schwimmen noch rechtzeitig ins Kino zu kommen? Welchen Weg und welches Fahrzeug nehme ich? Wie komme ich ohne Examen an ein Auslandsstipendium? Wie organisiere ich während der Ausbildung die Kinderbetreuung? Zusätzlich aber muß ich eine möglichst genaue Vorstellung davon haben, wie meine Empfindungen sein werden, wenn ich die eine oder andere Reihenfolge in die Erfüllung meiner Wünsche bringe, denn diese Empfindungen können zum Verschwinden der ursprünglichen und zum Entstehen neuer Wünsche führen. Mit dem Aufräumen des Kellers beginne ich besser nicht, werde ich mir vielleicht sagen, sonst ist es im Handumdrehen Abend, und außerdem werde ich danach wie üblich schlechter Laune sein, weil das Chaos wieder nicht geringer geworden ist. Auch ins Kino sollte ich nicht zu früh gehen, denn danach werde ich in einer Kneipe versacken, ich kenne mich. Wenn jetzt schon ein Kind käme – würde ich dann noch die Disziplin aufbringen, die Ausbildung zu beenden?

Wir müssen uns mit uns selbst gut auskennen, um substantielle Entscheidungen treffen zu können, die wir nicht bereuen werden. Unsere Phantasie uns selbst betreffend muß groß, verläßlich und genau sein. Noch mehr als sonst gilt das, wenn wir vor einer unumkehrbaren Entscheidung stehen, mit der wir die eine Identität wählen und uns gegen eine andere entscheiden. Es sind viele Dinge, auf die sich die Einbildungskraft da zu konzentrieren hat. Das eine sind die möglichen äußeren Umstände, in die mich eine solche Entscheidung auf die Dauer bringen würde. Ich muß mir das mönchische Leben Jahr für Jahr, Tag für Tag, Stunde für Stunde genau ausmalen, bevor ich ins Kloster gehe. Ich muß mir jeden einzelnen der vielen Verzichte vor Augen halten, die es zu leisten gäbe. Wenn ich daran denke, Schauspieler zu werden, muß ich mir all die Unsicherheiten klar machen, die damit verbunden sind, und die Tatsache, daß ich ein Leben lang darauf angewiesen wäre zu gefallen. Doch nicht nur die äußere, sondern auch die innere Zukunft muß ich in der Phantasie vorwegzunehmen versuchen. Wie werde ich es erleben, wenn ich mich jetzt, ein für allemal, für ein Dasein als Arzt entscheide? Wie werde ich, rebellisch wie ich bin, mit der strengen Hierarchie in einer Klinik zurechtkommen? Und damit, daß ich Tag für Tag mit Leiden, Krankheit und Tod zu tun habe? Oder wenn es das Dasein als Strafverteidiger ist, für das ich mich entscheide: Wie ist es mit all den Gefängnisbesuchen, die mir dann bevorstehen? Kann ich die endlosen Korridore, die schäbigen Besuchsräume und das ewige Klirren der vielen Schlüssel aushalten? Die Verzweiflung der Eingeschlossenen? Das menschliche Scheitern, das mir in grausamer Form entgegentritt? Und wenn einer wie Gauguin sich entschließt, die Familie zu verlassen, um in einem fernen Land seiner künstlerischen Leidenschaft zu leben, so wird er sich fragen: Was mache ich mit den glücklichen Erinnerungen an die Kinder und mit dem Heimweh? Es wird darauf ankommen, meine innere Gestalt zu erahnen, wie sie sich unter den zukünftigen Umständen entwickeln würde. Wiederum muß die Phantasie präzise, sogar detailversessen sein, und ich muß das Reservoir an Selbsterfahrung und Selbsterkenntnis ganz ausschöpfen. Dies letzte umso mehr, als ich mir auch die Frage nach dem Schicksal derjenigen Wünsche vorlegen muß, *gegen* die ich mich entscheide, obwohl auch sie zu einer Identität führen würden, die ich mir für mich vorstellen könnte. Sie werden ja mit meiner Entscheidung nicht einfach verlöschen. Werde ich ein gelassenes, spielerisches Verhältnis zu ihnen gewinnen können, so daß sie mich, wenn sie sich zu Wort melden, nicht quälend bedrängen, sondern eine heitere Bereicherung meiner Vorstellungswelt darstellen? Oder werden sie ihre Wucht entfalten, indem sie in mir wuchern wie ein Geschwür, mit dem Ergebnis, daß sich die Identität, die ich gegen sie gestellt habe, zersetzt und verfärbt?

All diese Fragen muß mir die Phantasie beantworten, indem sie mich in die Zukunft projiziert und als einen zukünftigen Wollenden in genau ausgemalten Situationen porträtiert. Und das ist noch nicht alles, was sie leisten kann. Sie kann mir auch helfen, Wünsche und also einen möglichen Willen zu erkennen, von denen ich bisher nichts wußte. Bisher war von Wünschen die Rede, die bewußt sind in dem Sinne, daß ich über sie berichten könnte. Daß ich, wenn ich mich entscheide, etwas mit mir und für mich mache, hieß entsprechend, daß ich mich mit meinen bewußten Wünschen beschäftige. Doch substantielle Entscheidungen, vor allem die identitätsstiftenden, sind, was ihren Umfang und ihre Tiefe anlangt, daraufhin angelegt, möglichst viele Wünsche von Gewicht zu berücksichtigen. Dazu gehören auch diejenigen Wünsche, von denen ich nicht ohne weiteres weiß, weil sie aus verdeckter Tiefe heraus wirken. Die Phantasie ist das Medium, sie ans Licht zu bringen und in eine substantielle Entscheidung einfließen zu lassen. Einige Wünsche, die hinter meinem Rükken tätig sind, kann ich an Mustern meines Tuns ablesen. Ich kann zurückblicken und erstaunt sagen: Ich hätte es nicht gedacht, aber es sieht ganz so aus, als habe ich mir trotz gegenteiliger Beteuerungen die ganze Zeit über gewünscht, alleine zu leben. Oder Kinder zu haben. Oder im Rampenlicht zu stehen. Doch es gibt auch Wünsche, namentlich solche, die ich bisher nicht wahrhaben wollte, die sich nur erschließen, wenn ich mich mit der Logik und der Drift meiner Phantasie beschäftige. Ich kann sie an der Schwerkraft und dem Gravitationszentrum der Bilder erkennen, die in mir aufsteigen. So kann ich entdecken, daß meine Tagträume offenkundig oder auf umwegige, verschämte Art davon handeln, wie es wäre, mich heimlich aus Familie und Beruf davonzuschleichen. Nicht nur halte ich mich gern stundenlang auf Bahnhöfen und Flughäfen auf, obwohl es dafür keinen praktischen Grund gibt. Ich gestehe mir ein, daß ich seit einiger Zeit in jeder Stadt, in der ich bin, nach Mansarden Ausschau halte, in denen ich mit einem Minimum an Geld leben könnte. Ich wüßte bis in jede Einzelheit hinein, wie dieses andere Leben aussehen könnte. Ich sehe mich als Kellnerin jobben, oder als Taxifahrer, gerade soviel wie unbedingt nötig, und wenn ich an die freie Zeit denke, so sehe ich mich stets mit dem Zeichenblock oder der Kamera, stets auf der Suche nach Gesichtern. Das ist es, was ich eigentlich möchte: Gesichter festhalten und in ihnen Spuren des Lebens entziffern. Immer, wenn ich mir meine Bude vorstelle, sind die Wände gepflastert mit Gesichtern. Ich wache auf, sehe Gesichter und stelle mir ein Leben vor, das dazu passen würde. Und niemand würde mich dabei stören: nicht die anderen Schwestern auf der Station, nicht die lärmenden und trotzigen Kinder zu Hause, nicht der ewig überarbeitete Mann. Allein frühstücken, allein einschlafen. Vielleicht würden dann auch die Migräneanfälle seltener. Oder ich bin ein begnadeter Pianist, ein aufsteigender Stern am Himmel der Konzertwelt, einer, der es geschafft hat. Immer öfter, wenn ich den Frack anziehen muß, stelle ich mir vor, in Jeans und abgetragenem Pullover auf die Bühne zu gehen. Und etwas ganz anderes zu spielen, als im Programmheft steht. Und es gekonnt schlecht zu spielen, so daß ein Raunen durchs Publikum geht. Bis mich niemand mehr engagiert und man mich schließlich vergißt. Keine Hotelzimmer mehr, kein Applaus, der mich langweilt. Abrechnen mit dem hektischen Ehrgeiz und dem unerträglichen Stolz der Eltern. Eine regelmäßige, unauffällige Arbeit, abends fernsehen.

Natürlich müssen solche Phantasien nicht zu einem vollständigen Bruch mit früheren Lebensentscheidungen führen.

Aber wenn ich ihnen auf die Spur komme, sie festhalte und dechiffriere, statt daß sie mich nur flüchtig, wenngleich regelmäßig streifen, kann sich meine innere Freiheit vergrößern. Es wird, auch wenn ich nicht alles umstoße, in Zukunft Entscheidungen geben, welche die anderen überraschen, weil ich ihnen plötzlich Umrisse meiner selbst zeige, die bisher nur im Verborgenen existierten.

Und das ist immer noch nicht alles, was die Phantasie vermag. Bisher war stets von alten, bereits vorhandenen Wünschen die Rede, ob bewußt oder nicht. Doch die Einbildungskraft ist auch beteiligt, wenn ganz neue Wünsche und ein neuer Wille in uns entstehen. Warum reisen wir? Weil wir uns vorstellen möchten, wer wir hätten sein können, wenn wir woanders gelebt hätten, in einem anderen Land, einem anderen Klima, einer anderen Sprache. Wir dichten uns in Gedanken um, erfinden einen anderen Willen und eine andere Identität. Und manchmal bleibt etwas davon hängen und trägt zu einer inneren Umgestaltung bei. Wieder haben wir etwas mit uns und für uns gemacht. Ähnliches gilt für unser nie versiegendes Bedürfnis nach Geschichten. Geschichten handeln stets auch vom Willen ihrer Helden. Das gibt dem Leser oder Zuschauer die Gelegenheit, sich auch für sich selbst einen anderen als den bisherigen Willen vorzustellen. Und es hilft ihm, sich zu vergegenwärtigen, welche Rückwirkungen das, was einer tut, auf das hat, was er will. Ein Stück weit erfährt das jeder am eigenen Leib. Aber wir möchten darüber immer noch mehr wissen, denn es betrifft die schlechterdings wichtigste Frage, mit der wir es zu tun bekommen: Was von alledem, was zu werden ich mir vorstellen kann, will ich letztlich sein, gegeben, daß ich nicht alles sein kann?

Die Freiheit des Willens, wie wir sie bis hierher beschrieben haben, liegt in der Größe der Phantasie und der Selbsterkenntnis.

Zu der Fähigkeit des Entscheidens, wie ich sie beschrieben habe, gehört die Fähigkeit, einen Schritt hinter sich zurückzutreten und sich selbst zum Thema zu machen. Wir können uns selbst in Gedanken gegenübertreten, Fragen an uns richten und uns zum Problem werden. Der innere Abstand zu uns selbst, der dadurch entsteht, ist nichts Geheimnisvolles. Wir spalten uns damit nicht auf rätselhafte Weise auf und werden zwei. Es ist einfach so, daß sich unser Nachdenken auf viele, ganz unterschiedliche Gegenstände richten kann, und dazu gehören wir selbst. Mysteriös wäre das nur, wenn wir Grund zu der Annahme hätten, daß Gedanken nur etwas betreffen können, was von ihrem Urheber verschieden ist. Doch einen solchen Grund gibt es nicht. Wir können über uns selbst als Handelnde, Denkende und Wünschende nachdenken. Und nicht nur durch Denken können wir eine Distanz zu uns selbst aufbauen. Wir können uns selbst auch wünschend zum Thema werden. Ich kann nicht nur Gedanken zweiter Ordnung über meine ursprünglichen Gedanken entwickeln, sondern auch Wünsche zweiter Ordnung über meine ursprünglichen Wünsche. Ich kann mich nicht nur denkend fragen, was mit meinen Gedanken und Meinungen ist, ich kann mir auch wünschen, einen bestimmten Wunsch und Willen zu haben oder nicht zu haben. Auch diese Fähigkeit ist eine Voraussetzung dafür, daß wir die Freiheit der Entscheidung haben und daß wir im Sinne dieser Freiheit Urheber unseres Willens und seine Subjekte sind.

Kritischer, bewertender Abstand zu uns selbst ist etwas, das bereits bei instrumentellen Entscheidungen eine wichtige Rolle spielt. Beschäftigt mich die Frage, was ich am besten tue, wenn ich X will, so stelle ich Überlegungen zu den Mitteln an, die ich kritisch betrachten und wieder verwerfen kann.

Zwar wird es Gelegenheiten geben, wo mir dazu die Zeit fehlt, wie etwa während eines Wettkampfs oder in einer brenzligen Verkehrssituation. Oft aber gehört es zum Entscheiden, daß man seine ersten Ideen überprüft und sich etwa auch in Erinnerung ruft, was die Fehler sind, zu denen man neigt. Der kritische, distanzierte Umgang mit den eigenen Gedanken und der eigenen instrumentellen Phantasie ist eine Facette unserer Freiheit. Eine andere Facette ist der kritische Abstand, den wir zu unseren Wünschen einnehmen können. Ob es sich um die zeitliche Rangfolge bei verträglichen oder um die Parteinahme bei unverträglichen Wünschen handelt, stets sind mir die Wünsche als etwas Thema, dem ich nicht distanzlos ausgeliefert bin. Ich kann einen Schritt hinter sie zurücktreten, sie ordnen und im Lichte höherstufiger Wünsche bewerten, gutheißen oder ablehnen. Könnten wir diese Art von Abstand zu unseren Wünschen nicht aufbauen, so wüßten wir nicht, was eine substantielle Entscheidung ist.

Doch der Abstand zu uns selbst ist nur die eine Seite des Entscheidens. Die andere besteht darin, daß wir den Abstand wieder aufgeben und uns *engagieren*. Wenn ich die Vorschläge, die mir die instrumentelle Phantasie macht, geprüft habe, folge ich schließlich dem einen von ihnen, ich lasse den entsprechenden Willen entstehen und vollziehe die Handlung. Ich gebe mir, wie wir zu sagen pflegen, einen Ruck. Jetzt stehe ich nicht mehr als Prüfender neben mir, sondern gehe in meinem Wollen und Tun auf. Entsprechend bei substantiellen Entscheidungen: Wenn ich in der Phantasie den Raum der Möglichkeiten ausgeschritten habe, gebe ich die kritische Distanz auf und überlasse mich dem bevorzugten Wunsch und seiner Erfüllung durch die Handlung. In pointierter Form können wir das beobachten, wenn zwei lange verfeindete Staatsmänner sich am Ende entschließen, sich die Hand zu reichen. Es hatte lange Jahre gedauert, bis Itzhak Rabin und Arafat sich entschlossen, Frieden zu schließen. Ihr Wille, der instrumentelle ebenso wie der substantielle, waren immer von neuem einer Prüfung unterzogen worden. Schließlich standen sie sich vor aller Augen gegenüber. Jetzt galt es, die Distanz aufzugeben und sich zu engagieren. Arafat streckte die Hand aus. Rabin zögerte, und für Wochen war dieses Zögern in Israel Gesprächsthema. Schließlich überwand auch er den inneren und äußeren Abstand und schlug ein. Er hatte sich engagiert.

Diese Preisgabe des vorherigen Abstands gehört nicht weniger zum Phänomen des Entscheidens als der Abstand selbst. Wenn wir stets alles in der Schwebe hielten, käme es nie dazu, daß unsere Wünsche handlungswirksam werden. Wir blieben ewige Beobachter von uns selbst, die unbeweglich auf einem inneren Hochsitz verharrten. Und das wäre kein Zustand der Freiheit.

Die Offenheit der Zukunft

Es gehört zur Erfahrung des Entscheidens, daß wir die Zukunft unseres Wollens und Tuns als offen erleben. Es gibt, so denken wir vor einer Entscheidung, ganz Verschiedenes, was wir wollen und tun könnten. Die Linie, die wir mit unserem Leben auf der Oberfläche der Erde beschreiben, kann von jedem gegenwärtigen Moment aus ganz unterschiedliche Wendungen nehmen. Es liegt bei uns, wir haben es in der Hand, wie sie am Ende aussehen wird. Darin liegt unsere Freiheit. Wäre die Vorbereitung einer Entscheidung eingefaßt in das Bewußtsein, daß ich nur den einen, einzigen Willen haben und im Handeln nur den einen Weg einschlagen kann, so hätten wir gar nicht das Gefühl, eine Entscheidung treffen zu können. Und damit hätten wir auch nicht das Gefühl, Urheber unseres Willens und Subjekt unseres Lebens zu sein.

Wie können wir diese Erfahrung der Offenheit verstehen, wo doch alles, was wir wollen und tun, von Bedingungen abhängt? Nehmen wir an, Sie stehen vor einer schwierigen, lebensbestimmenden Entscheidung, etwa der Frage, ob Sie Ihre Heimat, in der die politischen Verhältnisse für Sie bedrohlich geworden sind, verlassen und auswandern sollen oder ob es besser ist, Ihrem Land treu zu bleiben und gegen die feindlichen Mächte zu kämpfen, indem Sie in den organisierten Widerstand gehen. Die Dinge, die es zu bedenken gibt, sind zahlreich, und außerdem sind sie miteinander verflochten. Einmal ist da die Sicherheit. Dann die Wahl des fremden Landes: Wie ist es mit der Sprache und den Chancen, daß Sie dort in Ihrem Beruf arbeiten können? Noch wichtiger mögen Ihnen die moralischen Fragen sein: Darf man sein Land in einer solchen Situation im Stich lassen, oder ist man ihm das Opfer der eigenen Sicherheit schuldig? Gibt es das überhaupt: einem Land etwas schuldig sein? Wie ist zwischen der Verpflichtung dem Land und der Verpflichtung sich selbst gegenüber abzuwägen? Was werden die Freunde, die längst im Widerstand sind, denken? Sind Sie für die anderen ein Feigling, wenn Sie jetzt gehen? Sind Sie es für sich selbst? Wie würden Sie am neuen Ort mit diesen Empfindungen leben?

Sie sind hin- und hergerissen, die Qual der Entscheidung raubt Ihnen den Schlaf. Es ist eine Qual, weil Sie wissen, daß Sie, Sie allein es sind, der darüber bestimmt, welchen Weg Sie gehen werden. Manchmal wünschten Sie, jemand nähme Sie bei der Hand, enthöbe Sie der Entscheidung, löschte in Ihnen die Freiheit aus und bestimmte von außen darüber, wie Ihr Wille sein und in welche Handlung er münden wird. In solchen Augenblicken verfluchen Sie Ihre Freiheit und stellen sich ihren Verlust als Erlösung vor. Doch der Gedanke ist eine Selbsttäuschung, die keinen Bestand hat; sie ist bloß etwas, auf dem Sie sich für einen Moment ausruhen können. Das zeigte sich sofort und mit Heftigkeit, wenn da wirklich jemand wäre, der Ihnen die Freiheit raubte, indem er Sie daran hinderte, überlegend auf Ihren Willen Einfluß zu nehmen. Sofort wären Sie hellwach und würden sich mit aller Macht zur Wehr setzen. Mit allen Mittel würden Sie für das kämpfen, was Sie eben noch los sein wollten: die Qual der Freiheit. Denn es ist diese Qual, die Sie brauchen, um sich als Subjekt zu erfahren, als einen, der Urheber seines Willens ist.

Schließlich sitzen Sie am Bahnhof auf Ihrem Koffer. Es geht Ihnen, wie es Ihnen in den vergangenen Tagen stets gegangen ist, wenn Sie den Koffer packten, nur um ihn eine Stunde später wieder auszupacken: Sie denken daran, daß Sie Ihre Entscheidung, oder was eine zu sein schien, noch widerrufen können. Auch jetzt ist die Zukunft noch offen. Alles hängt davon ab, was Ihnen bis zur Abfahrt des Zuges noch durch den Kopf gehen wird und ob es Ihren Willen noch umzudrehen vermag. Sie kaufen ein letztes Mal die Lokalzeitung. Das Titelbild ist das Bild einer Deportation. Sie werfen die Zeitung weg und setzen sich erneut auf den Koffer, entschlossener denn je. Da erscheint auf dem gegenüberliegenden Bahnsteig Ihr ältester Freund, der von Beginn an im Widerstand war und sein Leben mehr als einmal riskiert hat. Eine Welle von Scham überspült Sie, Sie nehmen den Koffer und fliehen aus dem Bahnhof. Sie sind dem Freund dankbar, er hat Sie vor einer falschen Entscheidung bewahrt. Und Sie sind heilfroh darüber, daß die Zukunft für uns jederzeit offen ist: daß Sie mit Ihrer Scham der Urheber Ihres Willens sein können, nun doch zu bleiben. Noch heute werden Sie mit den Leuten vom Widerstand Verbindung aufnehmen. Entschlossen treten Sie den Heimweg an. Als Sie um die Ecke biegen, kommen Ihnen Schergen des neuen, blutigen Regimes entgegen. Starr vor Angst lassen Sie sie vorbeigehen. Ein paar Minuten später sitzen Sie im Zug. Und wieder sind Sie dankbar für die Offenheit der Zukunft.

Wir können an Ihrer Erfahrung drei Komponenten ablesen, die sich dadurch, daß sie ineinandergreifen, zur Erfahrung der Offenheit verdichten. Die eine ist die Erfahrung des Entscheidens überhaupt: Sie sind es, der durch sein Überlegen und seine Phantasie darüber bestimmt, ob Sie gehen oder bleiben. Das, wofür Sie dankbar sind, ist diese Möglichkeit, in die Bildung Ihres Willens einzugreifen. Sie sind froh darüber, daß Sie der Bildung Ihres Willens nicht ohnmächtig zusehen müssen, daß Sie nicht einfach der Spielball eines launischen Willens sind, der macht, was er will, der kommt und geht, wie es ihm gerade paßt, und auch nicht das Opfer eines opportunistischen Willens, der nur auf den kurzfristigen Vorteil schielt. Sie sind froh darüber, daß Ihre Gedanken an den Freund und sein Urteil Ihrem Willen eine andere Richtung geben und Sie in Bewegung setzen konnten und daß dasselbe noch einmal möglich war, als Sie daran dachten, wie es sein würde, den Handlangern der neuen, grausamen Macht in die Hände zu fallen. Es wäre furchtbar, denken Sie, während der Zug Sie fortträgt, wenn es anders eingerichtet wäre: wenn das, was man denkt und sich vorstellt, keinerlei Einfluß auf den Willen hätte, wenn es kraft- und wirkungslos durch einen hindurchzöge wie Filmbilder, die auf der Leinwand keinerlei Spuren hinterlassen.

Froh sind Sie, zweitens, darüber, daß Entscheidungen widerrufbar sind, oder genauer: daß die eine durch eine nächste, gegenteilige, abgelöst werden kann. Sie hatten sich entschieden zu fahren, dieser entschiedene Wille hatte Sie zum Bahnhof getrieben und würde Sie schließlich einsteigen lassen. Doch damit waren Sie nicht blind für die anderen Möglichkeiten geworden. Sie waren froh, daß das Abwägen endlich zu Ende war; erschöpft starrten Sie mit leerem Blick auf die Geleise. Doch das Erscheinen des Freundes durchbrach die erschöpfte Ruhe und holte Sie zurück in den Fluß des Überlegens. Solange wir überlegen und uns Alternativen vorstellen, ist die Willensbildung nicht abgeschlossen, das Vorstellen ist ein Vorgang, der den Willen immer von neuem verändern kann. Deshalb ist es wahr, wenn wir denken: Jetzt, während ich an die Alternativen denke, ist noch nichts festgelegt. Selbst dieser abstrakte Gedanke kann, wenn er Ihnen durch den Kopf gehen sollte, seine Wirkung tun. Vielleicht bringt er Ihnen in Erinnerung, daß auch das Klopfen der Räder, obwohl es sich in seiner Monotonie endgültig anhört, nicht alles zu besiegeln braucht: Sie können bei der nächsten Station aussteigen. Sie atmen auf und denken: Es wäre entsetzlich, wenn es anders wäre: wenn wir, was eine bestimmte Sache betrifft, nur ein einziges Mal entscheiden dürften und danach in unserer Wahl eingefroren würden; oder wenn uns überhaupt nur eine begrenzte Anzahl von Entscheidungen gewährt würde, die wir sparsam auf das ganze Leben verteilen müßten, so daß zwischen ihnen längere Zeitspannen lägen, in denen wir nur ohnmächtig zusehen könnten, wie sich die Konsequenzen der letzten Entscheidung unerbittlich entfalten. Es wäre die Hölle.

Daß jeder Gedanke, der mich streift, auch derjenige an die Offenheit der Zukunft selbst, die Zukunft meines Wollens und Tuns verändern kann, macht schließlich eine dritte Facette der Offenheit aus: Es ist uns unmöglich, im voraus abschließend zu wissen, was wir wollen und tun werden. Nicht deshalb, weil vieles an unserem Willen im dunkeln liegt und uns überraschen kann (obwohl auch das wahr ist). Der Grund ist vielmehr der, daß der jeweils letzte Gedanke, in dem uns das vermeintlich abschließende Wissen vor Augen steht, durch sein Auftreten einen Willen hervorbringen kann, der dieses Wissen Lügen straft. Mein Wissen über meinen Willen und darüber, welchen Weg er zu nehmen pflegt, kann in meine Entscheidung einfließen und ihn gegenläufig lenken. Vielleicht geht Ihnen, während die Landschaft draußen an Ihnen vorbeizieht, durch den Kopf: »Das ist wieder einmal typisch für mich: Es war schon immer das Bedürfnis nach Sicherheit, das am Ende den Ausschlag gegeben hat. Am Ende ist es immer meine Feigheit, die siegt. Ich werde nicht umkehren, ich bin einer, der jetzt nicht umkehren kann«. Bitter verbeißen Sie sich in diesen Gedanken. Und an der nächsten Station steigen Sie aus.

Unsere Erfahrung von Zukunft wäre eine ganz andere, als sie tatsächlich ist, wenn all dies nicht gelten würde. Es wäre die Erfahrung einer verbauten, zugemauerten Zukunft. Zukunft wäre nicht mehr als die spätere Zeit, später als die Gegenwart. Wir würden die Zeit insgesamt nicht als fließend erleben, nicht als eine Bewegung des Aufbruchs, die von der Neugierde auf uns selbst geprägt ist, sondern als eine statische, leblose, langweilige Dimension, in der man nicht anders könnte, als sich dem längst Bekannten und Unausweichlichen zu fügen. Denn daß die Zeit fließt, das ist – neben dem kaleidoskopischen Wechsel der Wahrnehmungen und Erinnerungen – die Erfahrung, daß wir immer von neuem in unseren Willen eingreifen und ihn den allerneuesten Entwicklungen anpassen können, seien es Entwicklungen draußen oder in uns selbst. Es ist die Erfahrung der Plastizität und Wandelbarkeit des Willens, die Erfahrung, daß er stets im Fluß ist. Wäre er plötzlich eingefroren und unserem Einfluß entzogen, so käme auch die erlebte Zeit zum Stillstand. Sie säßen dann am Zugfenster, Ihre Aufmerksamkeit richtete sich abwechselnd nach außen auf die vorbeihuschende Landschaft und nach innen auf den Freund und die grobschlächtigen Gesichter der uniformierten Marionetten; es gäbe da immer noch Zeit im Sinne von Abfolge und Veränderung, aber es wäre eine Zeit, die mit Ihnen nichts zu tun hätte und an Ihnen vorbeiliefe, denn Ihr erstarrter Wille wäre unerreichbar für alle Veränderung, so daß Sie in dem, was Sie zu einem entscheidungsfähigen Subjekt macht, an der zeitlichen Ausbreitung der Ereignisse gar nicht Teil hätten. Es könnte nicht geschehen, daß Sie es sich anders überlegten und wieder ausstiegen, denn alles, was

Sie denken, würde an ihrem verhärteten, unberührbaren Willen abprallen. Deshalb könnten Sie es nicht so erleben, daß Sie in eine Zukunft hineinführen; die Erfahrung von Zeit wäre auf das karge Erlebnis eines Nacheinander, eines Früher und Später, reduziert.

»Ich könnte auch etwas anderes wollen«

Die Freiheit unseres Willens, so denken wir, besteht darin, daß wir auch etwas anderes wollen könnten, als wir tatsächlich wollen. Das ist es, was wir d'Holbachs Bild, angewandt auf den Willen, entgegensetzen möchten: Unser Wille, so möchten wir protestieren, kann nicht nur einen einzigen Weg nehmen, sondern mehrere. Er ist kein *starrer* Wille, der sich auf eine bestimmte Weise entwickelt, komme, was wolle. Er kann *variieren*, und darin liegt seine Freiheit. Und das stimmt auch. Aber es kommt darauf an, den Gedanken richtig zu lesen und vor Mißverständnissen zu schützen.

Der einen Lesart sind wir im zweiten Kapitel bereits begegnet: Unser Wille könnte ein anderer sein, als er tatsächlich ist, wenn die Umstände, unter denen er entstanden ist, andere wären, als sie tatsächlich sind. Wir haben dort gesehen: Jeder Wille braucht innere und äußere Umstände, die ihn bedingen, um überhaupt ein bestimmter Wille zu sein. Daraus folgt: Mit einer Variation der Umstände würde auch der Gehalt des Willens variieren.

Doch diese pauschale Variation zwischen Umständen und Inhalt des Willens ist es nicht, was wir im Auge haben, wenn wir von der Freiheit des Willens sprechen, indem wir triumphierend sagen: »Ich könnte auch etwas anderes wollen!« Doch was ist es dann? Es ist etwas, das dem Grundgedanken des Entscheidens entspricht, wie wir ihn bisher entwickelt haben: daß wir durch Überlegen und Urteilen darüber bestimmen, was wir wollen. *Die Freiheit des Willens liegt darin, daß er auf ganz bestimmte Weise bedingt ist: durch unser Denken und Urteilen.* Der triumphierende Ausruf ist deshalb so zu lesen: »Ich könnte auch etwas anderes wollen, *wenn ich anders urteilte*!« Es ist die ganz bestimmte Variation zwischen Urteil und Willen, in der die Freiheit besteht.

Nehmen wir wieder an, Sie sind der Emigrant, der zwischen Fliehen und Bleiben hin- und hergerissen ist. Es könnte sein, daß Sie nicht allein sind, während Sie am Bahnhof auf den Zug warten. Frau und Kinder sind bei Ihnen, Sie haben sich entschieden, mit der ganzen Familie auszuwandern. Wiederum war es eine Qual, sich zu einem Entschluß durchzuringen. Den Ausschlag gegeben hat die Frage der Sicherheit, die jetzt nicht nur Sie selbst, sondern auch die Angehörigen betrifft. Wenn Sie keine Familie hätten, denken Sie, wäre alles klar: Sie wären längst in den Widerstand gegangen, Sicherheit hin oder her. Doch so einfach ist es jetzt nicht: Wie wägt man ab zwischen der Verpflichtung dem Land und der Verpflichtung der Familie gegenüber? Nacht für Nacht haben Sie damit verbracht, sich das eine, dann das andere und dann wieder das eine auszumalen. Sie sind den verschlungenen Pfaden Ihrer Phantasie gefolgt, und das, was Sie von den Phantasien Ihrer Frau und der Kinder wußten, war Teil Ihres Gedankenspiels. Die Frage, die schließlich am meisten Schwerkraft entwickelte, war: Könnten Sie damit leben, daß Frau und Kinder eines Tages abgeholt würden, während Sie für den Widerstand unterwegs wären? Wann immer Sie das fordernde Gesicht Ihres ledigen, kompromißlosen Freundes vor sich sahen, schoben sich – und Sie erlebten es als ein Sichstemmen gegen seinen Anspruch – Bilder von Deportationen darüber, Bilder, die schließlich den Sieg über die Angst vor der Feigheit davontrugen.

Was Sie als Ihre Freiheit erleben, ist, daß Sie am Ende dasjenige wollen, was in Ihrem Urteil überwiegt – daß Ihr Wille Ihrem Urteil gehorcht. »Ich hätte auch etwas anderes wollen können«, mögen Sie sich später im Zug sagen. Und nun ist es entscheidend nicht zu übersehen, *daß es einen verschwiegenen Zusatz gibt*: »wenn ich anders geurteilt hätte«. Die Freiheit, derer Sie sich durch Ihre inneren Worte versichern, ist die Tatsache, daß Sie die Macht besitzen, dasjenige zu wollen, was Sie für richtig halten.

Ganz deutlich kann Ihnen das werden, wenn Sie die inneren Worte ausdrücklich *ohne* den Zusatz lesen, der auf Ihr Urteil verweist. Pointiert lauten sie dann so: »Ich hätte auch etwas *ganz* anderes wollen können – *einfach so*«. Jetzt ist davon die Rede, daß Ihr Wille *völlig unabhängig von Ihrem Urteil* einmal so sein kann und einmal anders. Wie wäre das für Sie? Es wäre ein *Alptraum*, denn es hieße, daß Ihr Wille seinen launischen Weg nimmt, ganz gleich, was Sie denken. Es könnte nun sein, daß Sie fliehen wollen, obwohl Ihnen das Gewissen rät zu bleiben, und es könnte sein, daß Sie bleiben wollen, obwohl Ihnen die Sorge um die Familie rät zu fliehen. Als Denkender und Urteilender hätten Sie keinerlei Macht über Ihren Willen, und das wäre das *Gegenteil* von Willensfreiheit.

Wenn bisher von Freiheit die Rede war, ging es stets um einen Spielraum von Möglichkeiten – darum, daß einer auch etwas anderes tun und wollen könnte, als er tatsächlich tut und will. Lange sah es so aus, als müßte eine Einengung dieses Spielraums eine Beschneidung der Freiheit bedeuten, und die Einschränkung auf eine einzige Möglichkeit schien einer Vernichtung der Freiheit gleichzukommen. Nun sehen wir, daß es, wenn wir nur genau genug hinsehen, keineswegs so ist. Zwar bleibt es dabei, daß eine Einschränkung von Bewegungsspielraum im buchstäblichen Sinne eine Verringerung von Handlungsfreiheit bedeutet, weil die Verwirklichung des Willens beeinträchtigt wird. Doch die Freiheit des Willens, das zeigt unser Beispiel, bedeutet nicht seine vollständige Ungebundenheit. Es macht die Freiheit eines Willens aus, daß er auf bestimmte Weise gebunden ist. Es liegt in der Natur von Entscheidungen, daß sie den Willen binden. Als Sie wach lagen und darauf warteten, daß Sie zu einer Entscheidung kämen, ging es darum, Ihren schwankenden Willen zum Stillstand zu bringen und durch Gründe zu binden, die sich dadurch, daß sie die eine Bindung statt einer anderen herbeiführten, als die stärkeren Gründe erweisen würden. Indem Sie es am Ende zuließen, daß es die Sorge um die Familie war, die Ihren Willen band, übten Sie die Freiheit der Entscheidung aus. Hätte es endlos gedauert, so daß Ihnen schließlich die äußeren Ereignisse das Heft aus der Hand genommen hätten, wäre Ihre Freiheit verspielt worden. Die scheinbare Freiheit eines Willens, der sich bis zuletzt jeder Festlegung entzieht, ist in Wirklichkeit keine. Wankelmut und Unentschlossenheit können uns die Freiheit verbauen. Unfrei wären Sie auch gewesen, wenn sich gegen Morgen ein Wille Bahn gebrochen hätte, der für Gründe nicht mehr empfänglich war. Wenn Sie frei waren, dann deshalb, weil Sie eine substantielle Entscheidung herbeiführten, indem Sie für die Sorge um die Familie Partei ergriffen und die Loyalitätsempfindungen dem Freund und dem Land gegenüber zurückstellten.

»Ich kann nicht anders!« Das sind Worte, die dem ersten Anschein nach nur Unfreiheit bedeuten können, denn sie widersprechen der Formel, daß der Freie stets auch anders kann. Doch der Anschein trügt: Sie können *beides* bedeuten, Unfreiheit *und* Freiheit. Wenn die Botschaft Unfreiheit ist, dann bedeuten sie: »Ich kann nichts anderes wollen, *obwohl mir mein Urteil etwas anderes rät.*« Was ich hier beklage, ist nicht, daß ich nicht etwas *Beliebiges anderes* wollen kann, sondern etwas *Bestimmtes* anderes: dasjenige, was mir mein Urteil rät. Der Klang der Unbestimmtheit, den die Worte ›anders‹ oder ›etwas anderes‹ mit sich führen, kann eine Falle sein. Sie lassen an einen Spielraum der Beliebigkeit denken, wo in Wirklichkeit eine ganz bestimmte Alternative gemeint ist: ein Wollen und Tun, das sich dem Urteil über das Richtige fügt. Die Unfreiheit, von der hier die Rede ist, wird uns im nächsten Kapitel beschäftigen.

Und nun der freiheitliche Sinn der Worte. Wiederum sind Sie auf dem Bahnsteig mit dem entschiedenen Willen zu fliehen. Jetzt erscheint der Freund auf dem Bahnsteig, und sein Gesicht versteinert, als er Sie sieht und Ihren Willen erkennt. »Entschuldige«, sagen Sie, *»aber ich kann nicht anders.«* »Du bist ein freier Mann«, preßt der Freund tonlos hervor. »Ja, eben, gerade deswegen«, sagen Sie und spüren, wie diese Worte den Entschluß endgültig besiegeln.

Was Sie gesagt haben, ist dieses: »Ich bin zu dem Urteil gelangt, daß es besser ist zu gehen als zu bleiben. Mein Wille fügt sich diesem Urteil. Darin liegt meine Freiheit. Und ich *möchte* nicht, daß mein Wille meinem Urteil trotzen und ein anderer sein könnte. Denn das würde Unfreiheit bedeuten. *Nicht* etwas anderes wollen zu können als das, was man für richtig hält – darin liegt die verläßliche Freiheit der Entscheidung.« Was Ihrem Willen im Angesicht des Freundes Festigkeit verleiht, ist nicht Starrsinn, sondern das wohlabgewogene Gewicht Ihrer Gründe. Das weiß der Freund nur zu gut. Wenn er wortlos weggeht, dann nicht deshalb, weil er Sie als einen Unbelehrbaren verachtete, sondern weil er wütend über die Freiheit ist, die er gezwungen ist, an Ihnen zu respektieren. Ihm ist klar, daß Sie nicht einer bedauernswerten Unfähigkeit Ausdruck verleihen, wenn Sie sagen: »Ich kann nicht anders!«, sondern einem entschiedenen Willen, den Sie ihm als etwas entgegenhalten, in dem Ihre Freiheit zum Ausdruck kommt.

4. Erfahrungen der Unfreiheit

Der Getriebene

Sie werden das kennen: Man ist soeben in einer lebendigen, farbigen Stadt angekommen, hat sich im Hotel frisch gemacht und tritt nun erwartungsvoll auf den Corso hinaus. Man läßt sich von der Menschenmenge, den Geräuschen und Gerüchen verschlucken. Man läßt sich treiben, irgendwohin. Nichts spielt eine Rolle, außer dem glücklichen Gefühl, nichts planen, nichts entscheiden, nichts denken zu müssen. Wenn man etwas nicht vermißt, ist es die Last des Entscheidens. Und man vermißt auch die Freiheit nicht, die im Entscheiden liegt. Man vermißt sie überhaupt nicht. Wenn es nur immer so wäre, mag man sich sagen.

Doch man täuschte sich, wenn man es sich sagte, denn man würde den besonderen Geschmack dieser Erfahrung verkennen. Sie ist, was sie ist, nur dank der Gewißheit, daß wir den Faden des Entscheidens jederzeit wieder aufnehmen und fortspinnen können. Dieses Bewußtsein zieht sich wie ein Hintergrundton, eine Fermate, durch die glückliche Erfahrung. Wir lassen die Freiheit nur ruhen, wir haben sie eingeklammert und aufgeschoben, nicht für alle Zukunft preisgegeben. So ist es auch mit dem Abstand zu uns selbst. Wir genießen es, einmal nicht über uns wachen zu müssen, weder was unsere Wünsche noch was die Mittel zu ihrer Erfüllung betrifft. Wir dürfen uns selbst vergessen. Für einmal sind nicht wir es, die etwas mit uns machen, sondern die Welt. Wir sind nahezu willenlos, wie wir da den Corso hinuntertreiben, und obgleich unsere Bewegungen die typische Innenseite eines Tuns besitzen, sind die wenigsten von ihnen im vollen Sinne Handlungen. Sich einmal für eine Weile bewegen, ohne einen Willen zu verwirklichen – auch das genießen wir. Doch wir können es nur deshalb genießen, weil wir in jeder Sekunde wissen, wie es wäre, die entschiedene Regie über die Bewegungen zurückzugewinnen. Unsere Selbstvergessenheit beglückt uns, weil wir sie als etwas Vorübergehendes erleben, als etwas, das uns verfügbar bleibt.

Und es ist nicht nur ihr Ende, das wir in der Hand behalten. Auch der Anfang ist etwas, das wir selbst setzen. Wiederum wäre die Erfahrung nicht die, die sie ist, wenn ihr die Erinnerung daran fehlte, daß es eine Entscheidung war, die uns in diesen gelösten Zustand hatte gleiten lassen. Auch mitten im kochenden Trubel vergessen wir niemals, daß wir es so wollten. Wir haben, als wir das Hotel verließen, etwas mit uns gemacht, das wie ein Widerspruch klingt, aber keiner ist: Wir haben beschlossen, für eine Weile nichts zu beschließen. Widersprüchlich wäre das nur, wenn es hieße – und das wäre der Inbegriff eines verkrampften Bewußtseins –, sich in jedem Augenblick erneut gegen das Entscheiden zu entscheiden. Der ununterbrochene Vollzug dieser Entscheidung würde dafür sorgen, daß sie niemals wirksam werden könnte. Es wäre eine Entscheidung, die sich ständig selbst im Weg stünde und sich jedesmal, wenn sie getroffen würde, gerade durch dieses Treffen sofort aufhöbe und durchstriche. Doch unser Entschluß, uns ganz dem bunten Treiben zu überlassen, ist nicht in dieser Weise paradox. Was wir mit uns machen, ist etwas ganz Einfaches, das wir in tausend Variationen kennen: Wir beschließen, uns in eine Situation zu begeben, in der, wie wir wissen, etwas Bestimmtes mit uns geschehen wird. So verfahren wir, wenn wir ins Konzert und ins Kino gehen oder ans Meer fahren. Wir möchten in einen bestimmten Zustand geraten. Und auf dem Corso ist es eine Gemütsverfassung, in der wir alles loslassen und zum Spielball von Lichtern, Geräuschen und Gerüchen werden.

Machen wir nun ein Gedankenexperiment und stellen uns vor, wir trieben dahin, ohne daß dieser gelöste, ausgelassene Zustand eingerahmt wäre vom Bewußtsein, jederzeit wieder die Regie übernehmen und die Freiheit der Entscheidung ausüben zu können. Wir können es uns so denken, daß die verschiedenen Facetten dieses Bewußtseins nacheinander verlöschen. Was als erstes ausbleicht, ist die Erinnerung daran, daß wir es so wollten. Zuerst vergessen wir den erwartungsvollen, von Vorfreude begleiteten Entschluß, uns für eine Weile gehen zu lassen. Da war irgend etwas, denken wir mühsam, aber wir bekommen es nicht mehr zu fassen. Dann erlischt auch diese vage Erinnerung. Jetzt ist es, als wäre es immer so gewesen, als würden wir seit jeher einfach so dahintreiben. Noch aber wissen wir um die Möglichkeit aufzutauchen und uns um einen entschiedenen Willen zu kümmern. Wir haben nicht die Fähigkeit insgesamt vergessen, sondern nur ihre frühere Ausübung. Noch sind wir also im gewohnten Sinne ein Subjekt, das in der Lage ist, einen Schritt hinter sich selbst zurückzutreten und sich zum Thema zu machen. Doch nun zerbröckelt auch diese Fähigkeit. Es gelingt uns nicht mehr, einen kritischen Abstand zu unseren Wünschen aufzubauen. Am Anfang begleitet uns vielleicht noch das Gefühl, daß wir im Begriff sind, etwas Kostbares zu verlieren, aber es wird mehr und mehr zu einem verwischten Gefühl, das schließlich ganz im Vergessen versinkt. Damit haben wir uns als Subjekt von substantiellen Entscheidungen verloren. Was wir noch können, ist, über die Wahl unserer Mittel nachzudenken. Doch auch dieser Abstand zu uns selbst wird kleiner und kleiner und verschwindet am Ende ganz. Einen Willen, der in Handlungen mündet, haben wir immer noch. Kurz bevor auch er zerfällt, kommt das Erlöschen zum Stillstand. Wir bleiben Subjekte. Aber der schleichende Verfallsprozeß hat nur eine karge und verarmte Form des Subjektseins übriggelassen. Da wir in keinem Sinne mehr Entscheidungen treffen, sind wir nicht mehr Urheber unseres Willens. Wir rudern auf dem Corso durch die Menge, bleiben vor einem Schaufenster stehen, lecken an einem Eis und stolpern weiter. Unsere Wünsche flackern auf und verschwinden wieder, es fällt kein prüfendes Licht auf sie, sie treiben uns durch die Stadt, ohne sich zu einem langfristigen, entschiedenen Willen zu fügen. Distanzlos überlassen wir uns ihnen und gehen ganz darin auf.

Auch das ist eine Form der Selbstvergessenheit; aber sie ist ganz anders als früher, wo wir stets wußten, wie wir wieder zu uns selbst als Entscheidenden zurückfinden würden. Sie ist viel dumpfer. Nicht in dem Sinne, daß unsere Eindrücke und Wünsche an Konturen, Farbigkeit und Schärfe verloren hätten. Im Gegenteil: Jetzt, wo wir uns in keiner Weise mehr mit uns selbst beschäftigen, strömen die Eindrücke ungefiltert auf uns ein und treffen auf Wünsche, die sich ungebremst Bahn brechen und uns in ihrer Heftigkeit gänzlich überspülen können. Dumpf ist das Erleben in einem anderen Sinn: Da wir jeglichen Abstand zu ihnen verloren haben, können wir mit den Wünschen nicht mehr spielen, wir können nicht den einen den Vortritt lassen und die anderen zurückstellen, und wir sehen keinen Spielraum vor uns, innerhalb dessen wir uns als jemanden erfinden könnten, der für diesen oder jenen substantiellen Wunsch Partei ergreift.

Auch unsere Phantasie ist ausgedünnt. Zwar kann sie immer noch heftig sein in ihren Bildern und uns mitreißen. Da wir ihr keinen Widerstand mehr entgegensetzen, gewinnt sie sogar an Macht im Sinne des Durchsetzungsvermögens. Aber es ist keine Phantasie mehr, die sich auf uns selbst zurückwendet und unsere Freiheit vergrößert, indem sie uns vor Augen führt, was es alles ist, das wir werden könnten. Ohne es zu wissen, weil uns der Vergleichsmaßstab abhanden gekommen ist, sind wir nur noch ihre Opfer statt, wie früher, ihre Autoren. Aus einem Instrument der Freiheit ist ein Medium der Unfreiheit geworden, das uns mit seinen aufsässigen, unverfügbaren und unkorrigierbaren Bildern vor sich her treibt.

Wir sind dabei nicht zwangsläufig unglücklich. Es hängt davon ab, wie gut oder schlecht das wechselhafte Geschehen der Außenwelt zu unseren rhapsodischen Wünschen paßt. Doch auch wenn wir streckenweise glücklich sind: Es ist ein ganz anderes Glück als dasjenige beim Verlassen des Hotels, wo wir den Kontrast zwischen der Last des Entscheidens und der Leichtigkeit des selbstvergessenen Flanierens genossen. Es ist ein einfaches, unkompliziertes Glück im geradlinigen Sinne der ungebrochenen Wunscherfüllung. Was ihm fehlt, ist die Raffinesse und Tiefe, die sich nur aus dem Spiel mit dem Abstand zu sich selbst ergibt.

Jemanden, dem all dies zustieße, könnte man einen *Getriebenen* nennen. Wie ist sein Verhältnis zur Zukunft? Natürlich hat auch er Erwartungen, welche das Geschehen um ihn herum betreffen und die erfüllt oder enttäuscht werden können. Er kann überrascht sein, etwa über einen tanzenden Clown mitten auf dem Corso oder über einen Papagei, der die Passanten beschimpft. Da er immer noch einen Willen besitzt, wenngleich einen durch und durch unüberlegten, hat er darüber hinaus Erwartungen, welche die Erfüllung seiner Wünsche betreffen. Wann kommt endlich der berühmte Platz und der legendäre Brunnen, derentwegen ich gekommen bin? Der Getriebene kann neugierig sein im Sinne der Frage: Was kommt als nächstes? Aber er kennt keine Neugierde auf sich selbst, denn er besitzt den Abstand nicht mehr, der dafür die Voraussetzung wäre. Und die fehlende Distanz zu sich selbst bringt es mit sich, daß er der Zukunft nicht so entgegengehen kann wie einer, der sich entscheidend um seinen Willen kümmert und dabei etwas mit sich und für sich macht.

Setzen wir Sie, den zaudernden Emigranten, noch einmal ans Fenster des Zugs, der Sie in die Fremde bringen soll. Wir hatten gesehen: Ihre Zukunft ist offen in dem Sinne, daß Sie in Ihren Willen eingreifen und jede Entscheidung widerrufen können, und außerdem in dem Sinne, daß alles, was Sie über sich als Entscheidenden und Widerrufenden denken mögen, bis hin zum allerletzten Gedanken, den Willen zu verändern vermag. Verwandeln wir Sie nun in einen Getriebenen. Jetzt erleben Sie von dieser Offenheit nichts mehr. Sie ist wie weggeblasen. Was draußen zu sehen ist und was im Abteil geschehen mag, nachdem andere zugestiegen sind, wird Sie in Ihrem Willen beeinflussen. Es mag dazu führen, daß Sie bei der nächsten Station aussteigen. Sie tun also dasselbe wie der Freie, der Sie früher waren. Und doch ist alles ganz anders: Sie haben sich nicht gegen den alten und für einen neuen Willen entschieden. Wie so etwas geht, wissen Sie nach der Verwandlung nicht mehr. Jetzt gibt es nur noch dieses: daß der eine Wille auf einen anderen folgt und den ersten wieder aufhebt. Sie sind nicht mehr Urheber und Autor Ihres Willens, und deshalb können Sie nicht die Erfahrung machen, daß Sie über Ihre Zukunft selbst bestimmen und es in der Hand haben, wie sie sein wird. Sie sitzen im Zug wie einer, der dösend eine Fahrt ins Blaue macht und hin und wieder aufschreckt, weil sich ein neuer Wunsch meldet. Sie leben in die Zukunft hinein, wie man manchmal in den Tag hinein lebt, ohne Ordnung und ohne Plan, beeinflußbar durch alles, was sich gerade ergibt, mit dem Unterschied, daß Sie nicht mehr anders können und vergessen haben, daß es auch anders sein kann. Zwar ist Ihr Wille nicht erstarrt – wie wir das früher überlegt haben, als wir dem Emigranten die Offenheit der Zukunft wegnahmen, ohne ihm den Abstand zu sich selbst wegzunehmen –, er paßt sich fließend all dem an, was auf Sie einströmt, doch seine Plastizität ist ohne Urheberschaft, es ist eine Wandelbarkeit ohne Führung, und weil ihm alle Entschiedenheit fehlt, kommt keine Zukunftserfahrung zustande, wie sie mit der Freiheit der Entscheidung einhergeht: die Erfahrung, sich – geleitet von innengelenkter Phantasie – in die Zukunft hinein entwerfen zu können. Der Getriebene *macht* sich seine Zukunft nicht, er *stolpert* ihr nur *entgegen*, und dasjenige, was als nächstes kommt, ist für ihn einfach nur das Spätere. Sein Mangel an Freiheit bedeutet, daß sein Zukunftsbewußtsein keine *Tiefe* besitzt.

Wenn das Nachdenken übergangen wird

Stellen Sie sich vor, Sie wachen eines Morgens auf und haben den festen, ja überwältigend starken Willen, für ein politisches Amt zu kandidieren. Es ist nicht nur ein lebhafter Wunsch, sondern wirklich ein Wille mit der dazugehörigen Planung und Bereitschaft, die nötigen Schritte zu tun. Sie haben keine Ahnung, wo dieser Wille herkommt. An so etwas haben Sie noch nie auch nur einen einzigen Gedanken verschwendet. Im Gegenteil: Am Abend zuvor saßen Sie voller Abscheu und Zynismus vor dem Fernseher und dachten: Dieses Milieu und diese Spielchen – das ist das Letzte. Und dann, während des Schlafs, bildete sich der genau entgegengesetzte Wille in Ihnen heraus.

Es wäre eine Erfahrung extremer Unfreiheit. Sie bestünde darin, daß Sie sich in der Willensbildung *übergangen* fühlten. Zwar wäre der überraschende Wille, ganz formal gesprochen, der Ihre und beispielsweise nicht der meine. Aber Sie hätten das Gefühl, an seiner Entstehung *nicht beteiligt* gewesen zu sein. Sie fühlten sich nicht als sein Urheber. Und der Grund für dieses Gefühl wäre, daß Sie als Nachdenkender und Urteilender keine Gelegenheit hatten, auf ihn Einfluß zu nehmen. Es wäre kein Wille, der durch Entscheidung zustande kam. Er hätte sich gewissermaßen hinter Ihrem Rücken gebildet. Sie kämen sich als einer vor, der nicht mehr aus einem

Guß ist, sondern in sich gespalten: hier das Nachdenken, dort der gegenläufige Wille. Und der Riß, der durch Sie hindurchginge, würde die Frage aufwerfen, inwiefern Sie noch ein Subjekt sind.

Daß es das Übergehen des Nachdenkens ist, was die Unfreiheit stiftet, können wir uns weiter verdeutlichen, indem wir das Beispiel variieren. Nehmen wir an, man hat Sie hypnotisiert und Ihnen auf diesem Wege einen Willen eingepflanzt, den man durch ein Codewort abrufen und aktivieren kann. Wenn man Sie anruft und das Codewort sagt, lassen Sie alles liegen, fahren los und sprengen das Rathaus in die Luft. Anders als vorhin sind jetzt andere im Spiel, etwa Terroristen. Sie sind deren Marionette, man benützt Sie als ein Werkzeug, Sie funktionieren wie ein ferngelenktes Spielzeugauto, mit dem man eine Bombe plaziert. Deshalb kann es scheinen, als bestünde Ihre offenkundige Unfreiheit und Versklavung hauptsächlich darin, daß es da Drahtzieher gibt, die Ihnen, ohne daß Sie sich wehren konnten, einen Willen aufgezwungen haben. Doch dieser Eindruck trügt. Es ist oft so, daß andere an unserer Willensbildung beteiligt sind, ohne daß wir uns deshalb unfrei vorkommen. Worauf es ankommt, ist, *wie* sie Einfluß darauf nehmen, was wir wollen. Wenn ihr Einfluß uns unfrei macht, dann deshalb, weil wir, wie im Fall der Hypnose, in unserem Nachdenken übergangen werden. Was der Hypnotiseur ausschaltet, ist unsere Fähigkeit zu überlegen und den Willen in Übereinstimmung mit unseren Schlußfolgerungen zu bilden. Was er uns wegnimmt, ist der kritische Abstand zu uns selbst, der die Freiheit der Entscheidung ausmacht. Wenn die Trance vorbei ist, haben wir diesen Abstand zurückgewonnen. Kommt dann der Anruf mit dem Codewort, brechen wir ein und verlieren ihn wieder. Auf dem Weg zum Rathaus sind wir wie Getriebene: Wir laufen einem Willen hinterher, der durch keinerlei Überlegung in Schach gehalten wird. Der Unterschied zu den echten Getriebenen ist, daß unsere Fähigkeit der Willenskontrolle nur vorübergehend ausgeschaltet und nicht für immer erloschen ist. Nach der Tat gewinnen wir die Freiheit der Entscheidung zurück und sind entsetzt, zum einen über die Tat selbst, zum anderen über die Unfreiheit, die uns befallen hatte wie eine Lähmung. Der Getriebene ist über seine Unfreiheit nicht entsetzt; er weiß nichts von ihr.

Es könnte sein, daß Sie sich, statt hypnotisiert zu werden, die Argumente der anderen anhören, sich zu eigen machen und am Ende das Rathaus in die Luft jagen. Jetzt wäre es eine Entscheidung, und Sie täten es aus Freiheit. Die Unfreiheit liegt also nicht an fremdem Einfluß überhaupt, sondern an der besonderen Art dieses Einflusses. Und sie hat auch nicht wesentlich mit etwas so Außergewöhnlichem wie Hypnose zu tun. Ihre Unfreiheit kann sich auch daraus ergeben, daß Sie jemandem hörig sind. Ihr Bewußtsein bleibt intakt, aber Sie sind durch den anderen derart gebannt, daß Sie stets wollen und tun, was er will, daß Sie wollen und tun. Ihre Gefolgschaft ist absolut. Auch jetzt ist Ihr Entscheidungsvermögen lahmgelegt. Zwischendurch, wenn der andere nicht da ist, machen Sie sich Ihre eigenen Gedanken, wenngleich mit schlechtem Gewissen, denn das ist ein Loyalitätsbruch. Doch kaum steht er wieder vor Ihnen, ist alles wie weggeblasen, und Sie fügen sich willfährig seinen Vorstellungen davon, was Sie zu wollen und wie Sie zu sein haben. Es ist eine Hypnose bei vollem Bewußtsein.

Wie wäre es, wenn Sie sich einen Willen, der sich hinter Ihrem Rücken gebildet hat, durch Nachdenken nachträglich zu eigen machten? Vielleicht bringt Sie der überraschende und befremdliche Wille, Politiker zu werden, dazu, diese Möglichkeit ins Auge zu fassen, erst spielerisch, dann ernsthafter. Sie finden zunehmend Gefallen daran, und am Ende erleben Sie es als einen Entschluß. Wie wäre es nun mit Freiheit und Unfreiheit? Es käme darauf an, ob der Wille bliebe, auch wenn wir uns das kausale Geschehen, das ursprünglich zu seiner Entstehung führte, wegdenken. Ihr Überlegen müßte, mit anderen Worten, zu einer hinreichenden Bedingung für den Willen geworden sein. Und auch eine notwendige Bedingung müßte es sein: Es dürfte nicht gelten, daß der Wille bliebe, auch wenn wir uns das Überlegen nun wieder wegdenken. Die irritierende Erfahrung, mit einem Willensfremdkörper aufzuwachen, dürfte nun nicht mehr möglich sein. Und natürlich gilt dieser Gedanke nicht nur für einen Willen, der zunächst ein Fremdkörper war. Daß das Nachdenken in jeder Hinsicht der entscheidende Faktor für die Willensbildung sein muß, gilt immer, wenn es sich um eine echte Entscheidung handeln soll. Hätte ein arglistiger Gott es so eingerichtet, daß wir zwar nachdenken und dann das Entsprechende auch wollen, daß wir es aber auch wollten, wenn wir nicht nachgedacht hätten und es somit nicht wollten, *weil* wir nachgedacht haben, so wäre alles Entscheiden nur Lug und Trug, wie täuschend ähnlich es dem wahren Entscheiden auch sein möchte.

Der gedankliche Mitläufer

Wenn wir durch andere unfrei werden, muß das nicht daran liegen, daß sie unsere Entscheidungsfähigkeit umgehen oder außer Kraft setzen, wie in der Hypnose oder beim Ausnutzen einer Hörigkeit. Die Versklavung kann subtiler sein, indem sie sich, jedenfalls auf den ersten Blick, an uns als Nachdenkende und Entscheidende richtet, um diese Fähigkeiten von innen her zu vergiften. Das ist der Fall der Gehirnwäsche. Sie könnten in die Fänge einer Sekte geraten sein. Es könnte eine Sekte von sanfter Raffinesse sein. Man knechtet Sie nicht sichtbar, es gibt keine offene Gewalt und keine Drogen, die sozialen Riten sind nicht primitiver und aufdringlicher als anderswo auch, und der Führer ist geschickt genug, keine plumpen Beteuerungen der Gefolgschaft zu verlangen. Trotzdem raubt man Ihnen, ohne daß Sie es bemerken, die Freiheit. Mit sanfter, unsichtbarer Gewalt redet man Ihnen einen Willen ein. Sie haben – das ist das Tückische – nicht den Eindruck, als Überlegende übergangen zu werden. Sie fühlen sich respektiert als einer, der nachdenken und selbst entscheiden kann. In Wirklichkeit trichtert man Ihnen lauter ideologische Dinge ein, die schon bei erster kritischer Prüfung in sich zusammenfallen würden. Es sind nicht selbständige Überlegungen von Ihnen. In einem anspruchsvollen Sinn des Wortes sind es überhaupt nicht Überlegungen, sondern gedankliche Versatzstücke, rhetorische Brocken und Parolen, die über die innere Bühne huschen. Es fehlt Ihnen jede kritische Distanz dazu. Sie sind nicht ihr Urheber, sondern nur der Ort ihres Geschehens. Auch wenn Sie die Parolen mit Inbrunst wiederholen und beschwören, sind es in einem wichtigen Sinne keine Gedanken: nämlich nichts, was der Überprüfung und Korrektur offensteht. Da gibt es keine Argumente und keinen Zweifel, der Sie dazu bringen könnte, mit Zustimmung und Behauptung zu warten, bis sich mehr Belege gefunden haben. Ihre Gedankenwelt ist zugeschüttet und verklebt worden mit geschickt gewählten Stichworten, Metaphern und Assoziationen, an die sich starke, aber undifferenzierte Emotionen anlagern. Das blockiert Ihre Phantasie als das Vermögen, sich die Dinge anders vorzustellen, als man es gewohnt ist. Diese Phantasielosigkeit, gepaart mit mangelndem kritischem Abstand, macht Sie zu jemandem, der bei oberflächlicher Betrachtung wie ein frei Entscheidender aussieht, in Wirklichkeit aber ein gedanklich Getriebener ist. Am Ende der Gehirnwäsche sind Sie geworden, was man einen *gedanklichen Mitläufer* nennen könnte, oder, wie Dostojewski sagt, »der Lakai eines fremden Gedankens«.

Die sanfte Sekte, von der ich gesprochen habe, könnte die Familie sein, in der wir aufgewachsen sind, oder eine politische Partei, oder eine Stammtischrunde. Ihre Mitglieder geben uns das trügerische Gefühl, in einer Gedankenwelt zu leben, die wir uns selbst erarbeitet haben. In Wirklichkeit besteht diese Welt aus lauter Elementen, die wir einfach aufgeschnappt und an die wir uns durch pure Wiederholung gewöhnt haben. Wir denken, daß wir uns Meinungen gebildet haben, und wir sehen uns als jemanden, der sich aus diesen Überzeugungen heraus für bestimmte Handlungen entscheidet. Doch wir bestimmen nicht selbst darüber, was wir denken und glauben, und deshalb sind, was wir für unsere Überzeugungen halten, in Wirklichkeit keine. Sie sind nichts, was zu prüfen und zu revidieren in unserer Macht steht. Als Bewohner einer solch trägen und dämmrigen Gedankenwelt sind wir zwar Subjekte in dem bescheidenen Sinn, daß wir etwas wollen und tun, und wir sind es weiter in dem Sinn, daß sich unser Wille durch etwas formt, das wie ein Gedanke aussieht. Aber wir sind es nicht in dem stärkeren und reicheren Sinn, daß wir zu dem, was unser Wollen bestimmt, jederzeit eine kritische Distanz aufbauen können. Es fühlt sich ganz anders an, ob man Subjekt nur in dem Sinne ist, daß einem Gedanken zustoßen und Überzeugungen in einen hineinsickern, um dann unbemerkt und unkontrolliert die Regie über den Willen zu übernehmen, oder ob man Subjekt in dem gewichtigeren Sinne der kritischen Distanz und der Kontrolle ist. Und dieser Unterschied ist ein Unterschied im Freiheitsempfinden.

Der Freie hat in einem anderen und volleren Sinne Gedanken und Überzeugungen als der gedankliche Mitläufer. Dabei ist es nicht so, daß wir entweder ganz das eine oder ganz das andere sind. Man ist seinen Meinungen gegenüber nicht kontinuierlich wach und kritisch, es gibt Perioden, wo einem der innere Abstand nicht gelingt und man verbohrt ist.

Und es kann in der Gesamtheit unserer Überzeugungen unterschiedliche Provinzen geben: solche, wo man der kritischen Distanz fähig ist, und solche, wo man der Sklave früherer Infiltration geblieben ist. Daß einer ein erleuchteter Wissenschaftler ist, muß ihn nicht daran hindern, lautstark für die Todesstrafe einzutreten, indem er die bekannten Klischees herunterbetet und dazu mit der Faust auf den Tisch haut. Entsprechend erleben wir es als einen kostbaren Zuwachs an Freiheit, wenn uns in einer Provinz des bloßen Glaubens, die wir bisher nie ausgeleuchtet hatten, eine kritische Distanz gelingt. Jetzt kann die verkrustete Phantasie auch hier zu fließen beginnen.

Der zwanghafte Wille

Wenn wir unfrei sind, muß es nicht daran liegen, daß unsere Fähigkeit des Überlegens beschädigt oder übergangen wurde, und es braucht auch nicht eine Frage des mangelnden inneren Abstands zu uns selbst zu sein. Unfrei können wir auch dann sein, wenn das Überlegen luzide und selbständig ist und wir jederzeit imstande sind, uns in dem, was wir denken und wünschen, aus kritischer Distanz heraus zu prüfen.

Nehmen Sie an, Sie sind einer Sucht verfallen. Stets von neuem greifen Sie zur Zigarette, Tablette oder Flasche. Vielleicht ist es auch eine Spielsucht, die Sie immer wieder ins Casino treibt. Was Sie in Bewegung setzt, ist ein handlungswirksamer Wunsch, also ein Wille, gepaart mit routinierten Überlegungen zu seiner Verwirklichung und einer erstaunlichen Bereitschaft, das Nötige auf sich zu nehmen, auch wenn es unangenehme Dinge bedeutet, wie etwa ständigen Geldmangel oder die Notwendigkeit, sich mit Ihrem Tun zu verstecken. Oft schon war Ihnen danach, endlich aufzuhören. Sie haben sich ausgemalt, wohin es auf die Dauer führen würde: zu Krankheit, Ruin oder sogar Tod. Auch kennen Sie andere, denen Ihre Sucht fremd ist oder die sie losgeworden sind. Sie wissen also um andere Möglichkeiten des Tuns und Wollens. Und man hat Ihnen gesagt, was man tun kann, um sich aus dem Griff des zerstörerischen Willens zu befreien. Doch es hat nichts genützt. Sie haben sich all das vor Augen gehalten, Sie haben es sich tausendmal vorgesagt und mögen es sogar aufgeschrieben haben, um sich besser daran festhalten zu können: Bei nächster Gelegenheit haben Sie wieder Jetons oder Schnaps gekauft. Sie sind unfrei, ein Sklave Ihrer Sucht.

Schließlich enden Sie im Krankenhaus oder Armenhaus. »Bedauerlich«, sagt man zu Ihnen, »aber Sie wollten es ja so.« Sie spüren, daß das irgendwie stimmt und doch auch wieder nicht. Sie möchten sich verteidigen, wissen aber nicht wie, denn es ist ja richtig: Sie wollten trinken, und Sie wollten spielen, Sie wollten es immer wieder, ein halbes Leben lang. Deshalb nicken Sie jetzt kleinlaut. »Schließlich wird niemand zum Trinken gezwungen«, sagt man Ihnen weiter, oder: »Für Sie bestand, wie für jeden anderen, die Möglichkeit, einen Bogen um das Casino zu machen.« Wieder denken Sie: Das stimmt, und es stimmt nicht. Aber wie sollen Sie erklären, daß es so einfach nicht ist? »Sie konnten sich doch ausrechnen, wohin das führen würde, das ist doch kein Geheimnis; warum haben Sie sich denn nicht danach gerichtet?« Jetzt, auf einmal, wissen Sie, wie Ihre Verteidigung lauten muß. »Das ist es ja gerade«, rufen Sie aus, »ich konnte mich in dem, was ich wollte und tat, *nicht* nach meiner besseren Einsicht richten! Ich habe es immer wieder versucht, ich habe, weiß Gott, dagegen angekämpft, aber ich bin das eine um das andere Mal unterlegen.« »Aber Sie hatten doch die Freiheit der Entscheidung«, hält man Ihnen entgegen. Sie atmen auf, denn das hilft Ihnen, die Sache auf den Punkt zu bringen. »Eben gerade nicht«, seufzen Sie verzweifelt, »zwar habe ich zahllose Male *gedacht*, ich hätte mich dagegen entschieden, und für eine Weile sah es auch danach aus, als hätte mein Entschluß gegriffen; doch dann wollte und tat ich es doch wieder, und es zeigte sich, daß es gar kein wirklicher, nämlich wirksamer Entschluß gewesen war, sondern nur der *Versuch*, auf meinen Willen Einfluß zu nehmen, ein vergeblicher Versuch, der einen Moment lang einer echten Entscheidung täuschend ähnlich sah.«

Was Sie mit solchen Worten beschreiben, ist ein *zwanghafter* Wille oder, wie wir manchmal sagen, ein *innerer Zwang*. Es muß sich dabei nicht um einen Zwang handeln, dessen Folgen wir – wie in den bisherigen Beispielen – verurteilen, oder der den Wollenden unübersehbar zerstört. Es kann ein zwanghafter Wille sein, von dem andere profitieren und für den Sie Applaus ernten. Etwa ein Leistungszwang. Vielleicht ist es so, daß vieles von dem, was Sie tun, von Ihnen deshalb getan wird, weil Sie immer noch der verinnerlichten elterlichen Autorität gehorchen. Diese Autorität befiehlt Ihnen, stets der Beste zu sein. Sie sind nicht glücklich, denn Sie sind ständig außer Atem. Aber Sie können es nicht lassen. Immer dann, wenn Sie die eine Sache mit der gewohnten, Ihnen widerwärtig gewordenen Perfektion erledigt haben und sich einmal gehen lassen möchten, müssen Sie sofort die nächste Leistung wollen. An allen Ecken sehen Sie Aufgaben, die Sie, und nur Sie, wirklich gut lösen können. Es ist zum Verzweifeln, denn Sie treiben auf eine vollständige Erschöpfung zu. Aber abstellen können Sie es nicht, und das macht Sie zum Leistungssklaven.

Wie können wir den zwanghaften Willen und seine typische Unfreiheit beschreiben, ohne immer nur dieses eine Wort – ›zwanghaft‹ – zu wiederholen und zu beschwören? Was als erstes ins Auge springen mag, ist, daß ein zwanghafter Wille ein *unkontrollierbarer* Wille ist. Menschen mit einem nervösen Tick erleben ihre Bewegungen als unkontrollierbar. In diesem

Sinn könnte man sagen: Der zwanghafte Wille ist ein innerer Tick. Und so wenig man der Urheber eines Ticks ist, ist man der Urheber eines zwanghaften Willens.

Die Ohnmacht des Zwanghaften besteht darin, daß er seinen Willen nicht zu lenken vermag. Er mag über ihn denken und urteilen, wie er will, der aufsässige Wille bleibt völlig unbeeindruckt davon und setzt ihn in die immer gleiche Richtung in Bewegung. »Ich kann nichts dagegen machen«, sagt der Spieler, der mit aller Macht gegen seine Sucht ankämpft, um dann doch wieder am Roulettetisch zu landen, »ich kann meinen verdammten Willen zu spielen einfach nicht kontrollieren.« Ihn zu kontrollieren hieße, ihn durch Überlegen zu beeinflussen. Doch das Überlegen des Süchtigen läuft leer, es ist wie ein Rad, das nichts bewegt. Kraftlos gleiten die Überlegungen am süchtigen Willen ab, dieser Wille ist taub gegenüber allen Überredungskünsten. Er nimmt seinen Lauf, als sei nichts gewesen. Nüchtern hatte sich der Spieler alles zurechtgelegt, es kam ihm vor, als hätte er endlich die Einsicht und Übersicht, und er war der festen Überzeugung, sich dieses Mal endgültig entschieden zu haben. Mein Entschluß, sagt er später, stand felsenfest. In Wirklichkeit war gar keine Entscheidung getroffen, gar kein Entschluß gefaßt worden. Im nüchternen Licht des Morgens hatte das Casino entzaubert und banal ausgesehen. »Was für ein Schwachsinn«, hatte er zu sich gesagt, »all mein Geld dahin zu tragen und diesen Blutsaugern in den Rachen zu werfen; kaum zu glauben, wie blöd einer sein kann.« Den Tag über war es ihm gut gegangen, er fühlte sich ganz Herr seiner selbst, und die vielen vergangenen Abende, an denen er im rauchverschleierten Licht über dem Roulettetisch auf das Rad und die Jetons gestarrt hatte, die der Croupier mit kalter Routine zusammenharkte, kamen ihm wie ein böser Traum vor, den er endlich abgeschüttelt und weit hinter sich gelassen hatte. Am Abend dann, als die verheißungsvollen, verführerischen Lichter angingen, hatte sich, wie jeden Abend, etwas in ihm verschoben. Die Nüchternheit des Nachdenkens war gewichen und hatte der betäubenden, gedankenlosen Gewißheit Platz gemacht, daß es an diesem Abend, gerade an diesem, klappen würde. Der alte, zwanghafte Wille war wieder einmal erwacht, hatte ihn angesprungen und mit sich fortgerissen. Die vormaligen Gedanken, die ihm eine Freiheit der Entscheidung vorgegaukelt hatten, waren wie nie gewesen.

Den Süchtigen bezeichnen wir gerne als *willensschwach*. Doch das Wort ist mehrdeutig. Einmal kann es das heißen, was ich im ersten Kapitel beschrieben habe, als es um die Idee des Willens ging: Ich möchte etwas tun, der Wunsch wird für eine Weile handlungswirksam und also zum Willen, doch das Vorhaben erweist sich als schwierig, und es stellt sich heraus, daß meine Bereitschaft, die nötigen und mühsamen Schritte zur Verwirklichung zu tun, doch nicht groß genug ist, so daß der Wille wieder erlischt und zum bloßen Wunsch wird. Der Willensschwache in diesem Sinn beginnt mit der Arbeit am Minutenwalzer, doch bald erlahmt seine Anstrengung, und schließlich gibt er das Üben auf, während der Willensstarke jeden Morgen die Zähne zusammenbeißt und weitermacht. Das ist nicht der Sinn, in dem der Zwanghafte willensschwach ist. Den Leistungssklaven zum Beispiel preisen wir als den Inbegriff der Willensstärke: Er gibt nie auf. Wenn er willensschwach ist, dann in einem ganz anderen Sinn: Es gelingt ihm nicht, seinen angestrengten Willen loszuwerden und zum Lebenskünstler zu werden. Was ihm nicht gelingt, ist nicht, einen anfänglichen Willen aufrechtzuerhalten, sondern einen alten durch einen neuen Willen zu ersetzen, der seinem Urteil entspräche. Sein Scheitern besteht nicht in der Kraftlosigkeit seines Wünschens, sondern in der Kraftlosigkeit seines Überlegens und Urteilens. Statt zu wollen, was er für das Beste hält, will er etwas, das er verurteilt. Der Süchtige besitzt einen Willen von unübertrefflicher Festigkeit und Durchsetzungskraft, und er ist, wenn es um die Verwirklichung geht, auch an Findigkeit nicht zu übertreffen. Was ihn zu einem Schwächling des Willens macht, ist, daß er es nicht schafft, den Willen zu entwickeln, den er im Lichte seines Überlegens haben möchte. Seine Schwäche, könnte man sagen, ist eine Entscheidungsschwäche. Nicht in dem Sinne, daß er endlos zwischen Alternativen hin- und herschwankt wie der Zauderer im Kaufhaus, der aus lauter Unsicherheit am Ende nichts kauft, sondern in dem ganz anderen Sinne, daß ihm nicht gelingt, was ein Entscheiden ausmacht: als Erkennender und Urteilender über seinen Willen Regie zu führen.

Bisher haben wir die Erfahrung des inneren Zwangs zu verstehen versucht, indem wir die Idee der Unkontrollierbarkeit zu Hilfe nahmen. Sie ist – wie die korrespondierende Idee der Einflußnahme – eine kausale Kategorie und gehört zu einer Betrachtungsweise, die sich mit der kausalen Einbettung des Willens in den Rest der Innenwelt beschäftigt. Nun gilt es, den Blickwinkel zu erweitern. In einem ersten Schritt können wir das tun, indem wir den zwanghaften Willen als *unbelehrbar* beschreiben, nämlich unbelehrbar durch Erfahrung. Es gehört zur Entwicklung einer Person, daß sie ganz unterschiedliche Richtungen ihres Willens ausprobiert. Eine Facette ihrer Freiheit ist, daß ihr Wille die Plastizität besitzt, sich in Abhängigkeit von gemachten Erfahrungen zu verändern. Der zwanghafte Wille widersetzt sich diesem Prozeß. Es ist kein Zufall, daß die klassischen Beispiele von zwanghaftem Willen kindlichen Ursprungs sind und Züge des Infantilen tragen. Stets geht es darum, daß der Wille mit der gedanklichen Entwicklung nicht Schritt hält, weil er blind und undurchlässig für Erfahrung ist, wie wir das etwa am zwanghaften Leistungswillen beobachten können.

Wenn ein Wille sich einer Entwicklung entgegenstemmt, wird er zu einem isolierten Element der Innenwelt, und das bedeutet: Er wird vom Wollenden als *fremd* erlebt. Denken wir an den Kinderstar, der jahrelang malocht, um eines Tages festzustellen: »Ich habe schon lange keine Lust mehr, ständig einen Ball übers Netz zu schlagen«, oder: »Ich bekomme Anfälle, wenn ich Schlittschuhe nur schon *sehe*«. Wenn sie Glück hat, wird sie den bisherigen Willen hinter sich lassen und sich anderen Dingen zuwenden. Sollte sie sich dagegen weiterhin der Macht ihrer ehrgeizigen Eltern beugen, wird sie im Würgegriff eines ihr fremd gewordenen Willens auf dem Eis oder dem roten Sand weitermachen. Und so ist es auch mit Ihrem Leistungswillen. Eines Tages halten Sie inne und bringen Ihr Unglück auf den Punkt, indem Sie sagen: »Ich bin dieses ewige Leisten und nochmals Leisten leid, denn eigentlich ist es mir fremd.«

Diese Erfahrung, daß einem ein Wille, auch wenn er formal gesehen ohne Zweifel der eigene ist, fremd vorkommen kann, ist von größter Bedeutung, wenn man die Rede von der Freiheit und Unfreiheit des Willens besser verstehen möchte, und sie wird uns bis zum Ende des Buches beschäftigen. Freilich gilt es, den Eindruck der Fremdheit richtig zu deuten. Dazu gehört als erstes, daß man den richtigen Kontrast bildet. Der Kontrast zu Fremdheit ist hier nämlich nicht Vertrautheit. Der Leistungswille, den Sie als etwas Fremdes abschütteln möchten, hat Sie das ganze Leben lang begleitet und ist Ihnen bis zum Überdruß vertraut. Und umgekehrt kann der neue, ganz unerwartete Wille, der – wenn Sie Glück haben – eines Tages an seine Stelle tritt, Ihnen das Gefühl geben, endlich einen Willen zu haben, der nicht mehr fremd ist, sondern zu Ihnen gehört, und das nicht nur in einem formalen, sondern auch erlebten Sinne. Das nämlich ist hier der richtige Kontrast zu Fremdheit: Zugehörigkeit zu einem selbst. Was Sie, wenn Sie unter einem zwanghaften Willen leiden, zornig und verzweifelt macht, ist, daß der fragliche Wille zwar *in* Ihnen ist, daß er aber von Ihnen *abgespalten* und Ihnen *äußerlich* ist. Deshalb kommt er Ihnen unfrei vor. Ein freier

Wille dagegen ist einer, hinter dem Sie stehen und den Sie sich in einem emphatischen Sinne zurechnen können; kurz: ein Wille, mit dem Sie *identifiziert* sind.

Daß wir die Erfahrung der Unfreiheit im Sinne der Fremdheit des Willens machen, verdanken wir derselben Fähigkeit, die uns die Freiheit der Entscheidung gibt: der Fähigkeit, uns selbst gegenübertreten und zum Problem werden zu können. Es ist dieser Abstand zu uns selbst, der uns zu sagen und zu fühlen erlaubt: Dieser Wille ist mir fremd, er gehört nicht zu mir, ich distanziere mich von ihm. »Es kommt einfach über mich, ich kann nichts dagegen machen«, sagt das Opfer eines zwanghaften Willens, und: »Es ist stärker als ich«. Die Unterscheidung zwischen ›es‹ und ›ich‹ ist dabei ebenso wenig mysteriös wie das Phänomen der Selbstdistanzierung insgesamt. In ihr spiegelt sich einfach die Tatsache, daß wir uns wünschend zu unseren Wünschen und unserem Willen verhalten können. Was unter den Wünschen erster Ordnung den übergeordneten Wünschen entspricht und also gebilligt und gutgeheißen wird, macht in solchen Äußerungen diejenige Provinz der Innenwelt aus, für die ›ich‹ steht, während mit ›es‹ etwas angesprochen wird, was der Wollende höherer Stufe ablehnt und das ihm deshalb fremd vorkommt.

Die Erfahrung des inneren Zwangs ist also nicht, wie es zunächst scheinen mag, aus einem Guß. Sie setzt sich aus zwei Elementen zusammen: der Unbeeinflußbarkeit eines Willens und seiner Fremdheit im Sinne der Ablehnung. Und wenn sich diese beiden Dinge auch verschränken, sie bleiben doch getrennt. Wenn ich etwas will, das ich gutheiße, so wird mich seine Unbeeinflußbarkeit, wenn ich sie überhaupt bemerke, nicht in der Weise stören, in der mich ein fremd anmutender Wille bedrängt. Und wenn ich spüre, daß ein Wille aufkommt, den ich nicht haben möchte, so wird daraus erst dann ein Zwang, wenn er sich hartnäckig dem Versuch widersetzt, ihn durch bessere Einsicht aufzulösen.

Was den zwanghaften Willen bedrängend macht und sogar bedrohlich machen kann, ist, daß ich nicht sein Urheber bin und er in mir als ein Fremdkörper wuchert. Auch das Fehlen der Urheberschaft hat die besprochenen zwei Seiten. Zum einen bin ich, der Überlegende, nicht derjenige, der einen solchen Willen formt, und zum anderen bedeutet meine Ablehnung, daß ich ihn mir nicht zurechne. Er stößt mir ungewollt zu und läuft an mir vorbei. Darin bedroht er mich als Subjekt. Würden die zwanghaften Elemente in meinem Wollen immer zahlreicher, so daß sie überhandnähmen und am Ende die gesamte Freiheit der Entscheidung erstickten, so würde ich als Subjekt verlöschen. Was übrigbliebe, wäre nicht mehr als der Schauplatz eines unbeeinflußbaren Willensgeschehens.

Der Getriebene, dem jeglicher Abstand zu sich selbst fehlt, kennt die Erfahrung des zwanghaften Wollens nicht. Zwar wird es auch in ihm monotone Episoden des immer gleichen Wollens geben, die unbeeinflußbar an seinen Gedanken vorbeifließen. Doch er wird weder ihre gedankliche Undurchdringlichkeit bemerken, noch kann er sich fragen, ob ein Wille, der ihn vor sich hertreibt, zu ihm paßt oder nicht, denn das setzt voraus, was ihm fehlt: die Möglichkeit, seine Wünsche aus einer gewissen inneren Distanz heraus zu betrachten und Wünsche zweiter Ordnung auszubilden, in deren Licht betrachtet ein Wunsch erster Ordnung als wünschenswert oder als ein Wunsch erscheinen kann, der abzulehnen ist.

Um die Figur des Getriebenen zu verstehen, war es hilfreich, nach seinem Verhältnis zur Zukunft zu fragen. Stellen wir diese Frage auch jetzt: Wie erlebt jemand, der unter dem Diktat eines zwanghaften Willens lebt, die zukünftige Dimension der Zeit? Was wird in seinem Erleben aus der Erfahrung der Offenheit?

Nehmen Sie an, Sie haben vor vielen Jahren eine Liebesbeziehung beendet. Es war eine beklemmende Erfahrung, denn

Sie wußten nicht, was geschah. Die Gefühle tobten und trieben Sie und Ihren Partner auseinander, ohne verstanden zu werden. Nach kurzer Zeit stürzten Sie sich in eine neue Beziehung. Der neue Mann war so anders als der frühere, dieses Mal mußte es gut gehen. Doch die Hoffnung wurde enttäuscht: Nach wenigen Monaten stellten Sie bestürzt fest, daß Sie sich wieder in die alten Gefühle verstrickten und daß die neuen Wortwechsel den alten aufs Haar glichen. Sie suchten Hilfe und bekamen sie in der Form, daß man Ihnen zu verstehen half, wie es zu dieser Wiederholung hatte kommen können. Vielleicht lernten Sie, daß es an einem paradoxen Willen lag, den Sie jedem Partner entgegenbrachten: Er sollte Ihnen sowohl überlegen als auch unterlegen sein, und damit wird keiner fertig. Oder Sie fanden heraus, daß Sie den Partner mit symbiotischen Wünschen erstickten, vor denen er früher oder später die Flucht ergriff. Es war eine Befreiung, das verstanden zu haben und jetzt viel mehr Übersicht über sich selbst zu besitzen als vorher. Sie ließen Zeit verstreichen, bevor Sie sich für einen neuen Partner öffneten, und als Sie es schließlich taten, geschah es mit Vorsicht. In kritischen Momenten riefen Sie sich nachdrücklich in Erinnerung, was Sie nicht falsch machen durften. Sie kannten sich ja jetzt und wollten nicht wieder in die alte Falle tappen. Es war viel schwieriger als erwartet. Oftmals wurde es zu einem regelrechten Kampf, den Sie mit sich selbst ausfochten. Und es kam, wie es kommen mußte: Sie unterlagen. Wieder konfrontierten Sie den Partner mit widersprüchlichen Erwartungen oder taten alles, um ihn an einer Abgrenzung zu hindern. Es war zum Verzweifeln, denn es war stärker als Sie. Auch diese Beziehung zerbrach.

Heute nun haben Sie wieder jemanden kennengelernt. Das Erlebnis hat Sie beflügelt, es war das Gefühl, in eine neue, offene Zukunft hineinzugehen. Doch es hielt nicht lange an. Es wird ja doch wieder werden wie immer, sagen Sie sich, ich kenne das zur Genüge. Mit einemmal hat die Zukunft ihre Offenheit eingebüßt. Sie wissen, wie es sein wird, Ihr Wille ist für Sie vorhersehbar und berechenbar. Diese Gewißheit macht aus der Zukunft, die im ersten Augenblick interessant, ja aufregend zu sein schien, eine öde und langweilige Strecke Zeit. Es ist, als liege die Zukunft schon hinter Ihnen, als sei sie bereits erlebt worden. Die Berechenbarkeit und Unabänderlichkeit Ihres Willens läßt es aussehen, als sei sie schon abgelaufen und nicht weniger festgelegt als die Vergangenheit. Dem Gefühl nach ist es, als sei Ihre gesamte Zukunft bereits Vergangenheit, es kommt Ihnen vor, als würde die sattsam bekannte Vergangenheit einfach nach vorne umgeklappt. Die Tore der Zukunft haben sich geschlossen, und nun sind Sie gefangen im ewigen Einerlei Ihres Wollens. Und was diese Erfahrung besonders quälend macht, ist, daß sie von der Täuschung umspült wird, es sei nicht so. Sie haben doch die Freiheit der Entscheidung, sagen Sie sich trotzig, schließlich erleben Sie das tagtäglich, wenn es nicht gerade um einen Partner geht. In der Regel wollen Sie, was Ihnen die Einsicht rät. Sie nehmen es sich heraus, Entscheidungen zu widerrufen. Und Sie haben in anderen Zusammenhängen die Erfahrung gemacht, daß der bedrückende Gedanke, wie ein Uhrwerk zu sein, das immer weiter in die Zukunft hineintickt, sich selbst widerlegen und die Monotonie durchbrechen kann. Schließlich sind Sie ja nicht eine Getriebene und auch nicht eine, der man den Willen hinterrücks eingibt. Insgesamt betrachtet sind Sie doch wie unser zaudernder Emigrant, der frei darin ist, an der nächsten Station doch noch auszusteigen. Warum also sollte Ihnen in der neuen Beziehung, die sich da anbahnt, nicht auch ein neuer Wille gelingen, einer, der Sie überraschen könnte? Sie möchten es so gerne glauben. Es würde Ihnen das Gefühl geben, die tot erscheinende Zukunft zum Leben zu erwecken, sie in Bewegung zu bringen und zu verflüssigen. Nur zu gerne überlassen Sie sich dieser Selbsttäuschung. Solange Sie darin eingehüllt sind, haben Sie scheinbar Anteil an der Offenheit der Zukunft, die Ihre Freiheit ausmachen würde. Es ist keine willkürliche, launische Selbsttäuschung, sondern eine lebensnotwendige. Aber es ist eine Täuschung, und das wissen Sie, Sie wissen es gewissermaßen hinter dem Schleier der Täuschung. Sie sind die Sklavin Ihres immer gleichen, monotonen, unbelehrbaren Willens. Was Sie gehofft hatten, war, daß die Einsicht in die Gründe Ihres wiederholten Scheiterns den Bann des alten Willens brechen würde. Sie hatten sich gewünscht, etwas mit sich zu machen und darin schöpferisch tätig zu werden. Inzwischen wissen Sie: Die Einsicht in die Entstehungsgeschichte und die innere Logik des Zwangs hatte dessen Macht nicht zu brechen vermocht. Der Kerker der Wiederholung war nicht zerschlagen worden. Mehr als nur Einsicht müßte sich einstellen, um Ihnen die Zukunft wieder zu öffnen. Aber was?

Der Unbeherrschte

Die Ohnmacht des Zwanghaften besteht darin, daß es ihm nicht gelingt, über seinen Willen Regie zu führen. Darin gleicht er einer anderen Figur: dem *Unbeherrschten*. Auch er ist einer, dem es oft nicht gelingt, seinen Willen im Zaum zu halten. Der Wille des Jähzornigen etwa lodert auf wie eine Stichflamme und durchbricht alle urteilende Kontrolle. Auch der Unbeherrschte ist nicht Herr seines Willens. Wenn ihn sein Wille übermannt, gibt es in ihm keinen Raum mehr für anderes, vor allem nicht für Überlegungen. Im Moment des Ausbruchs, könnte man sagen, *ist* er nur dieses: der Wille zu schreien, zu beleidigen, zu schlagen oder abzudrücken. Als Überlegender und Urteilender ist er gar nicht vorhanden. »Das *wollte* ich nicht!«, ruft er nach der Tat aus und blickt entgeistert auf die Waffe in seiner Hand. Wenn man, was er sagt, wörtlich nimmt, ist es falsch. Er wollte es durchaus: Es gab einen Wunsch in ihm, sogar einen besonders starken, der zum Willen wurde, indem er in eine Handlung mündete. Daß dieser Wunsch von Gefühlen begleitet wurde, die alle Kontrolle wegspülten, ändert daran nichts. Wenn jemand sich nicht mehr spürt vor Zorn, so wird er dadurch nicht zu einem bloß noch zuckenden Bündel wie der Epileptiker. Selbst wenn ihm im Inneren alles aus dem Ruder läuft: Er bleibt ein Wünschender und Wollender. Auch eine Tat im Affekt ist eine Handlung. Was dem Unbeherrschten fehlt, ist nicht ein Wille, sondern die Kontrolle über ihn. Es ist die Selbstbeherrschung, die er verliert, nicht der Wille. Den Ausruf des bestürzten Täters muß man daher wenigstens mit einer anderen Betonung hören: »Das wollte *ich* nicht!« Ganz wörtlich genommen ist er zwar auch jetzt noch falsch: Der Wille, der sich mit Macht entlud, ist der seine und nicht etwa der meine oder der Ihre. Aber man kann dem ›ich‹ auch einen Sinn geben, in dem es nicht die formale Zugehörigkeit bezeichnet, sondern einen besonderen Aspekt der Person. Was der Unbeherrschte, nachdem er wieder ganz zu sich gekommen ist, meint, ist nämlich: Ich, *sofern ich ein Überlegender und Urteilender sein kann*, wollte das nicht. Und das heißt: Der Wille, der sich Bahn brach, war kein Wille, zu dem ich mich besonnen entschieden hatte, es war kein Wille, der mich als Urteilenden zum Urheber hatte, und in diesem Sinne war die Tat keine vorbedachte, vorsätzliche Tat.

Der Unbeherrschte mag, um das zum Ausdruck zu bringen, genau die gleichen Worte benutzen, die auch der Zwanghafte benutzt: »Es kam einfach über mich«, »Es war stärker als ich«, »Ich konnte nichts dagegen tun«. Doch das darf nicht darüber hinwegtäuschen, daß es zwei Hinsichten gibt, in denen sich der Unbeherrschte klar vom Zwanghaften unterscheidet. Die eine ist, daß der zwanghafte Wille, wenn er seinen

Besitzer schachmatt setzt, dies nicht immer dadurch tut, daß er alles Überlegen auslöscht und wegspült. Das Opfer eines inneren Zwangs braucht nicht, wie in einem Anfall von Unbeherrschtheit, eine Bewußtseinstrübung zu erleiden. Eine zwanghafte Handlung muß nicht, wie wir manchmal sagen, im Affekt geschehen. Ich kann bei klarem Verstand sein, wenn ich ohnmächtig zusehe, wie der Zwang wieder einmal greift. Die Erfahrung der Ohnmacht ist beim Zwanghaften eine andere als beim Unbeherrschten: Während sie beim letzten das Erlebnis ist, von einem übermächtigen Willen überspült und weggeschwemmt zu werden, kann sie beim ersten etwas Sanfteres und weniger Dramatisches sein: die schleichende, penetrante Erfahrung, mit Überlegungen und Selbstermahnungen absolut nichts ausrichten zu können. Die zweite Hinsicht, in der sich innerer Zwang und Unbeherrschtheit unterscheiden, besteht darin, daß sich der unbeherrschbare Wille nicht in seinem *Gehalt* der Kontrolle zu entziehen braucht, sondern nur in seiner *Durchsetzungsfähigkeit*. Ich kann nach einem Anfall von Jähzorn der Meinung sein, daß die Wut vollständig gerechtfertigt war und es nicht darum gegangen wäre, anders zu empfinden. Meine Unfreiheit bestand nicht darin, gegen besseres Wissen zum Schlag ausholen zu wollen. Was mich unfrei machte, war nicht die Wut, sondern meine Unfähigkeit, sie zu zügeln. Entsprechend werden der Zwanghafte und der Unbeherrschte unterschiedliche Dinge tun, um gegen die Unfreiheit anzukämpfen: Der Zwanghafte wird versuchen, seinen Überlegungen Gehör zu verschaffen und die Starrheit seines Willens dadurch aufzuweichen, während der Unbeherrschte, der mit seinem Willen durchaus einverstanden ist, die Gewohnheit auszubilden versucht, bestimmten Situationen, die ihn aus der Fassung bringen könnten, auszuweichen oder sich sonstwie gegen die innere Übermacht zu schützen.

Wenn wir trotz der intakten Fähigkeit des Überlegens und trotz eines kritischen Abstands zu uns selbst in unserem Willen unfrei sind, so muß das nicht daran liegen, daß unser Wille zwanghaft ist. Die Unfreiheit braucht nicht darin zu bestehen, daß wir an der Unbeeinflußbarkeit des Willens scheitern und in diesem Sinn keine Freiheit der Entscheidung besitzen. Sie kann, genau umgekehrt, eine Unfreiheit sein, in die wir gerade deshalb geraten, weil wir uns überlegend zu einem Willen entschließen können.

Für diese Spielart von Unfreiheit haben wir den Begriff der *Unfreiwilligkeit* geprägt. Freilich nehmen wir ihn und sein Gegenteil nicht immer beim Wort. Gelegentlich gebrauchen wir ihn, wenn noch gar nicht von der Freiheit des Willens die Rede ist, sondern nur von Willentlichkeit oder Absicht. So ist es, wenn wir von ›unfreiwilliger Komik‹ sprechen oder davon, daß der betrunkene Clown in der Arena ›nicht freiwillig‹ torkelt. Gemeint ist dann nur ›unabsichtlich‹, ›unwillentlich‹ oder auch ›unwillkürlich‹. Im strengeren Gebrauch dagegen dient der Begriff dazu, zwischen freiem und unfreiem Tun dadurch zu unterscheiden, daß sich im einen ein freier und im anderen ein unfreier Wille verwirklicht. Welche Unfreiheit ist dabei gemeint?

Wir nennen sie manchmal *äußeren Zwang*. Betrachten wir das klassische Beispiel eines solchen Zwangs: die Drohung mit der Waffe. Der Kassierer in der Bank wird mit vorgehaltener Pistole gezwungen, das Geld herauszugeben. Er ist bei klarem Verstand und insgesamt ein besonnener Mann. Er leidet nicht unter dem bizarren inneren Zwang, Leuten Geld hinterherzuwerfen. Wenn er Geld aushändigt, dann nur aus den üblichen Gründen. Solche Gründe gibt es bei dem Mann mit der Maske nicht. Wenn es nach dem Kassierer ginge,

bekäme er keinen Pfennig. Trotzdem händigt er ihm jetzt das
ganze Geld aus. Was ist geschehen?

»Er tut es gegen seinen Willen«, sagen wir in solchen Fällen manchmal. Diese Wendung darf man indessen nicht mißverstehen. Sie kann nicht bedeuten: Er tut es gegen seinen
gesamten Willen. Niemand kann etwas gegen seinen gesamten Willen tun, denn jedes Tun ist Ausdruck eines Willens.
Wären die Bewegungen des Kassierers etwas, das überhaupt
nichts mit seinem Willen zu tun hätte, so wären sie kein Tun;
sie wären den Bewegungen einer Marionette vergleichbar
oder einem nervösen, unwillkürlichen Zucken. Was die fragliche Redeweise bedeuten muß, ist dieses: Er tut etwas, was
er *eigentlich* nicht will, was seinem eigentlichen Willen zuwiderläuft. Zwar will er es, aber er will es nur gezwungenermaßen. Sein Wille ist nicht frei. Doch die Frage ist: Was heißt
das?

Man kommt mit dem Verständnis einen Schritt voran,
wenn man eine andere Wendung betrachtet. »Er hatte keine
Wahl«, ist auch etwas, das wir über den Kassierer sagen. Wörtlich genommen ist es falsch. Der Mann *hatte* eine Wahl: Geld
oder Leben. Was wir meinen, ist etwas Komplizierteres: Obwohl er im Prinzip zwischen zwei Dingen entscheiden konnte
und also die Wahl hatte, war das eine – der Tod – etwas, für
das er sich nicht *wirklich* entscheiden konnte, denn er ist ein
derart großes Übel, daß er es unmöglich wollen konnte. Deshalb blieb ihm nichts anderes übrig, als die Forderung des
Bankräubers erfüllen zu wollen. Der Kassierer befand sich in
einer Lage, die wir eine *Zwangslage* nennen: Er mußte zwischen zwei Übeln wählen, also zwischen zwei Dingen, die er
beide eigentlich nicht wollte. Er hatte die Freiheit der Entscheidung, insofern *er* es war, der die Wahl mit *seinen* Überlegungen traf, und insofern, als sein Wille seinem Überlegen
gehorchte. Aber er war nicht frei in seiner Entscheidung in
dem Sinne, daß der Gangster ihm eine Alternative aufzwang,

die keine echte Alternative war, weil das eine Glied von vornherein ausschied.

So ist es bei jeder Erpressung. Der Erpresser erzwingt in mir einen Willen, den ich ohne seine Drohung nicht hätte. Er erreicht das, indem er mich in eine Zwangslage bringt: Entweder ich tue, was er will, oder es geschieht ein noch viel größeres Übel. Es ist, als ob der Erpresser mit dem Instrument der Zwangslage in mich hineinfaßte, um den von ihm gewünschten Willen zu erzeugen. Es ist ein ganz anderes Hineinfassen als dasjenige durch Hypnose, das bewirkt, daß das Überlegen übergangen wird. Wichtig für den Erpresser ist nämlich, daß das Opfer die Freiheit der Entscheidung besitzt und also im vollen Sinne ein Subjekt ist, anders als der Getriebene oder Zwanghafte. Um ihn zu knechten, braucht der Räuber den Kassierer als einen, der die Freiheit besitzt, etwas aus Gründen zu wollen. Stünde der Kassierer unter dem inneren Zwang, auf jeden Befehl hin das genaue Gegenteil zu tun, wäre das Pech für den Räuber; er käme nicht zum Ziel. Wenn ich einen Politiker mit heimlich befleckter Weste dazu bringen will, mir einen Posten zu verschaffen, muß ich auf seine Fähigkeit bauen können, seinen Willen durch Überlegen zu beeinflussen. Wäre er jemand, dessen Wille für Überlegungen überhaupt nicht empfänglich ist, stünde ich auf verlorenem Posten. So wäre es auch, wenn es sich bei meinem Opfer um einen Getriebenen handelte. Um dahin zu kommen, wo ein Politiker ist, darf jemand ein gedanklicher Mitläufer sein (vielleicht muß er es sogar sein), nicht aber ein bloß Getriebener. Nehmen wir trotzdem an, er sei einer. Er wird dann reagieren wie der Getriebene, der den Corso hinuntertreibt: Er hört sich meine Forderung an, macht ein erstauntes, verärgertes oder belustigtes Gesicht, wendet sich dann ab und läßt sich von ganz anderen Dingen gefangennehmen. Da er den Vorgang des Entscheidens nicht kennt, weder im instrumentellen noch im substantiellen Sinn, wird ihn das, was ich verlange, und das, was ich ihm an unangenehmen Folgen einer Weigerung vor Augen führe, nicht im mindesten beeindrucken. Er hört es sich an, es löst eine innere Turbulenz aus, aber sie ist von kurzer Dauer und bleibt ohne Wirkung auf seinen Willen, der launisch und rhapsodisch, wie er nun einmal ist, seinen Lauf nimmt. Es ist zum Verzweifeln, denn es bedeutet, daß ich keinerlei Möglichkeit habe, mir diesen Menschen gefügig zu machen.

Daß der Erpresser auf die Entscheidungsfähigkeit seines Opfers angewiesen ist, bedeutet eine Gefahr für ihn. Es kann nämlich sein, daß der Erpreßte die Dinge anders sieht und gewichtet als er. Vielleicht ist der Bankkassierer unheilbar krank, denkt schon lange daran, seinem Leben ein Ende zu setzen, und wäre ganz froh, wenn der Räuber es ihm abnähme. Also tut er nichts, sieht ihn nur fest an und lächelt. Ein anderer Erpresser mag daran scheitern, daß sein Opfer eine bestimmte Bloßstellung nicht genug fürchtet, um zu zahlen. Oder daran, daß der Erpreßte seine Frau, die als Geisel genommen wurde, schon lange los sein wollte. Es gibt keine Zwangslagen, die objektiv wären in dem Sinn, daß ein Zwang bestünde, ganz gleich, wie der Betroffene die Lage sieht. Die Rede vom ›äußeren‹ Zwang mag das suggerieren; in Wirklichkeit sind es erst die Wünsche und die Bewertung des Betroffenen – also etwas im Inneren –, die den Zwang erzeugen. Deshalb können wir das Kalkül eines Erpressers zerschlagen und unsere Freiheit wiedergewinnen, indem wir seine Sichtweise zurückweisen.

Neben ihren spektakulären Varianten gibt es zahllose unauffällige Spielarten der Erpressung, die wir gar nicht in artikulierter Form bemerken. Vielleicht haßt unser Bankkassierer seinen Job. Er muß jeden Morgen einen gewaltigen Widerwillen überwinden, um in die Bank zu gehen. Wenn ihn jemand unterwegs fragt: »Du willst zur Bank?«, wird er vielleicht sagen: »Von *Wollen* kann keine Rede sein!« Aber er muß

Geld verdienen und hat nichts anderes gelernt. Er befindet sich also in einer Zwangslage: Entweder er tut die ungeliebte Arbeit, oder er landet in der Gosse. Er wählt das kleinere Übel und stellt sich hinter den Schalter. Er erlebt es als ein *Müssen*, also als das Gegenteil von Freiwilligkeit. Er beugt sich einer Erpressung, die von der Gesellschaft ausgeübt wird. Wenn dann der Mann mit der Maske hereinkommt, sieht er sich einer doppelten Erpressung ausgesetzt: Er muß hinter dem Schalter stehen, um sich ernähren zu können, und jetzt muß er dem Banditen auch noch das Geld geben, um am Leben zu bleiben.

Eine Situation vom Charakter der Erpressung liegt immer dann vor, wenn wir den Eindruck haben, etwas zu müssen. Wir tun es dann aus einem erzwungenen Willen heraus, und nicht aus einem ungezwungenen, zwanglosen. Meistens ist es so, daß es angedrohte Sanktionen sind, durch die man uns gefügig macht: Verlust der Arbeit, Verlust der Freiheit, Verlust der Zuneigung. Niemand ist freiwillig um acht im Büro oder in der Schule, niemand zahlt an der Kasse des Kaufhauses wirklich freiwillig, niemand widersteht einer Verführung ganz freiwillig. Und die Erpressung kann auch moralischer Art sein: Wir tun etwas oder unterlassen es, weil es im Vergleich zur moralischen Ächtung das kleinere Übel ist. Wir machen eine Rechnung auf und entschließen uns zu einem Willen, den wir ohne die Drohung nicht hätten.

Daß man von seinem eigentlichen Willen abgebracht und in einen Willen verstrickt wird, der einem zuwiderläuft, muß nicht, wie in den bisherigen Beispielen, mit Drohungen zu tun haben, die durch einen fremden Willen gesetzt werden. Auch nackte äußere Umstände, die niemand verschuldet hat, können einem die Freiwilligkeit rauben. Vor einiger Zeit stürzte in den Anden ein Flugzeug mit Fußballspielern aus Uruguay ab. Nach langem, qualvollem Zögern entschlossen sich die überlebenden Spieler, ihre toten Kameraden aufzuessen, um nicht zu verhungern. Als sie es taten, handelten sie aus einem Willen heraus, von dem sie nicht im Traum angenommen hätten, daß sie ihn eines Tages würden haben müssen oder daß er ihnen überhaupt möglich sein würde. Es war ein von den Umständen erpreßter Wille: essen oder sterben. Ähnlich kann es beim Willen sein, sich zu töten: lieber das als eine schreckliche Agonie. Auch der Lazarettarzt, von dem früher die Rede war, gehört hierher: lieber ohne Narkose amputieren als den Patienten sterben lassen. Und natürlich gibt es zahllose viel harmlosere Fälle: in Abendgarderobe ins Wasser springen, um ein Kind zu retten; wegen einer Sturmflut aufs Schwimmen verzichten.

Um die Idee des äußeren Zwangs, des erzwungenen Willens und des Müssens zu verstehen, brauchen wir eine Unterscheidung zwischen dem, was jemand eigentlich will, und dem, was er will, obgleich er es eigentlich nicht will. Das lehren uns die Beispiele. Wie aber können wir diese Unterscheidung verstehen?

Erinnern wir uns an das Paradox des widerwilligen Tuns. Um es aufzulösen, brauchten wir die Unterscheidung zwischen dem, was jemand um seiner selbst willen wünscht, und dem, was er nur als Mittel wünscht, um einen ursprünglichen Wunsch zu erfüllen. Wir haben also zwischen ursprünglicher oder echter Wünschbarkeit auf der einen Seite und bloß geborgter Wünschbarkeit auf der anderen unterschieden. Darauf können wir jetzt zurückgreifen. Eine Zwangslage, können wir dann sagen, ist eine Lage, in der ich etwas will und tue, was nur geborgte Wünschbarkeit besitzt, um zu verhindern, daß etwas geschieht, was gegen einen ursprünglichen Wunsch verstößt. Widerwillig wünsche und tue ich etwas, um mir die Erfüllung eines anderen Wunsches zu sichern. Widerwillig händigt unser Kassierer dem Bankräuber das Geld aus, um sicherzugehen, daß sein Wunsch weiterzuleben, nicht durchkreuzt wird. Mit dem allergrößten Widerwillen aßen die Fußballspieler aus Uruguay Menschenfleisch, um am Leben bleiben zu können.

Der reinen Logik nach ist eine Zwangslage also nichts anderes als eine Situation, in der ich ein ungeliebtes Mittel einsetze, um zum Ziel zu kommen. Strukturell betrachtet geht es dem Kassierer und den Fußballspielern nicht anders als mir, wenn ich eine bittere Pille schlucke, um die Kopfschmerzen loszuwerden. Warum wäre es trotzdem lächerlich, wenn jemand sagte: »Ich befinde mich in einer Zwangslage: Ich will, daß die verdammten Kopfschmerzen aufhören; aber das Aspirin ist so bitter!«? Oder stellen Sie sich vor, Sie müssen, um gerade noch rechtzeitig in die Oper zu kommen, mit Ihren neuen Schuhen durch den Schneematsch gehen. »Ich war in einer schrecklichen Zwangslage«, sagen Sie, vor Selbstmitleid triefend, »ich mußte mir meine teuren Schuhe ruinieren, um den Anfang nicht zu verpassen!« Warum werden wir Ihre Wortwahl lächerlich finden? Es ist, weil es weder um einen wirklich gewichtigen Wunsch noch um einen wirklich hohen Preis ging, den Sie bezahlen mußten, um ihn zu erfüllen. Es muß einfach um mehr gehen, damit das Wort ›Zwangslage‹ mit seinem dramatischen Oberton angebracht ist. Wenn die Pille gegen eine Krankheit nicht nur bitter ist, sondern gravierende Nebenwirkungen hat, sind wir schon eher in der Nähe einer echten Zwangslage: Wir müssen um der Gesundheit willen die Gesundheit beschädigen. Und ihre volle Dramatik erreicht die Rede von einer Zwangslage natürlich, wenn es um Leben und Tod geht.

Ganz haben wir die Rede vom ›eigentlichen‹ Willen als Kontrast zum erzwungenen Willen damit noch nicht verstanden. Dazu müssen wir die Redewendung genauer betrachten und zwei Fälle unterscheiden. Vielleicht sind Sie auf dem Weg ins Kino und treffen eine Freundin, die mit Ihnen ins Café möchte. »Eigentlich wollte ich ins Kino«, sagen Sie und schauen auf die Uhr, »aber … gut.« Hier hat ›eigentlich‹ einen rein zeitlichen Sinn: Der eigentliche Wille ist einfach der frühere. Die Frage, ob es sich um einen zwanglosen oder erzwungenen Willen handelt, wird gar nicht berührt. Ins Kino zu gehen war ein ungezwungener Wunsch; aber es könnte auch sein, daß Sie auf dem Weg ins Altersheim waren, um die Mutter zu besuchen – etwas, das Sie zunehmend als einen lästigen Zwang empfinden. Trotzdem würden Sie zu der Freundin seufzend sagen: »Eigentlich wollte ich ins Altersheim; aber … ja!« Auch hier werden Sie von Ihrem ursprünglichen Willen abgelenkt, und obwohl der neue ungezwungener ist als der alte, der einer Erpressung entspringt, bleibt der alte der eigentliche Wille.

Doch ein Wille kann auch in einem emphatischeren Sinn der eigentliche Wille sein. Er ist dann ein handlungswirksamer Wunsch, den ich nicht widerwillig bilde, um einem noch größeren Übel auszuweichen. Es ist ein Wunsch, dem wir manchmal die Wendung voranstellen: »Wenn es ganz nach mir ginge …« – ein Wunsch also, der entsteht, weil ich bin, wie ich bin, und aus keinem anderen Grund; ein Wunsch außerdem, der mit Gefallen verbunden ist. Unser Kassierer mag bitter sagen: »Eigentlich wollte ich Arzt werden, aber dann kam der Krieg …«. So wie er mit zwanzig war, hätte es ihm gefallen, Arzt zu werden. Dann wurde er vom Krieg und all den Erpressungen, aus denen ein Krieg besteht, von seinem eigentlichen, genuinen Wunsch abgebracht, und nun zählt er unfreiwillig und widerwillig Geldscheine. Es gibt trotzdem noch eigentliche Wünsche, die er sich erfüllen kann, auch wenn es Wünsche im kleineren Maßstab sind: nachts im Meer schwimmen gehen, im Urlaub mit der Netzkarte ziellos durchs Land fahren, alle Schachpartien von Aljechin nachspielen. Das sind Dinge, die er um ihrer selbst willen wünscht und tut, es sind Dinge von ursprünglicher Wünschbarkeit. Sogar die Schritte auf dem Weg zur Verwirklichung sind nichts, was Widerwillen hervorruft, nichts, was er bloß in Kauf nimmt:

die langsame Anfahrt zum Meer, das Studium des Fahrplans, der Rollenwechsel am Schachbrett. Er wird nicht von der hektischen Mechanik eines Flughafens erpreßt, nicht von den gesellschaftlichen Ritualen auf einer Kreuzfahrt, nicht vom Ehrgeiz und den Regeln eines Schachturniers. Er muß nichts. Er ist frei.

Der Wille, der ihn am Montag morgen nach dem Urlaub in die Bank treibt, ist, weil er ein erzwungener Wille ist, in gewissem Sinne nicht sein eigener. Weil es die Erpressung des Geldverdienens gibt, kann er an diesem Morgen in seinem Wollen nicht mehr bei sich selbst bleiben, sondern muß sich zu einem Willen zwingen, der ihm fremd ist. Manchmal sieht er sich beim Geldzählen zu und denkt: Das soll mein Leben, das soll ich sein?

Der Erfahrung, daß einem ein Wille fremd vorkommen kann, sind wir schon einmal begegnet: beim zwanghaften Willen. Doch es ist wichtig, sich von dem gleichlautenden Wort nicht täuschen zu lassen und zu sehen, daß es sich beim zwanghaften und beim erzwungenen Willen um zwei grundlegend verschiedene Erfahrungen der Fremdheit handelt. Daß ein zwanghafter Wille einem fremd vorkommt, liegt daran, daß er sich dem Einfluß des Überlegens und der Einsicht entzieht. Er ist, wie wir sagten, wie ein innerer Tick. Und wie der nervöse Tick kommt er uns fremd vor als etwas, das von uns abgespalten und uns äußerlich ist. So ist es nicht, wenn unser Kassierer neben sich steht. Wenn er das Geld zählt, so tut er es nicht aus einem inneren Zwang heraus. Es ist nicht so, daß er gar nicht anders kann, als ständig Geld zu zählen. Und es kommt morgens nicht einfach über ihn, zur Bank zu gehen und sich hinter den Schalter zu stellen, ganz gleich, was er über seinen öden Job denkt. Wenn es so wäre, würde er nie Urlaub machen und die Wochenenden verfluchen. Es ist umgekehrt: Er kann seinen beruflichen Willen nur aufrecht erhalten, weil er sich, wenn wieder ein Anfall von Widerwille über ihn kommt, vorsagt, daß es keine Alternative zum Weitermachen gibt. Es ist also ein Wille, der im Sinne der Kontrolle durchaus seiner ist; er ist sogar in dem emphatischen Sinne seiner, in dem etwas, das man sich mühsam erarbeitet hat, mehr zu einem gehört als etwas, was einem zugeflogen ist. Auch lehnt der Kassierer seinen Willen nicht ab, wie jemand seinen zwanghaften Leistungswillen oder seine Spielsucht ablehnen und verfluchen mag. Er billigt ihn als Mittel zum Zweck. Zwar kann man über ihn sagen, was man auch über den Zwanghaften sagen kann: Er möchte seinen Willen lieber nicht haben. Doch das heißt bei den beiden Figuren jeweils etwas anderes. Der Zwanghafte denkt: Wenn ich diesen verdammten Willen, der mir schadet, nur endlich loswerden könnte! Der Kassierer dagegen denkt: Wenn nur die verdammte Welt nicht so eingerichtet wäre, daß ich diesen Willen brauche! Der Zwanghafte verurteilt seinen Willen, weil er schädlich und unbelehrbar ist. Der Widerwillige möchte ihn lieber nicht haben, weil er, obzwar vernünftig und nützlich, darin besteht, etwas zu wollen, das eigentlich ein Übel ist.

Der innere Zwang bedeutet, daß mit *mir* etwas nicht in Ordnung ist; im äußeren Zwang sehen wir etwas, das mit der *Welt* nicht in Ordnung ist. Der zwanghaft Wollende, das hatten wir gesehen, ist unfrei, weil er nicht vermag, was die Natur des Entscheidens ist: etwas mit sich zu machen und damit seinen Willen zu verändern. Der Kassierer kann das. Eines Morgens wird er zum Hasardeur. Kühl packt er einen Stoß Scheine in die Aktentasche, schließt den Schalter und marschiert aus der Bank. »Schönen Tag noch!« ruft er den verdutzten Kollegen zu. Er schüttelt seinen erpreßten Willen ab, indem er alles aufs Spiel setzt. Er kann das, denn er besitzt, was dem Zwanghaften fehlt: die Freiheit der Entscheidung.

Mit einem erzwungenen Willen leben zu müssen, kann

härter sein als das Los, eine ungeliebte Arbeit tun zu müssen. Es kann ein Leben in einem tieferen Sinn zerstören, als es eine lebenslange Unlust vermag. Es ist vorgekommen, daß die französische Résistance ihre eigenen Leute erschoß, und noch dazu ihre wichtigsten, wenn abzusehen war, daß sie von den Deutschen erwischt würden, und wenn man befürchten mußte, daß sie unter der Folter Dinge preisgeben würden, die viele Widerstandskämpfer das Leben kosten konnten. Diejenigen, die schossen, taten es nicht freiwillig, sondern gezwungenermaßen: Der Wille, der sie dabei leitete, hätte nicht weiter von ihrem eigentlichen Willen entfernt sein können. Er war ihnen vom Willen der Besatzer aufgezwungen worden. Nehmen wir an, es handle sich bei einer der Gefährdeten um die Geliebte des Chefs. Seit Wochen schon bestand Gefahr, und die anderen blickten ihn nervös und verlegen an, wenn von ihr die Rede war. Wenn einer es tun mußte, das spürte der Chef, würde er selbst es sein. So würde sie es wollen. Es würde ein Abschied und ein letzter Akt der Intimität sein. Es war die härteste Prüfung, der er sich jemals gegenübergesehen hatte. Sie sahen sich an und wußten, daß es geschehen würde. Als er es tat, riß es ihn innerlich in Stücke. Danach war er nicht mehr derselbe wie vorher. Von nun an bestand er darauf, die gefährlichsten Einsätze selber zu leiten.

Wie können wir sein Trauma und seine Zerrissenheit beschreiben? Der reinen Logik nach war seine Situation exakt dieselbe wie diejenige des Kassieres, des Lazarettarztes und der Fußballer in den Anden: Gegen seinen eigentlichen Willen mußte er etwas wollen, um ein noch größeres Übel zu verhindern. Nur war der erzwungene Wille schrecklicher: Er mußte jemanden töten, und nicht nur irgend jemanden. Ein Stück seiner selbst starb dabei mit. Jede Nacht sah er sich auf sie zufahren, das Autofenster offen, die Waffe im Anschlag. Er konnte nicht so neben sich stehen wie der Kassierer und sich fragen, ob das wirklich er war, der geschossen hatte. Seit

Jahren war es sein Leben, eine Abteilung der Résistance zu leiten und kompromißlos alles zu tun, um sie zu schützen. Es war ihm deshalb nicht fremd vorgekommen, als er anlegte und abdrückte. Er wäre froh gewesen, wenn er Distanz und Fremdheit hätte empfinden können wie etwa die Fußballer, gegen deren gesamte eigentliche Wünsche es verstieß, die Kameraden zu essen. Das Heimtückische an dem Willen, den die Nazis ihm aufgezwungen hatten, war, daß er ein Fall eines Willens war, mit dem er sich identifizierte: des Willens, das Leben der Kameraden zu schützen. Er war deshalb ganz bei sich selbst, als er abdrückte. Gleichzeitig ging ein tiefer Riß durch ihn hindurch, denn der Wille, die Geliebte zu schützen, war gleichermaßen ein Wille, der ganz zu ihm gehörte, er gehörte noch mehr zu ihm, als der Wille der Lazarettärzte, das Leben von Fremden zu retten, zu ihnen gehörte. Manchmal stellte er sich vor, wie es wäre, diese eine Tat als ganz abgespalten und ihm äußerlich zu erleben, wie es dem Zwanghaften geschieht, oder sie so zu sehen, wie der Unbeherrschte seinen Ausbruch nachträglich sieht. Wäre das leichter oder schwerer als so, wie es war? Was von beidem war das größere Übel und der größere Schmerz: seine tatsächliche Zerrissenheit oder die vorgestellte Bestürzung des Spielers oder des Jähzornigen darüber, daß er nicht Herr über sich selbst war? Womit ließ sich besser leben? Wäre es eine zwanghafte oder jähzornige Tat gewesen, könnte er sich vielleicht damit arrangieren, weil er sie wie eine Krankheit würde sehen können, etwas, das er sich letztlich nicht selbst würde zurechnen müssen. Der Preis wäre das Eingeständnis, es ohne Freiheit der Entscheidung getan zu haben. Tatsächlich wäre das eine Lüge, wie es nur eine Lüge geben kann: Nie hatte er seine Freiheit der Entscheidung wacher und entschiedener ausgeübt als in jenem schrecklichen Augenblick, als er den unfreien, erzwungenen Willen verwirklichte. Aber wäre es nicht immerhin eine hilfreiche, lindernde Lüge? Dann sah der Chef von sich, dem Schießenden, weg hinaus zu der Frau. Ihre Blicke waren sich begegnet, bevor sie stehengeblieben war und auf die Kugel gewartet hatte. Und jetzt war er sich sicher: Er war ihr seine jetzige Zerrissenheit schuldig, weil es eine letzte Begegnung zwischen Freien hatte sein sollen und nicht eine zwischen einem Gestörten und seinem Opfer. So war es – auch wenn er nicht wußte, ob er mit seiner Zerrissenheit noch lange würde weiterleben wollen.

»Ich kann nicht anders!« – ein Zeichen der Unfreiheit

»Ich kann nicht anders!«, sagte unser Emigrant, der mit seiner Familie auf den Zug wartete. Im vorangegangenen Kapitel sahen wir: Es war kein Eingeständnis der Unfreiheit. Im Gegenteil: Er hielt dem wütenden Freund mit diesen Worten seine Freiheit entgegen.

Dieselben Worte können indessen auch Ausdruck der Unfreiheit sein. Was bedeuten sie, wenn es um einen Getriebenen geht? Es können nicht Worte sein, die der Getriebene selbst sagt; denn sie setzen einen Abstand zu sich selbst voraus, der ihm fehlt. Um sich fragen zu können, ob man auch etwas anderes wollen und tun könnte, muß man sich selbst Thema und Problem sein können, und der Getriebene ist just die Figur, die das nicht kann. Es sind nur wir, die Außenstehenden, welche die Frage aufwerfen können. Wir beobachten Sie, wie Sie auf dem Corso dahintreiben. Sie kommen an einem Bettler vorbei und bleiben stehen. Reglos und unverschämt lange blicken Sie ihn an, als hätten Sie noch nie einen Bettler gesehen. »Reg dich nicht auf«, sagt Vera, meine Begleiterin, »er kann nicht anders.« »Aber so etwas tut man doch nicht!« entgegne ich. »Ja, schon«, sagt sie, »aber bei dem ist es anders: Er kann nichts dafür, es passiert ihm einfach.« Jetzt holen Sie aus der Brieftasche ein Bündel Scheine und werfen sie in den Hut. »Hast du das gesehen«, sage ich, »das gibt's doch gar nicht!« »Na ja«, sagt sie, »es ist wie vorhin: Auch das passiert ihm einfach.« Sie gehen weiter. Plötzlich machen Sie kehrt, gehen zurück und nehmen die Scheine wieder aus dem Hut. »Das ist die Höhe!« sage ich. Vera blickt mich mitleidig lächelnd an. »Hast du's noch immer nicht begriffen?« Sie betreten einen Spielzeugladen und kommen mit einem riesigen, schreiend gelben Teddybären heraus. »Was soll denn das jetzt wieder?« murmle ich. Vera sagt nichts, lächelt nur. Sie bleiben mitten auf dem Corso stehen und halten mit dem unförmigen Ding die Leute auf. Ein Kinderwagen kommt in Sicht. Strahlend treten Sie darauf zu und setzen dem Kind den Bären vor die Nase. Unwirsch stößt die Mutter ihn weg, er fällt in den Staub. Sie heben ihn auf und gucken unglücklich auf den verdreckten Pelz. Plötzlich hellt sich Ihre Miene auf, Sie nehmen Anlauf und kicken den Bären mitten in die Menge. Ich sage nichts mehr, und wir blicken Ihnen stumm nach, wie Sie beim nächsten Geschäft wahllos die Ausverkaufsware durchwühlen. »Du meinst also«, sage ich nach einer Weile, »daß der Typ einfach nicht anders kann? Daß er das eine wünscht, dann das andere, ganz nach Lust und Laune, ohne Ordnung und Zusammenhang? Und daß er es einfach rausläßt, ohne jede Kontrolle?« »Ja, genau«, sagt Vera, um hinzuzufügen: »Irgendwie beneidenswert«. »Warum?« »Na ja, auf seine Art ist er frei; findest du nicht?« »Ich weiß nicht; man könnte auch sagen: Er ist der Sklave seiner Launen.« »Gut, aber er merkt davon nichts.« »Macht ihn das frei? Denk' dran: keine Kontrolle, also kein Entscheiden. In ihm muß es doch aussehen, als sei sozusagen niemand zu Hause. Ist er überhaupt *jemand*? Mir kommt es eher so vor, als sei er nur ein kompliziertes *Etwas*, in dem die Dinge geschehen, wie sie gerade kommen, ohne jede Regie. Bei dir und mir ist es anders:

Wir haben uns in der Hand, und das macht uns zu *Subjekten*.«
»Bist du sicher?« lacht sie und zieht mich fort.

Wie ist es beim Hypnotisierten und dem Hörigen, der unter Hypnose bei vollem Bewußtsein leidet? Während der Trance und in den Phasen blinder Gefolgschaft werden auch sie sich die Frage nicht stellen können, ob sie auch anders könnten. Da sind sie wie Getriebene, ohne jeden Abstand zu sich selbst. Doch wenn sie aufwachen, wird sich die Frage stellen. Und die Antwort wird eindeutig sein: »Ich konnte nicht anders«. Es werden Worte der Unfreiheit sein, und sie werden weh tun. »Ich war gar nicht richtig anwesend«, mag ein Kommentar lauten, »ich war ein willenloses Instrument für andere.«

Ein bißchen anders ist es, wenn der Unbeherrschte nach einer Tat im Affekt sagt: »Es tut mir leid, aber ich konnte nicht anders, denn ich war nicht bei mir selbst.« Der Unterschied ist, daß es nicht andere waren, die dafür sorgten, daß er nicht anders konnte. Er hat die Freiheit durch Kräfte in sich selbst verloren. Wahr sind seine Worte trotzdem: Indem er ganz in seinem Affekt aufging, verlor er genau diejenige Fähigkeit, die uns die Lage versetzt, Verschiedenes zu wollen und in diesem Sinne bei uns selbst zu sein: die Fähigkeit, auf den Willen durch Nachdenken Einfluß zu nehmen. Die Worte des Unbeherrschten gleichen dem, was ein Getriebener über sich sagen würde, wenn er könnte, was er nicht kann: sich selbst zum Thema machen.

Anders wird der geläuterte Kommentar eines gedanklichen Mitläufers sein. »Weißt du«, wird er sagen, »ich war derart gefangengenommen von dem, was die anderen mir eintrichterten, daß ich einfach nicht auf die Idee kam, man könnte auch anders denken und also etwas anderes wollen. Ich war vollständig geblendet durch die eleganten Parolen meines Vaters und gänzlich betäubt von den gehämmerten Sprüchen am Stammtisch. Es hatte mich ja niemand gelehrt, was das ist: selber nachdenken.« Und ein anderer Mitläufer mag sagen: »Da hatte ich nun all diese Bücher gelesen und all diese Examina gemacht. Ein stabiles, oder besser: ein starres inneres Gehäuse war entstanden. Jahrzehntelang wohnte ich darin und fühlte mich wohl. Das Perfide war: Ich hatte auch eine ganz bestimmte Idee davon verinnerlicht, wie man mit anderen Ansichten umzugehen hatte. ›Kritik‹ nannten sie das. Dadurch war ich der Meinung, ganz präzise zu wissen, was das ist: auch anders denken und handeln zu können. Ich bildete mir ein, es zu können, wenn ich nur gewollt hätte. Doch davon konnte in Wahrheit keine Rede sein. Da ich nur diese eine Idee von Kritik kannte und mich gedankenlos daran gewöhnt hatte, war es schlechterdings ausgeschlossen, über meine bisherige Gedankenwelt hinauszuwachsen und wirklich selbständig zu werden. Ich blieb ihr Gefangener, ohne es zu merken.«

Auch der zwanghaft Unfreie beklagt sich, daß er nicht anders kann. Aber es liegt nicht an der Lähmung seines Denkens und der Verhärtung seiner Phantasie. Sein Gefängnis liegt, wie wir wissen, außerhalb des Denkens und besteht darin, daß er nicht Urheber, sondern nur Zuschauer seines Willens ist. »Wenn die Lichter am Casino angehen«, sagt der Spieler, »ist es, als würde ich von einem Magneten angezogen. Was willst du gegen einen Magneten machen? Das Eisen kann ja auch nichts dagegen ausrichten. Ich wehre mich dagegen, glaub mir, aber es nützt nichts. Es ist keine billige Ausrede, wenn ich sage: Ich kann dann einfach nicht anders. Es ist die pure Wahrheit.«

Und wie ist es mit dem Bankkassierer? »Wenn der Job dich derart anwidert«, sagt man zu ihm, »warum läßt du es dann nicht einfach? Es gibt doch noch anderes als Geldzählen.« »Wie stellst du dir das vor«, wird er gereizt erwidern, »in meinem Alter finde ich doch keine andere Arbeit mehr!« »Wieso denn Arbeit? Du läßt dich, finde ich, von solchen Dingen viel zu leicht erpressen.« Der Kassierer braust auf: »Und wovon soll ich dann leben, du Trottel?« Nach dem Befreiungsschlag des Kassierers treffen sie sich wieder. »Ich habe alles hingeschmissen«, sagt der Kassierer, »und das Geld habe ich einfach mitgehen lassen.« »Siehst du, ich hab's dir immer gesagt: Es geht auch anders«, sagt der andere. »Ja, aber wie lange?« murmelt der Kassierer.

Der Chef der Résistance schließlich, der seine Zerrissenheit am Ende annimmt, wird, wann immer die schrecklichen Bilder der lautlos fallenden Frau Zweifel aufkommen lassen, denken: Ich konnte nicht anders; ich konnte einfach nicht. Und er wird etwas hinzufügen, was in den meisten anderen Zwangslagen übertrieben und pathetisch klänge, hier dagegen einen nüchternen und genauen Sinn hat: Weil ich bin, wie ich bin.

5. Zeiterfahrung als Maß der Unfreiheit

Freiheit und Unfreiheit des Willens spiegeln sich in der Art und Weise, wie wir Zeit erleben. Die Analyse unserer Zeiterfahrung ist deshalb ein Leitfaden für das tiefere Verständnis der Erfahrung von Freiheit und Unfreiheit. Diesem Gedanken bin ich in den zurückliegenden Kapiteln bereits an einigen Stellen gefolgt: bei der Betrachtung der offenen Zukunft als Aspekt der Freiheit, und bei der Frage, wie sich die Zukunft für einen Getriebenen und einen Zwanghaften darstellt. In diesem Kapitel nun erweitere ich den Blickwinkel und wende den Gedanken sowohl auf das Ganze der Zeiterfahrung als auch auf das Ganze der Erfahrungen von Freiheit und Unfreiheit an. Wie verformt sich unser Zeiterleben unter dem Druck von Unfreiheit? Welche Spielarten des Zeiterlebens zeigen sich, wenn wir uns in Figuren vertiefen, die auf unterschiedliche Weise unfrei sind? Im letzten Teil des Buches dann werde ich auf diejenige Erfahrung von Zeit zu sprechen kommen, die sich einstellt, wenn wir eine verlorengegangene Freiheit wiedergewinnen.

Die flache Zeit des Getriebenen

Kehren wir auf den Corso zurück, auf dem Sie als Getriebener dahintreiben. »Weißt du, worum ich den Typ mit dem Teddybären irgendwie beneide?« sagt Vera, meine Freundin: »Um die unmittelbare, ungetrübte Gegenwart, die alles für ihn haben muß, selbst das Unangenehme.«

»Gut«, sage ich, »er wird nicht den Fehler machen, den Leute wie ich oft machen: sich um das Erlebnis der Gegenwart bringen, indem man in Gedanken schon bei der Zukunft ist. Aber der Preis, den er dafür zahlt, ist hoch: Er *kann* den Fehler gar nicht machen, und das bedeutet: Er kann seine Gegenwart nicht von einer möglichen Zukunft her sehen, er kann sie nicht als Teil von etwas erleben, das sich in die Zukunft hinein erstreckt.«

»Ich weiß nicht; denk dran, mit wieviel *Neugierde* er in den Körben mit der Ausverkaufsware wühlte. Darin schien er doch sehr auf die Zukunft bezogen zu sein. Und war, was er sah und als gegenwärtig erlebte, nicht eine Erfüllung oder Enttäuschung seiner *Erwartungen*?«

»Klar war es das«, sage ich, »es ist ja nicht so, daß er mit einer Mauer im Kopf lebt, welche ihm jedes Bewußtsein von Zukunft verbaut und die Zeit an der Schwelle zur Zukunft durchtrennt, so daß er das gar nicht kennte: etwas erwarten. Einer, der die Gegenwart stets von neuem als das Ende von allem erlebte, mit einem Brett vor dem Kopf, was die Idee des Späteren anlangt – ich glaube, der würde, was ihm begegnet, nicht einmal als gegenwärtig erleben können, sondern nur als *da*. Und vielleicht nicht einmal das, denn es kommt mir vor, als sei ohne eine minimale Form von Erwartung gar kein Bewußtsein möglich. Schneide jemandem die Zeit vor der Nase ab, und er wird ohnmächtig. Deshalb denke ich schon, daß der unmögliche Kerl, als er kehrtmachte, um dem Bettler das Geld wieder wegzunehmen, eine Art von Zukunftsbewußtsein hatte, das ihm etwa die Bewegung des Umkehrens als gegenwärtig erscheinen ließ. Er ging, wenn du so willst, einer Zukunft entgegen. Aber es ging dabei nur um den Hut und das Geld, nicht um *ihn*. Daß es einem um die *eigene* Zukunft gehen könnte – das ist etwas, das er nicht kennt, denn er lebt ohne jeden Abstand zu sich selbst. Und deshalb kann er auch, was für ihn Gegenwart sein mag, nicht als *seine* Gegenwart erleben. Gegenwart – das kann für ihn nicht viel mehr sein als die Anwesenheit und Aufdringlichkeit des Geschehens, das zu seinen Erwartungen paßt oder nicht.«

»Und du bist sicher«, fragt Vera, »daß es nicht einfach eine Frage der Aufmerksamkeitsspanne ist? Verblüffend und geradezu komisch ist ja, wie schnell der Gegenstand seiner Aufmerksamkeit wechselt, die Dinge scheinen für ihn aufzublitzen und gleich wieder zu verlöschen wie nie gewesen, denk' dran, wie er mit dem Teddy umging. Ist der Unterschied zu uns nicht einfach der, daß wir einer Aufmerksamkeit fähig sind, die viel weiter ausgreift – daß wir also mehr Weitblick besitzen als er? Vielleicht ist unser Gegenwartserleben nur in dem Sinne reicher als seins, daß der umgebende zeitliche Horizont weiter ist?«

»Nein, nein«, sage ich, »du hast mir den entscheidenden Unterschied doch selbst eingehämmert: Er kann nicht anders, er hat sich nicht in der Hand. Das ist so, weil er sich nicht um seinen Willen kümmern kann. Er ist wie ein Jähzorniger im Aufbrausen, nur ist er es immer, obgleich es nicht immer Jähzorn ist und nicht immer Aufbrausen. Wie der Jähzornige *ist* er immer nur gerade das, was er erlebt und will. Das, vermute ich, ist dasjenige, um das du ihn beneidest. Es muß eine unheimlich *intensive* Gegenwart sein, denkst du. Aber vergiß nicht: Da er sich nicht um seinen Willen kümmern kann, kann er sich zu nichts entscheiden, er ist wankelmütig, ohne zu wissen, was das Gegenteil ist. Damit kann er seine Gegenwart auch nicht als etwas erleben, zu dem er sich entschieden hat. Seine Gegenwart hat kein Echo der Entschiedenheit im Rücken. Natürlich gibt es auch bei uns einen Anteil der Gegenwart, der mit Entscheiden nichts zu tun hat: Es ist immer auch eine Frage, was uns von der Welt her gerade zustößt. Aber bei unserem bizarren Freund ist das *alles*; in seiner Gegenwartserfahrung gibt es nicht den geringsten Geschmack von Entscheidung und also auch keinen von Freiheit. Das ist der Grund, warum es nicht nur seine Erfahrung von Zukunft ist, der die Tiefe fehlt, sondern auch seine Erfahrung von Gegenwart. Er lebt in den Tag hinein, und nichts, was er erlebt, kann in einem pointierten Sinn zu *seiner* Gegenwart werden. Es ist, könnte man sagen, eine *flache* Gegenwart.«

»Wir leben zur Zeit auch in den Tag hinein«, sagt Vera, »und es ist wundervoll. Soviel Gegenwart habe ich schon lange nicht mehr erlebt. Ich werde davon zehren, wenn ich wieder unter einem trüben Himmel aufwache.«

»Nicht das Thema wechseln«, sage ich, »Gegenwart ist nicht eine Frage des *Angenehmen*. Auch der trübe Himmel wird dir, wenn du ihn beim Frühstück verfluchst, anders gegenwärtig sein als dem Typen mit dem Bären. Du hast dann nämlich in einem anderen Sinn etwas *vor* dir als er, weil du in einem Sinn etwas *vorhaben* kannst, von dem er keine Ahnung hat. Und es ist dieses Zukunftsgefühl, das deine Gegenwart einfärben und zu dem machen wird, was sie ist.«

»Es ist so schön, in einem Zukunftsgefühl zu leben, das mit Vorhaben und Entscheiden nichts zu tun hat. Vorhin, als wir das Hotel verließen, habe ich mich mit Hochgenuß da hineingleiten lassen.«

»Das ist eine Täuschung, sage ich dir. Dieses Gefühl ist das, was es ist, nur deshalb, weil es von dem Bewußtsein eingerahmt wird, jederzeit die Freiheit der Entscheidung zu haben. Denk dir diese Gewißheit weg, und der Genuß, auch derjenige an unserer flanierenden Gegenwart, wäre auch weg. Und im übrigen: Der trübe Himmel zu Hause wäre dann *sehr* unangenehm, weil du ohne Abstand zu dir selbst auch keinen Abstand zu ihm hättest, er besäße eine erstickende Aufdringlichkeit.«

»Meinst du, daß der Typ sich *langweilen* kann?« fragt Vera.

Ich stelle mir vor, wie es für ihn wäre, immer denselben monotonen Eindrücken ausgesetzt zu sein. Immer denselben

Hinterhof sehen zu müssen. »Was er kennen wird«, sage ich, »ist Überdruß am immer gleichen Einerlei. Was er kann, ist, sich nach Abwechslung sehnen. Aber das ist nicht das, was wir empfinden, wenn wir im Stau sitzen oder im Wartezimmer des Arztes. Denn das Besondere an dieser langweiligen Gegenwart ist die unterdrückte Ungeduld und der Gedanke, was wir aus dieser Zeit sonst hätten *machen* können. Was wir in ihr mit uns hätten machen können. Davon weiß er nichts. Und was er auch nicht kennt: Langeweile als die Erfahrung, nicht zu wissen, was man mit sich machen soll, die Langeweile, die einen mitten am Nachmittag den Fernseher anstellen läßt. Dazu muß man wissen, was das ist: etwas mit sich selbst machen.«

Abends, wie wir die Erinnerungen an den Tag durchgehen, sagt Vera: »Wie das für die kuriose Figur mit dem Bären wohl ist: sich zu erinnern?«

»Er wird«, sage ich, »wie wir gewisse Dinge *behalten*. Sie haben Gedächtnisspuren in ihm hinterlassen. Er wußte noch, daß sein Geld im Hut des Bettlers war, und das setzte ihn in Bewegung. Was ich mich frage, ist, ob er sich in dem vollen Sinn erinnern kann, daß *er* es war, der es da hingetan hatte. Denn das verlangt ja eine Vorstellung von sich selbst. Kann ein Wesen, das sich sonst nicht zum Thema machen kann, diese Voraussetzung für echtes Erinnern erfüllen?«

Er wird von seinen Erinnerungen *geschoben*, denke ich später, sie treiben ihn vor sich her. Er *macht* nichts mit ihnen, richtet keine Fragen an sie, er beschäftigt sich nicht mit seiner Biographie. Er hat eigentlich gar keine Idee von der eigenen Vergangenheit. Die Erinnerungsbilder leuchten auf und verlöschen wieder, er mag sich wohl oder unwohl bei ihnen fühlen, aber er *beschäftigt* sich nicht mit ihnen. Und deshalb kann er auch keine Gegenwart *im Lichte* der Erinnerung erleben und nicht in eine Zukunft hineingehen, die sich mit einer gewissen Logik aus seiner Vergangenheit und dem Wissen um sie entwickelt. Zwar wird, was er tut, *bestimmt* durch seine Erinnerungen, sie kleben an ihm und diktieren ihm gewisse Dinge. Aber man kann nicht sagen: Er *entwickelt sich* aus einer Vergangenheit heraus in eine Zukunft hinein. Dazu muß man über sich nachdenken und sich zum Problem werden können. Und natürlich *versteht* er seine Erinnerungen nicht in dem Sinn, daß er sie als Zeichen zu deuten wüßte.

Die fremde Zeit des Hörigen

Wie erscheint dem Hypnotisierten und Hörigen die Zeit? Wie erscheint sie ihm während der Betäubung, und wie nach dem Aufwachen?

Als Höriger handeln Sie aus einem Willen heraus, der hinter Ihrem Rücken entstanden ist, als Überlegender und Entscheidender sind Sie übergangen worden. Die Zeit, in der Sie diesen fremden Willen verwirklichen, ist in gewissem Sinne nicht *Ihre* Zeit. Sie leben nicht Ihre Zeit, sondern die der anderen, weil Sie als Urheber Ihres Willens, der auch Urheber seiner Zeit sein könnte, ausgeschaltet sind. Denken wir an Sie, wie Sie, durch ein Codewort in Bewegung gesetzt, das Rathaus in die Luft jagen. Wenn Sie mit dem Sprengsatz auf dem Weg zum Rathaus sind, gibt es in einem einfachen Sinne natürlich Vergangenheit, Gegenwart und Zukunft für Sie: Eben sind Sie ins Auto gestiegen, jetzt plazieren Sie den Sprengstoff, gleich wird die Explosion erfolgen. Und trotzdem bewegen Sie sich traumwandlerisch in einer fremden Zeit. Sie haben sie nicht selbst gemacht, jemand anderes macht sie für Sie. Sie leben in der Zeit des anderen, als der Manipulierte sind Sie nur Gast in *seiner* Zeit.

Nehmen wir die Perspektive der anderen ein: Sie sehen Ihnen, dem Hypnotisierten, aus der Ferne zu, wie Sie als emp-

findende und wollende Marionette den Ihnen aufgezwunge-
nen Willen exekutieren. Im Unterschied zu Ihnen selbst hat
das, was Sie tun, für die anderen echte Gegenwart: Sie verwirklichen durch Sie ihren Willen. Und das gelingt nur, weil
sie Ihnen durch die Hypnose Ihre echte Gegenwart geraubt
und sie durch eine fremde Zeit ersetzt haben. Müßten sie befürchten, daß Sie zu früh aufwachten und zur Unzeit zu Ihrer
eigenen Zeit zurückfänden, wären sie sich des Gelingens ihrer
eigenen Gegenwart nicht mehr sicher. Diese fremde Zeit ist
aus Ihrer gewöhnlichen Zeit wie herausgeschnitten, Sie erleben sie, ohne recht dabei zu sein.

Analog ist es bei der Hörigkeit, also der Preisgabe des eigenen Willens zugunsten eines fremden bei vollem Bewußtsein. Nehmen wir an, Sie machen mit jemandem, dem Sie in
diesem Sinn hörig sind, eine Reise. Die Unfreiheit beginnt
schon am Flughafen. Sie möchten gern durch die Arkaden
schlendern und die Auslagen der eleganten Geschäfte betrachten. Das wäre Ihre Art, die Gegenwart bis zum Abflug
zu dehnen und die Vorfreude zu steigern. Doch Sie kennen
ihn: Er will in einem solchen Moment bei einem Espresso die
Zeitung lesen. Es wäre ein leichtes, einfach zu sagen: »Bis
nachher!« und hinüber zu Ihrer Gegenwart zu gehen. Sie tun
es nicht und unterwerfen sich seiner Gegenwart. Sie wollen
ihn ja nicht verstimmen. Das ist Ihnen nicht als ausdrücklicher Gedanke gegenwärtig, es ist nicht ein harmloser kleiner Kompromiß, wie wir ihn tausendfach schließen, ohne uns
selbst dabei zu verlieren. Es ist ernster: Sie merken den Ver-
zicht gar nicht richtig, Sie können ihn nicht als solchen erkennen. Ein Blick auf sein Gesicht hat genügt, und schon er-
setzten Sie Ihren Willen durch seinen. Die Frage, ob Sie das
geschehen lassen oder sich dagegen stemmen sollten, konnten Sie sich nicht stellen. Alles geschah im Untergrund. Und
so sitzen Sie jetzt mit ihm am Bistrotisch und erleben – was
diese Reise angeht – den ersten Moment verlorengegangener,

verpaßter Gegenwart. Sie sind hier, Ihre Gegenwart wäre dort.

Und so wird es auf der ganzen Reise sein. Sie werden sich in seiner Zeit bewegen, in seiner Gegenwart, und wenn Sie den nächsten Tag planen, wird es seine Planung und Zukunft und nicht Ihre sein, auch wenn Sie sagen: wir. Sie handeln nicht so traumwandlerisch wie eine Hypnotisierte, Sie sind bei vollem Bewußtsein. Aber nicht Sie machen die Zeit für sich, sondern der Mann. Sie leben nicht Ihre, sondern seine Zeit. Und das ist deshalb so, weil sein Wille den Ihren überwuchert und erstickt.

Man kann sich drei Versionen dieser Geschichte denken, und die jeweils nächste ist gegenüber der früheren eine Steigerung an Unfreiheit. In der ersten Version schließen Sie am Bistrotisch des Flughafens die Augen und gehen in Gedanken durch die Arkaden, um wenigstens diesen Ersatz zu haben: eine in der Phantasie erlebte, eigene Gegenwart. Auch später auf der Reise tun Sie das: Auf der Wanderung liegen Sie in Gedanken am Strand und lesen; im noblen Restaurant sitzen Sie auf einer Mauer mit Brot und Käse; auf der Bootsfahrt sind Sie im Museum. Im Rückblick kommt es Ihnen vor, als hätten Sie zwei Reisen auf einmal gemacht: die äußere und die innere. Es ist gut, daß es da noch die innere Reise gibt. Da können Sie sich noch behaupten und sich eine eigene Zeit erfinden, auch wenn sie ganz in Ihnen eingeschlossen bleibt und nie zum Rahmen wird, in dem Sie sich sichtbar bewegen.

Doch es kann auch sein, daß Ihnen die Hörigkeit jedes Phantasieren verbietet, denn es stellt ja einen Loyalitätsbruch dar. Jetzt haben Sie nicht einmal mehr dieses bißchen geheime Freiheit, auch Ihre Phantasie, sofern sie ein Aufbegehren sein könnte, ist geknebelt und geknechtet. Dann sitzen Sie am Flughafen, im noblen Hotel oder auf dem Boot, und innen ist nichts als hohle Stille. Es wird eine Reise des puren

Hinterhertrottens, und die Sehenswürdigkeiten werden für Sie nicht viel mehr sein als Kulisse, eine Kulisse, von der Sie durch einen hauchdünnen Schleier getrennt sind, unberührbar für das Erleben. Es wird schwer sein, einen Gleichklang der Begeisterung vorzutäuschen, und immer öfter wird der Mann im Ton einer sanften Drohung fragen: »Gefällt's dir nicht?«

Das war die zweite Version der Geschichte. In der letzten passiert etwas, das der Freiheit täuschend ähnlich sieht: Sie *glauben* an Ihre Begeisterung und daran, daß Sie beide füreinander geschaffen sind, da es einen vollkommenen Gleichklang des Empfindens gibt. Wer Sie als Paar von außen sieht, wird den Eindruck haben: Die beiden leben eine gemeinsame, geteilte Zeit, wie sie sich zwischen zwei Freien und Gleichberechtigten entwickelt, auf einer Reise eben oder während einer gemeinsamen, partnerschaftlichen Anstrengung. Die Wahrheit ist ganz anders: Sie haben es nicht mehr ausgehalten, nur mechanisch hinterherzutrotten. Die dumpfe Gegenwartslosigkeit wurde zur Tortur. Da haben Sie die Flucht nach vorne angetreten und sich in die Selbsttäuschung gestürzt, der Wille des Mannes sei eben doch auch Ihrer. Sogar der schützende Abstand des dumpfen Widerstands ist jetzt zusammengebrochen. Damit besiegeln Sie Ihre nun vollkommene Abhängigkeit, die sich als Verschmelzung tarnt. Jetzt werden am Flughafen zwei Zeitungen gekauft und zwei Espressi bestellt. Und später: Ist das Restaurant, das er ausgesucht hat, nicht phantastisch, und ist es nicht einfach wundervoll, Boot zu fahren? Was Ihren eigenen Willen betrifft, sind Sie jetzt tot. Ohne es zu wissen.

Sehen wir zu, was geschieht, wenn eine Hypnotisierte und eine Hörige in ihre eigene Zeit hinein aufwachen. Das Aufwachen besteht darin, daß sie den verlorenen Abstand zu sich selbst wiedergewinnen und sich um ihren Willen kümmern können. Jetzt können sie sich wieder mit der Frage beschäftigen, was es ist, was sie selbst wollen, im Unterschied zu dem, was ein anderer will, daß sie wollen. Sie können wieder trennen zwischen dem scheinbar eigenen und dem wirklich eigenen Willen. Damit gewinnen sie ihre Freiheit zurück und ihre eigene Zeit. Sie sind jetzt in der Lage, dem Tyrannen entgegenzutreten, der ihnen dadurch, daß er sie entmündigte, die eigene Zeit gestohlen hatte, indem er sie um ihre Freiheit betrog. Das aufgewachte Opfer der Hypnose wird vor den Trümmern des Rathauses stehen und denken: Das war nicht ich, und: Wo war ich bloß in jener Zeit? Gedanken wie diese sind für den Tyrannen gefährlich, denn es könnte sein, daß die Wut über diesen Diebstahl der Zeit, der ein Diebstahl der Freiheit war, einem die Kraft gibt, mit dem Tyrannen abzurechnen, in welcher Form auch immer. Ähnlich wird es unserer unterjochten Urlauberin gehen. Sie wird beim Betrachten der Fotos das Gefühl haben: Das war gar nicht ich, das war nur eine leere Hülse. Ich bin durch gegenwartslose Zeit gewatet und habe mich dabei zu Tode gelangweilt. Und wie sie ein Bild von sich in forcierter, künstlicher Begeisterung sieht, wird ihr schlecht: der Gipfel der Unfreiheit.

Vielleicht macht sie daraufhin die ganze Reise noch einmal, dieses Mal allein. Sie möchte die verlorene und tote Zeit zurückgewinnen und zum Leben erwecken, indem sie jeden einzelnen Moment aus ihrem eigenen freien Willen heraus durchlebt. Vielleicht wird es so kommen, daß sie an jeder Wegbiegung diejenige Richtung nimmt, die der damaligen genau entgegengesetzt ist. Dann besteht ihre Freiheit in der puren Negation. Aber es kann auch etwas anderes, für sie selbst Überraschendes eintreten: Vielleicht wird die zweite Reise der ersten sehr ähnlich. Zwar kauft sie am Flughafen keine Zeitung, sie ist keine Zeitungsleserin; aber sie geht auch nicht zu den Arkaden hinüber, sondern trinkt am Bistrotisch einen Espresso. Er schmeckt gut, der Kaffee, und er schmeckt nach Gegenwart, denn jetzt ist er ihr ganz eigener Kaffee. Sie trinkt ihn ganz langsam und erinnert sich hinter geschlossenen Lidern an die damaligen Phantasiebilder von ihrem Gang durch die Arkaden. Nach wie vor mag sie die Arkaden, und das nächste Mal würde sie wieder hingehen. Aber jetzt ist es wichtig, es nicht zu tun. Täte sie es jetzt, wäre das Flanieren vergiftet durch Opposition, so wie die damalige Phantasie es war, und deshalb besäße es seine Gegenwart nur zum Schein. Das will sie nicht: Die Reise soll nicht eine Reise des bloßen Widerspruchs werden. Dann wäre sie mittelbar immer noch eine unfreie Reise, der Wille des Tyrannen würde mit ihr reisen und ihr, wenngleich umgedreht durch Widerspruch, diktieren, wohin sie zu gehen hat. Es soll nicht eine Reise gegen ihn sein, sondern eine Reise ganz für sie selbst.

Abends, nach einem Tag auf dem Boot und einem Essen im noblen Restaurant, liegt sie auf dem Bett und vergleicht, was sie getan hat, mit den damaligen, aus Widerspruch geborenen Phantasien. Jetzt ist sie unsicher, ob es klug war, das zu tun, was sie damals auch tat, nur um dem Joch zu entgehen, das im Widerspruch bestünde. Wie echt war die Gegenwart dieses Tages? Sie war nicht mehr überwuchert gewesen von der Anwesenheit des Tyrannen. Das war gut. Aber war sie nicht zersetzt worden von dem häufigen Gedanken, daß sie ihm trotzte, indem sie etwas aus Freiheit wollte und tat, das er ihr damals aufgezwungen hatte? War es also nicht immer noch eine Gegenwart der Auflehnung gewesen statt einer spontanen Gegenwart? Warum eigentlich soll sie etwas nicht tun, nur weil der Tyrann es als etwas sehen würde, das sie seinem Willen abtrotzt? Sie ist wütend über ihn, daß er ihr auf dem Wege dieses Gedankengangs die eigentlichen, spontanen Wünsche vergiftet hat, und sei es nur dadurch, daß sie nicht mehr weiß, was das Freie wäre und was das Unfreie: ihnen zu folgen, weil es die ursprünglichen Wünsche waren, oder ihnen nicht zu folgen, weil sie den Stempel des Widerspruchs zum tyrannischen Willen tragen.

Und noch etwas anderes macht ihr zu schaffen: daß sie nicht weiß, ob eine Phantasie durch die Tatsache, daß sie gegen einen Tyrannen Sturm läuft, in ihrer Freiheit beschädigt und also unbrauchbar wird oder ob man sie von der Farbe der Revolte reinigen kann, um ihr dann als etwas zu folgen, das ganz das Eigene ist. Und außerdem: Ist sie frei darin, der einen oder anderen dieser Sichtweisen zu folgen? Oder hat der Tyrann immer noch auf subtile Weise die Hand im Spiel, wenn sie beispielsweise an eine Reinigung der Phantasie glaubt und am nächsten Tag statt auf die Wanderung an den Strand geht und es nicht aus Widerspruch zu tun glaubt? Ist das Reinigen der ehemals revoltierenden Phantasie nicht auch noch eine Form der Revolte, kaum merklich zwar, aber immer noch vorhanden? Es wird ihr schwindlig bei diesem Versuch, den tyrannischen Willen ganz abzuschütteln und ihm jede Rückkehr, auch die tückischste, zu verbauen.

Am nächsten Morgen macht sie energisch einen frischen Versuch und geht ins Museum, genau zu der Stunde, zu der sie damals das Boot gemietet hatten. Durchs Fenster sieht sie die Boote draußen. Na und?, gelingt es ihr zu denken. Es wird ein Tag voll von Gegenwart. Am intensivsten ist sie am Abend beim Tanzen. Das gefiele ihm auch, denkt sie. Und jetzt begreift sie: Es käme darauf an, etwas auch dann zu wollen, wenn er es auch wollte, es aber nicht aus diesem Grund zu wollen. Es käme darauf an, es mit einer Selbständigkeit zu wollen, die den Widerspruch nicht nötig hätte.

Auf dem Rückflug fühlt sie sich frei wie schon lange nicht mehr. Der Tag nach dem Tanzabend war wie ein Tag nach einem endlosen Alptraum gewesen, ein vollkommen wacher Tag, an dem sie Dinge getan hatte, die weder in Einklang mit dem Willen des Mannes standen noch im Widerspruch dazu. Sie hatte wiederentdeckt, was sie früher einmal gewußt und dann vergessen hatte, als der Mann in ihr Leben trat: was es heißt, die Zeit als frei Entscheidende zu durchleben und ihr

Tiefe zu verleihen, indem man etwas mit sich und seinem Willen macht. Am heimischen Flughafen trinkt sie einen Espresso, einfach so.

Die Reise war der Anfang einer eigenen Vergangenheit gewesen, die Tiefe besessen hatte, viel mehr Tiefe als all die Jahre im Bannkreis des Mannes. Nicht zuletzt war das durch das Ringen mit dem unsichtbaren Tyrannen gekommen; denn auch ein solches Ringen gehört zu dem, was einer erlebten Zeit ihre Tiefe gibt: der Fähigkeit, sich erinnernd auf sich selbst zurückzuwenden und sich aus einem inneren Abstand heraus, der hier ein zeitlicher Abstand ist, zum Problem zu werden. Es würde darum gehen, aus dieser neuen Vergangenheit auch eine neue Zukunft zu machen, in die sie sich von niemandem einfach würde hineinschieben lassen. Es würde darum gehen, sich nie mehr in den Bann einer fremden Zeit schlagen zu lassen.

Die langweilige Zeit des gedanklichen Mitläufers

Da er immer dasselbe denkt und sagt, und stets auf die gleiche Weise, muß der gedankliche Mitläufer sich langweilen. Er ist ja nicht jemand, der sich wiederholt, weil ihn das Gedächtnis im Stich läßt. Und tatsächlich langweilt er sich auch mit seinem Brei aus Gedankenfetzen und hohlen Parolen. Irgendwo im Hintergrund, hinter den Kulissen des Bewußtseins und der Aufmerksamkeit, spürt er die Langeweile. Nur erreicht sie nie die bewußte Bühne. Das ist so, weil er etwas nie erlebt: *Überraschung* als etwas, das das Gewohnte durchbrechen und die Dinge in einem anderen Licht erscheinen lassen könnte. Nur dadurch könnte ihm zu Bewußtsein kommen, wie öde und verklebt die Welt seiner Halbgedanken ist.

Was die Zukunft anlangt, so wird er später denken, was er immer gedacht hat. Allem, was kommt, wird er die ewig gleichen Überzeugungen entgegenbringen, und deshalb wird ihm alles Neue als ein Altes erscheinen. Denn das eine kennt er nicht: sich durch Neues in seinem Glauben erschüttern und verändern lassen. Das Neue bekommt gar nie die Chance, als ein Korrektiv zu fungieren, als Anlaß zur Kritik. Es ist nichts weniger als die Erfahrung einer offenen Zukunft, was der Mitläufer durch seine Borniertheit, die auch Bequemlichkeit ist, verspielt, und seine besondere Unfreiheit besteht darin, daß er diesen Verlust gar nicht bemerken kann.

Und seine Vergangenheit? Sie kann ihm nicht als eine Zeit erscheinen, in der er sich entwickelt und verändert hat, sondern nur als eine Spanne, in der er fest zu seinen Überzeugungen gestanden hat. Er ist sich ein Leben lang treu, und darauf ist er stolz. »Das habe ich schon immer gesagt«, ist eine seiner häufigsten Wendungen, und er ist unfähig zu merken, daß man das auch als Eingeständnis der Unfreiheit werten könnte.

Er kann sich nicht erinnern, sich jemals zu einer Überzeugung entschieden zu haben. Der Ursprung seiner Gedanken liegt im Dunkel des kindlichen Nachplapperns. Auch an einen Meinungswechsel kann er sich nicht erinnern, er kann keinerlei vergangene Brüche in seiner Art, die Welt zu sehen, erkennen. Er schreibt die Gedankenwelt, die zu Hause oder im Militär oder am Stammtisch in ihn eingesickert ist, bruchlos fort in alle Zukunft. Er trägt sie aus einer lichtlosen Vergangenheit in eine langweilige Zukunft hinein. Dabei ist er, weil ihm jede kritische Distanz dazu fehlt, nicht der Urheber seiner langweiligen Gedanken und nicht ihr Subjekt, sondern nur eine Art Durchgangsstation für sie, ein Relais.

Wie ist es, wenn er eines Tages aufwacht und zum erstenmal einen selbständigen Gedanken formt, der ihn in Widerspruch zu den anderen bringt? Wenn er ein gedankliches

Tabu bricht? »Ich halte die Zehn Gebote für ein total verbla-
senes und unplausibles Stück Moral«, mag er am Mittagstisch
zu seinem Vater, dem Pastor, sagen, kaum ist das Tischgebet
gesprochen. »›Du sollst nicht lügen!‹ Wie naiv seid ihr eigentlich? Noch nie von unverzichtbaren, ja moralisch geboten-
nen Lügen gehört? Noch nie daran gedacht, daß moralische
Selbstzufriedenheit einen zum Monster machen kann? ›Du
sollst nicht töten!‹ Stellt euch mal den Fall vor …«

Seine Phantasie ist erwacht, und das ist das Schlimmste
oder Beste für einen gedanklichen Mitläufer – je nachdem, ob
man selbst einer ist. Und mit der Phantasie wird sich seine
Zeiterfahrung ändern. Er hat die Neugierde entdeckt, auch
diejenige auf sich selbst, und sie wird ihm die Zukunft öffnen,
die bisher durch die sanfte Gehirnwäsche der Pastorenfami-
lie als etwas erschienen war, das man schon kannte. Damit
wird auch seine Gegenwart einen neuen Geschmack bekommen. Denn er kann sie jetzt als etwas erleben, das ihn überraschen und von ideologischem Ballast befreien kann. Es kann
sein, daß er nun süchtig nach der hellwachen Gemütsverfassung wird, die jemanden auszeichnet, der sich in seinen Überzeugungen offenhält. Durch diese Sucht wird er zum Feind
der Mitläufer, und sie werden ihn verstoßen. Aber das wird
ihm recht sein, denn es bedeutet, daß er jetzt außerhalb ihrer
Gefängnismauern leben darf, wo die Zeit fließt.

Die aufgeschobene Zeit des Zwanghaften

Der Zwanghafte bringt sich durch seinen monotonen, zum
voraus berechenbaren Willen, der sich unbelehrbar jeder Kontrolle entzieht, um die Erfahrung einer offenen Zukunft. Das
haben wir früher gesehen. Was entspricht diesem Verlust in
der Erfahrung von Gegenwart und Vergangenheit?

Das Entscheidende ist hier der zweite Aspekt am inneren Zwang, den wir neben der Unbeeinflußbarkeit des Willens durch Gründe ausgemacht hatten: die Tatsache, daß mir ein zwanghafter Wille fremd erscheint, weil ich ihn nicht haben möchte. Seine Fremdheit nämlich bedeutet, daß ich ständig darauf *warte*, daß er verschwindet, um mich wieder ganz bei mir selbst fühlen zu können. Es ist ein vergebliches und als vergeblich erlebtes Warten, das an die Stelle einer ungebrochenen Erfahrung von Gegenwart tritt. Die Gegenwart wird dadurch zu etwas, das ich immer vor mir herschiebe, ohne es jemals erreichen zu können. Das vergebliche Warten selbst ist zwar auch gegenwärtig in dem Sinn, daß es jetzt stattfindet. Doch die wirkliche Gegenwart – so ist mein Gefühl – werde ich erst erleben, wenn mein zwanghafter Wille aufhört, mich wie eine fremde Macht durch die Zeit zu hetzen. Am besten wäre es, wenn ich das quälende Warten beenden und zu meiner Gegenwart vorstoßen könnte, indem ich die Starrheit meines Willens aufbräche. Doch das ist hoffnungslos, ich weiß es aus Erfahrung. Was ich erreichen kann, ist nur dieses: daß ich den zwanghaften Wunsch erfülle, um mir eine Atempause zu verschaffen.

Ich kann zum Beispiel auf der Fahrt zum Flughafen umdrehen, um mich noch einmal zu vergewissern, daß der Herd auch wirklich abgestellt ist. Ich bin, bevor ich die Wohnung verließ, durch all die lächerlichen Rituale hindurchgegangen, die ich erfunden habe, um beim Abschließen der Tür die Gewißheit mitnehmen zu können, daß alles in Ordnung ist: die Hand auf jede einzelne Platte legen – erst die linke Hand, dann die rechte –, um die Kühle zu spüren; den Finger bei jedem Schalter auf die o legen, wie um den Schalter beschwörend zu versiegeln und sicherzustellen, daß er sich nicht von selbst bewegen wird; trotzdem noch in die Hocke gehen, um ganz sicher zu sein, daß der Backofen nicht an ist; dann – erst dann! – die Sicherungen für die Küche herausdrehen; jetzt alle Schalter drehen um festzustellen, ob der Strom auch wirklich nicht kommt; wieder den Finger auf die o; die Stirn an die abgeschlossene Wohnungstür pressen und mir einhämmern, daß ich wirklich durch alle Rituale hindurchgegangen bin und es mir nicht nur einbilde. Endlich sitze ich entspannt im Taxi, denn nun ist dem zwanghaften Willen Genüge getan worden, er ist ruhiggestellt. Die Gegenwart kann beginnen.

»Ich muß noch einmal zurück«, sage ich ein paar Minuten später zum Fahrer, »ich muß noch etwas nachprüfen.« »Kein Problem«, sagt er und wendet. Wieder bin ich in der Küche, dann beim Sicherungskasten, dann wieder in der Küche. »Jetzt aber wirklich zum Flughafen!« sage ich nachher zum Fahrer.

Als ich ihn das zweitemal zurückfahren lasse, brummt er nur noch und wirft einen vielsagenden Blick auf die Uhr. Beim drittenmal sagt er nichts mehr, sondern betrachtet mich nur stumm im Rückspiegel. Ich verpasse das Flugzeug und bleibe zu Hause.

Das mit dem Flugzeug ist zu dumm. Jetzt wird nichts aus der Gegenwart auf der Insel, die ich mir nach all den Zwängen der letzten Monate hatte gönnen wollen. Andererseits ist es angenehm, im Wohnzimmer zu sitzen und mich nicht um den Herd kümmern zu müssen. Ich habe ihn keines Blickes mehr gewürdigt, seit ich die Sicherungen wieder hineingeschraubt habe. Es ist, als sei der innere Zwang von vorhin verflogen wie ein Spuk. Natürlich ist es nicht so, er hält nur still, solange ich in der Wohnung bin, und er würde mich sofort anspringen und zu würgen beginnen, wenn ich von neuem abreisen wollte. Jetzt ist er ein schweigsamer Zwang, der mir die Wohnung durch seine lauernde Anwesenheit zum Kerker macht.

Ein zwanghafter Wille, könnte man sagen, schiebt sich wie eine unsichtbare Wand zwischen den Wollenden und seine Gegenwart. Sie müßte weggezogen werden können, diese

Wand, damit der Wollende seine Gegenwart berühren könnte. Und die Wand kann immer näher und näher kommen. Das spüre ich, als ich plötzlich aufspringe, um den Herd nun doch zu überprüfen. Das ist mir noch nie passiert, daß der Zwang nun auch innerhalb der Wohnung zu wüten beginnt, und ich erschrecke zutiefst, denn nun beginnt mir sogar die trügerische Gegenwart innerhalb der eigenen vier Wände zu entgleiten. In immer kürzeren Abständen pendle ich zwischen Wohnzimmer und Küche, und jedesmal, wenn ich aus der Küche in den Flur trete, spüre ich bereits den Sog, der mich Minuten später zurückholen wird. Meine Bewegungen werden immer hektischer, und einmal stoße ich mich mit der Uhr am Türrahmen. Für einen Augenblick scheint mir die Uhr kaputtgegangen zu sein, der Sekundenzeiger scheint stillzustehen. In meinem Bewußtsein, das sich rasend schnell verengt, hat kein gefährlicher Herd mehr Platz. Der alte Zwang ist durch einen neuen gebrochen worden. Ängstlich starre ich auf den Sekundenzeiger, bis mir die Augen tränen. Bisher ist der Zeiger aller Befürchtung zum Trotz weitergerückt. Doch wird er es auch in der nächsten Sekunde tun? Meine Gegenwart – wenn sie diesen Namen noch verdient – ist auf diesen einen Punkt zusammengeschrumpft: das Warten auf den nächsten Ruck des Zeigers. Während ich im Flur reglos verharre, den Blick auf die Uhr gerichtet, verschwinde ich als Subjekt und Urheber einer lebendigen Zeit ganz und gar, weil ich jeglichen Abstand zu mir selbst verloren habe und darin dem Hypnotisierten gleiche. Nicht einmal langweilen könnte ich mich mehr, denn das würde einen gewissen Abstand voraussetzen. Zeit – das sind nur noch die ruckenden Bewegungen des Zeigers, die das Frühere vom Späteren unterscheiden.

Es ist nicht nur bei einem kurzatmigen Willen so, daß mich seine Zwanghaftigkeit um die Gegenwart betrügt, weil diese Gegenwart zu etwas stets Zukünftigem wird – zu etwas, auf das ich nur hoffen kann, wissend, daß es sich immer wieder entziehen und als eine Täuschung entpuppen wird wie die Luftspiegelung, die mir eine Oase vorgaukelt. Der langatmige Wille, wenn er zwanghaft ist, folgt der gleichen Logik. Bin ich etwa ein Leistungssklave, so versage ich mir regelmäßig das Versinken in der gegenwärtigen Gegenwart um einer zukünftigen Gegenwart willen. Wenn ich die eben angepackte Aufgabe bewältigt haben werde – dann, und erst dann, werde ich in meiner Gegenwart ankommen können, auf die ich nun schon ein Leben lang warte. Doch natürlich kommt, kaum ist das Ende des jetzigen Vorhabens in Sicht, sogleich ein neues auf mich zu, und ich, der Gefangene meines zwanghaften Willens, betrüge mich ein weiteres Mal um die Gegenwart. Im Sinne eines unermüdlichen Willens besitze ich eine Willensstärke, die zum Fürchten ist. Im Sinne der Unbeeinflußbarkeit meines Willens durch Gründe dagegen bin ich willensschwach, und es ist diese Art von Willensschwäche, welche die Zeit zu etwas macht, das an mir vorbeiläuft, ohne daß ich mich gestaltend daran beteiligen könnte. Ich ersticke mir die Gegenwart von einer Zukunft her, die ich mir in diesem Moment als offen vorstelle, vergessend, daß der innere Zwang längst darüber entschieden hat, wie sie sein wird, nämlich genau so wie die erstickte Gegenwart.

Und meine Vergangenheit? Wenn ich sie in der Tretmühle eines zwanghaften Willens durchlebt habe, so bestand sie nicht aus gelebter Gegenwart, sondern aus vergeblichem Warten darauf. Sie erscheint mir im Rückblick als eine Strecke Zeit, die ich nicht so sehr durchlebt als vielmehr nur ertragen habe, weil sie ganz unter dem Diktat eines als fremd erlebten Willens stand. Und ich kann sie nicht als eine Zeit sehen, in der ich mich entwickelt hätte. Das gilt, wie wir gesehen haben, auch für den gedanklichen Mitläufer. Doch während es bei ihm daran liegt, daß er sich distanzlos an die immer gleichen Gedankenfragmente und Worthülsen klammerte, ist es beim Zwanghaften die Monotonie seines unbelehrbaren Willens, die einer Entwicklung im Weg stand. Diesem Unterschied entspricht, daß die beiden Figuren die innere Gleichförmigkeit der Vergangenheit ganz unterschiedlich bewerten werden. Der Mitläufer wird darin keine Unfreiheit sehen, sondern eine erwünschte Stetigkeit des Wollens. Ganz anders der Zwanghafte: Er liegt im Zwist mit der Vergangenheit, weil sich sein Bild von der Welt und von sich selbst über die Jahre gewandelt hat, ohne daß sein Wille damit Schritt gehalten hätte. Ob es sich um einen Süchtigen oder um jemanden handelt, der seine Liebesbeziehungen gegen bessere Einsicht immer wieder so gestaltete, daß sie zum Scheitern verurteilt waren: Die Vergangenheit wird ihm als eine gegenwartsarme Zeit des vergeblichen Kampfes mit sich selbst erscheinen, denn er wird sie als eine Zeit erinnern, in der er immer wieder vergeblich auf einen Willen gewartet hatte, der den Zwang hätte brechen können.

Die übersprungene Zeit des Erpreßten

Auch der Erpreßte hat nicht den Willen, den er haben möchte. Doch liegt es bei ihm nicht daran, daß sich sein ungeliebter Wille verselbständigt hat und ihn mit sich fortreißt. Er hat seinen Willen vollständig unter Kontrolle, wenn er in einer Zwangslage das kleinere Übel wählt. Seine Unfreiheit besteht darin, daß er in sich einen Willen aufbauen muß, den er ohne den Erpresser oder die erpresserischen Umstände nicht hätte. Was die Erpressung ihm verbaut, ist die Möglichkeit, sich seine eigentlichen Wünsche zu erfüllen. Indem sie ihn daran hindert zu tun, was er eigentlich möchte, stiehlt sie ihm die Gegenwart.

Nehmen Sie an, einer Ihrer Angehörigen ist entführt worden. Er würde sich zu gegebener Zeit melden, hat der Entführer wissen lassen. Sie sitzen neben dem Telefon und warten auf seinen Anruf. Die Standuhr im Raum tickt, und sie tickt heute besonders laut. Die tickende Zeit verrinnt, ohne daß Sie etwas tun können. Festgenagelt durch die erpresserische Drohung und den fremden Willen sitzen Sie auf dem Sofa. Wenn Sie etwas trinken oder den Kugelschreiber zum x-ten Mal bereitlegen, ist es, als seien Ihre Bewegungen nicht ganz real. Jeder Moment, der vorbeigeht, ist wie nie gewesen, und deswegen kommt es Ihnen vor, als stocke die Zeit und stünde still, obwohl sie andererseits auch mit quälender Langsamkeit verrinnt. Später werden Sie es vielleicht noch anders beschreiben: »Die Zeit dehnte sich bis zum Zerreißen«. Was Sie damit zum Ausdruck bringen wollen, ist, daß Sie in jenen bangen Stunden nur noch aus Warten bestanden. Dieses Warten und Hoffen war das einzige, was Wirklichkeit besaß, alles andere besaß die Unwirklichkeit von Schatten. Zwar waren Sie als Wartender auf die Zukunft bezogen, sogar mehr als jemals zuvor; doch es war eine Zukunft, die nicht Sie selbst machten, sondern der andere, eine Zukunft, die Ihnen bloß zustoßen würde. Sie war offen, diese Zukunft, aber es war nicht die Offenheit der Freiheit, sondern nur die quälende Offenheit des Ungewissen. Und weil Sie in der Zeit, die verstreichen mußte, bevor die unbeeinflußbare Zukunft über Sie hereinbrechen würde, zum bloßen Warten verdammt waren, wird sie Ihnen im Rückblick als etwas erscheinen, das man aus Ihrem Leben herausgeschnitten hat.

Es klänge absonderlich und beinahe zynisch, wenn man sagte, daß Sie sich dort auf dem Sofa langweilten. Schließlich ist das Warten, in dem Sie ganz aufgehen, ein erregtes und atemloses Warten, ganz anders als das Warten in der Schlange oder im Wartezimmer. Und doch ist es nicht ganz falsch, von Langeweile zu sprechen, denn das eine Gefühl teilen Sie mit den Leuten im Wartezimmer: daß die dahinkriechende, zähflüssige Zeit etwas ist, das man hinter sich bringen muß, um es nachher sofort zu vergessen – etwas mithin, das man am liebsten einfach überspringen möchte, um sofort an derjenigen Stelle der Zukunft zu sein, an der man fortfahren könnte, sich seine eigene Zeit zu machen.

Weil Sie, während Sie neben dem Telefon sitzen, von all Ihren eigentlichen Wünschen abgeschnitten sind, können Sie nicht einmal Ihr unfreiwilliges Warten als echte Gegenwart erleben. Das werden Sie spüren, wenn Ihr Blick auf eine Fotografie fallen sollte, die Sie zusammen mit der Entführten zeigt. In jener Situation war sie mit Händen zu greifen gewesen, die Gegenwart. Da hatte sich Ihr ganz eigener Wille ungehindert entfalten und mit dem gleichermaßen freien Willen der Gefährtin verschränken können. Das ist jetzt sehr weit weg, und die Größe des Abstands zu damals liegt nicht darin, daß es sehr lange her ist. Vielleicht ist es erst letzte Woche gewesen. Was den Abstand riesig, ja unüberbrückbar erscheinen läßt, ist, daß es Ihnen wie eine ganz andere Art von Zeit vorkommt, was damals floß, es war ein breiter Strom von freier, gegenwartserfüllter Zeit und nicht, wie jetzt, ein bloßes Rinnsal von tickenden Sekunden.

Der Erpreßte und der Zwanghafte haben gemeinsam, daß sie durch ein aufgezwungenes Warten auf die Gegenwart um ihre eigene Zeit betrogen werden. Doch ihr Warten ist nicht das gleiche, weil der Zwang nicht der gleiche ist. Der Zwanghafte muß warten, weil er sich selbst die Gegenwart durch einen starren, undurchlässigen Willen verstellt. Sein Warten ist ein Warten auf sich selbst – darauf, daß die Monotonie seines Wollens einem Willen Platz macht, welcher der Situation angemessen ist, weil er seinem Urteil entspricht. Das Warten des Erpreßten dagegen ist ein Warten auf einen anderen, den wahren Urheber seines erzwungenen Willens. Dieser Unterschied im Warten wird auch deutlich, wenn man die Art und Weise betrachtet, in der es zu einem Ende kommen kann. Wenn der Erpreßte am Telefon endlich die Stimme des Erpressers hört, wird er blitzschnell den instrumentellen Willen entwickeln, der nötig ist, um seine Forderung zu erfüllen. Und wenn der Angehörige dann frei ist, wird der erzwungene Wille mit einem Schlag verschwinden, und der Erpreßte wird in die vorübergehend ausgesetzte Gegenwart zurückkehren. Damit das geschehen kann, muß in ihm nichts Besonderes vor sich gehen; es genügt, daß er seine Freiheit der Entscheidung ausübt, indem er will, was ihm der Verstand sagt. Ganz anders beim Zwanghaften: Um sein Warten zu beenden, muß er einen Weg finden, den inneren Zwang zu brechen. Es muß in ihm etwas Kompliziertes und Langwieriges stattfinden: die Wiederherstellung der beschädigten Entscheidungsfreiheit. Deshalb wird sein Warten in der Regel länger dauern als dasjenige des Erpreßten, denn es ist nicht durch eine einfache Handlung wie das Übergeben des Lösegeldes zu beenden.

Die Erfahrung, daß die Gegenwart ausbleicht oder ganz verschwindet, macht jeder, der unter dem Diktat eines erzwungenen Willens lebt. Unser Bankkassierer von früher etwa wird das Ende des Urlaubs nicht nur so erleben, daß auf das Angenehme etwas Unangenehmes folgt. Das wäre eine viel zu blasse Beschreibung seines Unglücks. Der Montagmorgen wird ihn darüber hinaus in eine Zeit zurückholen, der die Gegenwart fehlt, wie sie ihm in den freien Wochen geglückt war. Das liegt auch an der Monotonie der Beschäftigung, der er jetzt wieder nachgehen muß und die in schärfstem Kontrast zu der Abwechslung steht, von der die Tage zuvor voll gewesen waren. Vor allem aber liegt es daran, daß er seine eigentlichen Wünsche insgesamt einklammern und außer Kraft setzen muß, wenn er die Bank betritt. Er hat die Gegenwart draußen auf der Straße gelassen und lebt die nächsten Stunden so wie der Erpreßte neben dem Telefon. Er ist nicht von dessen Angst gepeinigt, aber die zeitliche Logik seiner Situation ist die gleiche: Indem er, den Blick immer öfter auf die Uhr richtend, darauf wartet, daß er dem erpresserischen Willen endlich entfliehen kann, schleppt er sich durch eine gegenwartsarme Zeit, die er im Grunde nur auf den Feierabend hin überspringt, statt sie wirklich zu durchleben. Wieder einmal ein Tag, den ich aus dem Kalender streichen kann, wird er sich auf dem Heimweg sagen. Und wenn er nicht, wie früher erwogen, zum Hasardeur wird und alles hinschmeißt, so wird sein Leben schließlich zu einem bloßen Warten auf die Rente.

Daß erpreßte Zeit gegenwartsarme und eigentlich nur übersprungene Zeit ist, erleben wir auch bei harmlosen Gelegenheiten und in zeitlich viel kleinerem Maßstab. So mag uns jemand, dem wir verpflichtet sind, von unserem eigentlichen Willen abbringen, indem er bei einem zufälligen Treffen auf der Straße vorschlägt, zusammen einen Kaffee zu trinken. Es ist nicht als Erpressung gemeint, aber wir erleben es so: Wir würden ablehnen, wenn wir ihm nicht verpflichtet wären, und indem wir mit ihm gehen, wählen wir das kleinere von zwei Übeln: Zeit vergeuden, um nicht undankbar zu erscheinen. Im Café dann werfen wir immer öfter einen verstohlenen Blick auf die Uhr und sehen, wie die Zeit verrinnt, mit der wir etwas ganz anderes hätten anfangen wollen.

Zum Schluß ein Blick zurück auf unsere tragische Figur, den Chef der Résistance, der sich gezwungen sieht, seine Geliebte zu erschießen, weil sie zu einer Gefahr für den gesamten Widerstand geworden ist. Die Tragik seiner Tat liegt darin, daß sie, indem sie einen Willen verwirklicht, der zu seiner Identität gehört, gegen einen anderen Willen verstößt, der gleichermaßen in einem emphatischen Sinne seiner ist. Der eine Wille, ohne den er nicht leben möchte, muß einen anderen Willen vernichten, ohne den er ebenfalls nicht leben möchte. Die Zerrissenheit, die dadurch entsteht, wird er auch als eine Zerrissenheit in der Zeiterfahrung erleben. Der Augenblick des Schusses und die Momente zuvor, in denen er auf die Frau zufährt, werden auf der einen Seite voll von Gegenwart sein, weil er damit einen Wunsch erfüllt, der seit Jahren sein Leben bestimmt: den Wunsch, dem Widerstand zu dienen und die Kameraden zu schützen. Auf der anderen Seite durchlebt er Momente von gespenstischer Gegenwartslosigkeit, denn nichts könnte weniger mit ihm zu tun haben als dieser Mord. Alles, was wir widerwillig tun, hat, weil es nur mittelbare, geborgte Wünschbarkeit besitzt, bestenfalls mittelbare, geborgte Gegenwart. Doch das hier ist schlimmer: Es geht dem Chef nicht nur einfach gegen den Strich, seine Geliebte zu töten; es ist, als ob er sich damit selbst auslöschte. Man kann ihn deshalb höchstens in einem ganz abstrakten Sinn als einen beschreiben, der ihren Tod wünscht. Für ihn selbst besitzt die Tat in keinem erlebbaren Sinne Wünschbarkeit, nicht einmal geborgte, und deshalb fehlt ihr jegliche Gegenwart: Als er abdrückt, kann er gar nicht glauben, daß er es wirklich tut. Im Moment des Anlegens und Abdrückens fließen also zwei Erfahrungen ineinander, die widersprüchlicher nicht sein könnten: die Erfahrung erfüllter Gegenwart und das Erlebnis vollständiger, traumgleicher Gegenwartslosigkeit. Wir können uns denken, daß die beiden Erfahrungen genau umgekehrt verteilt wären. Es könnte eine Situation eintreten, in der die Besatzer dem Chef den Schutz und die Befreiung der Geliebten garantieren, wenn er die Kameraden verrät. Ginge er auf diesen Handel ein, so wäre es nun der Augenblick ihrer Befreiung, der die Dichte der Gegenwart besäße. Und es wären die Stunden seines Verrats, aus der alle Gegenwart gewichen wäre: Er säße da und redete, ohne glauben zu können, daß er es wirklich tat.

ERSTES INTERMEZZO

Ideen verstehen –
Erfahrungen verstehen

I

Philosophie, sagte ich zu Ende des Prologs, ist der Versuch, in einer verwirrenden Sache wie der Willensfreiheit zu einer begründeten Entscheidung zu gelangen. Wenn es einen Ausweg aus dem Irrgarten gibt, dann sind es die philosophische Analyse und das philosophische Verstehen, die ihn finden können. Das erste Kapitel dann habe ich mit der Idee der Verfremdung vertrauter Wörter eröffnet, einer Verfremdung, die uns zwingt, verborgenes in ausdrückliches Wissen über die Begriffe oder Ideen zu verwandeln, die in diesen Wörtern Ausdruck finden und die unserem Thema seine Gestalt geben. Blicken wir jetzt zurück und fragen uns, was dann geschehen ist: In welchem Sinn fand eine Analyse statt, und in welchem Sinn ein Verstehen?

Leitend war ein Gedanke, den es jetzt ausdrücklich festzuhalten gilt: Alle Begriffe sind etwas, das wir *gemacht* oder *erfunden* haben, um unsere *Erfahrung* von der Welt und von uns selbst zu artikulieren. Wenn wir sie analysieren und besser verstehen wollen, müssen wir uns deshalb mit dem Beitrag beschäftigen, den sie zur Artikulation unserer Erfahrung leisten. Eine philosophische Analyse nun zeichnet sich dadurch aus, daß sie die Frage nach diesem Beitrag nicht an *beliebige* Begriffe richtet, sondern an die *allgemeinsten* Begriffe, mit denen wir es zu tun haben. Philosophische Fragen sind die allgemeinsten Fragen, die wir kennen, wie etwa: Was ist Wissen? Was ist Wahrheit? Was ist Existenz? Was ist das Gute? Und eben auch: Was ist Freiheit? Was ist Verantwortung? Was ist eine Handlung? Was ist der Wille? Durch die »Was ist …?«-Form klingen die Fragen nach der Aufforderung, das *Wesen* oder die *Essenz* der fraglichen Dinge zu erforschen und zu benennen. Ich lese sie in diesem Buch anders. Ich lese sie als Fragen *nach dem Beitrag, den die fraglichen Begriffe zu unserer Erfahrung leisten*. Aus der Frage: Was ist Freiheit? wird auf diese Weise die Frage: Welchen Beitrag leistet der Begriff der Freiheit zu unserer Erfahrung? Und entsprechend für die anderen Begriffe.

Daß es sich dabei um philosophische Fragen handelt, hat, wie gesagt, damit zu tun, daß es sich bei den betreffenden Begriffen um die allgemeinsten handelt, die wir kennen. Ihrer Allgemeinheit entspricht, daß es Begriffe sind, die wir nicht nur erfunden haben, um *diese* und *jene* Erfahrung artikulieren zu können. Wir haben sie entwickelt, um *überhaupt* Erfahrungen machen zu können. Es sind Begriffe, die das *Ganze* der Erfahrung betreffen. Die Beschäftigung mit dem Ganzen der Erfahrung könnte man mit der Frage überschreiben: Über welche Begriffe muß jemand verfügen, damit er die umfassende Idee einer erfahrbaren Welt ausbilden kann? Eine Untersuchung dieser Art hat zum Ziel, dasjenige Repertoire von Begriffen herauszuarbeiten, das für die Idee einer erfahrbaren Welt – der natürlichen ebenso wie der sozialen Welt – unverzichtbar ist. Worauf es dabei ankommt, ist, zu beschreiben, wie die fraglichen Begriffe untereinander *zusammenhängen müssen*, um sich zu der fraglichen Idee zusammenzufügen. Das ist die eine Aufgabe, die man mit den Stichworten der philosophischen Analyse und des philosophischen Verstehens verbinden kann.

Wenn es richtig ist, daß wir alle Begriffe, auch die philosophisch interessanten, erfunden haben, um Erfahrung möglich zu machen, dann gibt es einen Sinn, in dem man sagen kann: Es *gibt* das, wovon diese Begriffe handeln. Es wäre mehr als sonderbar, wenn sich von Begriffen, die wir gemacht haben, um uns in der erfahrbaren Welt gedanklich zurechtzufinden, herausstellen würde: Sie treffen auf nichts zu. Wenn wir also sagen müßten: So etwas gibt es nicht. Gewiß, es gibt auch Begriffe, auf die das zutrifft. Begriffe können sich als unpassend, überholt oder irreführend herausstellen – als Begriffe also, die Erfahrung mehr verstellen, als daß sie sie durchsichtig machen. Aber es wäre schon sehr überraschend, wenn sich das für so grundlegende Begriffe wie etwa ›Freiheit‹, ›Wille‹ oder ›Handlung‹ herausstellen sollte. Bis zum Beweis des Gegenteils können wir getrost davon ausgehen, daß sie Aspekte der Erfahrung artikulieren, die es tatsächlich gibt. Aus diesem Grund bin ich davon ausgegangen, daß es Freiheit des Willens tatsächlich gibt: Wir *sind* in unserem Wollen manchmal frei.

Doch warum dann der Irrgarten? Erinnern wir uns: Er tat sich auf, nachdem ich genau das gemacht hatte, von dem soeben die Rede war: Verbindungen zwischen Begriffen aufzeigen, die für Erfahrung insgesamt entscheidend sind: ›Verstehen‹, ›Bedingung‹, ›Gesetz‹ auf der einen Seite, ›Freiheit‹, ›Wahl‹, ›Entscheidung‹, ›Verantwortung‹ auf der anderen. Plötzlich dann sah es so aus, als fügten sich diese Begriffe keineswegs zu einem stimmigen Bild von Erfahrung, sondern gerieten in einen Konflikt miteinander, der es zweifelhaft erscheinen ließ, ob sie überhaupt einen klaren Gehalt haben. Doch unsere Arbeitshypothese ist: Sie *haben* einen klaren Gehalt, oder doch einen Gehalt, der klar *gemacht* werden kann. Wie also müssen wir über den Irrgarten denken?

Es gibt nur die eine Möglichkeit: Wir müssen den Gedanken ernst nehmen, daß wir uns über den wahren Gehalt der grundlegenden Begriffe *täuschen* und die entsprechenden Ideen *mißverstehen* können. Wie ist das möglich? Es hat damit zu tun, daß wir die Begriffe, obwohl es ihre Aufgabe ist, Erfahrung insgesamt zu ermöglichen, für konkrete *alltägliche* Situationen gemacht haben. Das bedeutet, daß ihre Konturen nur so scharf sind, wie die *praktischen* Erfordernisse es verlangen, und nicht schärfer. Es bleibt eine Zone der Unschärfe und des Dunkels, wo Mißdeutungen entstehen können. Wenn es dann darum geht, die fraglichen Begriffe zu gedanklichen Elementen zu entwickeln, die *theoretischen* Ansprüchen genügen, kann es leicht geschehen, daß man sich verrennt und dadurch Probleme erzeugt, die von vornherein so angelegt sind, daß sie unlösbar erscheinen.

3

Von solchen Mißverständnissen handelt der zweite Teil des Buches. Um sie aufzudecken, braucht man eine Plattform: eine Lesart des Themas, die den Phänomenen gerecht wird, ohne in einen Irrgarten zu führen. Eine solche Lesart habe ich im zurückliegenden ersten Teil entwickelt. Wenn wir uns über den Gedanken der philosophischen Analyse und des philosophischen Verstehens Klarheit verschaffen wollen, müssen wir uns nun fragen: Wie ging das vor sich? Auf welchem Weg wurden die begrifflichen Zusammenhänge sichtbar gemacht? Und was geschah sonst noch?

Das Wichtigste, was geschah, kann man ganz einfach beschreiben: Ich habe Sie – und natürlich mich selbst – daran *erinnert*, wie wir über Freiheit und die damit verknüpften Ideen denken. Stets von neuem habe ich Sie mit einer Aufforderung traktiert, die lautete: »Stellen Sie sich vor ...« Und dann habe ich gehofft, daß Sie meiner Beschreibung des Vorgestellten zustimmen würden. Etwa bei der Idee einer Handlung, wo es um den Zusammenhang zwischen Vollziehen, Spüren, Urheberschaft, Wille und Sinn ging. Oder bei der Idee des Willens und ihrem Zusammenhang mit dem Begriff des Wünschens. Ich habe die Aufmerksamkeit auf *Musterbeispiele* gelenkt, wie Raskolnikovs Mord und die Klavierschülerin, die Chopins Walzer in der vorgeschriebenen Zeit spielen will. Die Botschaft von Musterbeispielen ist: »Wenn *das* kein Fall ist, wo der fragliche Begriff zutrifft – was *dann*?« Wenn ich dann einen Vorschlag machte, wie das Beispiel zu analysieren ist, so war das Leitmotiv: »So ist es doch, nicht wahr?« Ich wollte, daß Sie *wiedererkennen* würden, was da an begrifflichen Zusammenhängen ans Licht kam – daß also das geschehen würde, wovon ich früher sprach: die Verwandlung von verborgenem in ausdrückliches Wissen. Und dieses Wiedererkennen sollte der Prüfstein dafür sein, daß es *nicht willkürlich* war, was ich sagte. »Man kann es so sehen, aber auch ganz anders« – dieser Spielraum von Willkürlichkeit sollte so eng gemacht werden wie möglich. So etwas ist kein *Beweis*. Ich habe nichts *abgeleitet*. Man wüßte auch gar nicht, wie das gehen sollte. Ich habe lediglich etwas *sichtbar* gemacht in der Hoffnung, daß es auf Zustimmung trifft, eine Zustimmung, die im Wiedererkennen verankert ist.

Diese Art des Überlegens und Begründens kann man auch so beschreiben: Ich habe an Ihre *Intuitionen* appelliert und einen Vorschlag gemacht, wie man diese Intuitionen *rekonstruieren* kann. Mit den Wörtern ›Intuition‹ und ›intuitiv‹ gehe ich in dem Buch locker und freizügig um. Mit ihnen ist keine geheimnisvolle, besonders anspruchsvolle Art der Erkenntnis gemeint und keine Quelle unantastbarer Gewißheiten. Gemeint sind einfach *spontane Meinungen*: dasjenige, was wir zu einem Begriff oder einer Idee *zunächst glauben*. Dasjenige, was wir *als erstes sagen würden*, wenn wir uns zu einer Situation äußern müßten, für die der Begriff gemacht ist. Intuitives Wissen – das ist dasjenige Wissen, das in einer geteilten begrifflichen Praxis mitschwingt und diese Praxis möglich macht.

Ein unverzichtbares Mittel bei der Rekonstruktion von Intuitionen ist das *Gedankenexperiment*. Wir stellen uns Situationen vor, in denen bestimmte, gewohnte Dinge *nicht* der Fall sind, und prüfen unsere begriffliche Reaktion. Drei Varianten dieses Exerzitiums sind auseinanderzuhalten. Einmal kann man sich fragen, was mit bestimmten Begriffen geschähe, wenn wir bestimmte *andere Begriffe* nicht hätten. Eine Frage dieser Art spielte beispielsweise im Prolog eine wichtige Rolle: Was geschähe mit dem Begriff des Verstehens, wenn wir die Idee der Bedingtheit verlören? Oder später: Was geschähe mit der Idee der Freiheit, wenn wir den Begriff des Willens vergäßen? Eine zweite Art von Gedankenexperiment variiert nicht begriffliche Elemente, sondern die *Welt*: Was würden wir über eine Welt sagen, in der es für den Willen keinerlei Grenzen gäbe? Was würde mit den Ideen des Willens und der Freiheit geschehen? Und schließlich spielt in dem Buch eine dritte Art von hypothetischer Überlegung eine Rolle: Was wäre, wenn wir bestimmte *Fähigkeiten*, die wir tatsächlich besitzen, nicht besäßen? Das ist das gedankliche Muster hinter der Figur des Getriebenen: Was würde mit uns und unserer Freiheit geschehen, wenn wir die Fähigkeit der Selbstdistanzierung und des inneren Abstands zu unserem Willen verlören?

4

Die Entdeckungen, zu denen uns die Gedankenexperimente im Text verhelfen, haben die Form: Dies und jenes ist *notwendig* für die Freiheit des Willens. Die Notwendigkeiten, die dabei ans Licht kommen, stammen aus unterschiedlichen Quellen: Einmal haben sie mit begrifflichen Zusammenhängen und der Bedeutung von Wörtern zu tun, ein anderes Mal mit der Art, wie die Welt ist, und manchmal auch damit, wie unsere Fähigkeiten ineinandergreifen. Indem all diese Notwendigkeiten aufgedeckt und zueinander in Beziehung gesetzt werden, bekommt die Idee der Willensfreiheit immer schärfere Konturen, und es wird immer deutlicher, welchen Beitrag sie zur Erfahrung von der Welt und von uns selbst leistet.

Eine Einsicht steht dabei im Vordergrund: Die Freiheit des Willens verlangt seine Bedingtheit. Und das heißt: Die Idee der Bedingtheit ist die *vorgeordnete* Idee – diejenige Idee, die in Kraft getreten sein muß, *bevor* von Freiheit oder Unfreiheit die Rede sein kann. Das ist ein Beispiel für das, was es nützen kann, über unsere begriffliche Welt in der früher skizzierten Weise nachzudenken. Wie sich nämlich zeigen wird, ist es diese Einsicht, die aus dem Irrgarten des Prologs hinausführt: Es gibt keinen Widerspruch zwischen Freiheit und Bedingtheit. Diejenige Rede von Freiheit, die den Widerspruch beschwört, beruht auf einem Mißverständnis. Es ist insbesondere dieses Mißverständnis mit seinen vielfältigen Wurzeln, dem der zweite Teil des Buches gewidmet ist.

5

Wenn man den Gedanken ins Zentrum rückt, daß die Freiheit des Willens seine richtige Bedingtheit ist und seine Unfreiheit die falsche, dann fügen sich die begrifflichen Elemente zu einem stimmigen Bild zusammen. Doch die begriffliche Stimmigkeit ist nicht das einzige Ziel, das ich mir in dem Buch gesetzt habe. Ich wollte die *ganze* Erfahrung der Freiheit und Unfreiheit des Willens zur Sprache bringen, nicht nur ihren begrifflichen Teil. Was kann mit dem *anderen* Teil gemeint sein?

Wir machen viel mehr Erfahrungen mit unserem Willen, als wir gewöhnlich zum Ausdruck bringen. Es gibt ein Vermögen der inneren Differenzierung dieser Erfahrungen, das nicht identisch ist mit der Fähigkeit zur begrifflichen Artikulation. Man könnte es *innere Wahrnehmung* nennen. In dieser Wahrnehmung erkennen und unterscheiden wir viele Spielarten der Unfreiheit, ob wir dafür jemals die richtigen Worte finden oder nicht. Und mein Vorhaben war genau dieses: die richtigen Worte zu finden.

In gewissem Sinn bin ich dabei auf dieselbe Weise vorgegangen wie bei der begrifflichen Analyse: Ich habe Ihre Einbildungskraft in Anspruch genommen. Aber es kam ein Medium hinzu: das *Erzählen*. Ich habe mich erzählerisch in Figuren und ihr Erleben vertieft und habe damit versucht, den Erfahrungen auf den Grund zu gehen, die dafür verantwortlich sind, daß uns die Freiheit unseres Willens so *wichtig* ist. Es ist *quälend*, in seinem Willen nicht frei zu sein, und ich wollte wissen, worin diese Qual besteht. Wenn ich von einer Figur in einer Situation erzählte, so habe ich Sie eingeladen, sich selbst hypothetisch in diese Situation zu begeben und zu prüfen, was Ihnen die innere Wahrnehmung darin offenbaren würde. Anschließend habe ich jeweils einen Vorschlag gemacht, wie man die erlebten Differenzierungen begrifflich darstellen könnte. »Das kenne ich! Genau so würde es mir auch gehen!« – das ist die Art von Reaktion, auf die ich gehofft habe. Sie wäre die Bestätigung, daß der Vorschlag *richtig* ist. Neben der Wort- und Begriffswahl hat die Richtigkeit auch damit zu tun, ob man im Bericht über die innere Wahrnehmung den richtige *Umfang* der erlebten Phänomene trifft. Die Texte, die ich kenne, neigen dazu, diesen Umfang zu klein anzusetzen. So fehlt in der Regel der ganze Zusammenhang zwischen Freiheitserfahrung und Zeiterleben. Ich denke, man wird beiden Erfahrungen nicht gerecht, wenn man ihren inneren Zusammenhang übersieht, der in der inneren Wahr-

nehmung stets gegenwärtig ist. Auch das kann eine philosophische Entdeckung sein: daß Themen, die zunächst weit
voneinander entfernt zu sein scheinen, aufs engste miteinander verflochten sind.

6

Begriffliche Analyse und Artikulation von innerer Wahrnehmung – das also sind die beiden Dinge, die bisher geschehen
sind. Wie hängen sie zusammen? Das richtige Verständnis
einer Idee bildet den Rahmen für das Verständnis der inneren
Erfahrung, und die integrative Kraft, die dieses Verständnis
in der Analyse des Erlebens entfaltet, bestätigt die Lesart der
Idee. So war es, als ich vorschlug, die Freiheit des Willens als
die Freiheit der Entscheidung und diese als ein Bestimmt-
werden des Willens durch Überlegen und Phantasie aufzufassen. Alles, was meine Figuren an Freiheit und Unfreiheit,
an gelungener und mißlungener Zeiterfahrung erleben, ließ
sich in diesem Rahmen verstehen. Und ich würde hinzufügen:
nur in diesem Rahmen.

ZWEITER TEIL

Unbedingte Freiheit

6. Unbedingte Freiheit: die Motive

Die Freiheit, von der bisher die Rede war, ist voll von Bedingtheit. Die Geschichte über diese Freiheit war eine Geschichte über die Art und Weise, in der unser Tun und Wollen bedingt sein muß, damit es ein freies Tun und Wollen ist. Sie begann mit der Beobachtung, daß jedes Tun, damit es wirklich ein Tun und nicht ein bloßes Geschehen ist, durch einen Willen bedingt sein muß. Diese Bedingtheit ist erforderlich, damit wir uns als Urheber des Tuns verstehen können. Dann und nur dann, wenn unser Verhalten einem Willen entspringt und die Verwirklichung eines Willens darstellt, ist es ein von uns in Gang gesetztes Tun. Und nur wenn wir es als so bedingt betrachten, können wir es als eine Handlung verstehen, die einen bestimmten Sinn hat. Sich als Urheber eines sinnvollen Tuns zu erfahren, heißt also, sich in seinem Verhalten als auf eine bestimmte Weise bedingt zu erfahren. Dazu paßt – das war der zweite Abschnitt der Geschichte –, daß man einen Willen als einen handlungswirksamen Wunsch verstehen kann, als etwas also, das uns in Bewegung setzt. Das macht den Willen zu etwas Bedingendem. Außerdem ist er – das war der nächste Schritt – selbst auch etwas Bedingtes, denn als Wille ist er notwendigerweise ein ganz bestimmter Wille, und diese Bestimmtheit kann er nur dadurch bekommen, daß er ein Wille ist, der unter bestimmten äußeren und inneren Umständen entsteht, die ihn bedingen und begrenzen. Gegeben diese Idee eines bedingten Willens, ließ sich eine erste Form von Freiheit beschreiben: die Freiheit des Handelns als die Möglichkeit, tun und lassen zu können, was man will. Zu dieser Freiheit gehört – so ging die Geschichte

weiter – der Gedanke, daß uns zu einem bestimmten Zeitpunkt mehrere Wege offenstehen: Was wir tatsächlich tun, ist
nicht das einzige, was wir tun könnten. Es liegt an uns, welche der verschiedenen Möglichkeiten wir verwirklichen, und
das heißt: Es liegt daran, was wir wollen. Sind wir in diesem
Wollen frei? Gibt es also Willensfreiheit? Hier kam die nächste Bedingtheit ins Spiel: Der freie Wille wurde als ein Wille
beschrieben, der sich unter dem Einfluß von Gründen, also
durch Überlegen bildet. Durch diesen Einfluß werden wir zu
seinem Urheber. Das ist die Idee der Willensfreiheit als Freiheit der Entscheidung. Was seine Freiheit anlangt – so war
der Gedanke –, kommt es darauf an, ob der Wille auf die richtige Weise, nämlich durch die richtigen Faktoren bedingt ist.
Im letzten Abschnitt der Geschichte schließlich, in dem ich
die Freiheit des Willens mit den verschiedenen Spielarten seiner Unfreiheit verglichen habe, wurde dieser Gedanke weiter
erläutert und erhärtet: Stets ging es darum zu zeigen, daß die
Unfreiheit darin besteht, daß der Wille auf die falsche Weise
bedingt ist.

Der Unterschied zwischen der Freiheit und der Unfreiheit
von Tun und Wollen ist nach dieser Geschichte ein Unterschied in der Art und Weise des Bedingtseins. Entsprechendes gilt für die Urheberschaft von Tun und Wollen: Sie besteht darin, daß wir in der Ausübung der freien Entscheidung
zum Urheber und Autor von Willen und Tun zu werden, und
wenn wir die Urheberschaft vermissen, so liegt es daran, daß
es uns mißlingt, als Denkende und Urteilende Einfluß auf
unser Wollen und Tun zu nehmen. Freiheit in diesem Sinn ist
nicht nur mit Bedingtheit *verträglich* und braucht sie nicht
zu fürchten; sie *verlangt* Bedingtheit und wäre ohne sie nicht
denkbar.

Unzweifelhaft ist, daß wir diese Freiheit besitzen. Es besitzt sie nicht jeder, und wer sie besitzt, besitzt sie nicht zu jeder Zeit. Aber insgesamt betrachtet sind wir dieser Freiheit fähig. Doch genügt sie uns, diese Freiheit? Oder fehlt in dem bisherigen Bild etwas Wesentliches?

Es fehlt vieles und auch Wesentliches. Die Geschichte ist noch nicht zu Ende, noch lange nicht. Wir haben den intuitiven Reichtum unserer Freiheitserfahrung bei weitem noch nicht ausgeschöpft und werden dazu einen neuen Anlauf nehmen müssen. Dabei ist von größter Bedeutung, zwischen zwei vollkommen verschiedenen Lesarten des Gedankens zu unterscheiden, daß noch etwas fehlt.

Die eine Lesart lautet so: Gut, das gibt es alles, das soll nicht bestritten werden. Aber *das Eigentliche* an der Freiheit ist dabei noch überhaupt nicht berührt worden. Und ohne dieses Eigentliche ist das, was bisher zur Sprache kam, nicht allzuviel wert. Wenn wir *nur* das bekämen, müßten wir enttäuscht oder gar schockiert sein. Es würde eine Ernüchterung und Entzauberung bedeuten. Zwar bliebe richtig, daß es besser ist, das zu erleben, was bisher Freiheit genannt wurde, statt das, was Unfreiheit hieß. Aber wir wollen viel mehr, und dieses Mehr ist etwas noch ganz anderes, als was bisher Thema war. Und das bedeutet: Wir können die bisherige Geschichte nicht einfach ergänzen, sondern müssen noch einmal ganz neu einsetzen, um diejenige Freiheit einfangen zu können, um die es uns eigentlich geht. Das ist der Gedanke, mit dem ich mich in diesem zweiten Teil des Buches beschäftige.

Ganz anders lautet die zweite Lesart: Wir wollen zwar mehr, heißt es da, und wir können es auch bekommen, aber das Zusätzliche läßt sich aus dem Bisherigen entwickeln. Es ist eine Fortentwicklung und Anreicherung der bisherigen

Analyse unserer Freiheitserfahrung. Ließen wir das, was noch fehlt, weg, so wäre das bisher gezeichnete Bild zwar zu blaß, und deshalb könnten wir uns darin nur unvollkommen wiedererkennen. Aber es bliebe ein korrektes Bild der Freiheit und zeigte uns zumindest den Kern von dem, worum es uns geht. Das ist die Lesart, der ich im dritten Teil des Buches nachgehe.

Der unbedingt freie Wille: eine erste Auskunft über eine vage Idee

Wer im Sinne der ersten Lesart den Eindruck hat, daß wir mit der bisherigen Geschichte das Wesentliche an der Freiheit verfehlt haben, dem steht eine Idee von Freiheit vor Augen, die in schärfstem Kontrast zu der Idee der Bedingtheit steht. Die Schärfe des Kontrasts ergibt sich daraus, daß diese neue Idee ihren Gehalt zunächst einfach durch die Negation des Bedingtheitsgedankens bekommt: *Freiheit ist Abwesenheit von Bedingtheit.* Was von Bedingungen abhängt, ist durch diese Abhängigkeit unfrei; frei ist etwas nur, wenn es nicht in einem Netz von Bedingungen gefangen ist, sondern aller Bedingtheit und Abhängigkeit zu entkommen vermag. Wenden wir diesen Gedanken auf die Freiheit des Willens an, so müssen wir sagen: Ein Wille wäre nur dann frei, wenn er durch nichts bedingt wäre und also von nichts abhinge. Um ein Wille zu sein, muß er Handlungen in Gang setzen können, die ihn zur Bedingung haben. Unser Tun hängt also immer mindestens von dieser einen Bedingung ab: dem Willen. Der Wille selbst aber, wenn er wahrhaft frei ist, hängt von keiner Vorbedingung ab. Er ist etwas, das – auf dem Wege der Handlung – in den Lauf der Welt einzugreifen vermag, ohne ihm unterworfen zu sein. Etwas aus Freiheit zu wollen, bedeutet, ohne Vorbedingungen etwas Neues anzustoßen. Der freie Wille, der uns in Bewegung setzt, wird seinerseits von nichts bewegt. Er ist ein unbewegter Beweger. Ist das nicht der eigentliche Kern unserer Freiheitserfahrung, den wir bisher verfehlt haben? Und wenn sich herausstellen sollte, daß es den unbedingt freien Willen nicht gibt: Müßten wir unsere gesamte Freiheitserfahrung dann nicht als pure Illusion betrachten und als einen gigantischen Selbstbetrug?

Was uns diese erste Auskunft gibt, ist noch nicht viel. Im Grunde bekommen wir durch sie nicht mehr als einen durch pure Negation gewonnenen Begriff: denjenigen des *unbedingt freien Willens*. Verstanden haben wir damit noch kaum etwas. Wie können wir weiterkommen? An dieser Stelle gibt es eine unauffällige aber wichtige Beobachtung festzuhalten: Man kann nicht dadurch vorankommen, daß man *direkt* nach einer weiteren Erläuterung der unbedingten Freiheit fragt. Mehr als Sätze wie die oben stehenden wird man nicht zu hören bekommen. Bei der Idee der bedingten Freiheit lagen die Dinge ganz anders: Ihr konnten wir schrittweise immer schärfere Konturen geben, indem wir die richtige Art der Bedingtheit ausbuchstabierten. Dazu gehörte, die Freiheit des Willens gegen vielfältige Spielarten seiner Unfreiheit abzugrenzen. Die Betrachtung der Unfreiheit lehrte uns, die Freiheit besser zu verstehen. Bei der unbedingten Freiheit ist auch das anders: Es gibt nur die Freiheit der Unbedingtheit auf der einen Seite und, davon durch eine gewaltige Kluft getrennt, die Unfreiheit einer jeden Bedingtheit auf der anderen. Da kann uns kein Studium der Unfreiheit helfen, die Freiheit besser zu verstehen; denn jede Entdeckung über Unfreiheit ist eine Entdeckung einer Bedingtheit, und keine solche Entdeckung kann uns auch nur das geringste über eine Freiheit lehren, die durch ihren großen Abstand zu jeder Bedingtheit definiert ist.

Wenn man im Verständnis der neuen Freiheitsidee einen Fortschritt machen will, muß man deshalb einen Umweg gehen und sich fragen, von welcher Art die Überlegungen sind, die einen auf den Gedanken der Freiheit im Sinne der Unbedingtheit bringen können. Vielleicht versteht man den Gedanken besser, wenn man seine Wurzeln überblickt.

Zwei Arten von Überlegungen

Es gibt zwei Arten von Überlegungen, die eine ganz unterschiedliche Logik besitzen. Zu der einen Art gehören Überlegungen, die als Beweisziel die folgende Behauptung haben: Nur dann, wenn wir unbedingte Freiheit des Willens besitzen, sind wir *Personen*. Daß jemand unbedingte Freiheit des Willens besitzt, ist eine notwendige Bedingung dafür, daß er eine Person sein kann. Unbedingte Freiheit ist eine Bedingung der Möglichkeit für das Personsein. Wer dieses allgemeine Beweisziel hat, wird sich die verschiedenen Aspekte, die eine Person zu einer Person machen, der Reihe nach vornehmen und mindestens von einem von ihnen zu zeigen versuchen, daß er unbedingte Freiheit voraussetzt. Ein solcher Beweis wird nicht einfach im Hinweis auf *Tatsachen* und in dem Nachweis bestehen können, daß die eine Tatsache von einer anderen Tatsache abhängt, wie wenn wir etwa auf die Tatsache eines Krankheitssymptoms hinweisen und zeigen, daß es von einer anderen Tatsache, der Aktivität eines Erregers, abhängt. Denn *ob* die unbedingte Freiheit des Willens eine Tatsache ist oder nicht, ist ja gerade die Frage, und es hieße vorauszusetzen, was erst noch zu beweisen ist, wenn wir sie als Tatsache betrachteten, auf die man einfach hinweisen kann. Der Beweis wird von anderer Natur sein müssen: Er wird vom Zusammenhang zwischen *Ideen* oder *Begriffen* handeln müssen. Die Frage in ihrer allgemeinsten Form wird sein, ob die Idee der Person die Idee der unbedingten Freiheit voraussetzt. Und diese Frage wird sich in speziellere Fragen verzweigen, in denen es darum geht, ob ein bestimmter Aspekt des Personseins, wenn man ihn auf seinen begrifflichen Gehalt hin untersucht, die Idee der unbedingten Freiheit voraussetzt. Eine Frage nach solchen begrifflichen Zusammenhängen läßt sich als Frage danach auffassen, ob wir den einen Begriff oder die eine Idee ohne bestimmte andere überhaupt *verstehen* könnten, oder ob, vom Standpunkt möglichen Verstehens aus betrachtet, die eine Idee eine andere zwingend voraussetzt. Die Frage nach begrifflichen Abhängigkeiten läßt sich also in die Frage nach Abhängigkeiten des Verstehens übersetzen. Deshalb läßt sich das Beweisziel bei unserem Thema nun als die folgende Behauptung formulieren: Es gibt eine oder mehrere Facetten am Personsein, die man ihrem begrifflichen Gehalt nach nur verstehen kann, wenn man unseren Willen unter die Idee der unbedingten Freiheit bringt. Nur wenn wir uns eine unbedingte Freiheit des Willens zuschreiben, können wir uns als Personen verstehen. Wenn wir annähmen, daß es nur die bedingte Freiheit gibt, könnten wir das nicht.

Das ist die Logik der einen Art von Überlegungen. Die Überlegungen der anderen Art sind einfacher gestrickt. Zunächst werden wir durch sie an bestimmte Phänomene in unserer Freiheitserfahrung erinnert, und anschließend werden wir aufgefordert, diese Phänomene als Belege dafür zu sehen, daß wir die unbedingte Freiheit des Willens tatsächlich besitzen. »Ihr müßt nur genau genug hinsehen«, wird uns gesagt, »dann werdet ihr den unwiderlegbaren Beweis für die unbedingte Freiheit, welche die einzig wahre Freiheit ist, schon finden. Wenn nicht, dann spricht das nicht gegen die Idee, sondern für eure Blindheit den Phänomenen gegenüber.«

Die beiden Arten von Überlegungen sind ihrer reinen Logik nach nicht aufeinander angewiesen. Man kann, ganz abstrakt gesehen, die Idee der unbedingten Freiheit als eine unverzichtbare Bedingung für das Verständnis unseres Personseins betrachten, ohne behaupten zu müssen, daß unsere Freiheitserfahrung diese Idee belegt. Und man kann, ganz abstrakt gesehen, geltend machen, daß die Idee in der Erfahrung belegt ist, ohne von ihr sagen zu müssen, daß sie ein notwendiges Element in unserem Verständnis des Personsein ist.

Trotzdem gibt es ein Wechselspiel zwischen diesen beiden Arten von Überlegungen. Auf der einen Seite kann man sich fragen, ob die Idee der unbedingten Freiheit hätte Fuß fassen können, wenn es nicht Aspekte an unserer Erfahrung gäbe, die man als Belege für sie deuten kann. Das ist unwahrscheinlich, wenn man bedenkt, daß die Idee den Charakter des Ungreifbaren hat, weil sie – wie besprochen – zunächst nur negativ bestimmt ist. Auf der anderen Seite würde vielleicht niemand unsere Freiheitserfahrung im Sinne der Unbedingtheit deuten, wenn diese Idee nicht als notwendig erschiene, um unser Selbstverständnis als Personen zu sichern.

Bedingtheit als Ohnmacht

Es gibt einen Gedankengang, der in gewissem Sinn allen weiteren Argumenten für die Unverzichtbarkeit der unbedingten Freiheit zugrunde liegt. In seiner kürzesten und allgemeinsten Fassung lautet er so: Niemand, der den Gedanken, daß aller Wille bedingt sein könnte, wirklich ernst nimmt und konsequent zu Ende denkt, kann sich der Einsicht verschließen, daß man einen solchen Willen unmöglich frei nennen kann. Die Idee von Freiheit, die im Rahmen allgegenwärtiger Bedingtheit übrig bleibt, ist ein groteskes Zerrbild der eigentlichen Idee, das den intuitiven Gehalt der Freiheitserfahrung gänzlich verfehlt. Wenn jemand diesen Eindruck nicht hat, dann deshalb, weil er, ohne es zu merken, irgendwo auf dem

Weg stehen bleibt und versäumt, die gedankliche Linie bis zum Ende auszuziehen.

Blicken wir zurück auf die Idee der bedingten Freiheit, wie sie im ersten Teil entwickelt wurde. Jemand ist in seinem Tun frei, hieß es da, wenn er das, was er will, in die Tat umsetzen kann. Unfrei ist er in dem Maße, in dem er daran gehindert wird, wie das etwa beim Gefangenen der Fall ist oder beim Gelähmten, der aufstehen möchte. Betrachten wir Raskolnikov. Er ist weder gefangen noch gelähmt, und wenn er die Axt auf den Kopf der Pfandleiherin niedersausen läßt, so verwirklicht er mit seinen Bewegungen einen Willen. Sein Mord gilt deshalb als freie Handlung. Diese Freiheit des Handelns kann man auch dadurch kennzeichnen, daß man sagt: Hätte er etwas anderes gewollt, so hätte er etwas anderes getan. Hätte er beispielsweise den Willen gehabt, sich, um an Geld zu kommen, energisch nach Arbeit umzusehen, so hätte er das Entsprechende unternommen. Nichts und niemand hätte ihn daran gehindert. Er war ein freier Mann.

Doch wie war es mit seinem Willen? War *er* frei? Wenn wir der bisherigen Geschichte folgen, so gilt: Ja, er war frei. Raskolnikov ist nicht ein bloß Getriebener. Er ist des Abstands zu sich selbst fähig, aus dem heraus er sich in seinem Willen zum Thema werden kann. Er hat einen Aufsatz geschrieben, in dem er die These vertritt, daß es außergewöhnliche Menschen gibt, die über Leichen gehen dürfen. Es ist kein sympathischer Aufsatz, aber er zeigt, daß sein Autor genau weiß, was das ist: einen Willen zum Thema machen. Ein Getriebener könnte den Aufsatz zwar lesen, aber er hätte keine Ahnung, wovon die Rede ist. Raskolnikovs Wille, die Alte zu töten, ist ihm nicht hinterrücks, unter Umgehung seines Nachdenkens, eingepflanzt worden wie einem Hypnotisierten, und er packt die Axt nicht deshalb ein, weil er jemandem hörig ist; seine Tat geschieht nicht aus blinder Gefolgschaft. Ob er ein gedanklicher Mitläufer ist, ist eine offene Frage;

denn wenngleich seine elitäre Weltanschauung von den meisten nicht geteilt wird, so hat sie doch auch etwas Sektiererisches an sich und geht nicht allein auf ihn zurück. In jedem Fall aber ist Raskolnikov, der sich als außerhalb der Gesellschaft stehend fühlt, nicht jemand, der nur nachplappert und keiner eigenen Meinung fähig ist. Auch ist sein mörderischer Wille nicht zwanghaft. Er erlebt es nicht so, daß er den Mord aus einem inneren Zwang heraus wollen *muß*. Er ist kein Mordsüchtiger, der vergeblich gegen einen Willen ankämpft, der ihm fremd ist. Er ist durchaus, kann man sagen, mit seinem Willen identifiziert. Außerdem gleicht er im Moment der Tat nicht der Figur des Unbeherrschten: Der Mord geschieht nicht im Affekt wie bei einem Jähzornigen, der von der Macht seiner Wut übermannt und mattgesetzt wird. Und schließlich handelt er nicht aus einem Willen heraus, der ihm, wie einem Erpreßten, aufgezwungen worden wäre. Zwar mag er sagen, er habe aus einer Zwangslage heraus gehandelt, wie der Kassierer, der dem Mann mit der Maske das Geld zuschiebt. Aber es ist nicht wahr, daß er mit dem Mord das für ihn kleinere Übel wählte, um ein größeres, unzumutbares Übel wie etwa den Hungertod abzuwenden. Es hätte ganz andere Möglichkeiten des Handelns gegeben, um am Leben zu bleiben.

In diesem Sinne also handelt Raskolnikov aus freiem Willen. Entsprechend hat er bis zuletzt, als er sich der Alten gegenübersieht, eine offene Zukunft vor sich. Er kennt die Erfahrung des Entscheidens: daß er mit seinem Nachdenken und seiner Phantasie über sein Wollen bestimmen kann; daß er, indem er auf diese Weise etwas mit sich und für sich machen kann, zum Urheber und Autor seines Willens werden kann. Während er zum Haus der Alten geht und die Treppe hinaufsteigt, weiß er, daß er seinen mörderischen Entschluß noch zurücknehmen kann, so wie sich unser zaudernder Emigrant bis zuletzt noch umbesinnen kann. Und wie für den Emigranten gilt auch für Raskolnikov: Das vermeintlich abschließende, resignierte Wissen über den Lauf des eigenen Willens kann genau der Faktor sein, der diesen Willen im letzten Moment noch zu ändern vermag. So wie der resignierte Gedanke an seine Feigheit den Emigranten schließlich doch noch umkehren läßt, so könnte Raskolnikov auf der letzten Treppenstufe gerade durch einen Gedanken zum Umkehren bewegt werden, mit dem er sich sagt, daß er jetzt nicht mehr anders kann, als seinem mörderischen Willen seinen Lauf zu lassen.

Insgesamt betrachtet gilt für Raskolnikov also die folgende Verkettung von Bedingungen: Hätte er anders überlegt, so hätte er sich anders entschieden; hätte er sich anders entschieden, so hätte er etwas anderes gewollt; hätte er etwas anderes gewollt, so hätte er etwas anderes getan. Für das, was er wollte und tat, gab es also einen Spielraum verschiedener Möglichkeiten, der nach der bisherigen Geschichte seine Freiheit ausmachte. Entscheidend dabei ist, daß es sich bei diesem Spielraum nicht um einen *absoluten, uneingeschränkten*, sondern um einen *relativen, eingeschränkten* Spielraum handelt. Jede einzelne Bedingung kann nur variieren, wenn auch eine andere Bedingung variiert: ohne Variation im Willen keine Variation im Tun, ohne Variation im Entscheiden keine Variation im Wollen, ohne Variation im Überlegen keine Variation im Entscheiden.

Damit stehen wir bereits ganz dicht vor dem Gedankengang, der in die These münden wird, daß die bisher besprochene Freiheit ein Hohn ist und daß wir deshalb gar nicht anders können, als an eine unbedingte Freiheit zu glauben. Nur noch ein kleiner Schritt ist nötig, und dann wird sich der Gedankengang unaufhaltsam in Gang setzen und – dem ersten Anschein nach – alle intuitive Überzeugungskraft, die unsere bisherige Geschichte gehabt haben mag, mit sich reißen und fortspülen. Und der kleine Schritt ist an Einfachheit, ja Trivialität, kaum zu übertreffen. Er lautet einfach: Ja, aber

Raskolnikov überlegte eben *nicht* anders, er überlegte nicht so, wie er möglicherweise *auch* hätte überlegen können, sondern so, wie er *tatsächlich* überlegte. Er stellte nicht irgendwelche bloß *möglichen* Überlegungen an, sondern *wirkliche* Überlegungen, die als wirkliche und bestimmte Überlegungen alle anderen Überlegungen ausschlossen. Nicht in dem Sinn, daß man sich keine anderen hätte *denken* können; wohl aber in dem Sinn, daß sie, indem sie unter vielen Möglichkeiten diese eine verwirklichten, ausschlossen, daß es andere Überlegungen als sie selbst waren, die Einfluß auf Raskolnikovs Willen nehmen konnten.

Und das nun hat, allem Anschein nach, verheerende Folgen für die Idee der Freiheit. Denn es bedeutet, daß Raskolnikov absolut keine Chance hatte, etwas anderes zu wollen als den Mord, und also auch keine Chance, etwas anderes zu tun, als die Alte zu erschlagen. Seine tatsächlichen Überlegungen hätten ganz andere sein müssen, als sie waren, um einen Willen hervorzubringen, der anders gewesen wäre, als er tatsächlich war. Gegeben, wie er tatsächlich überlegte, konnte nichts anderes geschehen, als daß sich diese eine Kettenreaktion ereignete: von seinem Überlegen über sein Entscheiden und Wollen zu seiner Tat. Niemand konnte das aufhalten, auch er selbst nicht. In Wahrheit also konnte keine Rede davon sein, daß er anders gekonnt hätte. Man kann sich zwar ausmalen, daß *irgend jemand* an Raskolnikovs Stelle anders überlegt und am Ende auch anders gehandelt hätte. Aber Raskolnikov, *dieser* Raskolnikov, konnte beim besten Willen nichts anderes wollen und tun, als er tatsächlich wollte und tat. Er hätte ein anderer sein müssen, um es zu können. In Wahrheit gab es für ihn keinen Spielraum, auch nicht den winzigsten. Das Wirkliche war das einzig Mögliche für ihn. Und wer wollte so etwas im Ernst *Freiheit* nennen?

Nun ja, mag man sagen, das stimmt schon; aber es stimmt nur, wenn wir annehmen, daß Raskolnikov nicht anders hätte überlegen können. Und das ist falsch. Beispielsweise hätte er über die geplante Eheschließung seiner Schwester anders denken können, als er es tat. Er hätte sie vor allem als Zeichen ihrer Zuneigung zu ihm sehen können. Dann hätte er sich nicht in seinem Stolz verletzt fühlen müssen. Die Handlungsweise seiner Schwester und seiner Mutter wäre ihm als Lösung seiner Geldprobleme erschienen, die er dankbar hätte annehmen können. Auch auf das menschenverachtende Gespräch im Gasthaus hätte er anders reagieren können: Statt es zum Anlaß zu nehmen, um einen Rest von Skrupeln zu überwinden, hätte er Abscheu empfinden und dafür dankbar sein können, daß die Leute am Nebentisch, indem sie ihrer Einstellung offen Ausdruck verliehen, ihn von seinen eigenen Neigungen kurierten. Auch hätte er mehr Phantasie aufbringen können. Hätte er sich im einzelnen ausgemalt, was eine Axt, wenn sie auf einen Schädel niedersaust, anrichtet, so hätten ihn die Bilder seiner Einbildungskraft von seinem blutigen Plan abbringen können. Er hätte statt dessen umsichtig und mit Phantasie einen Plan für die Arbeitssuche ausarbeiten können. Und schließlich hätte er sich natürlich sagen können, daß man ganz einfach niemanden umbringt, ganz gleich, wie schlecht es einem gehen mag.

Hätten seine Überlegungen einen dieser Wege genommen statt denjenigen, den sie tatsächlich nahmen, so wäre Raskolnikovs Wille ein anderer geworden, als er tatsächlich wurde. Doch hätten sie wirklich einen anderen Weg nehmen *können*? Das ist – wie beim vorangegangenen Gedankenschritt – nicht die Frage, ob *irgend jemand* an Raskolnikovs Stelle anders hätte überlegen können, sondern ob Raskolnikov, *dieser* Raskolnikov, es gekonnt hätte. Und da ist die Antwort: nein. Unser Raskolnikov nämlich hat eine ganz bestimmte Lebensgeschichte hinter sich, die ihn jetzt so und nicht anders überlegen läßt. Über diese Geschichte erfahren wir von Dostojewski nicht allzuviel, aber eines ist doch erkennbar: Raskolnikov erlebt sich als überflüssigen, nirgendwo dazugehörenden Menschen, dessen Isolation ihn auf skrupellose Gedanken bringt. Wäre er als Adliger geboren und von der Gesellschaft anders behandelt worden, so wäre er niemals auf solche Gedanken gekommen. Doch er ist eben *nicht* als Adliger geboren worden, seine ärmliche Herkunft hat ihn geprägt, und so war es *unvermeidlich*, daß er überlegte, wie er überlegte, und also unvermeidlich, daß er wollte und tat, was er in Wirklichkeit wollte und tat.

Und schließlich: Raskolnikov kann nichts dafür, daß er überhaupt geboren wurde, daß er gerade von diesen Eltern gezeugt und gerade in diese Gesellschaft hineingeboren wurde. Dafür gab es lauter Vorbedingungen und Vorbedingungen dieser Vorbedingungen – eine weitverzweigte Kette, die man endlos weit in die Vergangenheit zurückverfolgen könnte. Kein einziges Glied in dieser Kette war etwas, das Raskolnikov hätte beeinflussen können. Und so lag es nicht an ihm, daß die Dinge kamen, wie sie kamen, angefangen mit den Vorbedingungen seiner Geburt über seine persönliche Entwicklung bis hin zu seinen skrupellosen Gedanken, seinem mörderischen Willen und seiner ruchlosen Tat.

»Ich konnte nicht anders!« Diesen Worten sind wir im ersten Teil des Buches an zwei Stellen begegnet. Einmal wurden sie von unserem Emigranten auf dem Bahnhof gesprochen, als er dem wütenden Freund aus dem Widerstand seine Freiheit entgegenhielt, die darin bestand, daß er eine Lebensentscheidung getroffen hatte, die von nun an zu seiner Identität gehören würde. Später haben wir die gleichen Worte als Ausdruck der Unfreiheit betrachtet. Es waren Worte, die das Opfer einer Hypnose und der Hörige gebrauchten, um zum Ausdruck zu bringen, daß sie keine Chance gehabt hatten, auf ihren Willen urteilend Einfluß zu nehmen. Auch der Unbeherrschte sprach davon, daß er nicht anders gekonnt hatte, und meinte damit, daß der Affekt sein Urteilsvermögen gelähmt hatte. Daß der Zwanghafte nicht anders kann, bedeutet, wie wir sahen, daß er das Opfer eines starren und fremd anmutenden Willens ist, gegen den er mit Einsicht nichts auszurichten vermag. Und wenn der Erpreßte widerwillig tut, was man von ihm verlangt, haben die Worte noch einmal einen anderen Sinn. Jetzt, durch den vorhin entwickelten Gedankengang, kommt eine weitere Lesart der Worte hinzu. Wenn Raskolnikov nach seiner blutigen Tat ausriefe: »Ich konnte nicht anders!«, so hieße das nicht, daß er sich auf eine der vielen Formen von Unfreiheit berufen könnte, die wir früher betrachtet haben. Das haben wir bereits festgestellt. Und trotzdem hätte er recht. Denn auch wenn er, als er zuschlug, bei klarem Verstand war und unter keinerlei Zwang stand, gilt: Gegeben seine Vorgeschichte, konnte er nichts anderes wollen und tun, als er wollte und tat. Und das soll *Freiheit* sein?

Aber hatten wir nicht auch festgestellt, daß Raskolnikovs Zukunft bis zuletzt offen war in dem Sinne, daß er die Freiheit der Entscheidung besaß, daß er aus dieser Freiheit heraus seinen Entschluß zurücknehmen konnte und daß er sich sogar noch mit dem Gedanken an die Unvermeidlichkeit seiner Tat in seinem Willen verändern konnte? Wir hatten es zwar festgestellt – so geht das Argument für die unbedingte Freiheit weiter –, aber wir hatten es nicht zu Ende gedacht. Was wir vergessen hatten: *Es stand Raskolnikov nicht frei*, wie er überlegen und zu welchem Willen er sich entscheiden würde; es stand ihm nicht frei, ob er seinen mörderischen Entschluß zurücknehmen oder an ihm festhalten würde; es stand ihm nicht frei, ob er auf der Treppe über die Unvermeidlichkeit seines Willens nachdenken würde oder nicht und ob er sich durch diesen Gedanken im letzten Moment noch würde umstimmen lassen oder nicht. All das stand ihm nicht frei, denn es hatte, wie alles andere auch, Vorbedingungen, die so und nicht anders waren.

Dem Zwanghaften, so hatten wir im ersten Teil gesehen,

fehlt die Offenheit der Zukunft, weil er das Opfer eines monotonen, unbelehrbaren Willens ist, der ihn im Kerker der Wiederholung gefangenhält. So ist es bei Raskolnikov nicht. Und doch: Wenn er nur bedingte Freiheit besitzt, so fehlt auch ihm eine echte Offenheit der Zukunft. Denn was ist das für eine Offenheit, die nur einen einzigen Weg zuläßt, weil dasjenige Geschehen, das bisher Freiheit der Entscheidung hieß, aufgrund fester Vorbedingungen auf eine und nur eine Weise verlaufen kann? Wird die Rede von der Offenheit der Zukunft dadurch nicht zur Farce? Ist die Zukunft für Raskolnikov nicht zugemauert, wenngleich nicht durch einen Wiederholungszwang, so doch durch die Bedingtheit allen Entscheidens?

Jetzt sind wir da angelangt, wohin uns der angekündigte Gedankengang führen sollte: zum Eingeständnis, daß wir, wenn wir nur bedingte Freiheit besäßen, *überhaupt keine* Freiheit besäßen. Denn was für Raskolnikov gilt, gilt für uns alle. Zwar blicken wir, wenn wir die Freiheit der Entscheidung besitzen, in jedem Augenblick nach vorn in eine Zukunft hinein, die uns weit offen zu stehen scheint. Wir als Entscheidende, so scheint es, haben es in der Hand, welche unter den vielen Möglichkeiten des Wollens und Handelns sich für uns verwirklichen wird. Wenn wir einmal von den Unwägbarkeiten des Weltlaufs absehen, so liegt es, denken wir, ganz allein bei uns, wie das Leben weitergehen wird, denn über unser Wollen und Tun bestimmen wir selbst. All das jedoch müßten wir als Lug und Trug und als eine gigantische Selbsttäuschung betrachten, wenn die bedingte Freiheit das letzte Wort wäre. *Nichts* läge dann an uns, und über *nichts* könnten wir selbst bestimmen. Alles, auch der Verlauf unseres Willens, wäre dann vorherbestimmt. Zwar könnten wir ihn nicht *vorhersehen*; dazu ist das ganze Geschehen außer uns und in uns viel zu komplex und unübersichtlich. Aber objektiv gesehen *stünde es zum voraus fest*, was wir in der Zukunft wollen werden. Eine allwissende Intelligenz, die auf uns hinunterblickte, würde uns als Wesen sehen, die – in d'Holbachs Bild – ihre einzig mögliche, ihnen vorgeschriebene Linie auf der Oberfläche der Erde ziehen. Von dieser für uns vorgesehenen Linie könnten wir kein Iota abweichen. Unser Emigrant im Zug etwa könnte sich zwar entscheiden weiterzufahren oder doch noch auszusteigen, aber durch seine Vorgeschichte wäre es, wie bei Raskolnikov, zum voraus festgelegt, *wie* er sich entscheidet. Entgegen dem trügerischen Anschein könnten wir in den Verlauf unseres Lebens nicht im mindesten *eingreifen*. Unser Leben wäre, auch was den Willen und das Entscheiden anlangt, eine Entfaltung von früher gesetzten Bedingungen, die wir zum großen Teil gar nicht kennen und die wir, selbst wenn wir sie kennten, nicht hätten beeinflussen können. Diese Entfaltung verliefe nach unwandelbaren, ehernen Gesetzen und trüge uns aus dem Dunkel einer feststehenden Vergangenheit in eine ebenfalls feststehende Zukunft hinein, die uns nur deshalb weniger dunkel erschiene, weil wir uns einbildeten, sie beeinflussen zu können. Im Banne einer trügerischen Offenheit stolperten wir in eine in Wirklichkeit verschlossene, eindimensionale Zukunft hinein. Es wäre die Hölle, denn es bedeutete ein Leben in vollständiger *Ohnmacht*, einer Ohnmacht, die so unerträglich wäre, daß wir sie uns von Augenblick zu Augenblick immer von neuem verschleiern müßten, indem wir ein Loblied auf die bedingte Freiheit sängen und darüber vergäßen, daß diese Freiheit keine ist, weil das innere Geschehen, aus dem sie besteht, nur einfach ein weiteres Geschehen ist, das unabänderlich und unabwendbar seinen Verlauf nimmt.

Doch Personen, wie wir sie sind, sind ihrem Leben, ihrem Wollen und Tun gegenüber *nicht* in dieser Weise ohnmächtig. Sie haben *Macht* über ihren Willen und ihre Handlungen, und sie haben *wirklich* eine offene Zukunft vor sich, die sich in verschiedene Richtungen verzweigen kann. Sie haben jeden Tag erneut die *Wahl*, was sie aus ihrem Leben machen wollen, und es ist eine *echte* Wahl und nicht bloß etwas, das ihnen vorgegaukelt wird. Das gehört zur Idee des Person-seins. Dann aber gehört zu dieser Idee auch, daß Personen in ihrem Willen unbedingt frei sind, denn die bloß bedingte Freiheit läßt all das ja nicht zu. Und daher gilt: Wenn sich jemand als Person versteht, muß er sich in seinem Willen für unbedingt frei halten. Wir verstehen uns als Personen. Also müssen wir uns in unserem Willen für unbedingt frei halten.

Überlegen als Donquichotterie

Daß jemand in seinem Willen frei ist, heißt, daß er denjenigen Willen hat, zu dem er sich durch Überlegen entschieden hat. Das ist die Idee der bedingten Freiheit. Wenn es sich dabei nicht nur um eine willkürliche Festsetzung handeln soll, sondern um eine Ausformulierung des intuitiven Gehalts unserer Freiheitserfahrung, so muß es in der Idee des Überlegens ein Element geben, das den Nerv dieser Erfahrung trifft. Dieses Element ist der Gedanke eines Spielraums von verschiedenen Möglichkeiten für mein Wollen und Tun. Überlegen heißt in unserem Zusammenhang: verschiedene Möglichkeiten, für die ich mich entscheiden könnte, gegeneinander abwägen. Als Überlegender bin ich einer, der sich einem Spielraum von Möglichkeiten gegenübersieht. Die Gewißheit des freien Willens rührt von der Gewißheit des Überlegens her: Ich überlege, also bin ich frei.

Damit dieser Gedanke die Freiheitserfahrung wirklich zu fassen bekommt, muß es sich bei den erwogenen Möglichkeiten um *echte* Möglichkeiten handeln; man könnte auch sagen: um *tatsächliche* Möglichkeiten. Es darf nicht nur so sein, daß es *in meiner Vorstellung* mehrere Möglichkeiten für mich gibt. Es muß *wirklich* so sein, daß ich mehr als eine

Sache wollen und tun könnte. Bloß vorgestellte Möglichkeiten nützen für Freiheit nichts; es muß sich um Möglichkeiten handeln, die nicht nur in meinem Kopf existieren, sondern in der Welt, von der ich mit meinem Wollen und Tun ein Teil bin. Wenn ich mich als frei verstehe, weil ich mich als jemanden erfahre, der zwischen verschiedenen Möglichkeiten abwägen und wählen kann, dann darf diese Erfahrung nicht trügerisch sein: Es darf nicht so sein, daß es *eigentlich*, hinter den Kulissen meines Nachdenkens, bereits entschieden ist, welche der vielen Möglichkeiten, die ich für mein Wollen und Tun sehe, sich verwirklichen wird. Betrachten wir wieder Raskolnikov. Wenn wir ihn als jemanden sehen wollen, der vor seiner Tat in seinem Willen frei ist, dann müssen wir annehmen, daß er, wenn er sich verschiedene Möglichkeiten, an Geld zu kommen, zurechtlegt, diese Möglichkeiten auch wirklich *hat* und es sich nicht nur um Trugbilder von scheinbaren Möglichkeiten handelt, die ihm, bis auf eine, in Wirklichkeit verschlossen sind. Es muß *wahr* sein, daß sich sein Weg auf der Oberfläche der Erde vom Zeitpunkt seines Überlegens an in verschiedene Richtungen verzweigen kann. Würde ihn die Erfahrung des Überlegenkönnens täuschen und es stünde ihm nur der eine, einzige Weg, nämlich derjenige zu der Pfandleiherin, offen, dann würde ihn niemand als einen freien Mann betrachten.

Diese Bedingung für seine Freiheit nun wäre nur dann erfüllt, wenn es in seiner Vergangenheit nichts – wirklich gar nichts – gäbe, was festlegte, welchen Weg er nehmen wird. Seine Vergangenheit ist, wie sie ist, daran ist nicht zu rütteln, und ihre Tatsächlichkeit und Unabänderlichkeit steht Raskolnikovs Freiheit nicht im Wege. Bloß darf sie nicht in seine Gegenwart und Zukunft hinein wirksam werden. Die Gegenwart seines Überlegens muß wie ein klarer, abschließender Schnitt sein, der jegliche weitere Wirkung der Vergangenheit unterbindet. Sie muß einen von allen Nachwirkungen freien Neubeginn des Wollens und Tuns ermöglichen. Wenn Raskolnikov in der einen Gegenwart das eine und in einer anderen Gegenwart das andere will, so darf das nicht voraussetzen, daß vorher etwas *anderes* geschieht, das für den Unterschied in seinem Willen verantwortlich ist. Er muß in der Lage sein, unter identischen inneren und äußeren Bedingungen ganz Unterschiedliches zu wollen: *einfach so*. Sein Wille muß ein unbewegter Beweger sein.

Das also ist die Bedingung, die erfüllt sein muß, damit wir Raskolnikovs Überlegen als etwas verstehen können, in dem sich seine Freiheit spiegelt. Damit gelten kann: Er überlegt, also ist er frei. *Doch wenn die bedingte Freiheit das letzte Wort wäre, ließe sich diese Bedingung unmöglich erfüllen.* Wie im letzten Abschnitt besprochen, stünde Raskolnikovs Wille jeweils am Ende einer langen Kette von Bedingungen und hätte nur ein anderer sein können, als er tatsächlich war, wenn diese Vorbedingungen andere gewesen wären. Daraus folgt: Sein Überlegen könnte kein echtes Überlegen sein, da die erwogenen Möglichkeiten keine echten Möglichkeiten wären. Es bliebe wahr, daß er *glaubte*, einen Spielraum echter Möglichkeiten vor sich zu haben. Aber das wäre ein systematischer, umfassender Irrtum. Eine allwissende Intelligenz würde ihn spöttisch betrachten und denken: »Der Arme; er bildet sich doch tatsächlich ein, zwischen echten Möglichkeiten wählen zu können; dabei müßte er doch wissen, daß alles, einschließlich seines Willens, Bedingungen hat und durch diese Bedingungen in seinem weiteren Verlauf festgelegt ist. Tausendmal am Tag strampelt er sich mit seinem Überlegen ab in dem Gefühl, frei darin zu sein, was er wollen und tun wird. Dabei gaukelt ihm das Überlegen Möglichkeiten vor, die so unwirklich sind wie Luftspiegelungen. Das Musterbeispiel einer Donquichotterie. Aber lassen wir ihm seinen Aberglauben. Es wäre zu hart, ihm die Wahrheit zuzumuten.«

Wäre es nur *zu hart*, wenn wir an die allgegenwärtige Bedingtheit unseres Wollens und Tuns glauben müßten? Wäre es nur eine herbe *Enttäuschung*? Es wäre viel mehr, so lautet das neue Argument für den unbedingten Willen: Es würde uns in einen lupenreinen *Widerspruch* verwickeln. Sie sind gerade dabei, dieses Buch zu lesen. Irgendwann werden Sie es zuklappen und überlegen, was Sie als nächstes tun: etwas essen, die Nachrichten hören, ins Kino gehen oder einen Freund besuchen. In jenem Moment werden Sie der felsenfesten Überzeugung sein, daß Ihnen all diese Möglichkeiten offenstehen – *wirklich* offenstehen. Sollte das jemand anzweifeln, so werden Sie entrüstet oder belustigt erwidern: »*Natürlich* kann ich das eine genausogut tun wie das andere! Was hätte es sonst für einen *Sinn*, darüber nachzudenken, was ich tun will?« Mit diesen Worten bringen Sie eine Überzeugung zum Ausdruck, die den *Begriff* oder die *Idee* des Überlegens betrifft: daß es zum *Gehalt* dieses Begriffs oder dieser Idee gehört, daß man *glaubt*, es stünden einem tatsächlich verschiedene Möglichkeiten offen. Anders ausgedrückt: Glaubte man *nicht* an die Existenz eines solchen Spielraums, so könnte man den Begriff des Überlegens im Zusammenhang mit Entscheidungen gar nicht auf sich *anwenden*. Der Begriff würde dann gar nicht auf uns *passen*. Als ein Überlegender – als einer also, der den Begriff des Überlegens zu Recht auf sich anwendet – *können Sie gar nicht anders*, als an einen Spielraum echter Möglichkeiten zu glauben. Und das ist kein innerer Zwang, von dem man Sie kurieren könnte. Es ist ein *begrifflicher* Zwang, der es ausmacht, daß der Begriff des Überlegens gerade dieser Begriff ist und kein anderer. Es gibt tatsächlich überhaupt keinen Sinn anzunehmen, daß jemand überlegend eine Entscheidung vorbereitet und im selben Atemzug behauptet, es gebe für ihn *nur eine einzige* Möglichkeit. Doch das – so geht das Argument weiter – ist exakt die Situation von jemandem, der sich *sowohl* als Überlegenden versteht *als auch* als jemanden, der die bedingte Freiheit für die einzige Freiheit hält, die wir besitzen.

Denn dieser letzte Glaube – das haben wir gesehen – ist der Glaube, daß es für uns jeweils nur eine einzige Möglichkeit des Wollens und Tuns gibt. Sollten Sie diesen Glauben teilen und dabei nicht vergessen, daß Sie felsenfest an Ihren Spielraum von verschiedenen Möglichkeiten glauben und glauben müssen, weil Sie sich als Überlegenden verstehen, so werden Sie nicht umhin können festzustellen, daß Sie sich in einem glatten logischen Widerspruch verfangen. Sie glauben: *Es gibt nur eine einzige Möglichkeit*, und zugleich glauben Sie: *Es gibt nicht nur eine einzige Möglichkeit*. Warum muß Sie dieser Widerspruch stören? Weil er bedeutet, daß Sie, allem Anschein zum Trotz, *überhaupt nichts glauben*. Der eine Glaube hebt den anderen Glauben, der seine Negation ist, auf. Das ist das Störende an allen Widersprüchen: daß, wer etwas Widersprüchliches sagt, denkt oder glaubt, in Wirklichkeit *nichts* sagt, denkt oder glaubt, weil der eine Teil des Widerspruchs den anderen wegwischt, so daß es ist, als sei nie etwas gesagt, gedacht oder geglaubt worden. Deshalb kann man durch einen Widerspruch einfach kürzen.

Doch natürlich *wollen* Sie in dieser Sache etwas glauben. Also *müssen* Sie eine der beiden widersprüchlichen Überzeugungen aufgeben. Kann es die Überzeugung sein, daß Sie einer sind, der seine Entscheidungen überlegend vorbereitet? Könnten Sie *aufhören*, sich selbst so zu verstehen? Dazu müßten Sie aufhören können, sich als einen zu verstehen, der *überhaupt* Entscheidungen trifft. Das hieße, sich als einen *Getriebenen* zu betrachten, wie wir ihn früher besprochen haben. Einmal davon abgesehen, ob Sie das ein sympathisches oder ein abstoßendes Selbstbild fänden: So *können* Sie sich nicht betrachten. Jemand nämlich, der sich fragen kann, ob er sich als Getriebenen verstehen möchte oder nicht, kann unmöglich ein Getriebener *sein*; denn ein Getriebener ist ein Wesen, das den Abstand zu sich selbst, den diese Frage voraussetzt, gerade nicht besitzt. Dieser Weg aus dem Widerspruch steht

Ihnen also nicht offen. Was als einziges bleibt, ist dieses: Sie betrachten sich wie bisher als einen Überlegenden, dem als solchem ein Spielraum echter Möglichkeiten zur Verfügung steht. Das zwingt Sie dazu, diejenige Überzeugung aufzugeben, die wir Ihnen versuchsweise zugeschrieben hatten: daß die einzige Freiheit, die wir besitzen, die bedingte Freiheit ist – eine Freiheit, die Ihren Spielraum mit einem Schlag auf eine einzige Möglichkeit schrumpfen ließe. Auf diese Weise werden Sie, ob Sie es wollen oder nicht, zu einem Verfechter der unbedingten Freiheit.

Jetzt können wir ein Argument für die unbedingte Freiheit formulieren, das dem ersten Argument aus der echten Wahl analog ist: Wir als Personen bereiten Entscheidungen durch Überlegen vor und müssen dabei an einen Spielraum echter Möglichkeiten glauben. Das gehört zur Idee des Personseins. Dann aber gehört zu dieser Idee auch, daß sich Personen, wenn sie sich nicht widersprechen wollen, in ihrem Willen für unbedingt frei halten müssen, denn die bloß bedingte Freiheit gibt uns keinen echten Spielraum. Und daher gilt: Wenn sich jemand als Person versteht, muß er sich in seinem Willen für unbedingt frei halten. Wir verstehen uns als Personen. Also müssen wir uns in unserem Willen für unbedingt frei halten.

Entschiedenes Wollen als unfreies Wollen

»Ich kann nicht anders!« sagte unser Emigrant auf dem Bahnsteig zu seinem zornigen Freund aus dem Widerstand. Ich habe seine Worte als Ausdruck der Freiheit gedeutet. War das richtig? Ist die Idee von Freiheit, die man für diese Deutung braucht, wirklich diejenige Idee, um die es uns geht? Diejenige Idee, die den Kern unserer Freiheitserfahrung zum Ausdruck bringt? Oder ist sie am Ende ein Zerrbild der eigentlichen Freiheitsidee, geboren aus der uneingestandenen Not, im Rahmen allgegenwärtiger Bedingtheit irgend etwas zu finden, das man trotz allem als Freiheit ausgeben kann?

Meine Auskunft war damals: Was man am Emigranten ablesen kann, ist, daß die Freiheit des Willens nicht seine vollständige Ungebundenheit bedeutet. Es liegt in der Natur von Entscheidungen, daß sie den Willen binden. Und später, als ich die verschiedenen Spielarten der Unfreiheit Revue passieren ließ, habe ich immer und immer wieder gesagt: Es kommt für die Freiheit des Willens darauf an, daß er auf die richtige Weise, nämlich durch Überlegen und Abwägen von Gründen, gebunden wird. »Die scheinbare Freiheit eines Willens, der sich bis zuletzt jeder Festlegung entzieht, ist in Wirklichkeit keine«, habe ich geschrieben. War das wirklich eine Einsicht in die Natur der Willensfreiheit, oder war es vielleicht nur eine Schutzbehauptung, die ich brauchte, weil ich mich lange vorher entschlossen hatte, unter der Idee der durchgängigen Bedingtheit zu operieren?

Nehmen wir – wie damals – an, Sie selbst seien der Emigrant. Während Sie vergeblich auf den Schlaf warten, überlegen Sie hin und her: Hier die Sorge um die Familie, dort die Loyalitätsempfindungen dem Freund und dem Land gegenüber. Bilder von Deportationen gehen Ihnen durch den Sinn, gestochen scharfe Bilder, die immer öfter Ihre Frau und die Kinder in einem Viehwagen zeigen. Es sind diese Bilder, die im inneren Kampf schließlich den Sieg davontragen. Dieser Sieg besteht darin, daß es diese Bilder sind und nicht das Bild des fordernden Freundes, die Ihren Willen festlegen und bewirken, daß Sie mit der Familie am nächsten Morgen auf dem Bahnhof warten.

›Freiheit der Entscheidung‹ hieß dieser Vorgang bisher. Aber ist es wirklich *Freiheit*, was Sie da ausüben? Ist es nicht vielmehr so, daß die entsetzlichen Bilder des Viehwagens Sie zu Ihrem Fluchtwillen *zwingen*? Daß sie in Ihnen einen Willen entstehen lassen, gegen den Sie sich *nicht wehren* können? Daß Sie in Ihrem Willen also das *Opfer* der Bilder sind und überhaupt nicht jemand, der wirklich frei entscheidet? Echte Freiheit – so lautet das nun neu hinzukommende Argument – bestünde doch in etwas ganz anderem: der Fähigkeit, selbst darüber bestimmen zu können, ob etwas, das einem durch den Sinn geht, und sei es noch so mächtig, den eigenen Willen beeinflussen darf oder nicht. Freiheit, das ist die Fähigkeit, gegenüber den eigenen Gedanken einen Abstand aufzubauen und sich von ihnen nicht – wie der Getriebene – distanzlos antreiben zu lassen. War das nicht die Auskunft, die ich im ersten Teil selbst gegeben habe? Da Sie einen solchen Abstand zu sich selbst besitzen, sind Sie fähig, die eigenen Gedanken und inneren Bilder auf Abstand zu halten und sich von ihnen zu nichts zwingen zu lassen. Es kann sein, daß Sie sich schließlich dazu *entscheiden*, ihnen Macht über Ihren Willen einzuräumen; es kann aber ebensogut sein, daß Sie sich dazu *entscheiden*, etwas anderes zu wollen als das, was Ihnen die inneren Bilder zu diktieren versuchen. Ist es nicht das und nur das, was zu Recht Anspruch auf den Titel der ›freien Entscheidung‹ erheben kann?

Es ist eine ganz neue Idee von Entscheiden, die wir jetzt vor uns haben. Und es ist gegenüber der bisherigen Idee nicht nur eine *neue* Idee, sondern in gewissem Sinn die *entgegengesetzte* Idee. Die alte Idee verlangte, daß Überlegen und Phantasie den Willen binden. Das Entscheiden *ist* dieses Binden. Die neue Idee verlangt, daß der Wille ungebunden ist: Es soll jedesmal von neuem eine offene Frage sein, ob Überlegen und Phantasie *überhaupt* Einfluß auf ihn nehmen und *welche* Überlegungen und inneren Bilder es sind, die den Einfluß bekommen. Es *kann* eine Bindung des Willens stattfinden; der Wille ist nicht insgesamt unfähig, den Gründen, die im Nachdenken erwogen werden, zu folgen. Aber es *muß* nicht zu einer Bindung kommen; der Wille kann sich auch jeder Bindung widersetzen. Darüber zu bestimmen, ob es zu einer Bindung kommt und zu welcher, das ist die Ausübung der wahren Freiheit. Diese Entscheidung treffen zu können, das ist die wahre Entscheidungsfreiheit.

Diesen Gedanken kann man auch so ausdrücken: Daß wir in unserem Willen frei sind, bedeutet, daß wir uns im neuen Sinn des Wortes entscheiden können, ob wir uns im alten Sinn des Wortes entscheiden wollen oder nicht. Wenn wir das nicht können, sind wir nicht wirklich frei, auch wenn es eine Rhetorik wie meine bisherige gibt, die das Gegenteil behauptet. Blicken wir noch einmal auf Sie in der Rolle des Emigranten.

»Ich hatte mich entschieden«, sagen Sie später in der Fremde, »ich sah den Viehwagen vor mir und wußte, daß ich nicht damit würde leben können, daß diese Vorstellung Wirklichkeit würde.«

»War es eine Entscheidung aus Freiheit?« fragen wir Sie.

»Ja, unbedingt«, antworten Sie, »außer daß die neuen Machthaber mich überhaupt in diese Lage brachten, hat mich niemand dazu gezwungen. Nicht einmal beeinflußt hat mich jemand. Ich habe es ganz allein mit mir ausgemacht, und die Vorstellung vom Viehwagen gab am Ende den Ausschlag.«

»Konnten Sie selbst darüber bestimmen, welche Vorstellung den Ausschlag geben würde?«

Sie zögern. »Nun ja, es war *meine* Vorstellung, und sie kam ganz aus mir selbst. Außerdem habe ich sie mit anderem verglichen, das mir durch den Kopf ging, es war ein langes, quälendes Hin und Her.«

»Hatten Sie am Ende den Eindruck, daß Sie trotz der Wucht, die das Bild vom Viehwagen besaß, auch etwas anderes hätten wollen können als die Flucht? Daß Sie es hätten *verhindern* können, daß das Bild den Willen zur Flucht hervorbrachte? Daß Sie Ihre Entscheidung hätten *aufhalten* können? Daß Sie in das ganze Entscheidungsgeschehen hätten *eingreifen* können?«

Wieder zögern Sie, und jetzt dauert es länger als beim ersten Mal. Wir kommen Ihnen zu Hilfe.

»Das Spiel Ihrer Gedanken und Phantasiebilder war doch *eine* Sache«, erklären wir Ihnen, »und die Willensbildung noch eine ganz *andere*. Bevor aus dem Gedankenspiel ein Wille werden konnte, mußte doch noch eine *Lücke* geschlossen werden, eine Lücke, die *Sie* schließen mußten, und von der *Sie* – Sie ganz allein – *entscheiden* konnten, *ob* sie geschlossen werden sollte oder nicht.«

»Ich weiß nicht recht«, sagen Sie schließlich, »ich hätte wohl noch länger überlegen und also dasselbe fortsetzen können, was ich bis dahin getan hatte. Möglich, daß die Entscheidung dann anders ausgefallen wäre. Obwohl: Eigentlich glaube ich es nicht.«

»Haben Sie selbst darüber entschieden, wann Sie mit dem Überlegen aufhörten?«

»Nun ja, irgendwann hört jedes Überlegen auf, und die Zeit drängte.«

»Und Sie konnten sich da gar nicht mehr *einmischen*?«

»Wie gesagt: Ich hätte im Prinzip mit dem Überlegen weitermachen können.«

»Aber Sie haben den Eindruck, daß das an Ihrer Entscheidung nichts mehr geändert hätte? Daß die Entscheidung keine andere hätte sein können?«

»So kommt es mir vor, auch heute noch; das Bild vom Viehwagen war einfach zu mächtig.«

»Haben Sie sich dazu *entschieden*, daß Sie nicht mehr anders konnten? Und waren Sie *frei* darin, sich für Ihre Entscheidung zu entscheiden?«

Wenn Sie sich mit Ihren Intuitionen zur Idee der Freiheit in den hartnäckigen Fragen wiederfinden, die wir dem Emigranten stellen (so daß Sie die Rolle wechseln und zu uns überlaufen möchten), dann verpflichten Sie sich auf die Idee des unbedingt freien Willens – eines Willens nämlich, der frei genug ist, sich durch Überlegung binden zu lassen, aber auch frei genug, sich allem Überlegen und allen Gründen zu widersetzen. Glauben Sie dagegen, daß die Freiheit des Willens gerade in seiner Beeinflußbarkeit durch Überlegungen besteht und in nichts anderem, dann werden Sie, wie der Emigrant, Mühe mit den letzten Fragen haben. Nicht nur in dem Sinn, daß Sie nicht wissen, was Sie antworten sollen, sondern in dem weitergehenden Sinn, daß Sie unsicher sind, ob Sie die Fragen überhaupt *verstehen*.

Wir können dem neuen Argument nun seine endgültige Form geben: Als Personen *stoßen* uns unsere Entscheidungen nicht nur *zu*, sondern wir *treffen* sie in dem Sinn, daß wir es sind, die darüber bestimmen, ob sie fallen oder nicht. Das gehört zur Idee des Personseins. Dann aber gehört zu dieser Idee auch, daß Personen in ihrem Willen unbedingt frei sind, denn die bloß bedingte Freiheit läßt nicht mehr zu als Entscheidungen, die sich ohne unser weiteres Zutun einfach ereignen. Und daher gilt: Wenn sich jemand als Person versteht, muß er sich in seinem Willen für unbedingt frei halten. Wir verstehen uns als Personen. Also müssen wir uns in unserem Willen für unbedingt frei halten.

Bröckelnde Urheberschaft

Der Gedanke der allgegenwärtigen Bedingtheit, der unser bisheriges Bild von Freiheit bestimmt hat, scheint uns also in Wirklichkeit die echte Freiheit wegzunehmen, so daß wir ihm, um diese echte Freiheit zu sichern, den Gedanken der Unbedingtheit entgegenhalten müssen. Aus der Außenwelt kommend, frißt sich die Bedingtheit immer tiefer in uns hinein und erreicht schließlich das Wollen und Entscheiden. Und je tiefer sie sich frißt, desto trügerischer erscheint die Freiheitserfahrung. Damit diese Erfahrung nicht gänzlich verschluckt wird, müssen wir dem Bedingtheitsgedanken irgendwo Einhalt gebieten.

Dieser Gedankenfigur begegnen wir auch bei einem anderen Aspekt des Personseins: der Idee der Urheberschaft unserem Tun und Wollen gegenüber. Als Personen, die Macht über ihren Willen und ihre Handlungen haben und frei über sie bestimmen, sind wir ihre Urheber. Ein Verlust der Urheberschaft wäre gleichbedeutend mit einem Verlust der Freiheit. Diese Urheberschaft haben wir bisher im Rahmen der Bedingtheit erklärt, und es konnte scheinen, als hätten wir den intuitiven Gehalt der Idee dabei vollständig zu fassen bekommen. Im ersten Schritt ging es um die Urheberschaft bei Handlungen, und da galt: Wir sind insofern die Urheber unseres Tuns, als das Tun Ausdruck unseres Willens ist. Die Idee der Urheberschaft wurde also einfach durch die Idee des Willens erläutert. Später dann ergab sich eine neue, reichere Idee von Urheberschaft. Sie lautete: Jemand ist frei im Sinne der Urheberschaft, wenn er sich ungehindert zu einem Willen und einer Handlung entschließen kann, indem er darauf durch Überlegen Einfluß nimmt. Durch diese Einflußnahme macht er etwas mit sich und für sich und wird zum Autor seines Tuns und Wollens. Diese Erklärung schien überzeugend und den Phänomenen angemessen: Immer dann, wenn wir eine Erfahrung der Unfreiheit betrachteten, stellte sich heraus, daß die Einflußnahme des Denkens auf das Wollen behindert war. Der Wille war nicht in der richtigen Weise bedingt durch das Denken. Was die Idee der Urheberschaft betraf, schien also alles in Ordnung zu sein: Wir hatten eine Erklärung der Idee, und wir konnten feststellen, daß wir die so erklärte Idee erfüllen, zwar nicht immer, aber doch oft. Bedingtheit schien mit Urheberschaft nicht nur verträglich, sondern eine Voraussetzung für sie zu sein.

Doch eine solche Erklärung – so beginnt das nächste Argument für die unbedingte Freiheit – trägt von Beginn an den Keim des Mißlingens in sich. Denn sie gibt auf die Frage »Worin besteht Urheberschaft?« eine Antwort, die das Thema systematisch verfehlt. Das Bild nämlich, das gezeichnet wird, ist das Bild einer Verkettung von bloßen inneren *Geschehnissen*: Unter dem Einfluß der äußeren Umstände und der inneren Umstände, die unseren Charakter ausmachen, treten in uns Wünsche auf; man könnte auch sagen: Sie *ereignen* sich in uns. Was sich außerdem ereignet, sind unsere Überlegungen. Die Einflußnahme der Überlegungen auf die Wünsche, die zur Ausbildung eines entschiedenen Willens führt, ist ein weiteres Ereignis. Und wenn dieser entschiedene Wille schließlich in eine Handlung mündet, so ist auch das nichts weiter als ein Geschehen. Nirgendwo in diesem Bild findet sich auch nur der Hauch von etwas, das geeignet wäre, die Idee der Urheberschaft verständlich zu machen. Das einzige, was es gibt, sind Ereignisse und Beziehungen der Abhängigkeit zwischen ihnen. Und daß das vom Standpunkt des Verstehens aus nicht befriedigt, liegt nicht etwa an der begrenzten Anzahl der inneren Faktoren oder daran, daß wir die Komplexität ihres Zusammenhangs bislang unterschätzt hätten. Man mag die Innenwelt probeweise mit soviel Faktoren anreichern, wie man will, und man mag sich ihre Beziehungen untereinander so komplex denken, wie man will: Nie wird ein Gebilde von bloßen Geschehnissen, wie gigantisch es auch sein möge, geeignet sein, die Idee der Urheberschaft verständlich zu machen. Bloße Ereignisse sind einfach nicht der Stoff, aus dem Urheberschaft gemacht sein kann. Und diese Feststellung ist nicht weiter überraschend, denn die Idee der Urheberschaft ist einfach eine ganz andere Idee als die Idee eines inneren Geschehens, und sie ist nicht nur eine *andere* Idee, sondern in gewissem Sinn die *entgegengesetzte* Idee.

Die Idee der Urheberschaft, so scheint es, beginnt zu zerbröckeln, wenn wir die bisherige Geschichte über die Freiheit beim Wort nehmen und uns klar machen, daß diese Freiheit in nichts anderem besteht als einem Komplex von inneren Ereignissen, die uns einfach *zustoßen*. Und es zerbröckelt nicht erst diejenige Idee von Urheberschaft, die wir durch den Begriff der Entscheidung erläutert hatten. Auch unsere frühere Idee, die nur mit dem Begriff des Willens verbunden war, beginnt zu bröckeln, wenn wir die Sache zu Ende denken. Denn inwiefern eigentlich ist ein Wille, der von einer Kette von Vorbedingungen in Gang gesetzt wird, mehr als eine innere Episode unter anderen – also ebenfalls nur etwas, das uns zustößt? Solange wir nach vorne auf die Handlung blicken, die durch den Willen angestoßen wird, erscheint der Wille als ein Phänomen, das Urheberschaft verspricht. Blicken wir aber zurück auf die Kette von Bedingungen, von denen der Wille abhängt, so erlischt dieser Eindruck schnell, denn es wird klar: Der Wille, der eine Handlung anstößt, ist selbst etwas, das angestoßen wird, und das macht ihn zu etwas, das er nur auf den ersten Blick nicht zu sein schien: zu einem bloßen Geschehnis. Die Einsicht in seine Bedingtheit scheint den Willen als Garanten der Urheberschaft um seine Substanz zu bringen. Er ist, wenn man ihn als etwas Bedingtes betrachtet, gar nicht mehr wirklich ein *Wille*, und deshalb vermag er auch keine Urheberschaft zu garantieren. Ein echter Wille, welcher der Idee eines Willens wirklich gerecht würde, dürfte nicht ein Ereignis unter anderen in einer langen Kette von Bedingungen sein. Er müßte etwas sein, das eine neue Kette ohne Vorbedingungen anzustoßen vermöchte. Er müßte ein unbewegter Beweger sein.

Die begriffliche Situation ist also nicht so, daß wir zuerst einen klaren, abgerundeten Begriff des Willens hätten, der intakt bliebe, ganz gleichgültig, wie wir über die Bedingtheit oder Unbedingtheit des Wollens denken. Es ist anders: Wenn wir die Frage aufwerfen, ob der Wille bedingt oder ohne Vorbedingungen ist, dann stellen wir nicht nur die Frage, ob der

Wille eine bestimmte Eigenschaft hat oder nicht; in Wirklichkeit fragen wir danach, ob wir es überhaupt mit einem echten Willen zu tun haben. Denn seine Unbedingtheit ist eine *wesentliche* Eigenschaft des Willens, eine Eigenschaft, die man ihm nicht wegnehmen kann, ohne ihn zu vernichten. Das ist es, was geschieht, wenn wir unsere Freiheit nur als bedingte Freiheit verstehen: Wir verlieren den Begriff des Willens insgesamt, weil wir, indem wir den Gedanken der Unbedingtheit preisgeben, das entscheidende, ihn definierende Merkmal durchstreichen.

Und das ist noch nicht alles. Denn wenn die Idee des Willens bröckelt, zerfällt mit ihr auch die Idee der Handlung. Ein Tun, so hatte es bisher geheißen, ist eine Bewegung, die einem Willen entstammt. Im Unterschied zu einer bloßen Bewegung hat sie Urheberschaft hinter sich, die sie dem Willen als der Quelle aller Urheberschaft verdankt. Wenn sich nun herausstellt, daß der bedingte Wille keineswegs eine solche Quelle ist, so verlieren die gewollten Bewegungen ihre Besonderheit als Handlungen und werden, wie der Wille selbst, zu bloßen Geschehnissen.

Betrachten wir Raskolnikov auf dem Weg zur Pfandleiherin. Nehmen wir an, er wird von einem Passanten geschubst und stürzt. Sein Stürzen ist keine Handlung, weil ihm die Bewegung ungewollt zustößt und er also nicht ihr Urheber ist. Jeder würde das sagen. Betrachten wir ihn nun oben in der Wohnung der Alten, wie er mit der Axt ausholt. Jetzt sind seine Bewegungen ein Tun, denn niemand schubst ihn, seine Bewegungen kommen ganz allein aus ihm und seinem Willen heraus, und er ist ihr Urheber. Man würde denken: Wenn irgend etwas eine klare Unterscheidung ist, dann diese. Doch ist es wirklich so? Raskolnikovs Arm bewegt sich, weil Raskolnikov es so will, und nur deshalb. Aber er will es nicht einfach so, sein Wille kommt nicht aus dem Nichts, sondern hat – wie früher besprochen – eine lange Vorgeschichte von Be-

dingungen. Doch auch sein Sturz hat eine solche Vorgeschichte. Worin also besteht der Unterschied? Immer noch
darin, wird man sagen, daß die eine Bewegung einen Willen
zur Vorbedingung hat und die andere nicht. Und das stimmt
natürlich. Aber ist das ein *prinzipieller* Unterschied – so prinzipiell, wie die begriffliche Unterscheidung zwischen Tun und
Geschehen es verlangt? Es sieht nicht so aus; denn Raskolnikovs Wollen und sein Gestoßenwerden haben etwas gemeinsam: Sie haben Vorbedingungen, über die er keine Macht hat,
und diese Tatsache macht sie beide gleichermaßen zu bloßen
Geschehnissen. Wahr bleibt, daß die Vorbedingungen seines
Sturzes *äußere* Bedingungen sind und die Vorbedingungen
seines Willens *innere*, wenigstens ein Stück weit. Doch das
ändert nichts daran, daß das Vorkommnis von Raskolnikovs
Wollen und das Vorkommnis seines Gestoßenwerdens zu der
genau gleichen *Kategorie* gehören: der Kategorie des bedingten und also urheberlosen Geschehnisses. Wenn es so schien,
als gehörten der Sturz und der Mord zu ganz unterschiedlichen Kategorien, dann deshalb, weil die Betrachtungsweise
oberflächlich war: Hier eine außengelenkte, ungewollte Bewegung, dort eine innengelenkte, willentliche Bewegung. Hier
der Sachverhalt, daß Raskolnikov *bewegt wurde*, dort der ganz
andere Sachverhalt, daß er *sich bewegte*. Wenn man es sich genau überlegt, indem man bedenkt, was aus einem Willen
wird, wenn er Vorbedingungen hat, über die der Wollende keine Macht hat, dann gerät diese kategoriale Unterscheidung
ins Rutschen, und es bleibt nichts weiter übrig als die blasse
Unterscheidung zwischen einem außengelenkten und einem
innengelenkten Geschehen, wie man sie auch zwischen verschieden Arten von Maschinen treffen kann, etwa zwischen
einem ferngelenkten Spielzeugauto und einem echten Auto.
Daß Raskolnikov, wenn er die Axt schwingt, *selbst* über seine
Bewegungen bestimmt, während beim Sturz jemand *anderes*
bestimmt, heißt jetzt nicht mehr, als es beim Auto heißt: Ein

echtes Auto bewegt sich allein kraft der Dinge, die in ihm geschehen, während ein Spielzeugauto jemanden braucht, der die Fernbedienung betätigt.

Die Konsequenz dieser Überlegung ist frappierend: Aus Raskolnikov, dem *Täter*, ist ein Raskolnikov geworden, der nur noch der *Ort eines Geschehens* ist. Was an der Oberfläche wie ein Urheber aussieht, ist in der Tiefe nichts weiter als ein Schauplatz und eine Szene für eine Sequenz von Ereignissen, an der zwar ein Wille beteiligt ist, aber ein Wille, der seinen Namen nicht verdient, weil er nichts weiter ist als ein episodisches Bindeglied zwischen vorangehenden und nachfolgenden Ereignissen. Ganz nüchtern betrachtet, ist Raskolnikov nicht mehr als eine *Durchgangsstation* in einer Ereigniskette, die mit den Vorbedingungen seines Willens beginnt und mit dem Tod der Pfandleiherin endet. Es wäre falsch zu sagen, er sei bloß das *Instrument* zur Herbeiführung ihres Todes, denn das setzte einen fremden Akteur voraus. Richtig aber ist, daß man ihn wie ein *Relais* betrachten kann: als Schaltstelle, die zwischen der für Raskolnikov prägenden Vorgeschichte und dem vermittelt, was er anrichtet.

Ursprünglich sah es so aus, als stünde Raskolnikov als Urheber und Subjekt seines Tuns dem Weltlauf in gewissem Sinn *gegenüber*, weil er als Täter einer anderen Kategorie angehört als die Geschehnisse der Welt. Jetzt hat sich gezeigt, daß er selber in Wahrheit nur ein Segment, ein weiterer Ausschnitt des Weltgeschehens ist und kategorial von derselben Art wie dieses Geschehen. Was müßten wir tun, um ihm eine Urheberschaft zu verleihen, die der Erosion durch einen solchen Gedankengang standhielte? Wir müßten ihm einen Willen geben, der seiner Natur nach durch nichts und niemanden geschubst werden könnte. Es ist das Geschubstwerden durch den Passanten, das Raskolnikovs Sturz die Urheberschaft nimmt. Und es ist das Geschubstwerden seines Willens durch Überlegungen und deren Vorbedingungen, das diesem Willen die Urheberschaft nimmt. Um ihm die Urheberschaft und also Freiheit zurückzugeben, müssen wir ihn davor bewahren, von inneren Passanten angerempelt zu werden. Und das heißt: Wir müssen ihn uns als unbedingten Willen denken, als unbewegten Beweger.

Jetzt können wir wiederum ein Argument für die unbedingte Freiheit formulieren, das den früheren Argumenten analog ist: Echte Urheberschaft im Tun und Wollen gehört zur Idee des Personseins. Dann aber gehört zu dieser Idee auch, daß Personen in ihrem Willen unbedingt frei sind, denn die bloß bedingte Freiheit gibt uns keine echte Urheberschaft. Und daher gilt: Wenn sich jemand als Person versteht, muß er sich in seinem Willen für unbedingt frei halten. Wir verstehen uns als Personen. Also müssen wir uns in unserem Willen für unbedingt frei halten.

Verantwortung als haltlose Idee

Es könnte sein, daß Raskolnikov, wenn er auf dem Weg zur Pfandleiherin angerempelt wird und stürzt, im Zuge seines Sturzes einen anderen Passanten vom Gehsteig auf die Straße stößt, und es könnte weiterhin sein, daß dieser Passant von einem Fahrzeug erfaßt und tödlich verletzt wird. Niemand, der die Fakten kennt, würde Raskolnikov *verantwortlich machen, beschuldigen* oder *bestrafen* wollen, weder im Sinne des Gesetzes noch im Sinne der Moral. Schließlich konnte er nichts dafür. Ganz anders sieht es natürlich bei seinem Mord aus. Er ist eine kühl geplante, vorbedachte Tat. Deshalb wird Raskolnikov zur Verantwortung gezogen, es wird Anklage gegen ihn erhoben, und er wird zur Zwangsarbeit nach Sibirien geschickt. Der Unterschied, den wir zwischen dem Sturz und dem Mord machen, ist zum einen ein Unterschied in der

Beurteilung und zum anderen ein Unterschied in unserem *Handeln* Raskolnikov gegenüber. Es ist ein glasklarer Unterschied, denken wir, und das muß er auch sein, denn von ihm hängt ab, ob wir, die Gesellschaft, jemanden unbehelligt lassen oder ob wir ihm – im vollen Bewußtsein der Konsequenzen – großen Schaden zufügen, indem wir ihm das kostbare Gut der Freiheit wegnehmen, mit all den zerstörerischen Wirkungen, die das für sein ganzes Leben haben wird.

Allzu große Sorgen brauchen wir uns da nicht zu machen, denken wir. Zwar ist es manchmal schwierig *festzustellen*, ob eine Tat eher wie ein Sturz oder eher wie ein Mord ist, und wenn wir zum Schluß gekommen sind, daß es sich um etwas Vorbedachtes handelt, kann es einen Streit über die Frage geben, was die angemessene Strafe ist. Worüber es *keinen* Streit und keinen Zweifel geben kann, ist, daß wir hier insgesamt mit einer begrifflich sauberen Unterscheidung arbeiten und daß diese Unterscheidung *unverzichtbar* ist. Wir können unmöglich auf sie verzichten, weil sie ein Instrument ist, um unser Zusammenleben zu regeln. Es gäbe einen Aufstand und führte insgesamt zu gesellschaftlichem Chaos, wenn entweder alles wie ein Sturz behandelt und nichts geahndet würde oder wenn alles unterschiedslos als vorbedacht eingestuft und mit Strafe belegt würde. Und das ist nicht der einzige Sinn, in dem die Unterscheidung unverzichtbar ist. Wir wollen an ihr auch deshalb um jeden Preis festhalten, weil wir sie für eine *richtige* Unterscheidung halten. Es ist einfach *wahr*, denken wir, daß es auf der einen Seite Dinge gibt, für die jemand etwas kann, und auf der anderen Seite Dinge, für die er nichts kann. Es wäre deshalb nicht nur *unklug*, die Unterscheidung aufzugeben; es wäre ein regelrechter *Irrtum* in dem Sinn, in dem man einen Irrtum begehen kann, indem man Unterschiede zwischen verschiedenen Dingen in der Welt nicht erkennt.

Und die Unterscheidung *ist* doch auch wirklich klar, und

mehr noch: Sie ist nicht nur *irgendwie* klar, sondern ihre Klarheit rührt daher, daß mit ihr zwischen zwei *Kategorien* von Phänomenen unterschieden wird. Zur einen Kategorie gehört Raskolnikovs Sturz. Er ist nichts weiter als die Bewegung eines Körpers, ein Ereignis also, für das es Ursachen gibt und das man vollständig verstanden hat, wenn man diese Ursachen kennt. Darin gleicht der Sturz einem Gewitter oder einem Vulkanausbruch. Die Geschichte über solche Vorkommnisse ist eine rein kausale Geschichte, und sie ist zu Ende, wenn die Ursachen klar sind. Daß wir Raskolnikov für seinen Sturz nicht verantwortlich machen, ist nicht eine Frage der *Nachsicht*; es hat vielmehr damit zu tun, daß es keinen *Sinn* ergeben würde, ihn deshalb zur Rechenschaft zu ziehen – genausowenig Sinn wie der Versuch, den Vulkan dafür zur Rechenschaft zu ziehen, daß er sich nicht beherrschen konnte und ausbrach.

Auch über Raskolnikovs Mord gibt es eine kausale Geschichte zu erzählen. Sie legt klar, daß es an seinen Bewegungen lag, daß die Alte starb. Doch wenn diese Geschichte zu Ende ist, ist nicht alles zu Ende. Nun beginnt eine neue, ganz andere Geschichte. Ihr erster Schritt besteht darin, daß Raskolnikov als der *Urheber* der tödlichen Bewegungen beschrieben wird. Beim Sturz war das nicht so: Bei einem Sturz gibt es keinen Urheber, so wie es auch bei einem Vulkanausbruch keinen gibt. Daß es beim Mord einen Urheber gibt, bedeutet – das wissen wir –, daß wir es mit einer Handlung zu tun haben, also mit Bewegungen, die Ausdruck eines Willens sind. Dieser erste Schritt führt uns nicht automatisch zur Idee der Verantwortung. Man kann sich ohne Widerspruch eine Gesellschaft denken, in der es bei der Unterscheidung zwischen einem bloßen Geschehen und einer Handlung mit Urheberschaft bliebe. »Das ist etwas, das mit ihm geschehen ist« und »Das ist etwas, das er getan hat«, würden die Mitglieder dieser begrifflich kargen Gesellschaft sagen, um zwischen Raskolnikovs Sturz und dem Mord zu unterscheiden. Aber es würde nichts Weiteres daraus folgen, weder was die Beschreibung von Raskolnikov noch was den Umgang mit ihm betrifft. Anders bei uns. Wenn wir für bestimmte Bewegungen Urheberschaft und also einen Willen ausgemacht haben, so betrachten wir sie, die jetzt als Handlungen gelten, aus einer Perspektive, die von der kausalen Betrachtungsweise prinzipiell verschieden ist. Es ist die Perspektive, aus der wir sie im Lichte von *Regeln* betrachten. Es sind nicht Regeln im Sinne von natürlichen Regelmäßigkeiten, also Naturgesetzen. Es sind überhaupt nicht Regeln, die wir in oder an den Handlungen *entdecken*, sondern Regeln, die wir an sie *herantragen*. Es sind *Normen*, also *Vorschriften*, die nicht davon handeln, wie unsere Taten *sind*, sondern wie sie *sein sollen*. Es sind auf der einen Seite gesetzliche, auf der anderen moralische Vorschriften. Sie gebieten und verbieten uns ein bestimmtes Tun. Sie richten bestimmte *Forderungen* an uns und formulieren bestimmte *Verpflichtungen*. Insgesamt erlauben sie uns eine Charakterisierung von Handlungen, die gegenüber der kausalen Beschreibung neu ist: die Charakterisierung als *richtig* oder *falsch*. Und diese neue Charakterisierung schließlich läßt den anderen gegenüber auch eine neue Art von Handlungen entstehen: Wir üben ihnen gegenüber *Sanktionen* aus und *bestrafen* sie dafür, daß sie bestimmte Vorschriften mißachtet, bestimmte Forderungen und Verpflichtungen nicht erfüllt haben.

Die Idee der Verantwortung ist eine Idee, die in diesen Zusammenhang gehört und ihn voraussetzt. Wenn wir jemanden für etwas verantwortlich machen, so betrachten wir ihn und sein Tun im Lichte von Regeln des Sollens und Dürfens und urteilen darüber, ob das Tun, so betrachtet, richtig oder falsch war. Kündigen wir jemandem an, daß wir ihn einer Tat wegen zur Verantwortung ziehen werden, so sagen wir damit zu ihm: Wir werden dein Tun daran messen, ob es den Regeln entsprach, und wenn wir einen Verstoß gegen die Regeln feststellen, so werden wir dich dafür bestrafen.

Wenn wir diese Einstellung jemandem gegenüber einnehmen, so machen wir eine Voraussetzung: Wir gehen davon aus, daß er aus Freiheit handelte in dem Sinn, *daß er die Regeln kannte, die Wahl hatte und sich zu seiner Tat entschied.* Wenn wir Raskolnikov zur Verantwortung ziehen, so beruht das erstens auf der Annahme, daß er sich über die Verwerflichkeit seiner Tat im klaren war. Zwar mag ihn seine elitäre Weltanschauung zur Überzeugung gebracht haben, daß ihm, einem Ausnahmemenschen, ein Mord erlaubt sei. Aber er weiß, daß die Gesellschaft das anders sieht und daß ihre rechtlichen und moralischen Regeln anders lauten. Zweitens gehen wir davon aus, daß er die Wahl hatte. Wenn wir ihn anklagen und verurteilen, dann deshalb, weil es für ihn *beide* Möglichkeiten gab: sich an die Regeln zu halten oder sie zu verletzen. Es lag – denken wir – an ihm, und nur an ihm, ob er richtig oder falsch handelte. Und damit setzen wir voraus, daß es für ihn *nicht unvermeidlich* war, daß er mit dem Mord gegen Gesetz und Moral verstieß. Drittens schließlich unterstellen wir, daß seiner Tat eine Entscheidung vorausging: daß er im Lichte der ihm bekannten Regeln überlegte und als Folge dieses Überlegens den Willen ausbildete, etwas zu tun, was gegen die Regeln verstieß.

Wir können, so sieht es aus, Raskolnikov guten Gewissens zur Verantwortung ziehen, und das liegt daran, daß er aus Freiheit heraus mordete, einer Freiheit, die eine bedingte Freiheit in unserem bisherigen Sinn war. Wir können diesem ersten Eindruck noch schärfere Konturen geben, indem wir einen Blick zurück auf die früher besprochenen Formen der Unfreiheit werfen. Wäre Raskolnikov ein Getriebener, so gäbe es nicht den geringsten Sinn, ihn für den Mord verantwortlich zu machen. Ein Getriebener nämlich ist unfähig, sein Tun im Lichte von Regeln und Forderungen zu sehen. Das liegt daran, daß ihm jeglicher kritische Abstand zu sich selbst fehlt. Einen solchen Abstand braucht man, um die Idee des *Sollens* zu verstehen: Man muß das, was man gerade vorhat, mit etwas *anderem* vergleichen können, was man eigentlich *nicht* vorhat. Man muß sich, mit anderen Worten, in einem Spielraum von mehreren Möglichkeiten des Tuns und Wollens sehen können. Nur dann kann man von jemandem sagen, daß er etwas will und tut, *um* einer Forderung *nachzukommen*. Man kann sich einen Getriebenen vorstellen, der faktisch und von außen gesehen jeder Forderung nachkommt, die an ihn gerichtet wird. Er kann, was man ihm sagt, nicht *als* Forderung erkennen, tut aber genau das, was verlangt ist. Er ist ein automatischer, blinder Erfüller von Forderungen. Sein Problem ist – und es ist ein Problem mangelnder Freiheit –, daß er nicht weiß, was es hieße, etwas zu wollen und zu tun, womit er sich einer Forderung *widersetzte*. Und das eben liegt an dem fehlenden Abstand zu sich selbst. Als Folge dieses Mangels kennt er den Unterschied zwischen richtig und falsch – zwischen dem Erfüllen und Nichterfüllen einer Forderung oder Verpflichtung – nicht. Und deshalb ergäbe es keinen Sinn, ihn mit der Idee der Verantwortung in Verbindung zu bringen, die auf diesem Unterschied beruht.

Auch wenn Raskolnikov die Alte erschlagen hätte, weil ihm jemand den mörderischen Willen durch Hypnose eingepflanzt hätte, wäre er für die Tat nicht verantwortlich zu machen. Zwar wäre der Mord von einem Sturz dadurch unterschieden, daß er einem Willen entsprang. Aber dieser Wille wäre blind in dem Sinn, daß Raskolnikov ihn distanzlos in die Tat umsetzte, ohne ihn an irgendwelchen Regeln und Forderungen messen zu können. Seine Situation wäre vorübergehend wie die Situation eines Getriebenen. Komplizierter wäre es, wenn sich herausstellte, daß Raskolnikov aus blinder Gefolgschaft gegenüber jemandem, dem er hörig war, gehandelt hatte. Die Schwierigkeit bestünde darin, daß Hörigkeit zwar die Fähigkeit des selbständigen Überlegens lahmlegt, die Fähigkeit des Überlegens aber nicht insgesamt ausschaltet wie in einer Hypnose. Trotzdem wären wir mit der Zuschreibung von Verantwortung vorsichtig.

Weniger vorsichtig sind wir bei gedanklichen Mitläufern. Auch wenn sie als solche erkannt werden, trifft sie die ganze Härte des Gesetzes. Unsere moralische Einschätzung aber wird insgeheim von Zögern begleitet sein. Irgendwie war er ja auch ein Opfer, werden wir denken, wenn wir erfahren haben, wie methodisch und geschickt die Gehirnwäsche gewesen war.

Deutlich und offen ist unser Zögern, wenn wir ein Verbrechen als Resultat eines zwanghaften Willens erkennen. Ein harmloser Fall ist die Kleptomanin, ein schrecklicher der Triebtäter. Von beiden werden wir erfahren, daß sie an ihrem Willen die beiden Eigenschaften erleben, die zusammen den inneren Zwang ausmachen: Unbeeinflußbarkeit durch Überlegen und Fremdheit im Sinne der Ablehnung. In gewissem Sinn war es gar nicht ihr eigener Wille, der sie dazu getrieben hat, werden wir sagen; sie waren in diesem Moment gar nicht richtig *sie selbst*. Deshalb käme es uns nicht richtig vor, sie in derselben Weise zur Verantwortung zu ziehen wie jemanden, den kein innerer Zwang von seinem eigentlichen Willen entfremdet hat. Wir lassen die beiden nicht einfach davonkommen. Aber wir verändern unsere Sicht auf sie: Wenn wir sie zunächst als Personen betrachtet haben, die es zu *bestrafen* gilt, so werden wir sie am Ende als Menschen sehen, die man *heilen* muß. Statt ins Gefängnis kommen sie in die Klinik. Damit haben wir ihnen gegenüber den Standpunkt der normativen Beurteilung aufgegeben und durch den Standpunkt der kausalen Erklärung und Beeinflussung ersetzt.

Hätte Raskolnikov die Alte in einem Anfall von Jähzorn erschlagen, anschließend entgeistert auf die blutige Axt geblickt und ausgerufen: »Das wollte ich nicht!«, so wäre unsere

Beurteilung noch einmal anders. »Du wolltest es schon«, würden wir zu ihm sagen, »es war einwandfrei dein Wille, und deshalb bestrafen wir dich. Aber es gibt etwas, das wir dir zugute halten: Du hattest dich in jenem Moment nicht in der Gewalt, du warst unbeherrscht. Zwar entschuldigt das die Tat nicht; aber sie wiegt weniger schwer, als wenn du dich bei klarem Kopf zu ihr entschieden hättest.« Das Gericht würde auf Tötung im Affekt erkennen. Das moralische Urteil würde lauten: So etwas geht natürlich nicht; aber wer ist schon ganz gefeit dagegen? Und je mehr Einzelheiten wir erführen, desto stiller würden wir vielleicht.

Unser Bankkassierer wird dafür, daß er dem Mann mit der Maske das Geld aushändigte, nicht zur Verantwortung gezogen, nicht vor einem wirklichen Gericht und auch nicht vor einem moralischen. Er war in einer Zwangslage, wählte das kleinere Übel und konnte nicht anders. Daß er aus einem erzwungenen, ihm aufgenötigten Willen heraus handelte und nicht aus seinem eigentlichen, entschuldigt ihn in den Augen aller. Als entschuldigt im moralischen Sinn galten auch die Fußballspieler aus Uruguay, die ihre Kameraden aufaßen, um nicht zu verhungern. Nur bigotte Leute ohne Phantasie sahen das anders. Und es liegt uns fern, den Chef der Résistance, der in größtem Schmerz seine Geliebte erschießt, zu verurteilen.

Soweit der Rückblick auf die Spielarten der Unfreiheit, wie sie sich im Rahmen der Bedingtheit darstellen. Was er zeigt, ist dieses: Jede Einschränkung der Freiheit veranlaßt uns, die Zuschreibung von Verantwortung abzuschwächen, bis hin zu ihrer vollständigen Preisgabe. Das bestätigt den Gedanken, von dem wir ausgegangen waren: Volle Verantwortung verlangt, daß jemand die Regeln kannte, die Wahl hatte und sich zu der Tat entschied. Raskolnikov, als er zuschlug, erfüllte diese Bedingungen. Er handelte aus Freiheit, die eine Freiheit im bedingten Sinne war. Er wurde zu Recht zur Verantwortung gezogen. Alles scheint in bester Ordnung.

In Wirklichkeit ist nichts in Ordnung. Das jedenfalls besagt unser nächstes Argument für den unbedingt freien Willen. Im Unterschied zu den bisherigen besteht es nicht darin, einen weiteren verborgenen Aspekt der Unfreiheit in der Idee der bedingten Freiheit ans Licht zu bringen. Vielmehr versammelt es die bisher aufgedeckten Aspekte, um die Idee der Verantwortung als eine vollständig haltlose Idee zu brandmarken. So beginnt es denn mit der Erinnerung daran, daß es Raskolnikov nur scheinbar frei stand, den Mord zu begehen oder nicht zu begehen. Zwar gilt, daß er ihn nicht begangen hätte, wenn er anders überlegt und sich anders entschieden hätte. Aber auch seine Überlegungen hatten eine Vorgeschichte, die festlegte, daß er so und nicht anders überlegte. Es gab für ihn also nicht den geringsten Spielraum, und deshalb ist es nichts als rhetorische Spiegelfechterei, wenn wir zu ihm sagen: »Sie hätten die Alte auch in Ruhe lassen können, es lag ganz allein bei Ihnen, was Sie wollten, entschieden und taten, und weil es sich so verhält, ziehen wir Sie zur Verantwortung«. Er nämlich kann erwidern: »Gegeben meine Vorgeschichte, für die ich absolut nichts kann, kann davon nicht die Rede sein. Es stand zum voraus fest, daß ich zum Mörder würde, ich hatte nicht die geringste Chance, in den Lauf der Dinge einzugreifen. Wollt ihr im Ernst jemanden verantwortlich machen, der keinerlei Macht über sein Wollen und Tun besitzt? Das ist doch nicht *fair*!«

Wenn Raskolnikov also nur bedingte Freiheit besitzt, so erscheint es in höchstem Maße unfair, ihn nach Sibirien zu schicken und damit sein Leben zu zerstören.

»Aber Sie konnten doch *überlegen*«, mögen wir zu unserer Verteidigung sagen, »und das heißt: Sie sahen *verschiedene* Möglichkeiten des Handelns vor sich, und nicht nur diese *eine*.«

»Ja, schon«, wird er erwidern, »aber das war eine Täuschung; in Wirklichkeit war hinter meinem Rücken schon alles gelaufen.«

»Immerhin müssen Sie zugeben, daß Sie sich *entschieden* haben. Sie haben an das Geld gedacht und an die Gelegenheit, und es waren diese Gedanken, die Ihren Willen bestimmt und Sie in Bewegung gesetzt haben. Warum also sollten wir Sie *nicht* verantwortlich machen?«

»Ganz einfach: weil ich nicht *verhindern* konnte, daß die Entscheidung so ausfiel und nicht anders. Ich konnte diese bestimmte Entscheidung nicht *aufhalten*.«

Allmählich geht uns die Munition aus. Aber einen Schuß haben wir noch. »Was Sie nicht in Abrede stellen können, ist, daß Sie der *Urheber* des Mordes waren. *Sie* haben die Alte erschlagen, und kein anderer. Und es war nicht, wie wenn Sie gestürzt wären und dadurch jemanden getötet hätten. Als Mörder waren Sie ein *Täter* und nicht bloß ein Körper, der bewegt wurde.«

Doch auch jetzt bleibt Raskolnikov gelassen. »Natürlich war *ich* es. Das bestreite ich nicht. Aber was heißt *Täter?* Da gab es all die Ereignisse in meiner Vorgeschichte, dann gab es all die Überlegungen und Wünsche, die in mir passierten, und am Ende liefen meine Bewegungen mit der Axt ab. Lauter Dinge, die einfach *passierten*. Das ist die wahre Geschichte. Im Prinzip ist das nicht anders als bei der Verdauung: essen, verdauen, ausscheiden. Dafür macht ihr doch auch niemanden verantwortlich!«

Es sei, so sagt Raskolnikov, *unfair*, ihn zur Verantwortung zu ziehen und sein Leben zu zerstören. Das ist nicht der einzige Vorwurf, den er uns machen kann. Er kann auch sagen: Es ist *unvernünftig*, ihn zu bestrafen, wenn er doch nichts dafür kann, daß mit ihm geschehen ist, was geschah. Erinnern wir uns an die Bedingungen für Verantwortung: Jemand muß die Regeln gekannt, die Wahl gehabt und sich zu seiner Tat entschieden haben. Bisher hatten wir getan, als seien alle drei Bedingungen erfüllt. Raskolnikov erinnert uns daran, daß das für eine von ihnen nicht gilt: *Er hatte nicht die Wahl.* Wenn wir ihn zur Verantwortung ziehen, wird er uns vorwerfen, dann deshalb, weil wir *oberflächlich* denken und urteilen, indem wir das oberflächliche Gerede von ›verschiedenen Möglichkeiten‹, von ›freier Entscheidung‹ und von ›Urheberschaft‹ beschwören. Wenn wir genauer und ehrlicher nachdenken, werden wir erkennen, daß das wirklich nur rhetorisches Blendwerk ist, und dann werden wir einsehen, daß es nicht den geringsten Grund gibt, irgend jemanden für irgend etwas zur Verantwortung zu ziehen.

Doch was wird dann aus der vorhin besprochenen Unterscheidung zwischen unfreiem Wollen und Tun, das die Verantwortung einschränkt oder gar ganz aufhebt, und freiem Wollen und Tun, das uneingeschränkte Verantwortung nach sich zieht? Raskolnikov wird nicht bestreiten, daß es den Unterschied zwischen behinderter und unbehinderter Einflußnahme des Überlegens auf den Willen gibt, und auch den Unterschied zwischen einem erzwungenen und einem ungezwungenen Willen wird er nicht leugnen. Es wäre töricht, wird er sagen, all diese Unterschiede einebnen zu wollen. Aber, wird er hinzufügen, es sind letztlich keine *bedeutsamen* Unterschiede, wenn es um Verantwortung geht. Den entscheidenden Punkt nämlich berühren sie gar nicht: die umfassende Tatsache, daß die Dinge beim Überlegen und bei der Willensbildung laufen, wie sie laufen, und daß sie nicht anders laufen *können*. In anderen Zusammenhängen mögen die fraglichen Unterscheidungen von Bedeutung sein. Für die Idee der Verantwortung sind sie bedeutungslos.

Hat Raskolnikov recht, so verwickeln wir uns jedesmal, wenn wir jemanden aufgrund seiner bedingten Freiheit zur Verantwortung ziehen, in einen glatten Widerspruch: Indem wir ihn verantwortlich machen, fassen wir ihn als jemanden auf, der auch anders gekonnt hätte, und weil wir seine Freiheit als bedingt auffassen, müssen wir gleichzeitig einräumen, daß er *nicht* anders gekonnt hätte. Hielten wir an der Idee der bedingten als der einzigen Freiheit fest, so müßten wir die Praxis des Verantwortlichmachens nicht nur aus Gründen der Fairneß, sondern auch aus Gründen der gedanklichen Stimmigkeit aufgeben. Mit dem Begriff der Verantwortung verlören auch all diejenigen Begriffe ihren Halt, die mit ihm verknüpft sind: die Begriffe der Forderung, der Verpflichtung, der Vorschrift und die Idee des Sollens insgesamt. Daß sie ihren Halt verlören, müßte nicht heißen, daß wir sie gänzlich aus unserem Begriffsrepertoire *entfernten*. Wir könnten, was die Leute tun, immer noch aus einer normativen Perspektive betrachten und im Lichte von Regeln des Sollens als richtig oder falsch beschreiben. Raskolnikovs Mord etwa könnten wir immer noch als Gesetzesbruch und als moralisch verwerflich einstufen. Wir brauchten die Sprache des Rechts und der Moral nicht zu *vergessen*, und wir würden nicht die Fähigkeit verlieren, sie zu *verstehen*. Auch könnten wir weiterhin versuchen, sie als *Mittel* einzusetzen, um andere und uns selbst zu *beeinflussen*. Dasjenige aber, was wir nun *nicht* mehr könnten, wäre dieses: die anderen zu *bestrafen*, weil sie nicht tun, was sie sollten. Die Praxis des Sanktionierens verlöre ihren Sinn. Denn mit der Beeinflussung durch rechtliche und moralische Vorschriften verhält es sich nicht anders als mit allem anderen auch: Ob sie gelingt oder nicht, hängt von der Vorgeschichte des Betreffenden ab, also von den vielen anderen Bedingungen, die seinen Willen zu dem machen, was er ist. Raskolnikov etwa, wenn man ihm das Ungesetzliche und Unmoralische seiner Tat vorhält, wird achselzuckend sagen: »Ich weiß, ich weiß, aber es ist mit mir nun einmal so gekommen, daß mich das nicht davon abhielt. Auch dafür kann ich nichts. Keiner kann darüber bestimmen, ob er moralisch denkt und handelt oder nicht.«

All das wären verheerende Konsequenzen, mögen Sie denken. Sie möchten gegen Raskolnikov einen Stich machen können. Nicht nur, weil Sie ihn hinter Gittern sehen möchten. Es gibt noch einen tieferen Grund: Sie möchten ihn und vor allem sich selbst nicht als ein ohnmächtiges Wesen sehen müssen, dem die Moral oder Unmoral zustößt wie eine Grippe. Sie möchten sich als ein Wesen sehen, das den moralischen Standpunkt *einnehmen* kann und das sich aus Freiheit für oder gegen seine Forderungen entscheiden kann. Sie möchten sich, mit anderen Worten, als eine *Person* sehen. Das können Sie auch. Aber es hat einen Preis, sagt unser Argument: Sie müssen an die unbedingte Freiheit des Willens glauben. Tun Sie das, dann bekommen Sie gegen Raskolnikov Oberwasser, denn nun können Sie zu ihm sagen: »In dem Moment, bevor Sie die Axt hoben, konnten Sie *zwei* Dinge wollen: sie zu heben *oder* sie nicht zu heben. Nichts, was vorher mit Ihnen und in Ihnen geschah, legte fest, welches von beidem es sein würde. Sie waren *frei*, das eine oder das andere zu tun. Demnach *konnten* Sie sich entscheiden, dem Gebot des Gesetzes und der Moral zu folgen und den Mord zu unterlassen. Und deshalb, genau deshalb, sperren wir Sie jetzt ein.«

Jetzt können wir auch diesem Argument seine endgültige Form geben: Verantwortlich zu sein gehört zur Idee des Personseins. Dann aber gehört zu dieser Idee auch, daß Personen in ihrem Willen unbedingt frei sind, denn die bloß bedingte Freiheit höhlt die Idee der Verantwortung aus. Und daher gilt: Wenn sich jemand als Person verstehen will, muß er sich in seinem Willen für unbedingt frei halten. Wir verstehen uns als Personen. Also müssen wir uns in unserem Willen für unbedingt frei halten.

Die Tatsache, daß wir die anderen im Lichte von Vorschriften, Forderungen und Verpflichtungen betrachten, prägt die
Art unserer *Beziehung* zu ihnen. Beziehungen zwischen Personen sind so, wie sie sind, kraft der *Erwartungen*, welche die
Beteiligten einander entgegenbringen. Je komplexer und vielfältiger diese Erwartungen sind, desto reicher und dichter sind
die erlebten Beziehungen. Werden die Erwartungen immer
weniger und immer einfacher, so verarmt die Beziehung; denkt
man sich aus einer Beziehung alle Erwartungen weg, so bleiben am Ende nur noch die Positionen im Raum übrig, welche die Personen zueinander einnehmen.

Es werden also bestimmte Erwartungen sein, die wir jemandem entgegenbringen, wenn wir ihn – sein Wollen und
Tun – vom moralischen Standpunkt aus betrachten. Wir werden nicht nur *abwarten*, was er tut, sondern *von ihm erwarten*,
daß er etwas Bestimmtes tut, nämlich dasjenige, was er tun
sollte. Solche Erwartungen sind nicht nur gedankliche Gebilde; sie sind aufs engste verknüpft mit bestimmten *Empfindungen*. Das zeigt sich, wenn die Erwartungen enttäuscht
werden, wie bei Raskolnikov, der unsere moralischen Erwartungen enttäuscht. Wir werfen ihm den Mord nicht nur vor
in dem Sinn, daß wir ihn im Lichte von moralischen Regeln
verurteilen. Wir empfinden *Empörung, Entrüstung* und *Abscheu* seiner Tat gegenüber. Oder denken wir zurück an die Begegnung zwischen unserem Emigranten und seinem Freund
auf dem Bahnsteig. Der Freund hätte vom Emigranten erwartet, daß er bliebe und der Sache des Widerstands diente.
Als diese Erwartung enttäuscht wurde, war er nicht nur ärgerlich in dem Sinn, in dem man ärgerlich ist, wenn ein Zug
Verspätung hat. Er *nahm* es dem Emigranten *übel*, daß er sein

Land und die kämpfenden Kameraden im Stich ließ. Was er empfand, war *Groll*.

Moralische Erwartungen haben wir nicht nur anderen, sondern auch uns selbst gegenüber, und auch diese Erwartungen sind mit typischen Empfindungen verknüpft, wenn sie enttäuscht werden. Wir werden von *Reue, Scham* und einem *schlechten Gewissen* geplagt, wenn wir etwas gewollt und getan haben, das unserem Urteil nach nicht in Ordnung war. Wir nehmen uns die Tat übel und machen uns Vorwürfe.

Moralische Empfindungen stellen sich nicht nur ein, wenn unsere Erwartungen enttäuscht werden. Auch wenn sie von den anderen oder uns selbst *erfüllt* werden, reagieren wir mit typischen Empfindungen. Wenn wir lesen, daß sich Raskolnikov schließlich stellt, verändert sich unser Empfinden ihm gegenüber, auch wenn die neue Empfindung schwer zu benennen ist. Jemandem, der sich trotz gegenteiliger Wünsche eine moralische Handlung abringt, bringen wir besonderen *Respekt*, eine besondere Art der *Achtung* und vielleicht sogar *Bewunderung* entgegen. Und wenn wir selbst der Betreffende sind, empfinden wir *Stolz*.

Wie wir empfinden, ist nicht unabhängig davon, was wir glauben. So ist es auch bei moralischen Empfindungen. Wenn wir anderen und uns selbst solche Empfindungen entgegenbringen, so beruht das auf einer bestimmten Voraussetzung. Es ist – das wird niemanden überraschen – dieselbe Voraussetzung, die wir machen, wenn wir Verantwortung zuschreiben: daß der Betreffende aus Freiheit handelte in dem Sinn, daß er die moralischen Regeln kannte, die Wahl hatte und sich zu seiner Tat entschied. Auch diesen Zusammenhang kann man sich durch einen Rückblick auf Formen der Unfreiheit verdeutlichen.

Kehren wir auf den Corso zurück, wo Sie, das Musterbeispiel eines Getriebenen, Ihr Unwesen treiben, selbstvergessen, ohne das Gegenteil zu kennen, gefangengenommen von allem, was Ihnen gerade begegnet. Wieder schauen wir, meine Freundin Vera und ich, Ihnen zu, fasziniert von soviel Distanzlosigkeit. Früher hatte ich mich über die unverschämte Art aufgeregt, in der Sie den Bettler betrachteten, und ich fand es die Höhe, daß Sie das Geld wieder aus dem Hut nahmen. »Reg dich nicht auf«, hatte Vera gesagt, »er kann nicht anders.« Jetzt, ein Stück weiter auf dem Corso, sehen Sie einen Hund. Mit Wucht treten Sie ihm auf den Schwanz. Er jault laut auf. Ihr Fuß bleibt auf dem Schwanz, das Jaulen geht einem durch Mark und Bein. Empört bleiben die Leute stehen, und jemand zieht Sie schließlich von dem Hund weg.

»Er ist ein Scheusal«, sage ich wutentbrannt.

»Irgendwie schon«, sagt Vera, »aber denk dran: Er kann nichts dafür, es passiert ihm einfach.«

»Aber das kann man doch nicht zulassen«, sage ich, immer noch kochend vor Wut.

»Natürlich nicht«, sagt Vera, »man muß ihn an solchen Dingen *hindern*. Aber *empört* sein sollte man nicht.«

»Warum nicht?« frage ich trotzig.

»Weil er nicht weiß, daß man bestimmte Dinge nicht tun *darf*.«

»Du meinst, er kennt das *Wort* nicht?«

»Kennen wird er es schon, er hat es sicher oft gehört, wie wir alle; aber er versteht die *Idee* dahinter nicht, weil ihm jeglicher kritische Abstand zu sich selbst fehlt.«

»Aber irgend jemand muß ihn doch *erzogen* haben!«

»Sie werden es versucht haben«, sagt Vera, »aber es war hoffnungslos.«

»Und wenn man ihn bestraft hat?«

»Nun, es wird ihm weh getan haben. Aber er konnte es nicht als *Strafe* verstehen, es kam ihm einfach als ein *Übel* vor, das ihm die anderen ohne Grund zufügten, mehr nicht.«

»Du meinst also, ich sollte ihm nicht übelnehmen, daß er

dem Hund weh tat? So wie man einem Vulkan nicht übelnehmen kann, daß er ausbricht?«

»Genau so. Und sieh mich nicht an, als sei ich ein Monster. Ich kann's ja auch nicht. Aber es ist die einzig *richtige* Einstellung.«

Einem Getriebenen kann man nichts übelnehmen, und sei es eine noch so schreckliche, abstoßende Tat. So, wie wir sind, werden wir nicht verhindern können, daß wir auch ihm gegenüber Empörung, Entrüstung und Abscheu empfinden. Aber wenn wir uns klarmachen, daß der Getriebene keine Freiheit der Entscheidung besitzt und nicht einmal weiß, was das sein könnte, so werden wir einsehen, daß wir mit solchen Empfindungen einen *Fehler* machen: Wir setzen etwas voraus, das nicht stimmt. Wir werden, wenn wir das eingesehen haben, den Getriebenen nicht einfach laufenlassen, und natürlich werden wir, was er getan hat, weiterhin nicht gutheißen oder gar mögen. Wir werden ihn einsperren oder sonstwie an weiteren Taten hindern. Aber wir werden versuchen, ihm nicht weiter zu *grollen*.

Würden Sie erfahren, daß Ihnen jemand etwas angetan hat, weil er unter dem Diktat einer Hypnose stand, so würde Ihr anfänglicher Groll verblassen. Aus dem Groll könnte Mitleid werden, Mitleid für ein Opfer. Ähnlich würde es Ihnen ergehen, wenn Sie erführen, daß die Tat aus Hörigkeit und blinder Gefolgschaft heraus begangen wurde. Ihr Sinneswandel würde jetzt länger dauern, denn diese Unfreiheit ist schwerer zu entdecken. Auch würden Sie dem Täter zunächst vorwerfen, daß er sich nicht genügend angestrengt hat, seine Unfreiheit abzuschütteln. Wenn Sie dann aber einsähen, daß er das einfach nicht *konnte*, so würde der Groll auch hier einer Empfindung Platz machen, wie wir sie einem Opfer gegenüber hegen. Noch länger würde es bei einem gedanklichen Mitläufer dauern, denn es fällt schwer, eine unauffällige Gehirnwäsche zu erkennen und jemandem Gedanken nicht übelzunehmen, die ihm in keiner sichtbaren Weise aufgezwungen worden sind. Leichter fällt der Wechsel in der Einstellung, wenn der Wille hinter der Tat als zwanghaft, also starr und unbelehrbar zu erkennen ist. Zwar wird Ihr Groll zunächst überwältigend sein, wenn Ihr Mann im Casino Haus und Hof verspielt hat. Wenn Ihnen dann aber klar wird, wie sehr er darunter leidet, daß er der ohnmächtige Spielball eines ihm fremden Willens ist, werden Sie ihn wie einen Kranken zu sehen beginnen, und dann wird sich der Groll auch hier in Mitleid verwandeln. Schwierig bleiben würde die Einstellung einem Unbeherrschten gegenüber. Daß es in einem Anfall von Jähzorn geschah, daß man Sie zum Krüppel geschlagen hat, würde den Groll nie ganz besänftigen können. Sie würden es dem Betreffenden vorwerfen, daß er sich nicht besser unter Kontrolle hatte. Trotzdem wäre Ihre Empfindung eine andere als einem gegenüber, der Sie bei klarem Verstand und aus Heimtücke angegriffen hätte. Leichter schließlich ist es für das Empfinden, wenn die Tat unter äußerem Zwang, also aus einem erzwungenen Willen heraus verübt worden ist. Auch wenn es eine Katastrophe ist, daß Ihr Mann die gesamten Ersparnisse herausrückte, als man ihm die Pistole vorhielt: Vorwerfen werden Sie es ihm nicht. Es ist viel weniger ein Problem, als wenn er die Ersparnisse am Roulettetisch verspielt hätte.

Jede Einschränkung von Freiheit, die wir bei den anderen erkennen, hat Folgen für unser moralisches Empfinden. Das bestätigt – wie früher bei der Verantwortung –, daß der Kern dieses Empfindens an der Frage hängt, ob der Täter aus Freiheit handelte: ob er die Regeln kannte, die Wahl hatte und sich zu seiner Tat entschied. Gerät die Voraussetzung der Freiheit ins Wanken, bröckeln auch Empörung, Entrüstung und Groll. Sie machen einer Einstellung Platz, aus der heraus wir die anderen nicht mehr als Schuldige sehen, sondern als Menschen, denen mit dem Verlust der Freiheit etwas Schreckliches zugestoßen ist. Sie gelten uns jetzt als Beschädigte, die man, statt sie zu verfluchen, bedauern sollte. Doch dieser Wechsel in unserer Einstellung ihnen gegenüber hat seinen Preis: Wir *nehmen* sie jetzt in gewissem Sinne nicht mehr *ernst*. Nicht in dem Sinne, daß wir sie nicht mehr respektvoll behandelten. Im Gegenteil: Es gibt eine Art von Achtung und Respekt, die man nur Menschen entgegenbringt, die unter einer Beschädigung ihrer Freiheit leiden, und sei es auch nur unter der Versklavung durch einen Erpresser. Aber die ganze Art der *Begegnung* mit ihnen ist eine andere als bei Freien. Indem man ihnen nicht mehr fordernd und verurteilend entgegentritt, nimmt man einen *Abstand* zu ihnen ein, der die gewöhnliche Verschränkung der Gefühle zwischen Freien unmöglich macht. Man kann ihnen immer noch mit Ablehnung oder Zuneigung begegnen, man kann sie fürchten oder sich freuen, wenn man sie sieht; aber diese Empfindungen haben jetzt eine andere Tönung als Freien gegenüber, denn es fehlt etwas: die Wechselseitigkeit und Symmetrie der Erwartungen, wie sie in einer Begegnung zwischen freien Personen besteht.

Wenn Raskolnikov sich früher dagegen wehrte, daß wir ihn zur Verantwortung ziehen, so wird er sich jetzt dagegen wehren, daß wir ihm Empörung und moralischen Abscheu entgegenbringen. Und er wird sich mit genau dem gleichen Argument wehren: Es stand ihm nicht frei zu überlegen, wie er überlegte, zu wollen, was er wollte, und zu tun, was er tat, denn alles hatte eine Vorgeschichte von Bedingungen, über die er nicht die geringste Macht besaß. Daß er die Freiheit der Entscheidung hatte, wird er sagen, macht, wenn man die Sache zu Ende denkt, keinen Unterschied, handelt es sich doch nur um bedingte Freiheit und also um etwas, das seinerseits unverfügbaren Bedingungen unterliegt. Warum also Empörung? Es ist, wird er sagen, unfair und unvernünftig, ihm solche Empfindungen entgegenzubringen. Und dann wird er zum

Gegenangriff übergehen. »Denkt doch an euch selbst«, wird er sagen: »Wieviel unnötige Selbstvorwürfe macht ihr euch, die ihr darauf besteht, das richtige Leben zu leben! Wieviel unvernünftige Reue gibt es da, und wieviel unnötiges schlechtes Gewissen! Es ist doch bei euch nicht anders als bei mir: Auch ihr könnt nichts für eure Überlegungen, euren Willen und eure Taten! Warum also quält ihr euch derart! Was ist das für eine unsinnige Tortur! Merkt ihr denn nicht, was für ein Kerker die vielgepriesenen moralischen Empfindungen sind? Warum reißt ihr die Mauern dieses Kerkers nicht nieder und tretet in die *Freiheit* hinaus? Das ist doch überhaupt nicht schwer. Ihr müßt nur einmal nachdenken, *genau* darüber nachdenken, was es bedeutet, daß alles, wirklich alles, *bedingt* ist!«

Tun wir es! Nehmen Sie an, Sie haben sich nachts angetrunken ans Steuer gesetzt und haben auf einer verlassenen Waldstrecke ein Kind überfahren. Sie kamen aus einer Kurve, und da war es plötzlich, mitten auf der Straße. Der dumpfe Aufprall war entsetzlich, Sie werden ihn Ihr Leben lang nicht vergessen, und auch nicht den kleinen Körper, der weggeschleudert wurde. Sie hielten mit quietschenden Reifen, es war ein Reflex. Doch Sie stiegen nicht aus. Plötzlich nüchtern und hellwach, sahen Sie sich im Gefängnis. Sie fuhren weiter, stundenlang, Sie konnten jetzt nicht ohne das Gefühl der Bewegung sein. Am nächsten Tag lesen Sie in der Zeitung, daß das Kind noch lebte, als man es fand. Es könnte noch am Leben sein, wenn Sie angehalten und einen Krankenwagen gerufen hätten. Die Empfindung der Schuld ist überwältigend, wochenlang sind Sie wie gelähmt und werden schließlich krank. Verzweifelt suchen Sie nach einem Gedanken, der Linderung bringen könnte. Ich trinke doch sonst nicht, sagen Sie sich, aber es hätte an jenem Abend komisch ausgesehen, wo der Chef doch eine Runde nach der anderen ausgab. Man konnte doch von mir nicht erwarten, daß ich mich als Abstinenzler blamierte. Daß ich zu schnell gefahren bin: Ich wollte schnell nach Hause, der nächste Tag würde anstrengend werden. Im Grunde also alles verständlich und entschuldbar. Und daß ich nicht angehalten habe: Die Vorstellung, ins Gefängnis zu müssen, überfiel mich mit solcher Wucht, daß ich wirklich nur noch das eine tun konnte: fliehen. Natürlich wußte ich, daß ich mich um das Kind hätte kümmern sollen. Aber dieser Gedanke kam einfach nicht gegen die Vorstellung vom Gefängnis an. Mein Wunsch zu fliehen war übermächtig, *ich konnte nicht verhindern*, daß er sich durchsetzte. Warum also sollte ich mir Vorwürfe machen, warum Schuld und Reue empfinden, wo ich doch gar nicht anders konnte? Ein *anderer* an meiner Stelle hätte es vielleicht gekonnt, sein Gewissen hätte die Angst vielleicht besiegt. Aber das geht mich nichts an. *Ich*, dieser *bestimmte* Mensch in diesem *bestimmten* Augenblick, konnte nicht anders, und deshalb ist eigentlich nicht einzusehen, warum ich mich quäle.

Ist das nur feige Selbstbeschwichtigung, oder ist es eine Einsicht, die Sie befreien sollte, wenn Sie, statt sich von archaischen oder vielleicht nur konventionellen Empfindungen überfluten zu lassen, der Vernunft vertrauten? Raskolnikov würde für das zweite plädieren. Und er würde uns an den Emigranten erinnern, der ebenfalls flieht, weil er das innere Bild vom Viehwagen nicht ertragen kann, in den man Frau und Kinder pferchen würde, um sie ins Lager zu fahren. Zweimal ein übermächtiges inneres Bild, zweimal Flucht. Doch unsere Empfindungen unterscheiden sich, und der Unterschied könnte nicht größer sein. Aber warum eigentlich? Gut, der Emigrant schadete niemandem, er rettete vielmehr Leben, während Sie ein Kind sterben ließen. Die *Konsequenzen* also sind klar verschieden. Auch die *Motive* sind es: Sie wollten einer drohenden Strafe entgehen, der Emigrant wollte seine Familie und sich selbst retten. Es ist also überhaupt keine Frage, daß die beiden Fälle, moralisch betrachtet, himmelweit auseinanderliegen. Aber das ist, würde Raskolnikov sagen, eine *oberflächliche* Betrachtungsweise. In der Tiefe nämlich gleichen sie sich aufs Haar: Weder Sie noch der Emigrant *konnten etwas dafür*, daß die Dinge im Inneren liefen, wie sie liefen. Sie konnten nichts dafür, daß Sie selbstsüchtig dachten und handelten, und genausowenig konnte der Emigrant etwas für seine edlen Motive. Das folgt, wenn man nur konsequent und ehrlich genug denkt, aus der Tatsache, daß die Freiheit, die Sie und der Emigrant besitzen, nur eine bedingte Freiheit ist. Warum also sollten Sie mit sich hadern?

Es wäre sonderbar, in einer Gemeinschaft zu leben, die sich aller moralischen Empfindungen entledigt hätte. Es müßte keine hartherzige Gemeinschaft sein. Daß Glück besser ist als Leid, könnte auch in ihr gelten. Auch würden moralisch gute von schlechten Handlungen unterschieden, und es fände der Versuch einer moralischen Erziehung im einfachen Sinne der Beeinflußung des Verhaltens statt, damit es insgesamt angenehm wäre, in dieser Gemeinschaft zu leben. Sonst aber herrschte eine betont kühle Atmosphäre. Wir, die Mitglieder der Gemeinschaft, würden uns sehr distanziert begegnen. Wir würden einander nichts übelnehmen, brächten uns aber auch keine besondere Wertschätzung für moralisch bemerkenswerte Taten entgegen. Es ist, wie es ist, wäre unsere Losung, die Leute können nur, was sie können. Lob und Bewunderung wären unbekannt, denn es stünde uns in jedem Augenblick deutlich vor Augen, daß niemand anders kann, weder im guten noch im schlechten. Begegneten wir jemandem, der uns hilft, so freuten wir uns über die Hilfe, sähen aber keinen Grund für die Empfindung der Dankbarkeit. Verbrechern und moralischen Scheusalen würden wir auszuweichen versuchen wie Meteoriten und Wirbelstürmen. Und würden wir dennoch zu ihren Opfern, so wären unsere Empfindungen nicht anders, als wenn uns eine Lawine erwischte. Gebrochene Versprechen, mißbrauchtes Vertrauen, Lug und Trug: All das würden wir mit stoischem Gleichmut hinnehmen wie das

Wetter. Und auch uns selbst gegenüber wären wir von gespenstischer Kühle. Es wäre nicht so, daß wir kein Gewissen hätten in dem Sinn, daß wir keine Dinge täten, weil wir sie für geboten hielten, und keine unterließen, weil wir sie als verboten betrachteten. Wir könnten außerordentlich pflichtbewußt, ja moralisch penibel sein. Was wir jedoch nicht kennten, wären Gewissensbisse, Reue und Scham vergangenem Tun gegenüber. Es war, wie es war, würden wir uns sagen. Wir könnten es bedauern in dem Sinn, daß wir wünschten, anders gehandelt zu haben. Aber es käme uns nicht in den Sinn, uns deswegen zu grämen. Und aus demselben Grund wäre uns jede Art von moralischer Selbstzufriedenheit gänzlich fremd.

Könnten wir in dieser Weise auf moralische Empfindungen verzichten?, mögen Sie sich fragen. Das ist nicht die richtige Frage, würde Raskolnikov sagen. Schließlich gibt es tiefsitzende Unfähigkeiten und unausrottbare Irrtümer. Die richtige Frage ist: *Sollten* wir mit der moralischen Empfindlichkeit aufhören? Wäre es *richtig* – richtig im Sinne der Einsicht und gedanklichen Stimmigkeit? Und wenn Sie das nicht finden: Wo ist Ihr Argument? Ich habe es jetzt nicht parat, werden Sie vielleicht denken, aber es *muß* eines geben. Denn es macht uns als Personen doch gerade aus, daß wir in unseren Erwartungen und Gefühlen so miteinander verwoben sind, wie die moralischen Empfindungen das erkennen lassen. Das macht die typische *Nähe* aus, in der Personen zueinander stehen, und sei es auch nur die Nähe der Entrüstung. Ohne die Fähigkeit zu dieser Nähe hörten wir auf, Personen zu sein, und würden zu Zombies, wenn auch zu solchen, die in anderen Hinsichten empfindsam blieben. So ist es, lautet unser gegenwärtiger Gedankengang, und genau deshalb müssen Sie an den unbedingt freien Willen glauben. Dann nämlich ergeben die moralischen Empfindungen mit einem Schlag wieder Sinn, und Sie können zu Raskolnikov sagen: »Es ist, weil Sie, dieser bestimmte Mensch in jenem bestimmten Moment, den Mord auch hätten *lassen* können, daß wir uns über Ihre Tat empören. Und es ist deswegen, genau deswegen, daß Sie bis ans Lebensende Reue empfinden sollten.«

Und so lautet dieses Argument denn: Moralisch empfinden zu können gehört zur Idee des Personseins. Dann aber gehört zu dieser Idee auch, daß Personen in ihrem Willen unbedingt frei sind, denn die bloß bedingte Freiheit entzieht den moralischen Empfindungen den Boden. Und daher gilt: Wenn sich jemand als Person verstehen will, muß er sich in seinem Willen für unbedingt frei halten. Wir verstehen uns als Personen. Also müssen wir uns in unserem Willen für unbedingt frei halten.

Einfach wollen – einfach tun

Die Überlegungen, die wir bis hierher betrachtet haben, versuchen zu beweisen, daß wir durch unser Verständnis von uns selbst als Personen dazu gezwungen werden, an eine Freiheit des Willens im Sinne seiner Unbedingtheit zu glauben. Wir, sofern wir Personen sind, haben die Fähigkeit, ohne Vorbedingungen etwas Neues anzustoßen. Der freie Wille, der uns in Bewegung setzt, wird seinerseits von nichts bewegt und ist also ein unbewegter Beweger. Diesen Gedanken kann man nun noch auf eine andere Art zu stützen versuchen. Man kann auf vertraute Aspekte unserer intuitiven Freiheitserfahrung hinweisen, um dann zu sagen: Hier seht ihr es: Wir brauchen an den unbedingt freien Willen nicht nur zu *glauben*, wir *erleben* ihn!

Raskolnikov, wenn er zum Schlag mit der Axt ausholt, erlebt es nicht so, daß seine Bewegung der Endpunkt einer Kette von inneren Episoden ist, von denen sie als ihren Bedingungen abhängt. Er hat nicht den Eindruck, mit seiner

Bewegung eine viel früher angelaufene Folge von Episoden abzuschließen. Deshalb hat er auch nicht den Eindruck, daß die Bewegung nur eine weitere Episode unter anderen ist. Er erlebt sie als eine Handlung, deren Urheber er ist, und dazu gehört, daß er sie als etwas *Neues* erlebt – als etwas, das nicht nur fortschreibt, was ohnehin schon im Gange war. Er und nur er bestimmt darüber, ob dieses Neue eintritt oder nicht. Er spürt keine Lawine von Vorbedingungen hinter sich, die ihn dazu nötigt, zum Schlag auszuholen. Wenn er die Axt hebt, so hat er das Gefühl, es *spontan* zu tun, und zu dieser Spontaneität gehört das Gefühl, daß er es genausogut auch lassen könnte.

Ganz richtig ist diese Beschreibung noch nicht. Es gibt eine Bedingtheit, die Raskolnikov sehr wohl spürt: die Bedingtheit seiner Bewegung durch seinen Willen. Er hat den Eindruck, die Axt zu heben, weil und nur weil er es so will. Das ist die Voraussetzung dafür, daß er die Bewegung als ein Tun erlebt. Das Erlebnis, daß seine Bewegung spontan und etwas Neues ist, ist also eigentlich das Erlebnis, daß er aus einem spontanen Willen heraus handelt, der den Anfang von etwas Neuem bedeutet.

Die erlebte Spontaneität des Wollens und Tuns ist die eine wichtige Quelle für den Gedanken, daß die Freiheit im Sinne der Unbedingtheit nicht nur ein abstraktes Postulat ist, sondern etwas, das wir erleben und das den Rang einer intuitiven Gewißheit besitzt. Der Gedanke läßt sich weiterentwickeln, wenn wir uns nun daran erinnern, daß Raskolnikov sich nicht plötzlich und ganz zufällig mit der Axt vor der Pfandleiherin findet, daß er vielmehr dort ist und zum Schlag ausholen kann, weil er zuvor auf bestimmte Weise überlegt hat. Es sind bestimmte Gründe oder Motive, die ihn dahin gebracht haben. Wie paßt das zu der Spontaneität seines Willens und seiner Tat? Raskolnikov hat ja nicht einfach *vergessen*, möchte man sagen, warum er nun dort steht, und er erlebt es nicht so, daß seine Tat *nichts* mit seinen Motiven zu tun hat. Allgemein gesprochen: Es ist doch nicht so, daß wir unser Überlegen und unsere Gründe als etwas erleben, das überhaupt keine bindende Kraft hat. Doch wie verhält sich diese bindende Kraft dann zur Spontaneität? Die Antwort, wie man sie im Rahmen des momentanen Gedankengangs geben müßte, lautet: Das Überlegen ist diejenige Aktivität, durch die wir aus einer Unzahl von Möglichkeiten des Wollen und Tuns einige wenige auswählen, die am Ende zur Entscheidung anstehen. Das Überlegen bewirkt also durchaus etwas: Es bereitet eine überschaubare Wahl vor und verhindert, daß es vollkommen willkürlich ist, was wir wollen und tun. Am Ende jedoch gibt es einen letzten Spielraum, innerhalb dessen sich unsere Freiheit in Form der Spontaneität manifestiert. Dieser letzte Spielraum ist entscheidend für die Freiheit, denn er stellt sicher, *daß wir nicht einmal durch unsere Gründe und Motive gezwungen werden, etwas zu tun.* Raskolnikovs Motive haben ihn in die Wohnung der Alten geführt und haben damit eine ganz bestimmte, begrenzte Wahl vorbereitet: zuzuschlagen oder der Alten gegenüber etwas anderes zu tun oder umzukehren und wegzugehen. Der Rest war pure, ungebundene, unbedingte Spontaneität. Als er schließlich zuschlug, wollte und tat er es ganz ohne Bindung: *einfach so.*

Erinnern wir uns an das früher besprochene Argument, dem zufolge es einen Verlust der Freiheit bedeuten würde, wenn unser Überlegen unseren Willen eindeutig und unabänderlich festlegte. Der jetzige Gedankengang kommt auf diesen Punkt zurück und besagt: So *ist* es ja auch nicht, und wir *erleben*, daß es nicht so ist. Und entsprechend werden die Beispiele nun neu beschrieben. Unser Emigrant, so hatten wir angenommen, sah den Viehwagen mit Frau und Kindern vor sich, und auf unsere Nachfragen hin gab er später an, daß er angesichts dieser Vorstellung nicht anders gekonnt hatte, als zu fliehen. Dann, sagt unser Gedankengang, war seine Erfahrung nicht die Erfahrung der Freiheit. Wäre sie es gewesen, so hätte es bis zum Schluß einen erlebbaren Spielraum für ihn gegeben, und seine Freiheit hätte darin bestanden, innerhalb dieses Spielraums eine spontane Handlung zu vollziehen. Er hätte schließlich alles Überlegen und Vorstellen hinter sich gelassen, hätte sich einen Ruck gegeben und wäre eingestiegen – *oder auch nicht*. Ist es nicht genau *das*, was das Erlebnis der Freiheit ausmacht?

Betrachten wir noch einmal die Situation, in der Sie sich nach der Fahrerflucht befinden. Sie haben soeben gebremst und stehen mit laufendem Motor auf der verlassenen Waldstrecke, das angefahrene Kind hinter sich. In der ursprünglichen Geschichte überfällt Sie die Vorstellung vom Gefängnis, die Vorstellung ist übermächtig und setzt Sie sofort wieder in Bewegung. Wenn es Ihnen so geht, sagt unser Gedankengang, erleben Sie sich nicht als einer, der in seinem Wollen und Tun frei ist. Die Erfahrung der Freiheit wäre eine ganz andere: Sie könnten Ihren Wunsch, nicht ins Gefängnis zu müssen, gegen das offensichtliche moralische Gebot abwägen, und am Ende würden Sie, ohne sich von dem einen oder anderen abhängig und unter Druck gesetzt zu fühlen, spontan das eine *oder* das andere tun. In der Nacht gelingt Ihnen diese Erfahrung nicht, dazu ist die Angst zu groß. Nehmen wir deshalb an, daß Sie am nächsten Tag zur Polizeistation fahren. Sie bleiben hinter dem Steuer sitzen und denken ein letztes Mal über das Für und Wider nach. Jetzt ist Ihr Kopf klar, und die Angst ist nicht mehr so unkontrollierbar wie in der Nacht. Irgendwann spüren Sie, daß sich Ihre Gedanken im Kreis drehen. Sie schieben sie alle von sich, geben sich einen Ruck und betreten die Station. Oder fahren zurück. Ihre Freiheitserfahrung, so sagt uns dieser Gedanke, ist genau das: nach allem Überlegen *immer noch* beides zu können.

Diese Beschreibung unseres Freiheitserlebens kann sich

schließlich noch auf ein weiteres Phänomen berufen, das wir alle kennen: die Auflösung und das Verschwinden einer Unfreiheit in unserem Willen. Wir können aus dem Bann einer Hypnose aufwachen und zu unserem eigentlichen Willen zurückkehren. Wir können eine Hörigkeit abschütteln und endlich tun, was wir selbst wollen. Wir können eine Gehirnwäsche hinter uns lassen und selbständig zu denken und zu wollen beginnen. Wir können einen inneren Zwang brechen und nun aus einem Willen heraus handeln, der uns nicht mehr fremd ist. Und es kann uns gelingen, einen erzwungenen Willen loszuwerden. In all diesen Fällen, könnte man sagen, löst sich eine Erfahrung der Bedingtheit auf und macht der Erfahrung der Spontaneität im Wollen Platz. Wenn wir vorher immer den Eindruck hatten, daß der Wille von etwas *abhing* und durch diese Abhängigkeit in seiner Freiheit beschnitten wurde, so zeigt sich die wiedergewonnene Freiheit daran, daß wir jetzt ohne erlebte Abhängigkeit und ohne das Erlebnis der Beschränkung etwas ganz spontan wollen können: einfach so. Der frei gewordene Spieler etwa kann nun, statt ins Casino zu müssen, tausend andere Dinge wollen, und so ist es auch mit dem Bankkassierer im Urlaub, wo man ihm keinen Willen aufzwingt. Das sind – wer wollte das bestreiten – *befreiende* Erfahrungen. Und sind sie nicht ein schlüssiger Beleg, ja ein Beweis dafür, daß wir die Erfahrung eines unbedingt freien Willens machen können?

Der innere Fluchtpunkt

Es gibt noch eine andere Quelle für den Gedanken, daß wir die Idee des unbedingt freien Willens direkt an der Erfahrung ablesen können. Es ist die Fähigkeit von Personen, einen inneren Abstand zu sich selbst – zu den eigenen Gedanken und

Wünschen – aufbauen zu können. Ich habe von diesem Abstand gesprochen, als es um die bedingte Freiheit der Entscheidung ging, und wir haben gesehen, daß er auch für viele Erfahrungen der Unfreiheit Voraussetzung ist. Doch man kann in der Fähigkeit, einen Schritt hinter sich selbst zurückzutreten, auch noch etwas anderes sehen: die Möglichkeit, sich von aller inneren Bedingtheit frei zu machen und im Wollen und Tun einen neuen Anfang zu setzen.

Statt mich meinen Wünschen einfach zu überlassen, kann ich innehalten und sie zum Thema machen. Ich kann sie bewerten und mich fragen, ob ich möchte, daß sie über mein Tun bestimmen. In dem Moment, in dem ich das tue, habe ich den Eindruck, mich ihrem Diktat zu entziehen. Beginnen werde ich damit, daß ich mich von *einzelnen* Wünschen distanziere und damit die Unmittelbarkeit ihres Wirkens unterbreche. Das ist *jedem* Wunsch gegenüber möglich; es gibt keine Wünsche, die mir ihrer Natur nach einen kritischen Abstand verwehrten. Und so mache ich schließlich die Erfahrung, daß ich hinter *alle* Wünsche zurücktreten kann, und das – so dieser neue Gedanke – ist die Erfahrung unbedingter Freiheit. Sie besteht nicht nur gegenüber meinen Wünschen. Ich kann mich auch von meinen Überlegungen distanzieren, zunächst von einzelnen, schließlich von allen. Auf diese Weise mache ich am Ende die Erfahrung, daß ich *keinem* inneren Geschehen unterworfen bin und daß meine Motive kein inneres Joch darstellen, dem ich nicht entschlüpfen könnte. Wenn ich der Emigrant bin, der am Bahnhof auf den Zug wartet, so bin ich frei in dem emphatischen Sinne, daß ich mich, wenn ich es will, über die Gesamtheit meiner Motive erhebe und aus unbedingter Freiheit heraus wählen kann, welchem der widerstreitenden Motive ich am Ende folge. Ich habe nicht nur, wie bei der bedingten Freiheit, Macht über meinen Willen in dem Sinn, daß ich ihn überlegend forme. Darüber hinaus habe ich die Macht, mich diesem Prozeß des Entscheidens zu überlassen oder zu entziehen. Es ist diese Macht, welche die wahre Freiheit darstellt, und sie offenbart sich in der Erfahrung des inneren Abstands zu allem, was in mir geschieht.

Weil es Freiheit im Sinne dieses inneren Fluchtpunkts gibt, müssen wir nicht die Gefangenen unserer Vergangenheit bleiben. Wir müssen uns nicht vom Gewicht unseres vergangenen Wollens und Tuns erdrücken lassen und müssen unseren bisherigen Charakter nicht als etwas Unabänderliches hinnehmen, das uns für alle Zukunft unverrückbare Grenzen setzt. Es wäre schrecklich, wenn es anders wäre, und das Schreckliche bestünde im Bewußtsein, keine Freiheit zu besitzen, die ihren Namen verdiente. Doch wir *haben* die Fähigkeit, uns von uns selbst distanzieren zu können, und es ist diese Fähigkeit, die unserer Zukunft echte Offenheit verleiht und die Gegenwart zu einer Dimension macht, in der wir, wenn wir wollen, einen Neuanfang machen können. Es wäre töricht, diese Fähigkeit zu leugnen, und wer ihre Reichweite auf die bedingte Freiheit einschränkt, wie ich das bisher getan habe, macht sich der Blindheit dem Phänomen gegenüber schuldig.

Was nun?

Zu Beginn dieses Kapitels, als ich die Idee des unbedingt freien Willens einführte, habe ich darauf aufmerksam gemacht, daß es schwer ist, etwas über sie zu erfahren, das über negative Auskünfte und über die Metapher vom unbewegten Beweger hinausgeht. Die Hoffnung war dann, dadurch zu einem besseren Verständnis zu gelangen, daß man den Überlegungen nachspürt, die zu der Idee führen. Das Ergebnis mutet sonderbar an: Auf der einen Seite ist sichtbar geworden, daß es sich bei der Idee nicht um etwas handelt, das bloß einer philosophischen Laune entspringt. Die Idee hat mächtige und, wie es scheint, unverbildete Intuitionen hinter sich, die man in die Form klarer Argumente gießen kann. Auf der anderen Seite wird auch durch diese vielfältigen Argumente nicht wirklich deutlich, was das sein soll: ein Wille, der in den Lauf der Welt einzugreifen vermag, ohne ihm selbst unterworfen zu sein. Um einen Schritt voranzukommen, muß man sich in diesem Stadium der Geschichte zwei Fragen stellen. Erstens: Wie wäre es, einen unbedingt freien Willen zu haben? Wäre es wirklich eine Erfahrung von Freiheit? Und zweitens: Ist die Idee stimmig und also eine gehaltvolle Idee? Oder ist sie nur eine Chimäre, eine rhetorische Fata Morgana, die sich in nichts auflöst, wenn man nur nahe genug herangeht?

7. Unbedingte Freiheit: eine Fata Morgana

Der losgelöste Wille: ein Alptraum

Nehmen wir an, Sie hätten einen unbedingt freien Willen. Es wäre ein Wille, der von nichts abhinge: ein vollständig losgelöster, von allen ursächlichen Zusammenhängen freier Wille. Ein solcher Wille wäre ein aberwitziger, abstruser Wille. Seine Losgelöstheit nämlich würde bedeuten, daß er unabhängig wäre von Ihrem Körper, Ihrem Charakter, Ihren Gedanken und Empfindungen, Ihren Phantasien und Erinnerungen. Es wäre, mit anderen Worten, ein Wille ohne Zusammenhang mit all dem, was Sie zu einer bestimmten Person macht. In einem substantiellen Sinne des Worts wäre er deshalb gar nicht *Ihr* Wille. Statt zum Ausdruck zu bringen, was *Sie* – dieses bestimmte Individuum – aus der Logik Ihrer Lebensgeschichte heraus wollen, bräche ein solcher Wille, aus einem kausalen Vakuum kommend, einfach über Sie herein, und Sie müßten ihn als einen vollständig entfremdeten Willen erleben, der meilenweit von der Erfahrung der Urheberschaft entfernt wäre, zu deren Rettung er doch eingeführt wurde.

Das ist das Ergebnis, zu dem wir gelangen werden, wenn wir die Idee der Unbedingtheit beim Wort nehmen und nun auf die vielen Facetten anwenden, die ein Wille gewöhnlich hat. Beginnen wir mit dem Einfluß, den das Überlegen – nach der bisherigen Geschichte – auf den Willen ausübt. Dieser Einfluß stellt eine Bedingtheit dar, und deshalb könnten wir auf einen unbedingt freien Willen keinen solchen Einfluß ausüben. Das heißt nichts weniger als dieses: *Es könnte das Phänomen des Entscheidens nicht geben.* Und das bedeutet: Die anspruchsvolle Freiheit im Sinne der Unbedingtheit würde uns die bescheidene Freiheit der Entscheidung wegnehmen, denn wir können nicht *beides* haben: die Beeinflußbarkeit *und* die Unbeeinflußbarkeit des Willens. Zwar könnten wir über die Mittel zur Verwirklichung eines Willens nachdenken, und wir könnten darüber nachdenken, welches unser substantieller Wille sein soll; doch all dieses Nachdenken würde, was die Willensbildung betrifft, nicht das geringste nützen. Ein unbedingter Wille ist, wie er ist, man kann ihn nicht lenken. Besäßen wir einen solchen Willen, so hätten wir über seine Richtung nicht die geringste Macht und nicht die geringste Kontrolle. Da es der Einfluß des Überlegens auf den Willen ist, der nach unserem bisherigen Verständnis die Urheberschaft des Wollens ausmacht, könnten wir uns nicht als Urheber eines unbedingten Willens erfahren. Das Verhältnis zu einem solchen Willen müßte vollkommen passiv bleiben: Wir könnten ihn nur als etwas erleben, das uns *zustößt.* Und damit wäre noch eine weitere Erfahrung verbunden: Da dieser Wille an der Gesamtheit unseres Nachdenkens, Überlegens und Urteilens vorbeiliefe, müßte er uns als vollkommen *fremd* erscheinen.

Diese Konsequenz ist überraschend, denn sie bedeutet, daß ein unbedingt freier Wille exakt diejenigen Merkmale besäße, die nach unserer bisherigen Geschichte die *Unfreiheit* eines Willens ausmachen: Unbeeinflußbarkeit, fehlende Urheberschaft, Fremdheit. Und nicht nur das: Er besäße diese Merkmale nicht nur vorübergehend, sondern für immer. Ein unfreier Wille im bisherigen Sinn kann die Beeinflußbarkeit durch Gründe zurückgewinnen, ich kann wieder sein Urheber werden, und er kann seine Fremdheit für mich verlieren. Ein unter Hypnose eingepflanzter oder aus Hörigkeit hervorgegangener Wille läßt sich abschütteln und verändern; ein in-

nerer Zwang läßt sich brechen; ein äußerer Zwang kann vor-
übergehen. Damit hat die Unfreiheit jeweils ein Ende, und sie
kann deshalb zu einem Ende kommen, weil sie auf Bedingt-
heiten beruht, die sich verändern lassen. Anders bei einem
unbedingten Willen: Er besitzt die Merkmale der Unfreiheit
nicht deshalb, weil er auf die falsche Weise bedingt ist, sondern weil er überhaupt nicht bedingt ist. Dann gibt es aber
auch keinen Punkt, an dem man ansetzen könnte, um aus einer falschen eine richtige Bedingtheit zu machen. Ein unbedingter Wille wäre als Folge seiner vollkommenen Ungebundenheit von Anbeginn an und für alle Zeit zur Unfreiheit
verdammt. Seine Losgelöstheit, die auf den ersten Blick eine
Freiheit verspricht, die größer und echter ist als jede bedingte
Freiheit, entpuppt sich als eine Eigenschaft, die ihn zu einem
unwiderruflich unfreien Willen machen würde.

Seine Unbeeinflußbarkeit würde den unbedingt freien Willen nicht nur zu einem fremd anmutenden, sondern auch zu
einem *verrückten* Willen machen. Er würde sich nämlich nicht
nur dem Einfluß des Überlegens entziehen, sondern auch dem
Einfluß der *Wahrnehmung*. Abgeschnitten von allem, was ihn
zu beeinflussen vermöchte, könnte er sich nicht durch Wahrnehmungen bestimmen lassen, die ihn über die Welt informierten. Er hätte nicht die Möglichkeit, sich in einem Prozeß
des Lernens, der Sammlung und Verarbeitung von Erfahrungen, zu verändern. Es handelte sich um einen wirklichkeits-
fernen Willen, der dazu verdammt wäre, in einem informa-
tionslosen Dunkel zu operieren. Unbelehrbar, blind und stur
würde er dem Besitzer seine Ziele diktieren, komme was wolle.

Die Unvernunft eines solchen Willens würde sich auch
daran zeigen, daß er uns *unverständlich* bleiben müßte. Einen
bedingten Willen kann man sich verständlich machen, indem
man sich das Netz von Bedingungen vergegenwärtigt, in das
er eingebunden ist. Daß jemand etwas Bestimmtes will, wird
uns verständlich, wenn wir die Vorgeschichte dieses Wollens

kennen und auf die Bedingungen hinweisen können, die dafür verantwortlich sind, daß der Wille jetzt so ist und nicht anders. Jemand will jetzt dieses, sagen wir, *weil* er das und jenes wahrnimmt, denkt, erinnert und fühlt. Was einen unbedingten Willen unverständlich machte, wäre, daß es keinerlei Auskünfte dieser Form über ihn geben könnte. Die Unbedingtheit seiner Freiheit wäre mit jeder Art von erklärendem Kommentar unverträglich. Da wir alles, was wir aus Freiheit wollten, *einfach nur so* wollten, müßten wir jede Frage nach einem Warum verärgert zurückweisen, denn wir müßten in ihr die unverschämte Unterstellung der Unfreiheit sehen. Und was für den Willen gälte, würde auch für die Handlungen gelten. Zwar wäre es auch jetzt so, daß ein Tun von einem Willen abhinge. Diese eine Bedingtheit müßte bestehen, damit es sich wirklich um ein Tun handelte. Aber darüber hinaus gäbe es nicht den geringsten Anhaltspunkt, um zu verstehen, warum jemand gerade dieses tat und nicht etwas anderes. »Sie wollte es einfach« – das wäre das einzige, was sich sagen ließe.

Wären wir Wesen mit einem unbedingt freien Willen, so müßten wir füreinander ein vollständiges Rätsel bleiben. Was wir aus Freiheit täten, wäre kraft dieser Freiheit keiner Erklärung und keinem Verstehen zugänglich. Wenn wir am Tun der anderen etwas verstehen könnten, so wäre das ein Beweis dafür, daß es sich um ein Tun aus Unfreiheit handelte, denn unser Verstehen würde darin bestehen, daß wir es als etwas Bedingtes darstellten. Und so wäre es nicht nur bei den anderen. Auch uns selbst könnten wir nur in dem Maße verstehen, in dem unser Wollen und Tun unfrei wäre. Was wir aus Freiheit wollten und täten, müßte uns vollkommen undurchsichtig erscheinen. Wir könnten nicht mehr tun, als es einfach geschehen zu lassen. Warum wir gerade diesen Willen hätten und keinen anderen, bliebe ein Mysterium.

Ein auf diese Weise unverständlicher Wille wäre vollständig *unberechenbar*. Es gäbe keine Möglichkeit, ihn vorherzusehen, denn jede Vorhersage von etwas ist auf eine Orientierung an Bedingungen angewiesen. Nicht einmal eine allwissende Intelligenz könnte uns in unserem unbedingten Willen ausrechnen. Sie könnte wissen, was wir in jedem einzelnen Moment tatsächlich wollten; aber auch sie könnte einen unbedingt freien Willen nicht aus etwas anderem *herleiten*. Es wäre, mit anderen Worten, vollkommen *zufällig*, was wir im nächsten Moment wollten, und diese Zufälligkeit würde sich von einem Augenblick auf den nächsten übertragen. In diesem Sinn wäre der unbedingte Wille ein launischer Wille, auf den wir uns nicht *verlassen* könnten. Wir würden uns zwar nach wie vor an unser früheres Wollen erinnern; aber diese Erinnerungen vermöchten dem Willen keinerlei Kontinuität zu geben, da auch sie ohne jeden Einfluß auf ihn bleiben müßten.

Jemand, der aus einem unbedingt freien, launischen Willen heraus handelte, könnte leicht in Situationen geraten, die nicht der Komik entbehrten. Eines Morgens, wollen wir annehmen, wachen Sie mit dem Willen auf umzuziehen. Es ist noch nicht lange her, daß Sie in die jetzige Wohnung gezogen sind, es ist Ihnen darin gutgegangen, Sie haben viel Geld investiert, und noch gestern abend haben Sie den bewundernden Gästen auf der Einweihungsparty erklärt, hier würden Sie nie wieder ausziehen. Doch jetzt, beim Frühstück, spüren Sie den klaren und festen Willen, die Wohnung zu wechseln. Es berührt Sie seltsam, daß es so ist, aber gegen diesen überraschenden Willen ist nichts zu machen. Natürlich könnte es sein, daß er Sie schon auf dem Weg zum Makler wieder verläßt, aber wir wollen annehmen, daß er anhält, bis Sie eine neue Wohnung gefunden und die alte gekündigt haben. »Sag mal, spinnst du?« fragen die Freunde. »Wieso«, sagen Sie, »das ist doch das Schöne an der Freiheit: daß man immer wieder ganz neu anfangen kann.« »Ja, aber *warum* um Himmels willen willst du dort schon wieder raus? Es hat dir doch so gut gefallen, vom Geld einmal ganz zu schweigen.« »Ich weiß nicht«, sagen Sie, »ich will es halt einfach und genieße es, keinen Grund angeben zu können. Ich fühle mich dabei so richtig *frei*.« Und so kommt denn der Umzugswagen. Sie übergeben die Schlüssel und fahren zur neuen Wohnung. Und da passiert es: Während Sie auf die Ankunft des Umzugswagens warten, merken Sie, daß Sie hier auf gar keinen Fall einziehen wollen. Die Möbelpacker trauen ihren Ohren nicht, und nach dem ersten Ärger wird ihr Blick mitleidig wie einem Gestörten gegenüber. Als sie weg sind, stehen Ihre Möbel auf der Straße. Jetzt möchten Sie ins Kino gehen. Der Wunsch hat nichts mit der desolaten Situation zu tun, denn er hat mit überhaupt nichts anderem zu tun, auf einmal ist er einfach da und wird zum Willen. Als Sie spät in der Nacht wieder bei der neuen Adresse ankommen, sind die Möbel weg. Die Leute vom Sperrmüll haben sie mitgenommen.

In einer Welt, in der es uns allen mit unserem Willen so erginge, müßte unsere Beziehung zu den anderen und zu uns selbst eine ganz andere sein, als sie tatsächlich ist. Es würde ihr jegliche Vertrautheit fehlen. Sie wäre von dem Wissen bestimmt, daß es nicht das geringste nützt, den vergangenen und gegenwärtigen Willen von jemandem zu kennen: Der zukünftige Wille könnte stets vollkommen anders sein als erwartet. Jedem von uns könnte zu jeder Zeit aus heiterem Himmel ein Wille zustoßen, der in keiner Weise zu der bisherigen Geschichte des Wollens paßte. Ein abrupter Wechsel dieser Art *müßte* nicht eintreten, aber er *könnte* geschehen, und wir könnten in keinem Moment sicher sein, daß er *nicht* eintritt. Deshalb müßten wir den anderen gegenüber stets auf der Hut sein, und die Grundstimmung des Zusammenlebens wäre diejenige der Vorsicht, des Mißtrauens und der Angst. Das würde auch für die Beziehung gelten, die wir zu uns selbst hätten. Das Gefühl, mit uns selbst vertraut und uns nahe zu sein, hat viel damit zu tun, daß wir uns in unserem

Willen auskennen und uns auf ihn verlassen können. Dieses Gefühl ginge verloren, wenn wir stets damit rechnen müßten, von einem gänzlich neuen Willen überfallen zu werden, der einen abrupten Bruch mit allem Bisherigen darstellte. Es müßte uns vorkommen, als säßen wir auf einer Zeitbombe, die jederzeit hochgehen könnte.

Die Zukunft eines unbedingt Wollenden wäre vollkommen offen: Es gäbe nichts, was festzulegen vermöchte, was er in Zukunft wollen und tun würde. Aus dem letzten Kapitel wissen wir, daß die Idee des unbedingt freien Willens durch das Bedürfnis motiviert ist, eine solche Offenheit als Bedingung wirklicher Freiheit sicherzustellen. Doch die Erfahrung dieser Art von Offenheit wäre eine sonderbare Erfahrung. Betrachten wir Raskolnikov auf dem Weg zur Pfandleiherin. Wenn er die Zukunft der nächsten Stunde als offen erlebt, dann deshalb, weil er weiß, daß er seinen mörderischen Plan bis zum letzten Moment noch fallenlassen kann. Noch auf der letzten Treppenstufe kann er innehalten, sich besinnen und zu dem Ergebnis kommen, daß er es doch nicht will. Das macht seine Freiheit aus. Als Freiheit erlebt er es indessen nur deshalb, weil *er* es ist, der mit *seinen* Überlegungen und *seinen* Empfindungen darüber bestimmt, wie sein Wille sein soll. Er wird noch einmal an die ewige Geldknappheit denken, an die geplante Heirat seiner Schwester und an das Gespräch im Gasthaus, das so gut zu der Weltanschauung paßte, die er in seinem Aufsatz propagiert hatte. Jetzt, wo es ernst wird, mag es ihm vorkommen, als sei das alles kein Grund, jemanden umzubringen. Wenn er daraufhin die Treppe wieder hintersteigt, so tut er es unter dem Einfluß dieses inneren Geschehens, das in seiner Bedingtheit und ursächlichen Verflochtenheit zu seiner Identität beiträgt und ihn zu der Person macht, die er ist. Und für Raskolnikovs Eindruck, von dem Mord aus Freiheit abzulassen, ist es *entscheidend*, daß der Gang die Treppe hinunter auf diese Weise bedingt ist. Wäre er es nicht, und hätten die Schritte nichts mit seinen Gedanken und Erinnerungen zu tun, so könnte Raskolnikov sie nicht als ein Tun erleben, mit dem er die Offenheit seiner Zukunft nutzte, denn er könnte den Abstieg in einem substantiellen Sinne gar nicht als *seine* Handlung erleben. Genau das jedoch wäre der Fall, wenn es ein unbedingt freier Wille wäre, der ihn zur Umkehr bewegte. Verwundert und verärgert müßte er feststellen, daß ihm ein unvorhergesehener, durch keinerlei Zweifel vorbereiteter Wille die Regie aus der Hand nähme und ihn, entgegen dem eben noch festen Vorsatz, die Treppe hinuntertriebe. Müßte er eine irritierende Erfahrung wie diese öfter machen, und würden wir seiner Klage mit dem Hinweis begegnen, daß seine Zukunft eben ganz und gar offen sei, so würde er sagen: »Auf diese Offenheit pfeife ich, denn sie hat mit *Freiheit* nun wirklich gar nichts zu tun.« Und würden wir nachsetzen und ihn darauf hinweisen, daß er ja die Treppe hinuntergehen *wollte* und nicht etwa hinunter*gestoßen* wurde, so würde er gereizt erwidern: »Aber dieser plötzliche Wille hatte doch mit *mir* gar nichts zu tun, schließlich war ich wild entschlossen, die Alte aus dem Weg zu räumen!« Und ähnliches würden wir von unserem Bankkassierer zu hören bekommen, sollte ihn der Wille, die Kasse zu plündern und einfach aus seinem bisherigen Leben zu verschwinden, eines Morgens aus heiterem Himmel überfallen. »Gut«, würde er sagen, »vielleicht hätte ich es eines Tages auch so getan, es gärt da schon lange etwas in mir. Aber *ob* ich es tue und *wann* – das möchte ich schon *selbst* entscheiden!«

Die Erfahrung eines unbedingt freien Willens wäre also in vielen Hinsichten überhaupt nicht das, was wir uns als Erfahrung von Freiheit vorstellen. Und noch in einem anderen Sinn müßte uns der unbedingte Wille enttäuschen: Unsere Zuschreibungen von Verantwortung und unsere moralischen Empfindungen bekämen durch ihn nicht das erhoffte solide Fundament; im Gegenteil, seine Losgelöstheit würde alle normativen Erwartungen als unsinnig erscheinen lassen. Das zeigt sich, wenn wir annehmen, Raskolnikov hätte den Mord aus einem unbedingten Willen heraus begangen.

»Nichts und niemand zwang Sie dazu«, könnten wir zu ihm sagen, »und auch auf Ihre Lebensgeschichte können Sie sich nicht herausreden, denn Sie handelten aus freiem Willen, und das bedeutet: aus einem Willen, der von nichts abhing und durch nichts bestimmt wurde. Wenn es irgend jemanden gibt, der eine *echte Wahl* hatte, dann sind Sie es: Sie konnten es tun *oder* lassen, und es gab nichts, rein gar nichts, was Sie in die eine oder andere Richtung beeinflußte. Es lag ganz allein bei Ihnen, was Sie wollen und tun würden. Deshalb ist keinerlei Entschuldigung für Ihre Tat auch nur *denkbar*. Und deshalb sind wir empört, ziehen Sie zur Verantwortung und werden Sie bestrafen.«

»Das ist ja wohl das Letzte«, würde ein ärgerlicher Raskolnikov erwidern, »denn von einer *Wahl* und davon, daß es *bei mir lag*, was ich wollte, kann überhaupt nicht die Rede sein. Ich konnte doch gegen diesen Willen gar nichts machen! Sie sagen doch selbst: Nichts hätte ihn beeinflussen können, also auch nicht der Gedanke, daß man niemanden umbringt. Es ist ein Hohn, so etwas eine *Wahl* zu nennen. Eine Wahl zu treffen, das ist doch etwas völlig anderes: Man denkt über die verschiedenen Möglichkeiten nach, kommt zu einem Urteil und entwickelt unter seinem Einfluß den entsprechenden Willen. Wählen zu können, das heißt, sich überlegend um seinen Willen *kümmern* zu können. Dann und *nur* dann, wenn ein solches Kümmern möglich ist, kann man davon sprechen, daß es *bei jemandem liegt*, was er will. Sie haben recht, daß es bei niemand *anderem* lag, was ich wollte. Aber es lag eben auch nicht bei *mir*, denn ich konnte, wie gesagt, gegen den fraglichen Willen nicht das geringste ausrichten. Mir waren die Hände gebunden, *ich konnte nichts anderes wollen als den Mord*. Und deshalb ist es sowohl unfair als auch unsinnig, sich zu empören und mich zu bestrafen.« Und Raskolnikov könnte hinzufügen: »Es gibt nichts Teuflischeres als die unbedingte Freiheit. Wer sie nicht hat, dem erscheint sie als das Höchste, weil sie ein Höchstmaß an Ungebundenheit und Unabhängigkeit des Willens bedeutet. Erfährt sie dann jemand, so wie ich, so merkt er schnell, daß sie das genaue Gegenteil von Freiheit darstellt, nämlich vollkommene Ohnmacht einem unberechenbaren Willen gegenüber. Doch das glauben einem die anderen nicht, und wenn man es ihnen erklärt hat, vergessen sie es bald wieder und erliegen von neuem dem Zauber, der im Gedanken der vollkommenen Ungebundenheit liegt. Und so muß der unbedingt Freie einen Alptraum vollkommener Ohnmacht durchleben und wird von den anderen auch noch beneidet und, wenn ihm ein verbotener Wille zustößt, bestraft.«

Der begriffliche Zerfall des unbedingten Willens

Ein Wille ist stets ein *bestimmter* Wille, und er ist stets *jemandes* Wille. Ein Wille, der von einem anderen nicht durch einen bestimmten Gehalt und durch die Zugehörigkeit zu einer bestimmten Person unterschieden wäre, könnte kein Wille sein. Das ist eine einfache, ja triviale Feststellung über Bedingungen, die ein Wille erfüllen muß, um ein Wille sein zu können. Es ist keine Feststellung, zu der man gelangt, indem man bei einzelnen Individuen einzelne Episoden des Wollens untersucht. Überhaupt ist es keine Feststellung, die man durch die Betrachtung eines *Phänomens* gewinnt. Es ist eine Feststellung über die *Idee* des Willens. Es ist eine *begriffliche* Feststellung.

Wir sind dieser Feststellung bereits im zweiten Kapitel begegnet. Dort haben wir gesehen, daß die begriffliche Forderung der Bestimmtheit und der persönlichen Zugehörigkeit dadurch erfüllt wird, daß unser Wille durch viele Dinge bedingt ist und von vielen Dingen abhängt, die nicht in unserer Verfügungsgewalt liegen. Was wir wollen, hängt zum einen ab von den Angeboten der Welt, also den äußeren Umständen, und zum anderen davon, wie wir als Personen mit einem bestimmten Charakter und einer bestimmten Geschichte denken und fühlen, also von den inneren Umständen. Daraus ergeben sich zwar, so hatten wir festgehalten, Begrenzungen des Wollens, die auf den ersten Blick wie Einschränkungen der Freiheit aussehen können. In Wirklichkeit sind diese Begrenzungen aber dasjenige, was dem Willen seine begrifflich notwendige Bestimmtheit und Individualität gibt. Wenn wir in Gedanken alle Begrenzungen aufheben, so bleibt nicht ein Wille übrig, der kraft seiner Unbegrenztheit besonders große Freiheit besitzt. Was übrigbleibt, ist, weil es kein bestimmter Wille mehr ist, überhaupt kein Wille. Wesen mit einem vollständig entgrenzten Willen wären nicht vollkommen freie, sondern vollständig willenlose Wesen.

Die Bestimmtheit des Willens verlangt seine Bedingtheit. Daraus folgt, daß ein unbedingter Wille kein bestimmter Wille sein könnte. Und das wiederum bedeutet, daß er überhaupt kein Wille sein könnte. Die Unbedingtheit, die diesem Willen die versprochene echte Freiheit verleihen sollte, löscht ihn als Willen in Wirklichkeit aus. Zum gleichen Ergebnis gelangt man, wenn man über den Gedanken des Spielraums nachdenkt, den man für die Erläuterung des Freiheitsgedankens braucht. Raskolnikovs Wille, so hatten wir im vorangegangenen Kapitel gesehen, hat einen Spielraum: Sein Wille kann variieren, wenn es zuvor eine Variation in seinem Überlegen gibt. Dieser Spielraum ist entscheidend für die Freiheit seines Willens, die eine Freiheit der Entscheidung ist. Aber es ist nur ein *relativer*, eingeschränkter Spielraum: Damit der Wille variieren kann, muß etwas *anderes* variieren. Das nun scheint nicht genügend Freiheit zu ergeben, wenn man bedenkt, daß Raskolnikov, dieser bestimmte Raskolnikov, tatsächlich auf eine ganz bestimmte Weise und auf keine andere überlegt. Deshalb ist man versucht zu sagen, daß sein Wille, wenn er eine Freiheit besitzen soll, die ihren Namen verdient, einen *absoluten*, uneingeschränkten Spielraum besitzen muß, einen Spielraum, der nicht seinerseits wieder von etwas anderem abhängt. Es muß so sein, denkt man, daß Raskolnikov unter denselben äußeren und inneren Umständen ganz unterschiedliche Dinge wollen kann: daß sein Wille auch dann variieren kann, wenn sonst alles gleich bleibt. Doch durch diesen Schritt macht man seinen Willen zu einem unbedingten Willen, und nun greift die vorherige begriffliche Beobachtung: Ein solcher Wille ist gar kein Wille mehr. Und das kann man auch so ausdrücken: Ein absoluter Spielraum des Willens wäre *kein* Spielraum, weil es innerhalb eines solchen Spielraums gar keinen Willen geben könnte.

Der unbedingte Wille hätte mit der Welt nichts zu tun, er wäre ein wirklichkeitsferner Wille. Nichts in der Welt – weder in der äußeren noch in der inneren – könnte ein Anlaß für seine Entstehung sein. Daß es eine sonderbare, verwirrende Erfahrung wäre, einen solchen Willen zu besitzen, haben wir gesehen. Ich konnte es jedoch nur deutlich machen, indem ich mogelte. Das täuschende Manöver bestand darin, dem unbedingten Willen trotz seiner Losgelöstheit einen bestimmten Gehalt zuzuschreiben. Inzwischen wissen wir, daß er einen solchen Gehalt aus begrifflichen Gründen gar nicht haben könnte. Betrachten wir noch einmal Ihren abrupten, unmotivierten Umzug, der Sie am Ende um Ihre ganze Habe bringt. Strenggenommen kann man die Situation nicht so beschreiben, daß Sie plötzlich den unbedingten Willen haben, *aus der neuen Wohnung wieder auszuziehen*. Da ein unbedingter Wille in keinerlei Zusammenhang mit irgend etwas außerhalb seiner steht, kann er nicht von Wohnungen und Umzügen handeln. Auch ein Wille, *ins Kino zu gehen*, kann er nicht sein, denn man kann ihn nicht als einen Willen verstehen, der auf ein Angebot antwortet, das die Welt macht. Im Grunde hätte ich meine komödiantische Geschichte also gar nicht erzählen können. Denn wenn wir annehmen, daß Sie einen unbedingten Willen besitzen, so kommt das der Annahme gleich, daß Sie *keinen* Willen besitzen. Die kleine Komödie ist deshalb in Wirklichkeit eine Geschichte darüber, wie Sie willenlos von Kalamität zu Kalamität torkeln.

Die Aufgabe

Es gibt keinen unbedingt freien Willen. Das ist nicht etwas, was man entdeckt, indem man seine Innenwelt ausleuchtet und absucht, um dann festzustellen: Ich kann ihn nicht finden. Es ist vielmehr etwas, was man herausfindet, indem man die Idee des unbedingten Willens unter die Lupe nimmt und auf ihre begriffliche Stimmigkeit hin untersucht. Wenn man das tut und die begriffliche Linse scharf einstellt, zeigt sich, daß es sich um keine stimmige Idee und also um überhaupt keine Idee handelt. Als ich die Rede vom unbedingt freien Willen im vorangegangenen Kapitel einführte, habe ich angemerkt, daß es sich dabei um etwas handelt, das durch pure Negation entsteht, und daß man nicht weiterkommt, wenn man direkt nach weiteren Auskünften über den Gehalt dieser Rede fragt. Das erklärt sich jetzt: Es kann keine weiteren Erläuterungen geben, weil die Rede vom unbedingten Willen über die Negation hinaus gar keinen weiteren Gehalt *hat*. Ich hatte davon gesprochen, daß es sich bei der Idee des unbedingt freien Willens um eine *vage* Idee handle. Inzwischen wissen wir, daß diese Vagheit nichts ist, was man durch eine weitere Ausformulierung überwinden könnte. Es ist eine un-überwindliche Vagheit, die von der Tatsache herrührt, daß es hinter der Wortfassade keinerlei begrifflichen Gehalt gibt, den man ans Licht bringen könnte. *Unbedingt freier Wille*: Hinter diesen Worten liegt *nichts* verborgen, das man weiter artikulieren und immer besser verstehen könnte. Die unbe-dingte Freiheit, könnte man sagen, ist ein *rein rhetorisches Ge-bilde*.

Jetzt gilt es, sich Klarheit über die gedankliche Situation zu verschaffen, die durch dieses Ergebnis entstanden ist. Zu-nächst können wir folgende Einsicht festhalten: *Es ist ein fun-damentaler Fehler, den Unterschied zwischen Freiheit und Un-freiheit des Willens mit dem Kontrast zwischen Unbedingtheit und Bedingtheit in Verbindung zu bringen.* Beides, die Freiheit ebenso wie die Unfreiheit, sind Phänomene, die es, begrifflich gesehen, nur im Rahmen vielfältiger Bedingtheit geben kann. Die Idee der Bedingtheit ist gegenüber den Ideen der Freiheit und Unfreiheit vorgeordnet, und deshalb begeht man einen schwerwiegenden und folgenreichen Fehler, wenn man den Gedanken der Bedingtheit benutzt, um den Unterschied zwi-schen Freiheit und Unfreiheit zu erklären, denn das bedeutet, die wahre begriffliche Ordnung auf den Kopf zu stellen.

Im Lichte dieser Beobachtung wird ein zweiter Fehler sichtbar, den es zu vermeiden gilt: Man versteht die Frage nach der Freiheit des Willens gänzlich falsch, wenn man sie mit der anderen Frage in Verbindung bringt, ob es in der Welt Ereignisse gibt, die durch keinerlei Vorbedingungen eindeu-tig bestimmt und festgelegt werden. Es ist eine mikrophysika-lische Entdeckung, daß es solche Ereignisse gibt. Doch die-se Entdeckung kann für die Frage nach der Willensfreiheit keinerlei Bedeutung haben. Nicht nur, weil das Phänomen des Willens einer anderen, viel grobkörnigeren Ebene der Be-schreibung und Analyse angehört und weil es unklar ist, ob sich mikrophysikalische Unbestimmtheit von der feinkörnigen auf die grobkörnige Ebene überträgt. Der wahre Grund liegt tiefer und ist wiederum begrifflicher Natur: *Man sucht die Freiheit am falschen Ort, wenn man sie in der Lockerung oder Abwesenheit von Bedingtheit und Bestimmtheit sucht.*

Auch eine andere Art von Fehler darf man nicht machen. Sie betrifft die Deutung der Tatsache, daß sich die unbedingte Freiheit in nichts aufgelöst hat. Diese Freiheit hat sich als begriffliches Trugbild entpuppt. Das bedeutet nicht, daß uns, die wir gerne frei sein möchten, etwas *weggenommen* wird. Es gibt keinen Verlust zu beklagen, denn außer einem rhetorischen Phantasma *hatten* wir nie etwas. Wenn es anders schien, dann deshalb, weil wir die Erfahrung der Freiheit mißverstanden. Was verlorengegangen ist, ist nicht *ein erlebter Aspekt der Freiheit*, den wir nun vermissen könnten, sondern nur *ein falscher begrifflicher Kommentar*. Die Erfahrung der Freiheit selbst ist noch genau dieselbe wie vorher. Vorsichtig müssen wir auch mit der Auskunft sein, daß wir in einem *Irrtum* korrigiert worden sind. Gewöhnliche Irrtümer sind Überzeugungen, die zwar in sich stimmig waren, sich aber als faktisch falsch herausgestellt haben, wie etwa die Überzeugung, daß die Sonne sich um die Erde dreht. Beim Glauben an die unbedingte Freiheit des Willens handelt es sich um eine andere Art von Irrtum. Strenggenommen konnte sich dieser Glaube nicht einmal als falsch herausstellen, denn er hatte von Anfang an keinen in sich stimmigen Gehalt, der wahr oder falsch hätte sein können. Es ist nicht so, daß wir eine klare Überzeugung hatten und daß wir sie aufgeben mußten, weil uns die Tatsachen eines Besseren belehrten. Der Irrtum war größer und tückischer: Wir glaubten, einen Gedanken zu haben, von dem sich herausstellte, daß er keiner war.

Wir wissen jetzt: Es muß so sein, daß wir alles, was an der Freiheit des Willens verständlich und wichtig ist, im Rahmen durchgängiger Bedingtheit bekommen können. Entsprechend lassen sich nun eine richtige und eine falsche Beschreibung der Aufgabe unterscheiden, die man hat, wenn man sich mit der Freiheit des Willens beschäftigt. Die falsche Beschreibung lautet: Uns als Liebhabern der Freiheit muß daran gelegen sein, die Freiheit gegen die Bedingtheit zu *verteidigen* und zu *beweisen*, daß es sie *gibt*. Oder, umgekehrt: Uns als Realisten, die der umfassenden Bedingtheit tapfer ins Auge sehen, muß es darum gehen zu *beweisen*, daß wir uns von der Illusion der Freiheit *verabschieden* müssen. Die Geschichte des Themas ist voll von solchen Beweiskämpfen. Doch es sind unsinnige Kämpfe, und ihr Unsinn beruht auf mangelnder analytischer Tiefe. Die richtige Beschreibung der Situation lautet: Wir müssen überhaupt nichts *beweisen*; was wir tun müssen, ist zu *verstehen*, wie sich Freiheit und Unfreiheit im Rahmen universeller Bedingtheit unterscheiden. Wenn wir dieses Verständnis erreicht haben, ist es keine offene Frage mehr, ob es Willensfreiheit gibt. *Natürlich* gibt es sie. Man muß nur an der richtigen Stelle suchen.

Freilich ist diese Suche keine leichte Aufgabe. Denn die Rede vom unbedingten Willen kam ja nicht durch bloße Unachtsamkeit oder überschäumende Rhetorik zustande. Es standen Gedankengänge, also *Argumente* dahinter, die es so aussehen ließen, als seien wir, um uns als Personen verstehen zu können, *gezwungen*, von einem Willen zu sprechen, dessen Freiheit in seiner Unbedingtheit liegt. Deshalb können wir jetzt nicht knapp und trocken sagen: »Gut, dann begnügen wir uns eben mit der bedingten Freiheit.« Das ließe eine unaufgelöste Spannung und ein gedankliches Ungleichgewicht zurück, das nicht befriedigen kann. Was wir ebenfalls nicht sagen können, ist dieses: »Die Idee des Personseins verlangt erwiesenermaßen eine unbedingte Freiheit. Nun haben wir entdeckt, daß es eine solche Freiheit aus begrifflichen Gründen nicht geben kann. Also sind wir keine Personen.« Das hieße, mit dem Hinweis auf die begriffliche Unstimmigkeit der einen Idee eine andere Idee – diejenige des Personseins –

zurückzuweisen, die, soweit wir wissen, in sich *nicht* unstimmig ist. Das wäre eine abenteuerliche Art von Schluß, denn sie bestünde darin, mit einem gedanklichen Nichts gegen ein gedankliches Etwas zu argumentieren. Wenn überhaupt, so ließe sich der Schluß nur dadurch retten, daß man sagte: »Die Idee des Personseins verlangt die Idee der unbedingten Freiheit. Es zeigt sich, daß diese zweite Idee leer und also gar nicht wirklich eine Idee ist. Es kann deshalb gar nicht anders sein, als daß auch die erste Idee leer und keine Idee ist.« Wir würden also von Unstimmigkeit auf Unstimmigkeit schließen. Das hieße zu behaupten, daß wir, wenn wir uns als Personen beschreiben, lauter Dinge über uns sagen, die begrifflich genauso unstimmig sind wie die Rede von der unbedingten Freiheit. Es hieße zu behaupten, daß wir, weil wir von *nichts* reden, wenn wir von unserer unbedingten Freiheit sprechen, gleichermaßen und aus demselben Grunde von *nichts* reden, wenn wir über die vielen Facetten reden, die uns zusammen zu Personen machen: die Fähigkeit, einer offenen Zukunft gegenüber eine Wahl zu treffen; diese Wahl durch ein Abwägen verschiedener Möglichkeiten vorzubereiten; Entscheidungen nicht nur geschehen zu lassen, sondern zu treffen; der Urheber des eigenen Wollens und Tuns zu sein; in unserem Tun verantwortlich und Gegenstand moralischer Empfindungen zu sein. Doch an diesen Charakteristika des Personseins ist, wenn man sie unbefangen betrachtet, nichts zu erkennen, was auf eine begriffliche Unstimmigkeit hinausliefe. Wenn sie jemandem problematisch und begrifflich instabil erscheinen, dann deshalb, weil er bereits *voraussetzt*, daß sie unbedingte Freiheit und also eine in sich instabile Idee verlangen – wenn er also voraussetzt, was durch die fragliche Überlegung gerade begründet werden soll.

Wie wäre es, wenn wir mit Blick auf das bisherige Ergebnis sagten: »Eigentlich verwundert es nicht, daß sich der unbedingt freie Wille als rhetorische Chimäre entpuppt hat.

Schließlich entwickelt der erste Teil des Buches eine Geschichte über die Freiheit und Unfreiheit des Willens, in der wir uns wiedererkennen können und die ohne den Gedanken der Unbedingtheit auskommt. Und man muß sich klarmachen: Wenn es wahr wäre, daß Freiheit Unbedingtheit verlangt, *dann hätte diese Geschichte gar nicht erzählt werden können, oder wir hätten von Beginn an das Gefühl haben müssen, daß sie überhaupt nichts mit unserer Freiheit zu tun hat.* So war es aber nicht, und das ist der beste Beweis dafür, daß die Rede von der unbedingten Freiheit von vornherein zum Scheitern verurteilt war.«

Mit dieser Diagnose würden wir etwas Wahres sagen. Aber es würde nicht genügen, *nur* das zu sagen. *In der Philosophie genügt es nicht, recht zu haben; man muß darüber hinaus verstehen, wo der Fehler liegt.* Und das heißt in unserem Fall: Wir müssen verstehen, wie es zu der irrtümlichen Überzeugung kommen kann, daß Personsein unbedingte Freiheit des Willens voraussetzt. In gewissem Sinn besitzen wir dieses Verständnis schon: Wir kennen die Gedankengänge, die es zwingend zu machen scheinen, daß wir die Freiheit im Sinne der Unbedingtheit deuten. Doch nun gibt es etwas Zusätzliches zu verstehen: Wir müssen diejenigen Stellen in den Gedankengängen aufspüren, an denen der Irrtum entsteht. Und es wird nicht genügen, auf solche Stellen hinzuweisen und einfach zu sagen: »*So* ist es richtig gedacht, *so* dagegen falsch«. Das diagnostische Verstehen muß tiefer gehen, denn es sind keine *simplen* Denkfehler, die sich zu dem Eindruck verdichten, daß nur eine unbedingte Freiheit diejenigen Aspekte unseres Personseins zu retten vermag, die uns lieb und teuer sind. Wir müssen die tieferliegenden Quellen des Irrtums aufdecken, indem wir zeigen, *warum* es so leicht geschehen kann, daß man sich, ausgehend von harmlos scheinenden Überlegungen und ohne es richtig zu merken, plötzlich auf dem Weg zur unbedingten Freiheit befindet.

Auch muß das angestrebte Verstehen tief sein in dem Sinne, daß es der besonderen Natur des Irrtums Rechnung trägt. Es geht ja nicht um einen gewöhnlichen Irrtum, der darin bestünde, eine Voraussetzung für das Personsein geltend zu machen, die zwar tatsächlich nicht besteht, die aber in sich unproblematisch und begrifflich stabil ist. Der Irrtum, mit dem wir es zu tun haben, ist von besonderer und kurioser Art: Von etwas, das allem Anschein nach begrifflich unauffällig und ohne gedankliche Risse ist – dem Personsein –, wird behauptet, daß es etwas voraussetze, das sich bei näherem Hinsehen als ein begrifflich unstimmiges, bloß rhetorisches Gebilde entpuppt – die unbedingte Freiheit. Wie kann es zu diesem sonderbaren Irrtum kommen, und warum haben wir eine derart tiefsitzende Neigung, ihm zu verfallen? Warum geraten wir so leicht in den Sog von Überlegungen, die nicht triftig sein *können*, weil ihr Ergebnis begrifflich ungereimt ist? Wenn mir die Rollenprosa des vorangehenden Kapitels gelungen ist, dann werden Sie den Text, wenn Sie jetzt zurückblättern, *immer noch* überzeugend finden. Wie kann das sein, wo Sie doch *wissen*, daß er in die Irre führt?

Und noch etwas Weiteres können wir von dem angestrebten diagnostischen Verstehen erwarten: Es sollte eine *gemeinsame Wurzel* für die Irrtümer in den einzelnen Argumenten sichtbar machen. An der Oberfläche betrachtet, handelt es sich zwar um verschiedene Argumente, die den Gedanken der Unbedingtheit aus unterschiedlichen Facetten des Personseins heraus entspringen lassen. Trotzdem sind es nicht Argumente, die ohne Zusammenhang nebeneinander stehen. Daß sie allesamt zum gleichen Ergebnis kommen, läßt eine Verwandtschaft vermuten, die es ebenfalls aufzudecken gilt. Die Erklärung sowohl ihrer Anziehungskraft als auch ihres Scheiterns wird in dem Maße überzeugen, als sie aus einem Guß ist. Es wird eine Erklärung sein müssen, die zeigt, daß die irreführenden Gedankengänge auf einem *Mißverständnis* der betreffenden Aspekte des Personseins beruhen und daß es sich nicht um ein *zufälliges*, sondern um ein *systematisches* Mißverständnis handelt.

Wörter, die gefangennehmen

Das Mißverständnis, das es auszuloten gilt, hat verschiedene Aspekte, und es wird darum gehen zu zeigen, daß sie letztlich Facetten ein und desselben Irrtums sind. Die Beziehung zwischen den einzelnen Facetten hat nicht die Einfachheit einer strikt logischen Beziehung. Sie ist eine lockerere und zugleich reichere Beziehung, die man so kennzeichnen kann: Der eine Irrtum ist jeweils ein *gedankliches Motiv* für die anderen. Die Beziehung ist nicht linear, sie ist eine Beziehung der Wechselseitigkeit: Die Irrtümer bringen sich wechselseitig hervor und stützen einander. Entsprechend wird sich zeigen, daß, wenn der eine wegfällt, die anderen unmotiviert erscheinen und ihre Anziehungskraft verlieren.

Der am leichtesten zugängliche Irrtum ist die Mißdeutung bestimmter *Wörter*. Sie besteht nicht darin, daß einem Wort einfach eine *falsche* Bedeutung zugeschrieben wird. Es handelt sich nicht um ein Mißverständnis, das man durch einen Blick ins Wörterbuch ausräumen könnte. Man geht, wenn man durch das Wort irregeführt wird, durchaus von seiner richtigen Bedeutung aus. Der Fehler, der einem unterlaufen kann, ist dann ganz unauffällig, und es ist ein interessanter Fehler, *weil* er so unauffällig ist: Man zieht *assoziative Linien* aus, die in anderen Zusammenhängen durchaus zu dem Wort gehören, aber nicht in unserem jetzigen Kontext. Das kann man auch so ausdrücken: Man *dramatisiert* ein Wort durch eine assoziative Umgebung, die in dem fraglichen Zusammenhang nicht gerechtfertigt ist. Und noch etwas gehört zu dem Phänomen, das ich im Auge habe: Oftmals weiß der Benutzer des Worts auf undeutliche Weise, daß er die Grenze rechtmäßiger Assoziation überschreitet, und nun versucht er, diese Grenze zu kaschieren, indem er das Wort *beschwört*. Es ist dann, als riefe er aus: »Man muß dieses Wort nur ernst genug nehmen, dann merkt man, daß es eigentlich *das* bedeutet!« Und dann zieht er eine assoziative Linie aus, um uns etwas glauben zu machen, das auf den ersten Blick nicht zu dem Wort gehört. Man muß deshalb aufpassen, wenn bei unserem Thema Wörter in beschwörender Tonlage benutzt werden: Es könnte sich um einen dieser unauffälligen und doch folgenreichen Fehler handeln.

Was ich eben beschrieben habe, kann bereits bei demjenigen Wort geschehen, das schon unzählige Male vorgekommen ist: *bedingt*. Man kann es mit einer assoziativen Umgebung versehen, die es in einen Kontrast zum Wort *frei* bringt. So passiert es oft, daß wir etwas möchten, daß das Gewünschte aber, wie wir sagen, *an Bedingungen geknüpft* ist. Daß es das ist, bedeutet eine Einschränkung unserer Freiheit: Wir fühlten uns freier, wenn wir das Gewünschte einfach so bekommen könnten und man von uns nicht vorher die Erfüllung bestimmter Bedingungen verlangte. So kann man es als ärgerlich und als Beeinträchtigung der Freiheit empfinden, daß man warten muß, bis man achtzehn geworden ist, um endlich Auto fahren zu dürfen. Ärgerlich ist auch, daß man einen Führerschein braucht, um sich ans Steuer setzen zu dürfen, und daß man teure Fahrstunden nehmen muß, um den Führerschein zu bekommen. Ärgerlich ist außerdem, daß man Geld auf den Tisch legen muß, bevor man im Geschäft die Schlüssel für ein Auto ausgehändigt bekommt. Und natürlich gibt es tausend andere Dinge, die in dieser Weise an Bedingungen geknüpft sind. Diese Bedingungen treten uns als Forderungen entgegen, und Forderungen sind etwas, das unseren Bewegungsspielraum, also die Freiheit, einengt. Wenn es das ist, was man vor Augen hat, so bekommt die Rede von Bedingungen und vom Bedingtsein den Klang der Unfreiheit, und dann kann die Begriffsbildung der *bedingten Freiheit* wie ein Paradox anmuten.

Dieser Eindruck kann sich verstärken, wenn man die Rede von der Bedingtheit durch die Rede von der *Abhängigkeit* erläutert und sagt: Daß X durch Y bedingt ist, heißt, daß X von Y abhängig ist. Als jemand, der nach Freiheit strebt, möchten wir von nichts und niemandem abhängig sein: nicht vom Alkohol, nicht von Medikamenten, nicht von den Eltern, nicht von einem Chef. Wir feiern jeden Schritt zu mehr Unabhängigkeit als einen Schritt in die Freiheit. Wenn man uns sagt, daß unser Wille durch viele Dinge bedingt ist und also von vielen Dingen abhängt, und wenn die Worte in dieser assoziativen Umgebung gehört werden, dann mögen wir zusammenzucken und denken: Also ist es nichts mit der Freiheit des Willens.

Dasselbe werden wir denken – und der Gedanke kommt uns hier besonders schnell –, wenn die Rede von der Bedingtheit so erläutert wird, daß eine Bedingung das Bedingte *notwendig macht* in dem Sinne, daß es, gegeben die Bedingung, *nicht ausbleiben* kann, und daß die Bedingung *festlegt*, daß es eintreten *muß*. Als Freie möchten wir genau das nicht: daß wir in unserem Wollen und Tun durch etwas festgelegt werden, was uns dazu *nötigt*, etwas zu wollen und zu tun. Dann nämlich stünden wir unter einem *Zwang*, der doch sicher das Gegenteil von Freiheit ist. Und noch etwas gehört zu diesem verführerischen Feld von Assoziationen: Wenn der Wille, wie alles andere auch, von Bedingungen umstellt wäre, von denen er abhängt und die über ihn bestimmen, so müßten wir einräumen, daß er diesem Bedingungsgeschehen *unterworfen* und daher ein *unterjochter* Wille wäre, den man nun wirklich nicht *frei* nennen könnte. Und so kann der Eindruck entstehen, daß wir die Freiheit des Willens von vornherein verspielen, wenn wir den Willen als bedingt auffassen, und daß die Alternative lautet: unbedingte Freiheit oder keine.

Daß dies eine falsche Alternative ist, wissen wir inzwischen, und es ist nicht allzu schwer, das Muster hinter der sprachlichen Suggestion zu erkennen: Nüchterne, unpersönlich gemeinte Wörter werden mit Assoziationen unterlegt, die aus der Sphäre stammen, in der Menschen andere Menschen in ihrer Freiheit einschränken. Daß Menschen einander Bedingungen ihres Handelns diktieren, die sie in Forderungen kleiden, ist die eine Sache, und sie hat tatsächlich mit Unfreiheit zu tun. Eine ganz andere Sache ist, daß es für den Willen Bedingungen gibt: Das heißt nur, daß bestimmte Dinge innerhalb und außerhalb einer Person *der Fall sein müssen*, damit es überhaupt einen bestimmten Willen geben kann. Von seiner Logik her hat dieser Zusammenhang weder mit Unfreiheit noch mit Freiheit zu tun. Es ist ein Zusammenhang, wie er *überall* in der Welt zwischen Phänomenen besteht, ein Zusammenhang, den wir uns zunutze machen, wo immer wir ein Phänomen durch ein anderes erklären, indem wir die Bedingungen für sein Auftreten nennen. Und zu dieser zweiten, harmlosen Lesart von Bedingtheit gehört dann auch der Zusammenhang zwischen Überlegen und Wollen, der die bedingte Freiheit ausmacht: Der Wille soll mit dem Überlegen variieren, so daß gilt: Hätte der Wollende anders überlegt, so hätte er etwas anderes gewollt. Und weil diese Art von Bedingtheit nichts mit Unfreiheit zu tun hat, droht auch kein Paradox, wenn wir von bedingter Freiheit sprechen.

Entsprechendes gilt für die Rede von der Abhängigkeit des Willens. Wenn man dem intuitiven Widerstand gegen die Beschränkung auf eine bedingte Freiheit nachspürt, so stößt man häufig auf den beschwörenden Ausruf: »Wie könnte der Wille *frei* sein, wenn er von anderen Dingen *abhinge*!« Die Idee der Abhängigkeit wird in einen Kontrast zur Idee der Freiheit gebracht, indem untergründig an die Erfahrung der Unfreiheit appelliert wird, die wir machen, wenn wir von anderen Menschen abhängig sind, die uns durch ihre Macht versklaven. In Wirklichkeit handelt es sich hier um eine Beziehung der Abhängigkeit, die ihrer Logik nach wiederum nichts mit dem Kontrast zwischen Freiheit und Unfreiheit zu tun hat. Worum es geht, ist lediglich dieses: daß es für den Willen *einen Unterschied macht*, was ihm vorausgeht, oder umgekehrt ausgedrückt: daß es für mein Wollen *nicht gleichgültig ist*, in welcher Umgebung es entsteht. Und wir haben immer wieder gesehen, daß man diesen Gedanken *braucht*, wenn man den freien vom unfreien Willen unterscheiden will. Ohne ihn ließe sich die Idee der Willensfreiheit gar nicht ausbuchstabieren.

Die häufigste und einflußreichste assoziative Verfälschung geschieht beim Gedanken, daß ein Wille durch bestimmte Vorbedingungen notwendig gemacht wird. Die Verfälschung besteht darin, daß aus diesem Gedanken im Untergrund der verschwiegenen Assoziationen der ganz andere Gedanke wird, daß der Wille, wenn er bedingt ist, ein *erzwungener* und also unfreier Wille ist. »Wie kann ein Wille *frei* sein, wenn es Vorbedingungen gibt, die uns *nötigen* und dazu *zwingen*, etwas Bestimmtes zu wollen!« Der beschwörende Ausruf lebt davon, daß es eine Gemeinsamkeit gibt zwischen etwas, das wir unter Zwang wollen und tun, und etwas, das unter dem Einfluß von Vorbedingungen geschieht: In beiden Fällen findet eine *Reduktion von Möglichkeiten* statt. Der Bankkassierer, wenn er nicht den Tod riskieren will, hat angesichts des Mannes mit der Maske nur die eine Möglichkeit: das Geld herauszugeben. Das Benzin hat, wenn es mit einer Flamme in Berührung kommt, nur die eine Möglichkeit: sich zu entzünden. Doch es gibt zwischen den beiden Fällen diesen entscheidenden Unterschied: Im ersten Fall geht die Reduktion der Möglichkeiten auf eine Person und ihren Willen zurück, im zweiten nicht. Deshalb ist es korrekt zu sagen: Der Mann mit der Maske nötigt oder zwingt den Kassierer, ihm das Geld zu geben, aber irreführend zu sagen: Die Flamme nötigt oder zwingt das Benzin, sich zu entzünden. Die Flamme tut nichts dergleichen, so etwas *kann* sie gar nicht. Die Reduktion der Möglichkeiten geht hier auf etwas zurück, das einmal mehr mit Freiheit und Unfreiheit nicht das geringste zu tun hat: die Tatsache, daß Feuer und das Verhalten von Benzin naturgesetzlich miteinander verknüpft sind. Wenn wir sagen, daß sich Benzin unter dem Einfluß von Feuer *notwendigerweise* entzündet, so heißt das einfach: die beiden Phänomene *treten immer zusammen auf*. Wir können dieses gemeinsame Auftreten weiter erklären, indem wir die Molekularstruktur von Benzin ins Spiel bringen. Nirgendwo, auf keiner Ebene der Erklärung, findet sich etwas wie Zwang oder Nötigung, sondern immer wieder derselbe nüchterne und unpersönliche Sachverhalt: das gemeinsame Auftreten von Phänomenen. Und nicht anders ist es bei der Beeinflussung des Willens durch Vorbedingungen: Es kann keine Rede davon sein, daß sie den Willen zwingen oder nötigen, so und nicht anders zu sein; es ist einfach faktisch so, daß ihr Vorliegen es in der Regel mit sich bringt, daß er so und nicht anders ist. Wenn wir wollen, können wir das Geregelte oder Regelmäßige dieses gemeinsamen Auftretens mit dem Begriff der Notwendigkeit kommentieren. Wir können den Zusammenhang sogar *zwingend* nennen. Was nicht geschehen darf, ist, daß wir im Zuge solcher Kommentierungen unmerklich in die Sphäre zwischenmenschlicher Einflüsse hineingleiten, wo der Begriff des Zwangs im Sinne der Unfreiheit zu Hause ist. Wenn beschwörend eine Verbindung zwischen dem Bedingtsein und dem Erzwungensein des Willens hergestellt wird, so ist es genau das, was passiert. Es werden zwei ganz verschiedene Kategorien miteinander verschmolzen. Die Angst vor der Bedingtheit des Willens, wenn sie eine Angst vor Zwang ist, beruht auf einem Kategorienfehler. Unnötig zu sagen, daß dasselbe für den Gedanken gilt, daß der Wille, wenn er Bedingungen unterworfen ist, ein unterjochter und also unfreier Wille ist.

Wenn wir uns klargemacht haben, daß die Sprache der Bedingtheit nicht eine Sprache des Zwangs und also der Unfreiheit ist, haben wir eines der gedanklichen Motive für die Forderung nach dem unbedingt freien Willen verloren. Ein weiteres gedankliches Motiv verlieren wir, wenn wir einen anderen Wortschatz beleuchten, der uns gefangennehmen und gleichsam betäuben kann: die Sprache der Ohnmacht. Zum erstenmal sind wir ihr begegnet, als wir uns mit den verschiedenen Erfahrungen der Unfreiheit beschäftigten. In seinem Willen unfrei zu sein, heißt – das war der gemeinsame Nenner –, nicht selbst darüber bestimmen zu können, welchen Willen man hat. Und das kann man so lesen: zusehen zu müssen, wie man aus einem Willen heraus handelt, über den man keine Macht hat, entweder weil er sich dem Einfluß des Überlegens entzieht oder weil er die Antwort auf eine von anderen beherrschte Situation ist. Im Kontrast dazu habe ich den freien Willen als einen Willen beschrieben, dem wir nicht ohnmächtig ausgeliefert sind, weil er sich unseren Überlegungen und unserem Urteil fügt. Im vorangegangen Kapitel dann sind wir Gedankengängen begegnet, die Ohnmacht und Unfreiheit auch da beschworen, wo wir bisher Macht und Freiheit gesehen hatten. Der entscheidende gedankliche Schritt war stets derselbe: Jeder bedingte Wille, auch der angeblich freie, kann kraft seiner Bedingtheit nicht anders sein, als er tatsächlich ist. Und diese Beobachtung wurde auf eine ganz bestimmte Weise ausgelegt: Wir sind mit unserem Willen, auch dem überlegten und entschiedenen Willen, insgesamt einem Bedingungsgeschehen ausgeliefert, über das wir keine Macht besitzen. Zwar gelingt es uns oft, den Willen durch Überlegen zu beeinflussen. Aber wir sollten uns nichts vormachen: Darüber, ob uns das gelingt oder nicht, haben wir wiederum keinerlei Macht. Wenn wir nur genau und tief genug nachdenken, kommt überall Ohnmacht zum Vorschein. Ob es Raskolnikov ist, der von seinen Motiven zu seinem mörderischen Plan getrieben wird; oder unser Emigrant, der schließlich dem schrecklichen Bild vom Viehwagen erliegt; oder der Fahrerflüchtige, der sich dem übermächtigen Gedanken ans Gefängnis beugt und weiterfährt: überall nichts als Ohnmacht.

Der Wortschatz, mit dem diese vermeintliche Ohnmacht beschworen werden kann, ist reich. Wenn wir die Geschichte von Raskolnikovs Willensbildung zurückverfolgen und kleinteilig aufschlüsseln − so der Gedanke −, erkennen wir, daß es *unvermeidlich, unabänderlich, unabwendbar* und *unausweichlich* war, daß er die Pfandleiherin am Ende töten wollte. Niemand konnte das Entstehen dieses Willens *aufhalten* oder *verhindern*. Das gilt auch für Raskolnikov selbst: Auch er konnte in dieses Geschehen nicht *eingreifen* und sich nicht dagegen *wehren*. Die Folge von inneren Ereignissen, die den Prozeß seines Entscheidens ausmachten, *brach über ihn herein und riß ihn mit sich fort*. Er mochte sich als Urheber seiner Entscheidung fühlen; in Wirklichkeit war er das *wehrlose Opfer* der Dinge, die in ihm vorgingen. So jedenfalls ist es, wenn Raskolnikovs Freiheit nur eine bedingte Freiheit ist. Und deshalb gibt es nur eine einzige Möglichkeit, ihm echte Freiheit zuzuschreiben: Wir müssen ihn als jemanden sehen, dessen Wille unbedingt frei ist. Dadurch und nur dadurch kann er von seiner Ohnmacht erlöst werden.

Doch sein unbedingt freier Wille, das haben wir gesehen, wäre gar kein Wille. Deshalb kann man ihn so nicht von der Ohnmacht erlösen. Wie dann? *Durch den Nachweis, daß es diese Ohnmacht nie gegeben hat.* Wie aber soll man das nachweisen, wo es doch die mächtige und nachvollziehbare Intuition gibt, die in der Sprache der Ohnmacht zum Ausdruck kommt? Dadurch, daß man diese Intuition als ein trügerisches Gebilde entlarvt, das entsteht, weil die Sprache der Ohnmacht an einer Stelle beschworen wird, an der sie von ihrer inneren Logik her gar nicht eingesetzt werden dürfte. Zu zeigen ist, daß diese Sprache uns nur dann gefangennehmen kann, wenn wir ihre stillschweigenden Voraussetzungen vergessen und deshalb übersehen, daß sie hier nicht erfüllt sind.

Es gibt drei Voraussetzungen, die hier eine Rolle spielen, und sie sind deshalb leicht zu übersehen, weil sie so unauffällig und trivial sind. Die erste lautet: Damit jemand einem Geschehen gegenüber wehrlos und ohnmächtig sein kann, muß dieses Geschehen *von ihm verschieden* sein. Man ist etwas gegenüber ohnmächtig, das man nicht selbst ist. Der Skifahrer etwa ist der Lawine gegenüber ohnmächtig, die auf ihn zukommt. Zweitens: Das bedrohliche Geschehen, das einen wehrlos macht, ist in seinem kausalen Verlauf unabhängig vom Opfer. Mit anderen Worten: Es ist vom Opfer *nicht beeinflußbar*. Und schließlich: Das Opfer *möchte nicht*, daß die bedrohlichen Dinge geschehen, es wünschte, sie aufhalten zu können. Wäre es mit dem, was geschieht, einverstanden, bliebe zwar die Tatsache der objektiven Unbeeinflußbarkeit; aber sie würde nicht als schreckliche Wehrlosigkeit erlebt und besäße nicht die typische affektive Tönung der Ohnmacht, wie sie bei unserem Thema eine Rolle spielt.

Wenden wir diese Bedingungen nun auf die angebliche Ohnmacht dem eigenen Wollen und Entscheiden gegenüber an, und konzentrieren wir uns zunächst nur auf das Wollen. Gibt es einen Sinn, in dem mein Wille von mir verschieden ist und in dem das Willensgeschehen unabhängig von mir verläuft, wie eine innere Lawine? Und gibt es einen Sinn, in dem ich die innere Lawine des Willens aufhalten möchte? Auf den ersten Blick scheint es, als müsse die Antwort negativ sein: Der Wille einer Person ist ja *in* ihr – wie sollte sie ihm also als etwas Fremdem gegenüberstehen können? Verallgemeinert: Wie sollte eine Person Geschehnissen gegenüber ohnmächtig sein können, die sich in ihr selbst abspielen? So schwer ist das indessen gar nicht zu verstehen: Sie können sich gegenüber einer Krankheit, die in Ihnen tobt, hilflos und ohnmächtig fühlen. Die Krankheit ist in Ihnen, und trotzdem können Sie ihr als etwas Fremdem gegenübertreten und erleben, wie sie unabhängig und unbeeinflußbar ihre verheerende Wirkung entfaltet. Von dieser Unabhängigkeit können wir deshalb sprechen, weil wir unterscheiden können zwischen Ihnen, sofern Sie denken und fühlen, und Ihnen, sofern Sie ein körperliches Wesen sind, in dem sich körperliche Vorgänge abspielen. Das heißt nicht, daß wir Sie in eine seelische und eine körperliche Substanz aufspalten. Es heißt einfach, daß wir Sie in *verschiedenen Hinsichten* betrachten können, in einer physiologischen und einer psychologischen. Und das kann man auch mit der Metapher vom Standpunkt ausdrücken: Vom Standpunkt Ihres Denkens und Fühlens aus erscheint Ihnen die Krankheit als etwas von Ihnen Verschiedenes, das seinen unbeeinflußbaren Lauf nimmt. Und von diesem Standpunkt aus ist die Krankheit wie eine innere Lawine, die Sie aufhalten möchten.

Doch wie ist es beim Willen, der, anders als eine Krankheit, auf die Seite der psychologischen Betrachtungsweise fällt? Kann es da, also innerhalb des seelischen Gesamtgeschehens, die Erfahrung von Distanz, Unabhängigkeit und Ablehnung geben, die Voraussetzung für eine Erfahrung der Ohnmacht ist? Durchaus: Viele Formen der Willensunfreiheit, die wir früher besprochen haben, ließen sich so beschreiben, daß uns der Wille als fremd und unverfügbar erscheint, weil er ein Eigenleben führt, in das wir durch Überlegen nicht einzugreifen vermögen. Der süchtige Spieler etwa, sofern er ein Urteilender ist, erlebt sich selbst, sofern er ein Wollender ist, als fremd und unbeeinflußbar: Er ist seinem Willen gegenüber in keiner prinzipiell anderen Position als einer Lawine gegenüber. Vom Standpunkt seines Urteilens aus erscheint ihm sein

Wollen als etwas, das in seiner Unabhängigkeit und Fremdheit vollständig an ihm vorbeiläuft – als etwas also, in das er nicht einzugreifen und gegen das er sich nicht zu wehren vermag. Er möchte die Lawine seines zwanghaften Willens aufhalten und kann es nicht. Und weil es diesen inneren Abstand der Fremdheit und Ablehnung gibt, ist die Sprache der Ohnmacht hier am Platz: Der Spieler ist, was seinen Willen betrifft, ein *Opfer*.

Nun stehen wir ganz dicht vor dem Beweisziel, das wir uns gesetzt hatten: zu zeigen, daß die Sprache der Ohnmacht, wenn sie beschwörend vom *unfreien* auf den bedingt *freien* Willen übertragen wird, gegen ihre eigene innere Logik verstößt und eine Intuition erzeugt, die sich als trügerisches, in sich ungereimtes Gebilde herausstellt. Wir brauchen uns jetzt nur noch daran zu erinnern, daß sich der bedingt freie Wille dadurch auszeichnet, daß er *nicht* als etwas Unabhängiges, Unbeeinflußbares und Abgelehntes am Überlegen und Urteilen vorbeiläuft. Der aus Freiheit Wollende erlebt seinen Willen *nicht* wie eine Lawine, die er aufhalten möchte, gegen die er aber nichts auszurichten vermag. Zwar kann er immer noch in zwei getrennten Hinsichten beschrieben werden: einmal als Wollender und einmal als Urteilender. Aber zwischen diesen beiden Standpunkten gibt es keine erlebte Kluft mehr. Sie fallen zusammen, und in dieser Distanzlosigkeit liegt die Freiheit. *Dann aber gibt es keinen Standpunkt mehr, von dem aus es Sinn machen könnte, von Ohnmacht zu sprechen. Durch die bedingte Freiheit wird eine Ohnmacht begrifflich unmöglich.*

Schneller noch erreichen wir unser Beweisziel, wenn es nicht nur um das einfache Wollen, sondern um das komplexere Entscheiden geht. Schon die erste Bedingung für Ohnmacht nämlich ist hier nicht erfüllt: Es ergäbe keinen Sinn zu sagen, daß der Prozeß des Entscheidens *als ganzer* von mir verschieden sei. Das ist deshalb so, weil ich am Entscheiden in *beiden* Rollen beteiligt bin, sowohl als Wollender als auch als Urteilender. Das Entscheiden ist dasjenige Geschehen, in dem ich in der Rolle des Urteilenden auf mich in der Rolle des Wollenden Einfluß nehme. Es ist dasjenige Geschehen, in dessen Verlauf die beiden Rollen oder Standpunkte zur Deckung kommen und verschmelzen: Ich will so, wie ich urteile. Damit ich dieses ganze Geschehen als von mir verschieden erleben könnte, müßte es noch eine weitere Rolle oder einen weiteren Standpunkt geben können, von dem aus ich dieser Verschmelzung als ganzer gegenübertreten könnte. *Einen solchen weiteren Standpunkt aber gibt es nicht.* Und weil es ihn nicht gibt, ist auch die zweite Bedingung für Ohnmacht nicht erfüllt: Ich kann mein Entscheiden nicht als etwas erleben, das unbeeinflußbar an mir vorbeiläuft, denn *es gibt da niemanden mehr*, an dem es vorbeilaufen könnte: Ich mit meinem bedingt freien Willen *bin* dieses Geschehen. Und das bedeutet auch, daß die letzte Bedingung für Ohnmacht nicht erfüllbar ist: Es ergibt keinen Sinn anzunehmen, daß ich vielleicht *nicht möchte*, daß mein Wille frei wird, indem er sich meinem Urteil fügt, und daß ich das ganze Geschehen, an dessen Ende der bedingt freie Wille steht, *aufhalten* möchte und es nicht kann. Mein Entscheiden kann mir nicht wie eine bedrohliche innere Lawine vorkommen, weil es keinen Standpunkt gibt, von dem aus ich es so erleben könnte. Und diesen letzten Punkt kann man unterstreichen, indem man zu den bisherigen noch eine weitere Beobachtung zum Begriff der Ohnmacht hinzufügt. Auch wenn es zu diesem Begriff gehört, daß ich das bedrohliche Geschehen jetzt nicht aufhalten kann, so ist es doch in den meisten Fällen so, daß wir eine Vorstellung davon haben, wie man es *im Prinzip* anstellen könnte, es aufzuhalten: Man könnte einen Lawinenzaun errichten. Dagegen ergibt der Gedanke, daß ich meine freie Entscheidung aufhalten könnte, keinen Sinn. Nicht nur *möchte* ich sie nicht aufhalten; ich wüßte auch gar nicht, wie das gehen sollte. Und dafür gibt es diesen einfachen Grund: Das Ausüben der Entscheidungsfreiheit gehört nicht zur *Kategorie* von etwas, das man im Prinzip aufhalten und dessen Verlauf man eindämmen könnte. Und das wiederum ist so, weil es einen dem Geschehen äußerlichen Standpunkt, wie ihn diese Kategorie verlangt, nicht gibt.

Stellen Sie sich wieder einmal vor, Sie seien der ledige Emigrant, der zwischen der Loyalität dem Widerstand gegenüber und der Sorge ums eigene Überleben hin- und hergerissen ist. Es könnte sein, daß Ihr Urteil schließlich doch ganz eindeutig ausfällt: Sie können nicht weglaufen, Sie würden sich das nie verzeihen. Das Nachdenken hat ein Ende, die früheren Zweifel schweigen. In den folgenden Tagen engagieren Sie sich im Widerstand und übernehmen Aufgaben, von deren Erfüllung das Leben anderer abhängt. Jetzt kommt es darauf an, daß Sie zu Ihrem Entschluß stehen. Und vom Standpunkt des Urteilens aus tun Sie das auch. Doch dann spielt Ihnen die vermeintlich gebannte Angst einen Streich, Sie laufen doch weg und liefern die Kameraden dem Tod aus. Auch jetzt noch halten Sie an Ihrem Urteil fest: Ich dürfte nicht weglaufen. Aber gegen den angstvollen Willen zur Flucht ist nichts zu machen. Sie erleben es als Ohnmacht, denn Sie wollen und tun etwas, das Sie vom Standpunkt des Urteilens aus verurteilen, und Sie machen die bittere Erfahrung, daß Sie als Urteilender gegen den handlungswirksamen Wunsch nichts auszurichten vermögen, er begräbt Sie unter sich wie eine Lawine. Später sagen Sie: »Ich war meiner Angst gegenüber vollkommen wehrlos.« Und Sie haben recht: Die Sprache der Ohnmacht ist hier richtig, denn es gibt einen Standpunkt, von dem aus sie anwendbar ist.

Und nun ändern wir die Geschichte. Sie nehmen Ihre Angst von Beginn an ernst und betrachten sie statt als einen dunklen Störfaktor als ein Gefühl, in dem sich gute Gründe verdichten. Sie haben doch ein Recht, Ihr Leben nicht aufs Spiel zu setzen. Jeder hat dieses Recht. Es gibt so vieles, was

Sie noch vorhaben. Und im übrigen: Mit Patriotismus hatten Sie noch nie etwas am Hut, und Sie bezweifeln, daß er ein Leben wert ist. All das sagen Sie Ihrem fordernden Freund aus dem Widerstand. Sie sagen es mit innerer Ruhe und fester Stimme, und auch sein wütender, verachtungsvoller Abgang erschüttert Sie nicht. Sie haben eine Entscheidung aus Freiheit getroffen. Urteil und Wille decken sich. Diese Stimmigkeit ist das Ergebnis eines komplexen inneren Geschehens voller Bedingtheit: Hätten Sie anders gelebt und anders gedacht, so hätten Sie sich anders entschieden; doch Sie haben nicht anders gelebt und gedacht; deshalb ist die Entscheidung so und nicht anders ausgefallen. Beweist das Ihre Ohnmacht? Mitnichten. Zum einen *erleben* Sie sich nicht als ohnmächtig, im Gegenteil: Wie Sie im Zug sitzen, fühlen Sie sich ruhig und frei, ganz anders als früher, wo Sie manchmal wehrlos Ihren kapriziösen Leidenschaften ausgeliefert waren. Sie sind glücklich, daß Ihnen jetzt, wo es darauf ankam, die Freiheit der Entscheidung gelungen ist – daß Ihr Nachdenken uneingeschränkte Macht über Ihren Willen besaß und Sie unter den Blicken des Freundes nicht doch noch schwach geworden sind. Ist dieses Erlebnis, aller Ohnmacht ferner zu sein als jemals zuvor, Beweis genug, daß Sie es auch wirklich *sind*? Gibt es nicht auch verdeckte, unbemerkte Ohnmacht, die umso schlimmer ist, weil sie nicht bemerkt wird? Ja, es gibt sie. Aber Sie können gewiß sein, daß das bei Ihnen nicht zutrifft, und zwar aus dem stärksten Grund, den man sich denken kann: *Sie erfüllen die begrifflichen Voraussetzungen für Ohnmacht nicht.* Um Sie als ohnmächtig beschreiben zu können, müßten wir über Sie sagen können: Er möchte gerne Macht über seinen Willen ausüben, aber es gelingt ihm nicht. In der ersten Fassung der Geschichte ist das wahr, in der zweiten dagegen falsch. Und weil es falsch ist, gibt es keinen Standpunkt, von dem aus Sie sich selbst gegenüber den Argwohn der Ohnmacht hegen könnten. Dieser Argwohn ist begrifflich unmöglich. Und er ist auch in derjenigen Variante unmöglich, in der er nicht dem einfachen Wollen, sondern dem komplexeren Entscheiden gilt. Sie sind von Ihrem Entscheiden nicht in einer Weise verschieden, die zu sagen erlaubte: Er möchte verhindern, daß diejenigen Gründe, die er für die besten hält, seinen Willen bestimmen, aber es gelingt ihm nicht, diesen Prozeß der Willensbildung aufzuhalten, die Freiheit der Entscheidung begräbt ihn unter sich wie eine Lawine. Wenn Sie das Recht auf Ihr Leben über jede Verpflichtung dem Widerstand und dem Land gegenüberstellen und wenn sich Ihr Wille diesem Urteil nahtlos fügt, so ist es begrifflich ausgeschlossen, daß Sie sich in dieser freien Entscheidung als ohnmächtiges Opfer betrachten. Und wenn der Spieler, nachdem er seinen inneren Zwang überwunden hat, befreit und gelassen am erleuchteten Casino vorbeigeht, wäre es unsinnig – begrifflich unsinnig –, ihn als jemanden zu beschreiben, der sich nun ohnmächtig seinem freien Willen beugt.

Erinnern wir uns an eine Frage, die wir dem verheirateten Emigranten im vorangehenden Kapitel stellten. »Hatten Sie am Ende den Eindruck«, fragten wir ihn, »daß Sie trotz der Wucht, die das Bild vom Viehwagen besaß, auch etwas anderes hätten wollen können als die Flucht? Daß Sie es hätten *verhindern* können, daß das Bild den Willen zur Flucht hervorbrachte? Daß Sie Ihre Entscheidung hätten *aufhalten* können? Daß Sie in das ganze Entscheidungsgeschehen hätten *eingreifen* können?« Und der Gedanke hinter der Frage war: Nur wenn die Antwort positiv ist, haben wir es mit echter Freiheit zu tun; andernfalls war der Emigrant bloß das ohnmächtige Opfer seiner Entscheidung. Doch nun wissen wir: Das ist kein stimmiger Gedanke. Und weil der Gedanke in sich zerfällt, wenn man ihn näher betrachtet, verliert auch die neue Idee von Entscheiden, die durch ihn motiviert war, ihren Halt. »Waren Sie *frei* darin, sich für Ihre Entscheidung zu entscheiden?« Einmal abgesehen von der Freude an der Aufstufung und Verschachtelung von Wörtern: Diese Frage kann einem nur dann in den Sinn kommen, wenn man das ursprüngliche Entscheiden – das Entscheiden erster Stufe – als etwas sieht, das nicht in sich bereits alle Freiheit enthält, um die es uns gehen kann. Und so kann es einem nur dann vorkommen, wenn man die unstimmige Vorstellung hat, daß man dem eigenen Entscheidungsgeschehen gegenüber Ohnmacht empfinden könnte. Wenn man diesen Fehler nicht macht, hat man kein gedankliches Motiv, die verschachtelte Frage zu stellen, und wird sie als das reine Wortspiel erkennen, das sie ist. Die Freiheit, sich zu seinen Entscheidungen entscheiden zu können: Wir brauchen sie nicht, weil es die Ohnmacht und Unfreiheit, die dadurch abgewehrt werden sollten, gar nicht gibt.

Der heimliche Homunculus

Auf jemanden, der die Freiheit der Entscheidung ausübt, ist die Sprache der Ohnmacht aus begrifflichen Gründen nicht anwendbar. Es kann keine Rede davon sein, daß er in seinem Wollen und Entscheiden das wehrlose Opfer eines unausweichlichen Geschehens ist, das über ihn hereinbricht und ihn mit sich fortreißt, denn da ist niemand, der sich als Opfer und als Mitgerissenen verstehen könnte. Damit hat sich – nachdem die Sprache der Bedingtheit von der Assoziation des Zwangs gereinigt worden war – ein weiteres gedankliches Motiv für das Postulat des unbedingt freien Willens aufgelöst. Doch der intuitive Sog, den die Idee der unbedingten Freiheit trotz ihrer demonstrierbaren Unstimmigkeit zu entwickeln vermag, ist damit noch längst nicht verschwunden. Deshalb müssen wir in unserem diagnostischen Verstehen noch tiefer graben. Der Irrtum, den es als nächstes zu besprechen gilt, hat nicht mehr damit zu tun, daß wir uns durch Sprache gefangennehmen lassen. Er ist nicht als sprachliches Gefängnis darstellbar. Insofern er ein Gefängnis ist, ist er ein *intuitives* Gefängnis – ein Gefängnis also, das entsteht, wenn wir unsere *Erfahrung* von Freiheit mißdeuten.

Um dieses Mißverständnis aufzuklären, beginnt man am besten bei demjenigen Argument aus dem vorangegangenen Kapitel, das zu zeigen beanspruchte, daß uns die bloß bedingte Freiheit dem ersten Anschein zum Trotz keine echte Urheberschaft von Wollen und Tun zu geben vermag. Der Nerv dieses Arguments war der Gedanke, daß der Wille durch seine Bedingtheit zu einem bloßen Geschehnis unter anderen Geschehnissen wird, daß er dadurch seinen Charakter als echten Willen verliert und daß als Folge dieses Verlusts die ganze Idee der Urheberschaft von Wollen und Tun zerfällt. Aus Raskolnikov, dem Täter – so lautete die Illustration –, wird ein Raskolnikov, der nur noch ein Ort des Geschehens ist. Es schien, als müßten wir dagegen etwas unternehmen, und so kam die Idee des unbedingten Willens ins Spiel. Inzwischen ist die gedankliche Situation komplizierter geworden. Denn in diesem Kapitel haben wir bereits gesehen, daß ein unbedingter Wille kein bestimmter Wille und damit aus begrifflichen Gründen überhaupt kein Wille sein könnte. Damit sieht es nun so aus: In *beiden* Richtungen, derjenigen der Bedingtheit und derjenigen der Unbedingtheit, verlieren wir den Willen.

Etwas muß schiefgegangen sein, und es muß an dem Gedankengang liegen, der die Urheberschaft auszuhöhlen schien. *Warum* eigentlich kann Raskolnikov nicht länger als Urheber seines Wollens und Tuns gelten, wenn wir einräumen, daß seine Wünsche und also sein Wille einfach innere Geschehnisse unter anderen sind? Dann *stoßen* sie ihm nur *zu*, lautete das Argument, und dann geht der Unterschied zwischen der Kategorie des gewollten Tuns und der Kategorie des urheberlosen Geschehens verloren. Ist das nicht eine kategoriale Unterscheidung, die wir auf gar keinen Fall aufgeben wollen, einmal, weil sie intuitiv zwingend ist, aber auch, weil wir sie für die Idee der Verantwortung und für die Logik der moralischen Empfindungen brauchen? Das ist richtig, und wir *brauchen* sie auch nicht aufzugeben. *Entscheidend aber ist, worauf wir sie anwenden.*

Gewöhnlich machen wir da keinen Fehler. Wenn Raskolnikov die Alte erschlägt, so ist das eine Tat, und wir betrachten Raskolnikov, *diese ganze Person*, als Täter. Es ist die ganze Person, der wir Urheberschaft zuschreiben. Und wir erläutern die Urheberschaft, indem wir sagen: Er wollte es. Entsprechend, wenn er stürzt: Das ist ein bloßes Geschehnis, wiederum ist es die ganze Person, die darin verwickelt ist, und wir sagen: Er wollte es nicht. Damit ist diese Unterscheidung gewöhnlich erschöpft. Die kategoriale Geschichte ist zu Ende, und es gibt keine Plattform, von der aus man unser Problem entwickeln könnte.

Was muß jemand tun, wenn er es entwickeln will? Er muß gedanklich *in die Person hineingehen*. Er muß einzelne Phänomene *in* ihr betrachten, beispielsweise ihre Wünsche und ihren Willen. Dann wendet er die fragliche Unterscheidung *darauf* an und fragt: Ist der Wille ein bloßes Geschehnis oder nicht? Und nun hat er eine Plattform für sein Problem: Wenn der Wille nur ein Geschehnis ist, das mit anderen Geschehnissen verkettet ist, so scheint ihm seine wesentliche Eigenschaft zu fehlen: daß er der Wille eines wollenden *Subjekts* ist. Wenn er an der Peripherie der ganzen Person geblieben wäre, so wüßte er, wo er das Subjekt finden könnte: Es wäre die Person selbst. Doch er ist gedanklich im Inneren der Person, so daß ihm das nicht als die gesuchte Antwort erscheinen kann. Also wird er das Subjekt im Inneren der Person suchen. Es *muß* dort eines geben, wird er denken, denn sonst ist es nichts mit der Urheberschaft. Und so beginnt er, über ein *inneres Subjekt* nachzudenken, das, soll es sich nicht seinerseits wieder in ein bloßes Geschehen auflösen, ein unbedingtes Subjekt mit einem unbedingten Willen sein muß.

Und das ist sein Fehler. Um den Fehler zu verstehen, müssen wir uns an etwas erinnern, was ich im ersten Intermezzo sagte: Alle Ideen und begrifflichen Unterscheidungen sind von uns *gemacht* worden. Und jetzt gilt es hinzuzufügen: Sie sind *für bestimmte Zusammenhänge* gemacht worden und können außerhalb ihrer nicht angewandt werden, ohne unsinnige Fragen zu erzeugen. So ist es mit der Idee der Urheberschaft, des Subjekts und der Unterscheidung zwischen gewolltem Tun und bloßem Geschehen. Sie sind gemacht, um über ganze Personen zu sprechen, und verlieren ihren Sinn, wenn sie auf Phänomene im Inneren der Person angewandt werden. In dem Gedankengang, der die Urheberschaft zerbröckeln ließ, wurde gesagt, daß sich die Unterscheidung zwischen Tat und Geschehen als *oberflächlich* erweist, wenn man nur genau und hartnäckig genug nachdenkt. Dieser Diagnose können wir jetzt eine andere entgegensetzen: Die an ganzen Personen orientierte Unterscheidung ist die einzig sinnvolle Unterscheidung, und sie ist nicht oberflächlich, *weil es gar keine Tiefe gibt.* Und in diesem Licht betrachtet, sieht das Zerbröckeln der Urheberschaft ganz anders aus als bisher: Es liegt nicht an der Bedingtheit, sondern daran, daß die Urheberschaft im Inneren gesucht wird, also dort, wo sie, begrifflich gesehen, nicht hingehört. Dort, wo die Urheberschaft hingehört, bröckelt sie nicht, und dort, wo sie bröckelt, gehört sie nicht hin.

Damit sind wir im diagnostischen Verstehen einen weiteren Schritt vorangekommen. Aber wir sind noch lange nicht dort, wo wir hin wollen. Wir haben nämlich noch nicht verstanden, *warum* es die Neigung gibt, diesem Kategorienfehler zu erliegen. Eigentlich, mögen Sie denken, ist das ja alles offensichtlich. *Natürlich* geht es bei der Urheberschaft um die *ganze* Person. Warum also das ganze Theater? Und in der Tat:

Solange wir, die wir nicht Raskolnikov sind, ihn von außen betrachten und über seine Urheberschaft nachdenken, werden wir nicht in Versuchung kommen, ein zusätzliches Subjekt anzunehmen, das tief in ihm drinsteckt. Das scheint nicht nur unnötig, sondern geradezu lächerlich. Der ganze Raskolnikov – das genügt uns.

Doch die Perspektive von außen auf die anderen ist nicht die einzige Perspektive. Es gibt auch die Perspektive von innen, diejenige Perspektive, die jeder sich selbst und seinen Erfahrungen gegenüber einnehmen kann. Und da kann einem die Situation ganz anders erscheinen. Wie sie aussehen kann, wissen wir aus dem Schlußteil des letzten Kapitels: Es gibt die Erfahrung des inneren Fluchtpunkts und die Erfahrung des spontanen Wollens. Ich kann, so scheint es, meinen kritischen Abstand zu mir selbst so einsetzen, daß ich hinter all meine Wünsche und Überlegungen und überhaupt hinter alles zurücktrete, was in mir geschieht. Insofern ich das tue, könnte man sagen, bin ich ein *reines Subjekt*. Wenn Sie der Emigrant sind, der am Bahnhof, während er auf den Zug wartet, ein letztes Mal die widerstreitenden Motive Revue passieren läßt, so sind Sie in dieser Rolle ein reines Subjekt: diejenige Instanz, vor welcher der innere Film mit dem Viehwagen, dem brutalen Stiefelschritt der neuen Machthaber und dem zornigen Gesicht des Freundes abläuft. Von all diesen Bildern und dem, was sie in Ihnen anrichten, sind Sie verschieden. Und wenn Sie sich schließlich entscheiden, so tun Sie es aus der Position dieses zurückgezogenen, reinen Subjekts heraus. Jedem inneren und äußeren Geschehen, das Sie zu stoßen und zu schubsen droht, können Sie durch einen Schritt nach hinten ausweichen.

Diese Zurückgezogenheit gibt Ihnen die echte Freiheit, die sich in der Spontaneität des Wollens und Entscheidens offenbart. Die Möglichkeiten des Wollens und Tuns, die Sie in Gedanken durchgehen, sind nun echte Möglichkeiten, und

Sie müssen nicht befürchten, daß Sie sich dabei nur etwas vormachen, weil hinter Ihrem Rücken schon alles entschieden ist. Hinter Ihrem Rücken nämlich gibt es jetzt nichts mehr, was Ihnen einen Streich spielen und eine Scheinfreiheit vorgaukeln könnte. Und das macht Sie zu einem echten Subjekt von Verantwortung. Das hat auch eine Schattenseite: Als reines Subjekt können Sie sich nicht auf Ihre Geschichte und deren Bedingtheit herausreden. Sie können nun nicht mehr sagen: Eigentlich liegt es gar nicht an mir, was ich will und tue. Sie können sich gegen Vorwürfe und Groll nicht mehr schützen, indem Sie sagen: Eigentlich kann ich gar nichts dafür. Jetzt müssen Sie Ihren verwerflichen Taten gegenüber Gewissensbisse, Reue und Scham empfinden, denn jetzt gilt ohne jede Einschränkung: Sie hätten anders gekonnt. Dafür werden Sie jetzt ganz ernst genommen, Sie sind jemand, der seine Entscheidungen wirklich trifft und der ein echtes moralisches Subjekt ist.

In dieser Lesart gibt uns die Innenperspektive mit ihrem flexiblen Fluchtpunkt eine gedankliche Position, von der aus die Bedingtheit des Willens doch wieder als Zwang und Ohnmacht erscheinen kann. Denn wenn es so wäre, daß mein Wille zu jeder Zeit aus den ehernen Gesetzen der Bedingtheit hervorginge, so stünde ich, das reine Subjekt, diesem mich zwingenden Geschehen ohnmächtig gegenüber. Die begrifflichen Voraussetzungen für Ohnmacht nämlich sind nun auf einmal doch erfüllt: Das innere Geschehen ist von mir verschieden, ich möchte es aufhalten, und ich kann es nicht aufhalten. Und so drängt sich eine Folgerung auf, die bereits erledigt schien: Wenn ich mich als frei verstehen will, muß ich mich als ein Subjekt auffassen, das Zwang und Ohnmacht der Bedingtheit zu durchbrechen vermag, indem es sich als unbewegter Beweger gegen die Lawine des inneren Geschehens stemmt und aus reiner Spontaneität heraus etwas ganz anderes will als das, was in der Fallinie dieses Geschehens läge.

Stellen Sie sich einmal mehr vor, Sie seien der Emigrant. Sie leben jetzt in der Fremde, und es geht Ihnen gut. Sie haben eine Arbeit gefunden, die Ihnen besser gefällt als alles, was Sie früher taten. Ähnliches gilt für Ihre Frau, und auch den Kindern geht es gut, sie sind inzwischen ganz mit der neuen Umgebung verwachsen. In Ihrer Heimat freilich spitzen sich die Dinge zu, die Greueltaten der neuen Machthaber werden immer zahlreicher und schrecklicher. Für lange Zeit ist es Ihnen gelungen, solche Nachrichten wegzudrängen und ganz in Ihrem neuen Leben aufzugehen. Doch es kommt der Tag, an dem Ihnen das nicht mehr gelingt. Vielleicht ist es der Tag, an dem Sie von der Hinrichtung Ihres Freundes aus dem Widerstand erfahren. Spontan flammt in Ihnen der Wille auf, als Tyrannenmörder in die Heimat zurückzukehren. Was nun mit Ihnen geschieht, illustriert die Idee des inneren Fluchtpunkts. Sie beginnen sich aus der Identifikation mit dem privaten und beruflichen Leben zu lösen. Nicht, daß es leicht wäre. Es gibt vielfältige und gewaltige innere Kräfte, die sich dieser Loslösung entgegenstellen. Sie müssen sich gegen jede einzelne von ihnen stemmen, um sie schließlich hinter sich zu lassen. Dazu gehört auch, daß Sie hinter Ihre Abneigung gegen Gewalt und hinter Ihre Angst, sogar diejenige vor dem Tod, zurückzutreten lernen. Jedesmal, wenn Ihnen das gelingt, erleben Sie es als Freiheit; jedesmal, wenn Sie unterliegen, ist es eine Erfahrung der Ohnmacht.

Jetzt können wir den Zusammenhang zwischen der Erfahrung des inneren Fluchtpunkts und dem Gedanken des reinen, aller Bedingtheit enthobenen Subjekts beschreiben. Es ist ein komplizierter Zusammenhang, wie ich ihn auf abstrakte Weise früher skizziert habe: Die gedanklichen Motive bringen sich wechselseitig hervor und stützen einander. Einmal ist da die Erfahrung, daß wir uns von unseren Wünschen distanzieren können, indem wir sie gedanklich zum Thema machen und ihre unmittelbare Wirksamkeit unterbrechen. Das ist das unbestreitbare Phänomen des inneren Abstands zu uns selbst, das eine Schlüsselrolle bei der Freiheit der Entscheidung und in der Analyse der Unfreiheit spielt. Dieses Phänomen kann man beschreiben – und ich habe es ursprünglich getan –, ohne von einem Fluchtpunkt zu sprechen, der hinter *allen* Wünschen liegt. Man kann das Phänomen in Anspruch nehmen und der Meinung sein, daß eine innere Distanzierung bestimmten Wünschen gegenüber nur vom Standpunkt *anderer* Wünsche aus möglich ist und es sich also um eine *relative* Distanzierung handelt. Man braucht, mit anderen Worten, ein besonderes gedankliches Motiv, um die Erfahrung der Distanzierung im Sinne einer absoluten Distanzierung und eines *absoluten* Fluchtpunkts zu deuten. Dieses Motiv ergibt sich, wenn man aus einem anderen Grund glaubt, daß es ein Subjekt hinter allem inneren, im Sinne der Bedingtheit verketteten Geschehen geben muß. Dieser andere Grund ist, daß man die Verkettung als Ohnmacht beschreibt, gegen die man die Freiheit verteidigen muß. Doch eine solche Ohnmacht sieht man und kann man, begrifflich betrachtet, nur sehen, wenn man das reine Subjekt schon vorausgesetzt hat. Die Idee des reinen Subjekts spielt also eine doppelte Rolle: Sie ist auf der einen Seite nötig, um den Eindruck der Ohnmacht zu erzeugen, und auf der anderen, um die Freiheit gegen diese von ihr selbst erzeugte Ohnmacht zu retten. Es ist, mit anderen Worten, eine Idee, die nur *durch sich selbst* motiviert ist, eine Idee also, die *überhaupt nicht* motiviert ist. Dann aber kann man sie nicht als Grund für eine Deutung des inneren Abstands im Sinne eines absoluten Fluchtpunkts in Anspruch nehmen.

Weder die Erfahrung des inneren Abstands noch das innere Geschehen als solches bilden, für sich genommen, einen Grund für die Idee des reinen Subjekts. Um einen Grund abgeben zu können, müßten sie bereits im Lichte dieser Idee betrachtet werden. Und nichts zwingt uns, sie in diesem Licht zu betrachten. Wenn Sie, der Emigrant, sich von Ihrem gesamten Leben in der Fremde zu distanzieren versuchen, dann tun Sie es nicht von einem imaginären, wunschlosen Fluchtpunkt aus. Ihr innerer Standpunkt ist einfach der Standpunkt eines neuen, zu allen sonstigen Wünschen gegenläufigen Wunsches: des Wunsches, der blutigen Diktatur ein Ende zu setzen, koste es, was es wolle. Und es ist nicht ein erratischer Wunsch, der mit dem Rest von Ihnen nichts zu tun hat. Er schließt an Dinge an, die Sie schon damals auf dem Bahnhof empfunden haben, als Ihnen die Entscheidung schwer wurde. Und wir können uns vorstellen, daß sich eine nie ganz verstummte Empfindung der Schuld jetzt in den brennenden Wunsch verwandelt hat, den Freund zu rächen. Es gibt in Ihnen nicht ein reines Subjekt, das der konkreten Person mit ihren vielfältigen Wünschen entgegenstünde. Was Sie erleben, ist, daß sich antagonistische Wünsche in Ihnen eine Schlacht liefern. Und wenn Sie für den neuen Wunsch Partei ergreifen, der alles in Ihrem Leben über den Haufen werfen wird, so ist die Identität, die dadurch entsteht, die neue Identität einer konkreten Person. Es kann Ihnen passieren, daß die neue Person gegen die alte, bequemere, unterliegt. Sie mögen das als Ohnmacht erleben. Aber es ist nicht die Ohnmacht eines reinen Subjekts angesichts der Bedingtheit von allem, was in Ihrer Innenwelt geschieht. Es ist eine Ohnmacht, wie wir sie längst kennen: Es gelingt Ihnen nicht, das zu wollen und zu tun, was Ihrem Urteil entspricht.

Wir brauchen kein reines Subjekt, um die Erfahrung von Freiheit und Unfreiheit zu beschreiben. Und es würde uns, begrifflich betrachtet, auch gar nichts nützen. Das wird sichtbar, wenn wir uns fragen, wie ein solches Subjekt beschaffen sein müßte, um seine Aufgabe zu erfüllen. Es ist abenteuerlich, aber nehmen wir an, Sie sind ein reines Subjekt. Sie machen sich durch die Methode der systematischen inneren Distanzierung bemerkbar, und Ihre Aufgabe ist es, die Freiheit gegen die Bedingtheit des inneren Geschehens zu verteidigen. Welche Eigenschaften müssen Sie haben, um dieser Aufgabe gewachsen zu sein?

Zunächst einmal müssen wir sicherstellen, daß Sie ein *bestimmtes* Subjekt sind. Und bereits hier wird es schwierig. Denn es gilt nun dieselbe Überlegung, die den begrifflichen Zerfall des unbedingten Willen herbeiführte: Bestimmtheit verlangt Bedingtheit. Wir wollen ja, daß *Sie* – und kein anderer – das fragliche Subjekt sind. Das können wir nur erreichen, indem wir Ihnen eine Identität geben, die etwas mit Ihnen, der ganzen Person, zu tun hat. Beispielsweise sind Sie das reine Subjekt des Emigranten. Das aber ist nur möglich, wenn wir Sie in Ihrem Subjektsein bedingt sein lassen durch Eigenschaften, die Sie, den Emigranten, von anderen Personen unterscheiden. Und damit haben wir Ihre Reinheit, die in der Unbedingtheit bestehen sollte, bereits zerstört. Und das ist noch nicht alles. Sie sollen ja nicht nur ein Subjekt sein, das in vollständiger Passivität verharrt. Sie sollen fähig sein, etwas zu *wollen*, etwa den Tyrannenmord. Und da gilt wieder: Bestimmtheit verlangt Bedingtheit. Als wirklich reines, unbedingtes Subjekt wären Sie ein kapriziöses Subjekt, das ohne Bindung an Gründe das eine Mal dieses will und das andere Mal jenes. Auch das soll nicht sein: Als Tyrannenmörder müssen Sie, mindestens für sich selbst, in Ihrem Willen berechenbar und verläßlich sein. Das können wir nur erreichen, indem wir Ihnen eine innere Kontinuität und also Erinnerungen geben, die ihren Gehalt dadurch bekommen, daß sie in einem Bedingungszusammenhang zu äußeren und inneren Episoden aus der Vergangenheit stehen. Auch mit der Fähigkeit des Überlegens müssen wir Sie ausstatten, denn Ihr Wille, den Tyrannen zu töten, könnte – das wissen wir aus dem ersten Kapitel – gar kein wirklicher Wille sein, wenn er nicht durch Überlegungen zur Verwirklichung gestützt würde. Auch als einer, der seinen Mord moralisch rechtfertigen und dafür die Verantwortung übernehmen kann, müssen Sie überlegen können: Sie müssen die moralischen Regeln kennen. Und schließlich ist Ihr neuer Wille, der Sie von dem Leben in der Fremde entfernt, kein trockener, papierener Wille, sondern ein Wille, der in starken Emotionen verankert ist.

Wenn Sie sich, um sich Ihre Reinheit zu bewahren, innerlich von allem, was Sie zu einer konkreten Person macht, entfernen, so enden Sie im begrifflichen Niemandsland, und dort können Sie kein Subjekt sein. Wenn wir Sie dann aus dem Niemandsland zurückholen, geschieht etwas, das uns nicht überraschen kann, das der ursprünglichen Idee aber zuwiderläuft: *Als inneres Subjekt werden Sie zur Person.* Das geschieht nicht aus Unachtsamkeit und weil wir vergessen haben, daß Sie ja ein reines Subjekt sein sollen. Es geschieht aus begrifflichen Gründen, also *notwendigerweise*. Um Sie als Subjekt zu retten, müssen wir Sie zur Person machen. Die gedankliche Situation, die dadurch entsteht, können wir dann auf zwei Weisen beschreiben. Die eine Beschreibung lautet: Um Subjekt sein zu können, müssen Sie zu einer kleinen Person in der großen Person werden: zu einem *Homunculus*. Diese innere Verdoppelung wäre natürlich eine abstruse Konsequenz, und so werden wir eine andere Beschreibung vorziehen: Um Subjekt sein zu können, müssen Sie Ihre trügerische Reinheit abschütteln und sich in das zurückverwandeln, was Sie ursprünglich waren: eine Person.

Erinnern wir uns auch jetzt noch einmal an das Gespräch mit dem Emigranten, in dem es um seine angeblich notwendige Freiheit ging, sich zu seiner Entscheidung zu entscheiden. »Das Spiel Ihrer Gedanken und Phantasiebilder war doch *eine* Sache«, erklärten wir ihm, »und die Willensbildung noch eine ganz *andere*. Bevor aus dem Gedankenspiel ein Wille werden konnte, mußte doch noch eine *Lücke* geschlossen werden, eine Lücke, die *Sie* schließen mußten und von der *Sie* – Sie ganz allein – *entscheiden* konnten, *ob* sie geschlossen werden sollte oder nicht.« Der Emigrant zögerte und wußte nicht, was er sagen sollte. Er schien gar nicht zu *verstehen*, was wir ihm sagten. Und das ist kein Wunder: Es *ist* auch nicht zu verstehen. *Wer* sollte diese angebliche Lücke schließen können? Die Person des Emigranten? Doch er kann – wie er selbst sagte – nur das eine tun: weiter überlegen. Und das ist natürlich nicht gemeint. Es müßte eine Instanz *in* der Person sein. Diese Instanz freilich müßte entscheidungsfähig sein – mit allem, was dazugehört. Und das würde sie zu einem unsinnigen Gebilde machen: zu einem Homunculus. Also ergibt der Gedanke einer Freiheit, die darin bestünde, sich für oder gegen das Entscheiden entscheiden zu können, keinen Sinn.

Blicken wir zurück. Wieder sind wir im diagnostischen Verstehen einen Schritt vorangekommen. Wir wissen jetzt, warum wir dazu neigen, die Urheberschaft des Wollens innerhalb der Person zu suchen: Es ist die mißverstandene Erfahrung des inneren Fluchtpunkts, die uns dazu verleitet. Und wir haben außerdem ein tieferes Verständnis des irrtümlichen Eindrucks gewonnen, daß es Ohnmacht und Unfreiheit bedeuten würde, wenn wir unser Wollen und Entscheiden einfach als inneres, von Bedingtheit durchsetztes Geschehen auffaßten. Wenn wir zur Sprache der Ohnmacht greifen, dann deshalb, weil wir uns als reines Subjekt auffassen, von dem sich herausstellt, daß es ein Homunculus sein müßte. Diese Diagnose darf man nicht mißverstehen: Der Irrtum, den ich nachgezeichnet habe, ist nicht etwas, das wir als einen ausdrücklichen Gedankengang vollziehen. Im Gegenteil: In dem Augenblick, in dem wir ihn in der Form eines ausdrücklichen Gedankens vor uns haben, erkennen wir ihn auch schon als den abstrusen Irrtum, der er ist. »Na ja, *das* meine ich natürlich nicht!« werden wir ausrufen. Doch was ist das *andere*, das wir meinen? Es muß dieses andere geben, denn es ist nicht so, daß die Intuitionen, die uns in die Richtung der unbedingten Freiheit ziehen, allein dadurch zur Ruhe kommen, daß man uns den besprochenen Fehler vorrechnet. Sie bleiben und wollen zu ihrem Recht kommen, auch nachdem wir uns klargemacht haben, wie wir die Erfahrung des inneren Fluchtpunkts nicht mißverstehen dürfen. Wenn die zurückbleibenden, hartnäckigen Intuitionen auf einem Irrtum beruhen, dann muß es sich um einen Irrtum handeln, der gewissermaßen noch *hinter* den bisher besprochenen Irrtümern verborgen liegt, und es wird darum gehen, ihn ans Licht zu bringen. Das ist die Aufgabe für die restlichen beiden Kapitel in diesem Teil des Buches.

Moderate Unbedingtheit?

Doch bevor ich mich dieser Aufgabe zuwende, will ich die bisherige Diagnose abrunden, indem ich einen Gedanken betrachte, dem man häufig begegnet, wenn die beiden Stichwörter der Freiheit und Bedingtheit fallen. Man kann ihn als Reaktion auf meine bisherige Kritik an der unbedingten Freiheit auffassen, und dann lautet er so: »Sie haben sich für Ihre Kritik eine lachhafte Version der unbedingten Freiheit ausgesucht, und es ist kein Wunder, daß es Ihnen gelang, sich darüber lustig zu machen. *Natürlich* kann es beim freien Willen nicht um einen Willen gehen, der *vollständig* unbedingt ist in dem Sinn, daß er *keinerlei* Zusammenhang mit einer bestimmten Person, ihrer Geschichte und ihrem Charakter hat. Ein solcher Wille wäre in der Tat ein vollständig zufälliger und vollständig unverständlicher Wille. Doch das meinen wir gar nicht, wenn wir die Freiheit eines Willens und einer Entscheidung darin sehen, daß sie durch das, was vorangegangen ist, nicht eindeutig festgelegt werden. Was wir im Auge haben, ist ein Spielraum von viel kleinerem Umfang. Wir räumen natürlich ein, daß es für den fraglichen Willen einen

Rahmen von Bedingungen geben muß, der ihn zum Willen von jemandem und zu einem Willen macht, der auf eine bestimmte Situation antwortet. Doch dann kommt ein Punkt, wo es trotz aller Vorgeschichte offen ist, was der Betreffende wollen wird. Er kann genausogut das eine wie das andere wollen. Es gibt nichts, was nun noch eindeutig darüber bestimmte, welches es sein wird. Es ist diese Art von letzter Offenheit, welche die Freiheit darstellt. Und um diese Freiheit zu beschreiben, brauchen wir weder die Rhetorik der Ohnmacht noch ein reines Subjekt.«

Ist das Phänomen richtig beschrieben? Und hat es wirklich mit Freiheit zu tun? Betrachten wir zunächst den Fall einer substantiellen Entscheidung, also den Fall, wo es um die Substanz unseres Lebens und unsere langfristige Identität geht. Kann sich der Emigrant als jemanden verstehen, dessen Entscheidung so oder anders ausfallen kann, ohne daß es Dinge in ihm – Erinnerungen, innere Bilder, Überlegungen – gibt, die schließlich die Oberhand gewinnen und ihn fahren oder bleiben lassen? Kann er sich als jemanden sehen, der eine Münze wirft und es also dem Zufall überläßt? Er kann es nicht, jedenfalls dann nicht, wenn er sich als jemanden sehen möchte, der seine Freiheit ausübt. Wenn es nämlich so wäre, daß der Zufall darüber bestimmte, was er wollen und tun wird, und nicht sein Überlegen, dann *handelte es sich gar nicht um eine Entscheidung* und somit auch nicht um die Ausübung von Freiheit. Und dieser begrifflichen Beobachtung entspricht auch etwas in der Erfahrung: Gerade *weil* der Emigrant aus Freiheit darüber bestimmen möchte, was er tut, wird er so lange mit sich kämpfen, bis die einen inneren Bedingungen den anderen gegenüber die Oberhand gewonnen haben und den Willen nun festlegen. Erst wenn er den Eindruck hat, daß es jetzt *kein* Zufall mehr ist, was er will, wird er im Bewußtsein der Freiheit zur Ruhe kommen. Würden ihn die Umstände zu einem Zeitpunkt zum Handeln zwingen, wo im

Inneren noch alles in der Schwebe ist, so daß es für ihn wie Zufall aussehen müßte, was er will und tut, so wäre das eine Erfahrung von *vereitelter* Freiheit.

Mit der Erfahrung von Freiheit hat der Gedanke an die Zufälligkeit des eigenen Wollens also nichts zu tun, auch nicht in diesem beschränkteren Rahmen. Der Eindruck, daß es anders ist, beruht auf einer Verwechslung von Freiheit mit Unentschiedenheit, die man als eine Form der Unfreiheit erleben kann. So ist es auch in Fällen des instrumentellen Entscheidens, wo es um weniger geht. Es *gibt* Situationen, in denen für das eine genausoviel zu sprechen scheint wie für das andere. Etwa bei der Wahl zwischen zwei Wohnungen oder der Wahl zwischen zwei Verkehrsmitteln. Und es kann sein, daß wir eine Münze werfen, im wörtlichen oder metaphorischen Sinn. Aber wenn wir es tun, dann deshalb, weil es um eine Sache geht, die uns einfach nicht *wichtig* genug ist, um auf unserer Freiheit zu bestehen. Bei Wohnungen werden wir deshalb keine Münze werfen, sondern werden unsere Phantasie so lange anstrengen, bis wir am Ende doch zu einem entschiedenen, eindeutig bedingten und also freien Willen gefunden haben. Anders bei den Verkehrsmitteln. Da lohnt kein langes Überlegen, und wir überlassen es, wie uns scheint, dem Zufall, wonach uns gerade ist. Wir mögen das sogar genießen und das Erlebnis als eine Form der Freiheit deuten. Doch dann ist es so, wie wenn wir uns auf dem Corso treiben lassen: Wir spielen uns vor, ein Getriebener zu sein. Und wenn wir später auf diese Episode zurückblicken, so werden uns Zweifel an der puren Zufälligkeit kommen. Zufällig war in gewissem Sinn, daß an der Bushaltestelle gerade ein Taxi hielt. Daß wir es nahmen, hatte dagegen Vorbedingungen, etwa die, daß wir in der Laune waren, auf Geld zu pfeifen. Und so möchten wir es ja auch haben, denn auch bei Kleinigkeiten möchten wir, daß sie *unsere* sind und daß sie uns nicht von der anonymen Instanz des Zufalls zugespielt werden.

Unbedingtheit ist auch in dieser moderaten Fassung nicht etwas, das uns hilft, die Erfahrung der Freiheit zu verstehen. Das ist so, weil auch hier gilt: Man sucht die Freiheit am falschen Ort, wenn man sie in der Lockerung oder Abwesenheit von Bedingtheit sucht. Und es drängt sich der Eindruck auf, daß auch dieser Versuch, die Freiheit in der Abwesenheit von Bedingungen zu suchen, die das Bedingte notwendig machen, insgeheim dem Irrtum verfallen ist, daß Bedingungen, wenn sie hinreichend sind, um etwas hervorzurufen, Zwang und Ohnmacht bedeuten müßten.

8. Freiheit von innen und von außen

Auch wenn wir das Phänomen des inneren Fluchtpunkts nicht im Sinne eines reinen Subjekts mißdeuten und uns hüten, in die gedankliche Falle des heimlichen Homunculus zu tappen: Es kann uns trotzdem scheinen, als vermöchten wir unserer Erfahrung von Freiheit nicht gerecht zu werden, wenn wir diese Freiheit nur als bedingte Freiheit auffassen. Auch wenn wir *wissen*, daß sie nur eine bedingte Freiheit sein kann: Es kann uns trotzdem vorkommen, als könnten wir uns darin nicht vollständig wiedererkennen. Wir mögen nach wie vor den Eindruck haben: Da *fehlt* etwas, und zwar nicht etwas, das wir uns nur *ausdenken* und das man durch das Aufdecken eines Irrtums *richtigstellen* kann, sondern etwas, das wir unzweifelhaft *erleben*. Die Aufgabe, die wir jetzt vor uns haben, ist, zu verstehen, worum es sich dabei handelt. Wir müssen herausfinden, welche Phänomene es sind, die sich zu dem Eindruck summieren und verdichten können, daß sich die Innenperspektive auf unsere Freiheit einer vollständigen Analyse im Rahmen der Bedingtheit widersetzt. Und wir müssen mit dem Verstehen bis zu dem Punkt vorstoßen, wo wir erkennen können, daß der intuitive Eindruck letztlich doch auf einem gedanklichen Irrtum beruht – einem Irrtum, der die bisher besprochenen Irrtümer umfaßt und motiviert.

Ansetzen können wir bei dem Bewußtsein, daß wir jederzeit zwischen mehreren Möglichkeiten des Wollens und Tuns wählen können. Es ist das Bewußtsein eines solchen Spielraums, das die Substanz unserer Freiheitserfahrung ausmacht. Und man braucht sich nicht in die Widersprüche zu verwickeln, die der Idee eines reinen Subjekts anhaften, um den Eindruck zu haben, daß dieses Bewußtsein bedroht wäre, wenn die bisherige Geschichte über die bedingte Freiheit das letzte Wort bliebe.

Erinnern wir uns an die Offenheit der Zukunft, wie sie sich in dieser Geschichte darstellt. Worin besteht die Erfahrung unseres Emigranten, eine offene Zukunft vor sich zu haben? Wir hatten in dieser Erfahrung drei Komponenten ausgemacht: erstens die Erfahrung des Entscheidens überhaupt, also die Erfahrung, mit seinem Überlegen und seiner Phantasie über seinen Willen bestimmen zu können; zweitens das Wissen darum, daß Entscheidungen widerrufbar sind; drittens die Erfahrung, daß sogar das Wissen um den üblichen Weg seines Willens seine Entscheidung beeinflussen und den Willen gegenläufig lenken kann. Zusammengenommen ergeben diese drei Komponenten – so sah es aus – genau das, was uns so wichtig ist: einen uns jederzeit begleitenden Spielraum von Möglichkeiten.

Doch dann – im Eröffnungskapitel dieses zweiten Teils – haben wir ein Argument kennengelernt, das alles zunichte zu machen schien. Wenn das Bewußtsein einer offenen Zukunft nicht trügerisch sein soll, wurde uns gesagt, so muß es sich bei den Möglichkeiten, die jemand erwägt, um *echte*, also *tatsächliche* Möglichkeiten handeln und nicht um solche, die nur *in der Vorstellung* existieren. Bloß vorgestellte Möglichkeiten nützen für Freiheit nichts. Echt aber sind die Möglichkeiten, die jemand vor sich sieht, nur dann, wenn es nicht hinter den Kulissen seines Nachdenkens bereits entschieden ist, welche er wählen wird. Doch genau das ist der Fall, wenn alles bedingt ist. Etwa bei unserem Emigranten: Welche seiner Phantasien über die Zukunft sich durchsetzen und seinen Willen bestimmen wird, ergibt sich eindeutig aus seiner Lebensgeschichte und dem, was sie aus ihm gemacht hat. Also ist es nicht *wahr*, daß sich sein Weg auf der Oberfläche der Erde in verschiedene Richtungen verzweigen kann. Zwar glaubt er das im Moment des Überlegens und muß es glauben, denn es gehört zur Idee des Überlegens. Doch wenn seine Freiheit nur eine bedingte Freiheit ist, ist es tatsächlich falsch, so daß sich der Emigrant, wenn er sich einerseits als Überlegenden betrachtet und andererseits als jemanden, dessen Freiheit bedingt ist, in einen glatten Widerspruch verwickelt.

So klar und zwingend diese Überlegung auch klingen mag: Sie ist konfus. Die Quelle der Konfusion liegt in der Rede von den *echten Möglichkeiten*. Betrachten wir den Emigranten, wie er am Bahnhof auf dem Koffer sitzt. Was kann es heißen, zwischen seinen echten und unechten Möglichkeiten zu unterscheiden, und was hat die Unterscheidung mit der Freiheit seines Willens zu tun? Der Mann kann – so haben wir bisher angenommen – mit dem Zug in die Fremde reisen oder sich dem Freund anschließen und in den Widerstand gehen. Daß das echte Möglichkeiten sind, heißt dieses: So, wie die Welt zu diesem Zeitpunkt ist, steht den beiden Handlungsverläufen nichts im Wege. Variieren wir die Geschichte und nehmen wir an, daß ihm die Häscher des neuen, blutigen Regimes bereits auf den Fersen sind und hinter den Bahnhofsmauern nur noch auf den Befehl warten, ihn festzunehmen. Was in der ursprünglichen Geschichte echte Möglichkeiten waren, sind jetzt keine mehr: Er kann jetzt weder fahren noch in den Widerstand gehen. Macht das für seine Freiheit der Entscheidung einen Unterschied? Nicht, solange er die Häscher nicht bemerkt. Für uns, die wir mehr wissen, mag es voll von trauriger Komik sein, wie er dort auf dem Bahnsteig sitzt und über zwei Möglichkeiten nachdenkt, die er in Wirklichkeit gar nicht mehr hat. Und tatsächlich hat sich auch etwas an seiner Freiheit insgesamt verändert: Seine Freiheit des *Handelns* ist dramatisch geschrumpft. Doch die Freiheit seines *Willens* hat dadurch, daß sich die Welt hinter seinem Rücken verändert hat und seine Handlungsfreiheit in wenigen Augenblicken gänzlich ersticken wird, keinen Schaden genommen. Wenn es die Empfindungen der Loyalität dem Widerstand gegenüber sind, die in ihm die Oberhand gewinnen, und wenn er daraufhin in der Verwirklichung seines entschiedenen Willens vom Koffer aufsteht, um in die Stadt zurückzukehren, so läuft er den lauernden Schergen als ein willensfreier Mann in die Arme.

Es ist also nicht so, wie das Argument sagt: daß die erwogenen Möglichkeiten tatsächlich bestehen müssen und daß bloß vorgestellte Möglichkeiten für die Freiheit nichts nützen. Das gilt für die Freiheit des Handelns, und da ist es trivial: Ich kann nur dann tun, was ich will, wenn ich es wirklich tun *kann*. Für die Freiheit des Willens dagegen gilt es nicht. Für die Frage, ob mein Wille frei ist in dem Sinne, daß er sich meinem Urteil fügt, spielt es keine Rolle, ob die Möglichkeiten, die ich in der Urteilsbildung betrachte, auch wirklich bestehen – ob meine Phantasie also realistisch ist. Auch der Wille von jemandem, der in einen Wahn eingesponnen ist, kann ein freier Wille sein. Er wird uns in seiner Unvernunft als ein lächerlicher Wille vorkommen, und wenn er, weil die Welt seiner Phantasie so überhaupt nicht entspricht, bei der Verwirklichung schon im Ansatz immer scheitert, kann es zweifelhaft werden, ob man ihn überhaupt noch einen Willen nennen kann. Aber der entscheidende begriffliche Punkt bleibt bestehen: In dem Maße, in dem er dem Überlegen und dem Urteil des Wollenden entspricht, ist auch dieser Wille frei. Vielleicht ist allen, die unsere Klavierschülerin kennen, längst klar, daß sie den Willen, Chopins Minutenwalzer in sechzig Sekunden zu spielen, nie wird verwirklichen können. Das macht sie zu einer pathetischen Figur, und wir mögen Mitleid mit ihr haben. Ihre Würde aber, sofern es die Würde der Willensfreiheit und nicht diejenige der Vernunft ist, verliert sie deshalb nicht – vorausgesetzt, sie ist nicht das Opfer eines zwanghaften oder sonstwie unfreien Willens, sondern handelt aus einem Willen heraus, der ihrem Bild des Wünschbaren entspricht.

Die Offenheit der Zukunft, die wir für die Freiheitserfahrung brauchen, liegt im Spiel der Einbildungskraft. Und *nur* in diesem Spiel. Nicht nur ist es falsch, daß bloß vorgestellte Möglichkeiten für die Freiheit des Willens nichts nützen. Es ist umgekehrt: *Nur* vorgestellte Möglichkeiten nützen etwas. Es könnte sein, daß der Emigrant sich in seiner Mansarde tagelang totstellt, weil er sich von den Spitzeln der Geheimpolizei umstellt glaubt. Kein Schritt nach draußen, kein Licht, die Türklingel und das Klingeln des Telefons bleiben ohne Antwort. Die einzigen Möglichkeiten, mit denen sich seine Phantasie beschäftigt, betreffen Maßnahmen, um sich zu verbarrikadieren und gegen ein gewaltsames Eindringen zu schützen, und Fluchtwege über die Dächer. In Wirklichkeit sind es Freunde, die klingeln, um ihn abzuholen und heimlich aus der Stadt zu bringen. Es *gibt* also Möglichkeiten der Flucht für den Emigranten. Aber da sie keinen Eingang in seine Phantasie finden, nützt ihm ihr Gegebensein für seine Freiheit nichts. Das ist trivial, werden Sie vielleicht denken: *Natürlich* kann man Möglichkeiten nicht berücksichtigen, die man nicht kennt. Doch trotz ihrer Trivialität ist die Beobachtung wichtig: Sie macht noch einmal deutlich, daß es für die Freiheit des Willens nicht, wie unser Argument vorgibt, auf die tatsächlichen, sondern auf die vorgestellten Möglichkeiten ankommt, nicht auf die Welt, sondern die Phantasie. Und die

Möglichkeiten der Phantasie, kann man hinzufügen, *sind* echt, und sie sind sogar *tatsächlich*, wenngleich in einem abgewandelten Sinne: Als vorgestellte Möglichkeiten üben sie echten und tatsächlichen Einfluß auf den Willen aus, der durch diesen Einfluß zu einem freien Willen wird.

Alles haben wir an dem besprochenen Argument damit noch nicht zurechtgerückt. Der Gedankengang lebt nämlich davon, daß die Rede von den echten Möglichkeiten noch in einer ganz anderen Bedeutung vorkommt. Echt, so wird gesagt, sind die Möglichkeiten, die jemand vor sich sieht, nur dann, wenn es nicht hinter den Kulissen seines Nachdenkens bereits entschieden ist, welche er wählen wird. An der Oberfläche hat das einen plausiblen Klang und läßt einen denken: Ja, und wenn es nur die bedingte Freiheit gäbe, so wäre diese Bedingung nicht erfüllbar; es ist also nur die unbedingte Freiheit, die uns echte Möglichkeiten und ein echtes Überlegen gibt.

In Wirklichkeit ist es genau umgekehrt. Was könnte es beim Emigranten heißen, daß es hinter den Kulissen seines Nachdenkens und seiner Phantasie bereits entschieden ist, welche der vorgestellten Möglichkeiten er wählen wird? Es könnte zwei ganz unterschiedliche Dinge bedeuten. Das eine wäre, *daß sich sein Wille unabhängig vom Nachdenken bildete.* Was er sich mit seiner Einbildungskraft ausmalte – der Viehwagen etwa oder das zornige Gesicht des Freundes –, wäre wie ein leerlaufendes Rad, das nichts bewegte. Das würde in der Tat – wir wissen es längst – die Unfreiheit seines Willens bedeuten. Doch das ist nicht die Situation, wenn sein Wille *bedingt* frei ist, sondern wenn er *unbedingt* frei wäre. Es wäre der unbedingt freie, launische Wille, der sich um keinerlei Vorstellungen kümmerte und sich hinter den Kulissen des Nachdenkens aus dem Nichts heraus bildete. Von ihm und nicht vom bedingten Willen würde gelten, daß er mit dem Spielraum der vorgestellten Möglichkeiten nichts zu tun hat. Der bedingt freie Wille dagegen ist derjenige, der sich *nicht* unabhängig vom Nachdenken und dem inneren Ausschreiten eines Spielraums von Möglichkeiten bildet, sondern unter seinem Einfluß. Mit anderen Worten: Die bedingte Freiheit, und nur sie, garantiert, daß die Möglichkeiten, die jemand erwägt, echte, also wirkungsvolle Möglichkeiten sind.

Doch es gibt noch eine andere Lesart für den Gedanken, daß es schon zum voraus entschieden sein könnte, welche der vorgestellten Möglichkeiten der Emigrant schließlich wählen wird. Damit kann nämlich auch gemeint sein: *Es ist nicht offen, welche seiner Vorstellungen am Ende die Oberhand gewinnen und über seinen Willen bestimmen wird.* Das bedeutet: Es gibt in der Lebensgeschichte und dem Charakter des Emigranten Faktoren und Bedingungen, die dafür verantwortlich sind und darüber entscheiden, welche der vorgestellten Möglichkeiten in der Willensbildung den Ausschlag geben werden. Und das ist im Rahmen durchgängiger Bedingtheit in der Tat so. Doch untergräbt es die Echtheit der erwogenen Möglichkeiten? Im Gegenteil. Nehmen wir an, es wäre nicht so. Dann würde gelten: Es hängt im Emigranten von *nichts* ab, ob es die Vorstellung der Deportation oder die Vorstellung des wütenden Freundes ist, die seinen Willen letztlich bestimmt. Es könnte *genausogut* die eine wie die andere Vorstellung sein. Verliehe das den vorgestellten Möglichkeiten eine besondere Echtheit? Keineswegs. Denn nun wäre es der pure *Zufall*, wie sich der Emigrant entscheidet, denn es wäre purer Zufall, welcher Vorstellung sein Wille folgte. Die Zufälligkeit seiner Entscheidung würde bedeuten, daß sie nichts – wirklich gar nichts – mit ihm, seiner inneren Verfassung und seiner Geschichte zu tun hätte. Und wenn es bei *dieser* Entscheidung so wäre, müßte es bei *jeder* seiner Entscheidungen so sein. Der Emigrant erschiene nun als jemand, der von zufälliger zu zufälliger Entscheidung stolperte, ohne daß die Folge seiner Entscheidungen das geringste mit ihm, seinen Erin-

nerungen, seinen Emotionen und seinem Charakter zu tun
hätte. Das wäre eine abstruse Form der Freiheit, ähnlich ab-
strus wie die Freiheit des unbedingten Willens. Was der Emigrant will, wenn er in seinem Willen frei sein will, ist das
genaue Gegenteil: Er will, daß ihm das Abwägen von Möglichkeiten zu einem Willen verhilft, der zu ihm, dieser konkreten Person, paßt. Was die Einbildungskraft für ihn leisten
soll, ist, zu demjenigen Willen zu finden, mit dem er sich identifizieren kann. Und die Einbildungskraft kann das nur dann
leisten, wenn die Wirkung ihrer Bilder nicht zufällig ist, sondern von all den Dingen mitbestimmt wird, die ihn zu der bestimmten Person machen, die er ist. Dann und nur dann sind
ihm die vorgestellten Möglichkeiten überhaupt von Nutzen.
Dann und nur dann sind sie echte, also wirkungsvolle Möglichkeiten.

Die Überlegung, die zum Ergebnis hatte, daß die bedingte Freiheit unsere Freiheitserfahrung zur Illusion machen
würde, ist also in beiden Lesarten falsch: Weder ist es wahr,
daß die erwogenen Möglichkeiten tatsächlich bestehen müssen und daß bloß vorgestellte Möglichkeiten für die Freiheit
nichts nützen, noch trifft es zu, daß eine verständliche und erwünschte Freiheit des Willens verlangt, daß die vorgestellten
Möglichkeiten in ihrer Wirkung auf den Willen durch keinerlei vorangehende Bedingungen bestimmt sein dürfen. Die
wahre Situation der Entscheidungsfreiheit ist eine ganz andere: Es gehört zur *Logik* und zum *Sinn* des Entscheidungs-
prozesses, daß ich weiß: Am Ende werde ich nur das eine
wollen und tun können. Solange ich überlege und mir verschiedene Möglichkeiten vorstelle, ist die Willensbildung nicht
abgeschlossen, und es ist wahr, wenn ich denke: *Jetzt*, während ich an die Alternativen denke, ist noch nicht alles festgelegt. Doch das Nachdenken über die Alternativen ist insgesamt ein Geschehen, das mich, zusammen mit meiner
Geschichte, am Ende auf einen ganz bestimmten Willen fest-

legen wird. Das weiß ich, und es stört mich nicht, im Gegenteil: Genau darin besteht die Freiheit der Entscheidung. Diese Freiheit würde nicht größer, sondern würde mir insgesamt weggenommen, wenn ich mir sagen müßte: Mein Überlegen mag noch endlos weitergehen – es wird ihm nie gelingen, meinen Willen festzulegen. *Das* würde das Überlegen zu einer Donquichotterie machen, und *das* würde meine Ohnmacht bedeuten.

Nun sind wir auch in der Lage, den Widerspruch aufzulösen, den uns die besprochene Überlegung vorzurechnen versucht. Es gehört zur Idee des Überlegens, wurde uns gesagt, daß wir glauben, es stünden uns mehrere Möglichkeiten offen. Wenn wir aber an die bedingte Freiheit als die einzige Freiheit denken, so bedeutet das die gegenteilige Überzeugung: daß es für unseren Willen am Ende nur eine einzige Möglichkeit geben wird. Ist das nicht ein glatter Widerspruch? Nein. Denn das *Thema* der beiden Überzeugungen ist verschieden. Wenn der Emigrant die verschiedenen Möglichkeiten seines Handelns durchspielt, so handelt sein Nachdenken von der Welt, seinem möglichen Handeln und davon, wie es ihm ergehen würde, wenn er das eine oder das andere täte. Er sieht die Gefahr vor sich, daß, wenn er bliebe, Frau und Kinder deportiert werden könnten, er denkt an die Reaktion des Freundes und den Vorwurf der Feigheit, dem er sich aussetzte, wenn er führe, und er vergegenwärtigt sich die Gefühle, mit denen er in beiden Fällen leben müßte. Was er denkt – das haben wir gesehen –, muß nicht wahr *sein*; aber es gehört zum Prozeß des Entscheidens, daß es sich nicht um ein unverbindliches Gedankenspiel handelt, sondern um etwas, das er für wahr *hält*. Und zu dem, was er für wahr hält, gehört die Überzeugung, daß es für ihn *beide* Möglichkeiten des Handelns und Wollens gibt; sonst wäre er nicht hin- und hergerissen. Doch nun kommt es darauf an, den Gehalt dieser Überzeugung nicht falsch zu beschreiben. Es ist *nicht* die

Überzeugung: *Gleichgültig, wie ich überlege – es wird mir am Ende immer noch möglich sein, beides zu wollen.* Die fragliche Überzeugung handelt *überhaupt* nicht von dem Einfluß, den die gerade vollzogenen Überlegungen auf seinen Willen haben oder nicht haben werden. Die Beziehung zwischen den Gedanken und dem Willen ist einfach nicht Gegenstand der Überzeugung. Das, womit der nachdenkende Emigrant beschäftigt ist, sind die *Inhalte* seiner Vorstellungen und nicht die *Wirkung*, die sie in ihm haben werden. Er ist, könnte man sagen, ganz in seinen Vorstellungen *versunken* und muß es auch sein, damit sie ihre Wirkung auf den Willen entfalten können: Wenn er – was ihm die Fähigkeit des inneren Abstandnehmens im Prinzip erlaubt – seine Vorstellungen in ihrer Wirkung auf den Willen zum Thema machte, so würde ihre Wirkung gebrochen, und es fände eine Unterbrechung des ursprünglichen Entscheidungsgeschehens statt.

Gut, mag man sagen, die Beschäftigung mit den vorgestellten Möglichkeiten schließt *faktisch* den Gedanken an die Wirkung des Vorstellens auf den Willen aus – es hat in uns nicht beides gleichzeitig Platz, und der Übergang vom einen zum anderen würde die innere Situation stark verändern. Also wird der in seine Gedanken versunkene Emigrant faktisch nicht den Gedanken vollziehen, daß ihn seine Überlegungen auch am Ende nicht auf einen einzigen Willen festlegen werden. Aber das ist ja auch nicht das, was das besprochene Argument im Auge hat. Worauf es ankommt, ist, ob nicht die Überzeugung des Emigranten, beide Wege gehen zu können, *logisch gesehen*, die Überzeugung verlangt, daß es auch am Ende seines Nachdenkens noch möglich ist, mehreres zu wollen. Anders ausgedrückt: Sind die beiden Gedankeninhalte *Ich kann Verschiedenes wollen und tun* und *Mein Nachdenken wird dazu führen, daß ich schließlich nur noch das eine wollen und tun kann*, miteinander verträglich?

Natürlich sind sie es, denn sie haben, wie gesagt, unterschiedliche Themen oder, wie man auch sagen kann, eine unterschiedliche *Reichweite*: Das eine Mal ist die Rede von den Möglichkeiten meines Wollens und Tuns, wie sie sich darstellen, *bevor* das Nachdenken über sie seine endgültige Wirkung auf den Willen entfaltet hat, das andere Mal sprechen wir von der Situation, wie sie bestehen wird, *nachdem* die Entscheidung gefallen ist. Das eine Mal sprechen wir vom Willen *unter Absehung* vom Entscheidungsprozeß, das andere Mal *unter Einbeziehung* dieses Prozesses. Und deshalb kann von einem Widerspruch keine Rede sein.

Bei der Sache sein

Wir hatten uns zum Ziel gesetzt herauszufinden, worauf der Eindruck zurückgeht, daß wir der Innenperspektive auf die Freiheit nicht gerecht werden können, wenn wir diese Freiheit als bedingt auffassen. Welche gedanklichen Fehler sind es, die den Eindruck entstehen lassen? Im vorangehenden Kapitel haben wir zwei solche Fehler aufgedeckt: das Mißverständnis der Ohnmacht und das Mißverständnis des reinen Subjekts. Jetzt ist noch ein dritter Fehler dazugekommen: das Mißverständnis des Überlegens und der offenen Zukunft. Wir wissen nun: Die Tätigkeit, über verschiedene Möglichkeiten nachzudenken, steht weder der Logik noch der Funktion nach im Widerspruch zu der Erwartung und der Gewißheit, daß diese Tätigkeit uns am Ende auf eine einzige Möglichkeit festlegen wird. Im Gegenteil: Die Absicht, zu einer Entscheidung zu gelangen, ist exakt die Absicht, sich durch den Gedanken an vieles am Ende auf eines festzulegen. Eigentlich ist das offensichtlich. Warum also das Mißverständnis? Wie läßt sich unser diagnostisches Verstehen weiter vertiefen?

Wir können an eine Beobachtung anknüpfen, von der ich

oben bereits Gebrauch gemacht habe, als ich den nachdenklichen Emigranten als jemanden beschrieb, der ganz in seinen Vorstellungen *versunken* ist. Damit war gemeint: Er ist ausschließlich mit den *Inhalten* seines Nachdenkens beschäftigt. Das kann man auch so ausdrücken: Er ist ganz *bei der Sache*. Denken Sie daran, wie es für Sie wäre, der Emigrant zu sein: Voller Schrecken sehen Sie die uniformierten Handlanger vor sich, wie sie Ihre Angehörigen in den Viehwagen pferchen. Sie sehen Frau und Kinder im Lager und auf ihrem letzten Gang in den Tod. Sie sehen ihre vom Entsetzen verzerrten Gesichter und hören ihre Schreie. Und auf der anderen Seite sehen Sie den Keller vor sich, in dem sich die Widerstandskämpfer treffen. Sie hören, wie sie über Sie reden, über Ihren Verrat an ihrer Sache und Ihre Feigheit. Wir müssen ihn vergessen, sagen sie, und ihre Gesichter sind voll von Verachtung. All das sehen Sie vor sich und winden sich unter der Qual der Entscheidung. Sie gehen ganz in den vorgestellten Szenen auf. Außer dem, was Ihnen die Phantasie eingibt, hat nichts Platz in Ihrem Bewußtsein. Sie sind mit Ihren Gedanken ganz *draußen* bei den bedrängenden Dingen: dem Zug mit den Viehwaggons, dem Lager, den Gesichtern von Frau und Kind, den Gesichtern und Äußerungen der Leute aus dem Widerstand. Um dieses erlebte Draußensein weiter zu charakterisieren, könnte man sagen: Ihre Gedanken und die Bilder Ihrer Phantasie *überschreiten sich auf ihren Gegenstand hin*. Oder vielleicht besser: *Sie* überschreiten die Gedanken und Bilder auf ihren Gegenstand hin. Ihr Nachdenken und Vorstellen ist in diesem Sinne nach außen hin *durchsichtig*.

Es ist die Erfahrung dieser Transparenz, denke ich, die erklärt, wie es zu dem Mißverständnis kommen kann, daß es für die Freiheit auf die Möglichkeiten draußen in der Welt und nicht auf Ihre Vorstellungen ankommt. Wenn Sie die verschiedenen Möglichkeiten in der Phantasie durchgehen, scheint es Ihnen, als bewegten Sie sich in einem Universum von objektiven Möglichkeiten, zwischen denen es zu wählen gilt. Und dann kann es leicht auch zum zweiten Teil des Mißverständnisses kommen: Es kann für Sie nun so aussehen, als müsse Ihre Freiheit darin bestehen, daß sich Ihr Wille eine dieser wirklichen Möglichkeiten aussucht – *ohne daß er darauf angewiesen ist, durch die entsprechenden Vorstellungen bestimmt und festgelegt zu werden.* Ihre Freiheit bestünde dann in einer direkten Begegnung mit einem Spielraum von objektiven Möglichkeiten, und dieser direkten Begegnung würde nicht der Makel anhaften, daß Ihr Wille durch innere Bedingungen eingeengt und festgelegt würde. Er könnte, mit anderen Worten, ein unbedingter Wille sein. Wenn man Sie dann daran erinnert, daß Ihnen Möglichkeiten nur etwas nützen, wenn sie als Vorstellungen in Ihnen gegenwärtig sind, und daß es die Aufgabe dieser Vorstellungen ist, Ihren Willen festzulegen, so mag es Ihnen gehen wie beim Anblick eines Bildes, das plötzlich umkippt und Ihnen eine ganz andere Gestalt zeigt als zuvor. Mit einemmal sind die objektiven Möglichkeiten und der dazugehörige unbedingte Wille weg, und an ihre Stelle sind Vorstellungen und ein durch und durch bedingter Wille getreten. Wenn man sich die Sache so zurechtlegt, dann läßt sich das Argument, das aus der Idee des Überlegens die Idee des unbedingten Willens ableitet, als der Versuch verstehen, das gedankliche Umkippen rückgängig zu machen und die ursprüngliche gedankliche Gestalt wiederherzustellen.

Die Tatsache, daß wir unsere Vorstellungen nicht als in sich abgeschlossene innere Episoden erleben, sondern daß wir sie auf ihren Gegenstand hin überschreiten, ist noch auf andere Weise eine wichtige Quelle für die Illusion der Unbedingtheit: Sie kann dazu führen, daß wir die *Spontaneität* unseres Vorstellens falsch auslegen. Zu der Erfahrung des gedanklichen Draußenseins nämlich gehört, daß die Bilder der Phantasie plötzlich *einfach da* sind. Wenn Sie vorstellend mit Ihren

Möglichkeiten beschäftigt sind, so gehört es zu Ihrer inneren Verfassung, daß Sie sich den Vorstellungen, ihrem Sog und ihrer Logik, vollständig überlassen und ganz in ihnen aufgehen, *ohne daß ihre Herkunft ein Thema für Sie ist.* Alles, was zählt, sind die Angehörigen und die Leute vom Widerstand, also dasjenige, von dem die Vorstellungen handeln. Versunken in ihren Inhalt, verschwenden Sie keinen Gedanken an die Bedingtheit der Vorstellungen. Und das nun kann den Eindruck entstehen lassen, als *hätten* sie keine Bedingungen.

Dieser diagnostische Gedanke läßt sich auch auf den Willen anwenden. Das Wollen nämlich besitzt eine Transparenz, die derjenigen des Vorstellens analog ist. Auch unsere Wünsche erleben wir nicht als in sich abgeschlossene innere Episoden. Wenn wir etwas wünschen, so sind wir im Erleben wiederum draußen bei dem Gewünschten. Sie, der Emigrant, wollen die Deportation der Angehörigen verhindern. Während Sie in diesem Willen engagiert sind, ist dessen Herkunft für Sie kein Thema. Der Wille ist einfach da und nimmt Sie vollständig gefangen. Und seine Spontaneität, seine als unvermittelt erlebte Anwesenheit, kann den Eindruck entstehen lassen, als *gäbe* es da keinerlei Geflecht aus inneren Bedingungen, aus dem heraus er entstanden ist.

Raskolnikov, sagte ich im vorangehenden Kapitel, erlebt seine mörderische Handlung nicht als etwas, das eine viel früher angelaufene Folge von inneren Episoden zum Abschluß bringt. Er erlebt sie als etwas *Neues*, oder besser: etwas *neu Einsetzendes*, und dieser Eindruck gehört zu seiner Erfahrung der Urheberschaft. Entsprechendes kann man von seinem Willen sagen, und jetzt verstehen wir seinen Eindruck der Spontaneität besser: Er erlebt den Willen deshalb als Neuanfang, weil er ganz bei der Sache des Mordes ist, so daß die episodische Vorgeschichte seines Willens kein Thema für ihn ist.

Wenn jemand die Spontaneität des Willens als Unbedingtheit mißversteht, so kann es also daran liegen, daß er ihre wahre Quelle, die Durchsichtigkeit des Willens nach außen hin, übersieht. Der Irrtum kann aber auch noch ein anderer sein. Denken wir zurück an den Fahrerflüchtigen, der am nächsten Tag vor der Polizeistation mit sich ringt. Irgendwann – so war meine Beschreibung – schiebt er alle Überlegungen von sich weg, gibt sich einen Ruck und betritt die Station – oder fährt zurück. Der nüchterne und unbefangene Kommentar dazu lautet: Das Überlegen *bricht einfach ab*, und nun nimmt das weitere innere Geschehen seinen Lauf. Nehmen wir an, wir denken: »Aber das kann doch nicht *alles* sein, sonst wäre es keine *Freiheit*!« Woher kommt es, daß wir das denken? Warum sind wir versucht, diejenigen Worte zu gebrauchen, die ich dem Verteidiger der unbedingten Freiheit in den Mund legte: »Die Freiheitserfahrung ist genau das: nach allem Überlegen *immer noch* beides zu können«? Wir wissen, daß es keine unbedingte Freiheit geben kann, und deshalb wissen wir, daß das eine falsche Beschreibung sein *muß*. Und sie ist vom Phänomen her ja auch keineswegs zwingend. Unser Mann, so können wir statt dessen sagen, *überläßt sich nun seinem Willen*, wie er durch die kreisenden Gedanken und durch alles, was sie in ihm ausgelöst haben, schließlich geworden ist. Wenn es etwas gibt, was uns zögern läßt, diese Beschreibung zu akzeptieren und was uns immer noch in die Richtung der falschen Beschreibung zieht: Was kann es sein? Es könnte sein, daß wir dem alten Irrtum verfallen und doch wieder das Gefühl haben, daß es Ohnmacht bedeuten müßte, wenn die Dinge in unserem Mann *einfach ihren Lauf nehmen*. Doch nehmen wir an, wir lassen uns von der Sprache der Ohnmacht nicht mehr verhexen. Und nehmen wir an, daß uns *trotzdem* noch etwas stört: Was kann es sein?

Es kann ein Gedanke sein, der unsere bisherige Geschichte auf eine Weise in Frage stellt, die radikaler ist als alles, was wir an Einwänden bisher besprochen haben. Man kann ihn in einem ersten Anlauf so formulieren: Wenn man die Freiheit des Willens in einer bestimmten Art seines Bedingtseins sieht, so verfehlt man die besondere *Innerlichkeit* dieser Freiheit. Die Idee des Bedingtseins nämlich ist eine Idee, die der Perspektive *von außen* entstammt und die sich deshalb nicht eignet, die Freiheit, die ihrem Wesen nach eine Sache der Innenperspektive ist, zu beschreiben. Wenn man es trotzdem tut, so macht man etwas Paradoxes: *Man beschreibt die Innenperspektive aus der Außenperspektive.* Man tut, als sei die Innenperspektive etwas, das von der Außenperspektive *umfaßt* werden kann. Davon verspricht man sich ein besseres Verständnis der Innenperspektive. In Wirklichkeit verliert man sie in ihrer Eigenart vollständig aus dem Blick. Das ist es, woran die Idee der bedingten Freiheit letztlich krankt.

Es ist dieser Gedanke, den man als die Wurzel der bisher besprochenen intuitiven Widerstände gegen die bedingte Freiheit verstehen kann. Das gilt vor allem für den intuitiven Eindruck der Urheberschaft, auf den die bisherigen Einwände immer wieder zurückkamen. Was irritierend erschien, war, daß von der Urheberschaft in der bisherigen Geschichte letztlich doch nur ein inneres *Geschehen* übrigblieb und es scheinen konnte, als gingen wir dadurch als *Subjekte* der Freiheit verloren. Das wird uns jetzt erklärt: Es rührt daher, daß wir, indem wir den Gedanken der Bedingtheit zum Leitfaden der Analyse machten, die Innenperspektive von vornherein zum Gegenstand einer außenperspektivischen Betrachtung machten und sie dadurch, ohne es zu merken, ihrer wahren Natur entfremdeten.

So geschah es beispielsweise – würde der Gedanke fortfahren – bei Raskolnikov. Wir haben die Entstehung seines mörderischen Willens als eine Verkettung von inneren Bedingungen beschrieben. Das war der Blick von außen. Unter diesem Blick wurde Raskolnikov zu etwas, das im Prinzip ist wie eine Uhr: ein Gegenstand oder System, das von einem inneren Geschehen – einem Mechanismus – angetrieben wird. In vielen Hinsichten ist er selbstverständlich *nicht* wie eine Uhr: Was ihn antreibt, sind nicht Rädchen, sondern Gedanken und Vorstellungen, Erinnerungen und Gefühle, und natürlich ein Wille. Aber der grundlegenden *Kategorie* nach macht das keinen Unterschied: Von außen betrachtet, ist auch er etwas, das angetrieben wird von einem inneren Geschehen, einem inneren Ticken. Als dann seine Freiheit zur Sprache kam, *sind wir bei dieser Betrachtungsweise geblieben* und haben, indem wir am Leitgedanken der Bedingtheit festhielten, diese Freiheit wiederum wie ein inneres Ticken beschrieben. Zwar ist es unserer Darstellung nach ein besonderes und besonders wichtiges Ticken: die Bildung des Willens durch Überlegen, also das Entscheiden. Aber es ist und bleibt ein *Ticken*, also etwas, das einfach geschieht und seinen Lauf nimmt. Und das ist etwas fundamental anderes als dasjenige, was wir aus der Innenperspektive erleben, wenn wir die Freiheit des Wollens und Entscheidens ausüben. Der Fehler liegt nicht darin, daß wir Raskolnikov *überhaupt* so betrachten. Es wäre unsinnig, der Außenperspektive vorzuwerfen, daß sie ist, wie sie ist. Der gravierende Fehler besteht darin zu glauben, daß wir auf diese Weise seine *Freiheit* mit ihrer besonderen Innerlichkeit angemessen beschreiben können.

Etwas an diesem Gedanken kann nicht stimmen. Das wird deutlich, sobald man sich daran erinnert, daß die Idee der Bedingtheit aufs engste mit der Idee des *Verstehens* verknüpft ist: Kein Verstehen ohne das Kennen von Bedingungen. Wäre es nun wahr, daß die Idee der Bedingtheit ihren Ort ausschließlich in der Perspektive von außen hat, so müßte gelten: Innerhalb der Innenperspektive gibt es kein Verstehen, oder Verstehen ist dort etwas völlig anderes. Das Verstehen im bisherigen Sinn müßte als etwas erscheinen, das die typische Innerlichkeit aufhebt und uns der Freiheit gegenüber blind macht. Und das ist eine Konsequenz, die nicht zum Phänomen unseres Selbstverständnisses paßt: Wenn wir uns in unserem Willen, dem vergangenen wie dem gegenwärtigen, verstehen, indem wir seine Bedingungen erkennen, haben wir keineswegs den Eindruck, uns damit nach außen zu stülpen und dabei die Freiheit zu verlieren.

Doch das ist noch nicht die Erklärung für den Irrtum, dem der fragliche Gedanke entspringt. Es ist nur ein Indiz dafür, daß es da einen Irrtum aufzuklären gibt. Was kann es heißen, ihn aufzuklären? Es heißt, dieses zu zeigen: Das Ausüben unserer Willensfreiheit ist von einer besonderen Innerlichkeit *umgeben*, aber diese Innerlichkeit *hat mit der Freiheit selbst nichts zu tun*. Läßt sich diese Vermutung erhärten, so ist die gedankliche Situation diese: Selbst wenn es an der Erfahrung der Innerlichkeit etwas geben sollte, das mit der Idee der Bedingtheit in Konflikt steht – diese angebliche Tatsache könnte nicht beweisen, daß es einen solchen Konflikt auch zwischen Freiheit und Bedingtheit gibt. Und noch etwas anderes würde folgen: Auch wenn es an der Innerlichkeit Aspekte geben sollte, die sich einem Verständnis aus der Außenperspektive systematisch entziehen, so bedeutet das nicht, daß auch die Freiheit etwas ist, das sich einem solchen Verständnis entzieht.

Wichtig für den genannten Nachweis wird sein, daß sich hinter dem Stichwort der Innerlichkeit zwei vollkommen verschiedene Phänomene verbergen: das Phänomen, daß wir *Erlebnisse* haben, und das Phänomen, daß wir in der Ausübung unsere Freiheit vor dem Blick der anderen durch eine besondere *Intimität* geschützt sind. Es wird darum gehen, von diesen Phänomenen zu zeigen, daß sie zwar faktisch mit unserer Freiheit *einhergehen*, daß sie sie aber nicht *ausmachen*. Und das kann man am besten zeigen, indem man sich die beiden Phänomene wegdenkt und sich fragt, ob das etwas an der Freiheit ändern würde.

Beginnen wir mit derjenigen Innerlichkeit, die darin besteht, daß wir etwas erleben. Es *fühlt sich für Sie auf bestimmte Weise an*, eine Person zu sein, die etwas will und durch Überlegen zu einem entschiedenen Willen findet. Nehmen Sie an, Sie sind der Chef der Résistance, der sich nach langem innerem Kampf entscheidet, die Geliebte zu erschießen, weil sie mit ihrem Wissen zur Gefahr für die Kameraden geworden ist. Die Entscheidung reißt Sie in Stücke, und in den Sekunden, in denen Sie auf die Frau zufahren, anlegen, einen letzten Blick tauschen und abdrücken, sind Sie auf eine Weise aufgewühlt, wie Sie es noch niemals zuvor waren. Der Schmerz, die Angst und der Haß auf die Besatzer, die Ihnen diese Entscheidung aufgezwungen haben, kennt keine Grenzen. Und zum Profil Ihres Erlebens gehört auch ein Gefühl, in dem Ihre Freiheit zum Ausdruck kommt: die erlebte Anstrengung, Ihre Liebe niederzukämpfen und, was die Bildung des Willens anlangt, mit der Einsicht über den Schmerz zu triumphieren.

Daß Sie all dies fühlen, bedeutet, daß der Vollzug Ihrer Freiheit mit der Erfahrung der Innerlichkeit einhergeht – der Erfahrung, nicht nur Subjekt des Überlegens, Wollens und Tuns zu sein, sondern auch Subjekt des Fühlens. Entzieht sich diese Erfahrung der Außenperspektive? Ist sie für uns andere, die wir den Blick von außen repräsentieren, unzugänglich? Es kommt darauf an, was wir darunter verstehen wollen. Nehmen wir an, es heißt: Wir können davon überhaupt nichts *wissen*. Dann ist es falsch. Zum einen nämlich können Sie uns *sagen*, wie sich Ihre Zerrissenheit anfühlt; Sie können sie *beschreiben*. Und zum anderen besitzen wir Einfühlungsvermögen und können *nachvollziehen*, wie es Ihnen geht. Es ist also nicht so, daß diese Art von Innerlichkeit in der Außenperspektive überhaupt nicht Thema sein könnte. Etwas freilich ist uns nicht möglich: Ihr Erlebnis der Zerrissenheit zu *haben*. Haben können nur Sie es, denn es gehört zu seiner Identität, daß es Ihres und nicht unseres ist. Wir, die anderen, können im Prinzip dieselbe *Art* von Erlebnis haben wie Sie; was wir nicht können, ist, an der Erlebnisepisode, welche die Ihre ist, Anteil haben in dem Sinne, daß wir sie durchleben. Und das gilt auch für das komplexe Erlebnis, das den Vollzug Ihrer freien Entscheidung begleitet: Da wir nicht Sie *sein* können, bleibt uns dieses Erlebnis in gewissem Sinne verschlossen.

Bedeutet das – wie das besprochene Argument es haben möchte –, daß uns Ihre Freiheit prinzipiell verschlossen bleiben muß und daß sie uns höchstens als Zerrbild erscheinen kann, wenn wir sie von außen betrachten? Es gibt ein Indiz, das zeigt, daß es so nicht sein kann: In dem Sinn, in dem sich uns Ihre erlebte Freiheit entzieht, entzieht sich uns auch Ihre erlebte *Unfreiheit*. Sollten Sie ein Spieler sein, der dem erleuchteten Casino gegen bessere Einsicht nicht widerstehen kann, so gilt auch für Ihr Erlebnis des inneren Zwangs: Es bleibt uns in dem Sinne verschlossen, daß wir das Erlebnis nicht mit Ihnen *teilen* und es zu *unserem* machen können. Und das bedeutet: Die Innerlichkeit, von der wir hier sprechen, kann nicht eine Innerlichkeit sein, die dem Wesen der Freiheit entspringt. Wenn sich Ihre erlebte Freiheit der Perspektive von außen entzieht, dann nicht, weil sie *Freiheit* ist, sondern weil sie *erlebt* ist.

Die Innerlichkeit des Erlebens ist nichts, was die Freiheit als solche auszeichnet. Zu demselben Ergebnis gelangt man, wenn man das angekündigte Gedankenexperiment macht und die Innerlichkeit in Gedanken aufhebt. Versetzen Sie sich wieder in die Lage des Chefs der Résistance. Die Situation ist wie bisher: Sie ringen sich zu dem schrecklichen Entschluß durch, die Geliebte zu töten. Etwas jedoch ist anders: Im Laufe dieses Prozesses weicht alle Farbe des Erlebens aus Ihnen. Zuerst werden die Erlebnisse der Zerrissenheit nur schwächer, und auch die Anstrengung, sich mit Ihrem Urteil gegen die inneren Widerstände durchzusetzen, wird blasser, was die Intensität des Erlebens angeht. Schließlich ist Ihre Innenwelt gänzlich farblos geworden. Es gibt immer noch die Angst um die Kameraden, den Haß auf die Besatzer und den Schmerz beim Gedanken an das Abdrücken. Diese Dinge nehmen in Ihrem Inneren noch genau die gleiche Position ein, und sie besitzen genau die gleiche bedingende Kraft wie zuvor. Nur sind es keine *Erlebnisse* mehr. Und nun die entscheidende Frage: Würde dieses Verblassen und gänzliche Ausbleichen des Erlebens und der Innerlichkeit an Ihrer *Freiheit* etwas ändern? Nein. Zwar wäre sie jetzt natürlich keine *erlebte* Freiheit mehr, sondern eine vollkommen farblose Freiheit. Aber von der Struktur her wäre sie immer noch genau die gleiche Freiheit wie zuvor: Es wäre immer noch so, daß Sie es fertig bringen, Ihren Willen Ihrem Urteil gefügig zu machen. Wenn wir von Ihrer Farblosigkeit wüßten, würden sich unsere Empfindungen Ihnen gegenüber verändern: Wir würden Sie in Ihrer Zerrissenheit nicht mehr in derselben Weise bedauern, weil wir wüßten, daß Sie sie nicht erleben müssen. Aber unser Urteil über Ihre Freiheit bliebe dasselbe. Zwar haben ihm die Besatzer diesen schrecklichen Willen aufgezwungen, würden wir sagen, aber trotzdem übt er, wenn er anlegt und abdrückt, die Freiheit der Entscheidung aus.

Aus diesem Grunde gilt: Die Innerlichkeit des Erlebens läßt sich nicht gegen die bisherige Geschichte über die bedingte Freiheit wenden. Was immer an dieser Innerlichkeit schwer zu verstehen sein mag – schwerer vielleicht, als es nach meiner Darstellung aussieht –: Es kann zu keinem Einwand gegen die bedingte Freiheit gemacht werden.

Stellen Sie sich vor, Sie wären, was Ihr Wollen, Überlegen und Entscheiden anlangt, vollkommen durchsichtig, wie aus Glas. Wir, die anderen, könnten in Sie hineinsehen, und Sie hätten keine Möglichkeit, Ihre Gedanken und Ihren Willen vor uns zu verbergen. Der Blick von uns anderen könnte sich ungehindert in Sie hineinfressen und würde jegliche Intimität, die Ihre Willensbildung gewöhnlich umgibt, zerstören. Das wäre – soviel ist sicher – ein Alptraum. Aber wäre es ein Alptraum der *Unfreiheit*? Würde der Verlust der Innerlichkeit im Sinne der Intimität zwangsläufig auch den Verlust Ihrer Freiheit bedeuten?

Wie oben bei der Innerlichkeit des Erlebens gibt es auch hier ein Indiz dafür, daß es so nicht sein kann: Was für die Freiheit gilt, gilt genauso für die Unfreiheit. Dasjenige, was Sie stören würde, wenn Ihr freies Wollen zu einem öffentlichen Vorgang würde, würde Sie auch stören, wenn Sie in Ihrem unfreien Wollen dem zudringlichen Blick der anderen ausgesetzt wären. Es wäre nicht weniger unangenehm, mit einem zwanghaften oder hörigen Willen auf dem Präsentierteller zu sitzen, als bei der Freiheit der Entscheidung beobachtet zu werden. Eher das Gegenteil. Deshalb kann es nicht sein, daß die Innerlichkeit der Intimität etwas ist, das die Freiheit als solche auszeichnet. Unsere Aufgabe ist nun zu verstehen, warum es Ihnen erscheinen kann, als gäbe es zwischen Intimität und Freiheit doch einen tieferen Zusammenhang.

Der Grund dafür ist, daß Sie durch die Öffentlichkeit Ihres Willens leichter *beherrschbar* und *manipulierbar* würden, als Sie es sind, wenn Sie sich gegen unsere Blicke schützen können. Wir hätten nun eine umfassende Kenntnis der verschlungenen Wege, auf denen sich Ihr Wille bildet. Das würde Sie in Ihrem Wollen und Entscheiden ganz und gar vorhersehbar und ausrechenbar machen. Jetzt, da wir die innere Landschaft Ihres Willens in jedem Detail überblicken könnten, wäre es leichter, Einfluß auf diesen Willen zu nehmen, als wenn er sich im Verborgenen entwickelte. Wir hätten viel mehr Macht über Sie als sonst. Etwa wenn wir Sie in der Rolle des zaudernden Emigranten betrachten: Ihr zorniger Freund könnte sich jetzt einen detaillierten Schlachtplan zurechtlegen, um Sie umzustimmen: Er wüßte beispielsweise viel besser, wie er Ihr schlechtes Gewissen dem Widerstand gegenüber schüren könnte. Es kann gut sein, daß Sie das als eine Beeinträchtigung Ihrer Freiheit beschreiben würden. Aber die Freiheit, von der Sie sprächen, wäre nicht die Möglichkeit, Ihren Willen durch Ihr Überlegen zu bestimmen. Es wäre die Freiheit, die darin besteht, in seinen Entscheidungen nicht das Opfer planvoller Manipulation zu sein. Wenn sich ein Kommissar als Bankier ausgibt und Ihnen Informationen über einen Geldtransport zukommen läßt, um Sie in Ihrer vagen Absicht, eine Bank zu überfallen, zu bestärken, so daß er Sie nachher auf frischer Tat ertappen kann, werden Sie nachträglich ein Gefühl der Unfreiheit empfinden. Aber die Unfreiheit, von der dieses Gefühl handelt, betrifft nicht die Freiheit der Entscheidung, denn die wurde Ihnen nicht genommen: Es lag ganz an Ihnen, daß Sie die heimtückisch gestreuten Informationen des Kommissars benutzten, um sich für den Überfall zu entscheiden.

Es ist also die Gefahr der Manipulation, die Sie auf den irrigen Gedanken bringen kann, daß eine Zerstörung der Intimität eine Zerstörung der Willensfreiheit bedeuten würde. Wie ist es, wenn wir diese Gefahr ausschließen und annehmen, daß wir, die anderen, Ihnen gegenüber bloße Zuschauer ohne die geringste Absicht der Beeinflussung sind? Wir lassen Sie mit Ihrer gläsernen Freiheit unbehelligt Ihres Weges gehen. Trotzdem wissen Sie: Es bleibt uns nichts verborgen. Es wäre Ihnen immer noch unwohl dabei, und Sie könnten immer noch den Eindruck haben, daß das ungute Gefühl mit einer Beeinträchtigung der Freiheit zu tun hat. Warum?

Machen wir einen kleinen Umweg, und nehmen wir an, daß Sie selbst es sind, der sich von außen betrachtet. Vor einer Fernsehkamera sitzend sehen Sie sich auf dem Bildschirm. Das Thema der Gesprächsrunde ist die Todesstrafe. Ihr hauptsächlicher Kontrahent ist ein Texaner, der schon viele Todesurteile unterzeichnet hat. Er ist ein rhetorisch brillanter Mann, der mit hintergründigem Zynismus und doppelbödiger Menschenverachtung für die Gaskammer plädiert. Sie spüren, wie in Ihnen langsam, aber sicher der Wunsch wächst, ihm vor laufender Kamera das Mineralwasser ins Gesicht zu schütten. Sie möchten nicht, daß es eine unbeherrschte Tat wäre. Deshalb nutzen Sie die Zeit, während die anderen reden, um Ihre Gründe zu sichten. Man muß zeigen, daß mit so jemandem nicht zu reden ist, sagen Sie sich. Daß man seiner Gewalt mit Gegengewalt begegnen muß, wenn auch nur mit symbolischer. Es ist gut, daß gerade ich es tue, ich, der ich als stets beherrschter Gentleman bekannt bin. Und außerdem ist es eine wunderbare Gelegenheit, dieses erstickende Image endlich loszuwerden. Während Sie dieses Selbstgespräch führen, sehen Sie sich auf dem Bildschirm, wie Sie sich im Sessel aufrichten, das halbvolle Wasserglas auffüllen und es in die Hand nehmen, als wollten Sie demnächst trinken. Gleich wird die Entscheidung in ihm fallen, denken Sie über sich. In diesem Moment geht auf dem Bildschirm eine wundersame Verwandlung vor sich: Sie werden gläsern und können zusehen, wie sich die Entscheidung bildet. Stört es Sie, daß Sie das, was Sie in sich erleben, nun auch von außen sehen? Wird die Entscheidung dadurch, daß sie Objekt Ihres Blicks ist, weniger frei? Nein, werden Sie sagen, denn es bin ja ich, der mich bei der Ausübung meiner Willensfreiheit betrachtet. Zwar ist es irgendwie *anders*, die Entscheidung von außen zu sehen statt von innen zu erleben. Aber dieses Anderssein betrifft nicht die *Freiheit*. Die Entscheidung verliert unter meinem Blick nichts von ihrer Freiheit. Wie könnte mir mein eigener Blick die Freiheit rauben?

Wenn das richtig ist, so liegt es nicht an der *Äußerlichkeit* des Blicks, wenn Sie an der gläsernen Freiheit etwas stört, denn die haftet auch Ihrem eigenen Blick an. Es liegt daran, daß der Blick von außen in der Regel der Blick der *anderen* ist. Und was genau ist es nun, das Sie stört? Nehmen Sie an, daß sich die wundersame Verwandlung auf dem Bildschirm zurück auf Sie überträgt, so daß Sie nun für die anderen im Studio und für alle Zuschauer gläsern werden. Der Texaner und die ganze Nation können nun Ihren gedanklichen Monolog sehen und beobachten, wie er immer mehr auf Ihren Wunsch zugreift und ihn demnächst zum Willen machen wird. Es könnte sein, daß Ihnen das peinlich ist. Doch nehmen wir an, es ist nicht so: Sie sind bereit, vor aller Welt zu Ihren Gedanken zu stehen. Worin könnte jetzt noch eine Gefahr für Ihre Freiheit bestehen? Darin, daß der Texaner grinst. Darin also, daß die anderen Ihnen anders *begegnen*, wenn es hinter Ihrer Stirn keine Geheimnisse mehr gibt und Sie sie mit Ihrem Willen nicht mehr *überraschen* können. Es kann gut sein, daß das Grinsen des Texaners, das Ihrer Durchsichtigkeit und Bloßstellung gilt, Sie dazu bewegt, das Mineralwasser zu lassen, wo es ist. Sein Grinsen also ändert Ihre Entscheidung. Diesen Gefallen tue ich dir nicht, mögen Sie denken. Natürlich wird der Texaner auch *diesen* Gedanken lesen können, und sein Grinsen mag daraufhin noch ein bißchen breiter und aufsässiger werden. Und in dem Moment, in dem Sie diese Wirkung Ihrer revidierten Entscheidung erkennen, schütten Sie ihm das Wasser ins Gesicht.

Ob Sie es schließlich tun oder nicht: Sie tun es aus einem Grund, der Ihren sonstigen Gründen äußerlich ist und mit Ihrer ursprünglichen Entscheidung nichts zu tun hat. Sie tun es aus Trotz oder verdoppeltem Trotz, und das bedeutet: Sie tun es unter dem Einfluß der anderen. Und so erklärt sich, warum es Ihnen scheinen kann, als ginge Ihre Freiheit verloren: Die Situation ist von ihrer Logik her identisch mit derjenigen, die wir früher besprochen haben: daß Sie manipuliert werden. Wieder ist es wahr, daß eine Freiheit beeinträchtigt wird, und wieder ist es wahr, daß es nicht die Willensfreiheit ist, denn auch ein trotziger Wille kann ein freier Wille sein. Es ist die *Herkunft* Ihres Willens, die Sie stört, nicht seine *Unfreiheit*. Was Sie tun müssen, um sich wieder mehr bei sich selbst zu fühlen, ist, den Einfluß einzudämmen, den das Grinsen des Texaners auf Sie hat. Es muß Ihnen gleichgültig sein, ob Ihre Durchsichtigkeit den Mann amüsiert oder nicht. Sie müssen ihm das Wasser einfach ins Gesicht schütten – weil Sie sich so entschieden haben. Doch ob Sie es tun oder nicht: Beide Male ist Ihr Wille frei.

Die gläserne Freiheit wird dadurch, daß sie gläsern ist, nicht zur Unfreiheit. Was passieren und uns stören kann, wenn die Intimität aufgebrochen wird, ist nicht der Verlust der Willensfreiheit, sondern die Tatsache, daß uns die Wirkung, die unsere Durchsichtigkeit bei den anderen hat, von unserem eigentlichen Willen abbringen kann. Dabei muß es nicht einmal so sein, daß die anderen etwas zeigen, das dem Grinsen des Texaners entspricht. Manchmal genügt uns das pure Wissen, daß uns die anderen durchschauen, um in unserem Willen abgelenkt zu werden. Deshalb gehen wir, wenn es darauf ankommt, manchmal gerade von denen weg, die uns am besten kennen. Die Intimität mit ihnen kann die Intimität mit uns selbst bedrohen, und wir möchten sicher sein, daß wir zu einer Entscheidung finden, die ganz allein uns gehört. Der leere Strand ist da oft besser als das Gespräch. Und die Vorstellung eines Gottes, der uns auch dahin noch verfolgt, kann uns auf die Nerven gehen.

Doch es kann auch umgekehrt sein. Manchmal ist es so, daß wir jemanden brauchen, der mehr Übersicht über uns hat als wir selbst, um zu unserem eigentlichen Willen zu finden. Dann stört es uns nicht, daß wir für den anderen gläserner sind als für uns selbst. Entscheidend für diese Erfahrung ist, daß wir selbst darüber entscheiden, wen wir in uns hineinblicken lassen. Wenn der andere uns dann mit seinem Blick beeinflußt, so erleben wir es nicht als Manipulation, sondern als Befreiung. Es kann sein, daß wir auf diesem Wege von einem unfreien zu einem freien Willen gelangen. Das ist der letzte Beweis, daß ein Aufbrechen der Innerlichkeit im Sinne der Intimität unsere Freiheit nicht antasten muß. Und also ein Beweis dafür, daß auch diese Form von Innerlichkeit unsere Freiheit zwar meistens umgibt, sie aber nicht ausmacht.

Die Vergeßlichkeit des Fatalisten

Die begriffliche Tatsache, daß es keine unbedingte Freiheit geben kann, stellte uns vor die Aufgabe, die Intuitionen und gedanklichen Motive aufzuklären, die zu der unstimmigen Idee der Unbedingtheit verleiten können. Wir haben uns dann vorgenommen, diese Motive in ihrer wechselseitigen Verflochtenheit zu verstehen, um sie als Facetten eines einzigen, systematischen Mißverständnisses unseres Personseins erkennen zu können. Inzwischen haben wir einen beträchtlichen Teil dieser Aufgabe erfüllt. Wir haben gesehen, daß ein bedingter Wille kein ohnmächtiger Wille sein muß und daß der gegenteilige Eindruck auf der unstimmigen Idee eines reinen Subjekts beruht, die entsteht, wenn man das Phänomen des inneren Fluchtpunkts im Sinne eines absoluten Fluchtpunkts mißdeutet. Die Einsicht in diesen Zusammenhang ließ uns verstehen, wie es zu dem Irrtum kommen kann, daß wir einen unbedingt freien Willen brauchen, um Personen mit einem Spielraum von echten Möglichkeiten und einer offenen

Zukunft zu sein. Die Beobachtungen zur Transparenz des Vorstellens und Wollens, die uns bei dieser Diagnose halfen, machten gleichzeitig erklärlich, warum die erlebte Spontaneität des Wollens einen zu der Annahme der Unbedingtheit verleiten kann. Und zuletzt nun sind wir einem Mißverständnis nachgegangen, das man als intuitiven Hintergrund für die anderen Irrtümer betrachten kann: daß die Innerlichkeit der Freiheitserfahrung gegen den Grundgedanken spreche, die Freiheit des Willens als eine besondere Form seiner Bedingtheit aufzufassen.

Alles, was uns an der Freiheit des Willens lieb und teuer ist, können wir im Rahmen durchgängiger Bedingtheit und nur in diesem Rahmen bekommen. Dieses Ergebnis können wir nun einer letzten Prüfung unterziehen, indem wir den Fatalisten zu Wort kommen lassen und uns fragen, wie wir seiner Klage begegnen können.

»Alles schön und gut«, wird er sagen, »aber nun wollen wir uns daran erinnern, daß eine Welt, in der es für alles, was geschieht, Bedingungen gibt, eine Welt ist, die Gesetzen unterliegt, und daß eine solche Welt eine Welt ist, die in ihrem Verlauf eindeutig festgelegt ist. In ihr legt die Vergangenheit eine einzige, eindeutige Gegenwart und eine einzige, eindeutige Zukunft fest. Die tatsächliche Vergangenheit, zusammen mit den tatsächlichen Naturgesetzen, läßt nur ein einziges zukünftiges Geschehen zu. Der Verlauf der Welt kann sich an keiner einzigen Stelle verzweigen und zu mehreren möglichen Verläufen werden. Und was für die Welt, sofern sie uns nicht einschließt, gilt, gilt genauso für die Welt, sofern sie uns einschließt. Das aber bedeutet nichts weniger als dieses: Wenn unser gesamtes Wollen, Entscheiden und Tun durch und durch bedingt ist, dann gibt es auch für dieses Wollen, Entscheiden und Tun nur genau einen möglichen Verlauf. Mit anderen Worten: Es ist *vorherbestimmt* und von Anbeginn an *festgelegt*, was jeder von uns wollen, entscheiden und tun wird.

In d'Holbachs Bild: Es gibt für jeden von uns nur genau eine Linie auf der Oberfläche der Erde, die wir mit unserem Leben ziehen können, und es steht zum voraus fest, welche es sein wird. Wenn der Golfball einmal abgeschlagen ist, zieht er seine einzig mögliche Bahn. Und genau so ist es bei uns: Wenn wir einmal gezeugt und geboren worden sind, ziehen wir unsere einzig mögliche Lebenslinie. Diese Linie ist unser Fatum, unser Schicksal. Wir haben es nicht in der Hand, dieses Schicksal, und können es nicht im geringsten verändern. Nach ehernen Gesetzen führt es uns aus einer feststehenden Vergangenheit in eine feststehende Zukunft, bis zum Tode. Manchmal lehnen wir uns dagegen auf, aber wir sollten es besser wissen, denn für unser Leben gilt, was auch sonst für die Welt gilt: Es kommt, wie es kommen *muß*. Was sagt ihr, die ihr an die Bedingtheit aller Freiheit glaubt, zu dieser bedrückenden Tatsache und dieser trostlosen Aussicht?«

Wir haben eine ganze Menge dazu zu sagen. Doch zunächst einmal sind wir froh, daß wir es mit einem aufgeklärten Fatalisten zu tun haben, der darauf verzichtet, Gott ins Spiel zu bringen. Es hätte ja sein können, daß er sagt: »Es ist alles durch den Herrn vorherbestimmt, Er hat verfügt, wie es mit unserem Wollen, Entscheiden und Tun sein wird, Er weist jedem seine Lebenslinie zu.« Schicksal wäre dann das von Gott Verfügte. Das würde uns in die Lage bringen, in der ein Knecht seinem Herrn gegenüber ist, also in die Lage der Unfreiheit. Und daraus könnte der Fatalist für seine Klage Kapital schlagen: Man müßte ziemlich viel theologische Sophisterei aufbieten, um dieser Lage das Bedrückende zu nehmen. Doch unser Fatalist ist ein nüchterner Mann, der nichts anderes tut, als die gedankliche Linie auszuziehen, die in der Idee der durchgängigen Bedingtheit angelegt ist. Entsprechend meint seine Rede vom Schicksal nichts, was von jemandem über uns verhängt worden ist, sondern einfach den Sachverhalt, daß vergangenes Geschehen zukünftiges Geschehen festlegt und daß wir mit unserem Willen da keine Ausnahme darstellen.

Trotzdem müssen wir auf der Hut sein. Denn auch jetzt bewegen wir uns im Kräftefeld von Wörtern, die uns durch assoziative Überfrachtung und Verfälschung gefangennehmen können. Die Rhetorik von Zwang, Abhängigkeit und Ohnmacht kann uns auch hier verhexen. So läßt uns die Rede vom Schicksal auch in ihrer nüchternen Lesart an Unvermeidlichkeit, Unabwendbarkeit und Unausweichlichkeit denken, und wir sollten von Beginn an unser früheres Resultat im Kopf behalten: daß die Idee der Ohnmacht auf die bedingte Freiheit nicht anwendbar ist. Und besonders aufpassen müssen wir, wenn davon die Rede ist, daß die Bahn, die unser Wille nehmen wird, zum voraus *festgelegt* ist. Wir fühlen uns unfrei, wenn wir auf eine bestimmte soziale Rolle und ein bestimmtes Image festgelegt werden, denn nun sind wir gezwungen, so weiterzumachen, und können nicht andere Wege gehen. Und so ist es auch mit einer beruflichen Festlegung: Wir können nicht mehr wechseln. Festgelegt zu sein, heißt hier: *eingeengt* zu sein, und das bedeutet einen Angriff auf die Freiheit. Doch hier gilt dasselbe, was wir früher bei der Sprache der Bedingtheit beobachtet haben, wenn sie sich unter der Hand in eine Rhetorik des Zwangs verwandelt: Ein nüchternes, unpersönlich gemeintes Wort wird mit einer Assoziation unterlegt, die aus der Sphäre stammt, in der Menschen einander in ihrer Freiheit einschränken. Vor solchen Obertönen der Unfreiheit müssen wir uns hüten, wenn wir nüchtern prüfen wollen, wie die bedingte Freiheit des Willens der fatalistischen Klage gegenüber zu stehen kommt.

Um der Klage auf den Grund zu gehen, betrachten wir am besten diesen Satz unseres Fatalisten: »Wir haben unser Schicksal nicht in der Hand und können es nicht im geringsten verändern.« Die suggestive Kraft des Satzes wird deutlich, wenn wir ihn so lesen: *Es kommt mit uns, wie es kommt, und dagegen können wir gar nichts machen.* Einmal mehr, so sieht es aus, sind wir, statt freie Akteure zu sein, Opfer, die zur Schicksalsergebenheit, also zu reiner Passivität verdammt sind. Wo liegt der Fehler?

Darin, daß der Fatalist die entscheidenden Dinge *vergißt.* Was er insgesamt vergißt, ist dieses: *Ich bin dabei, wenn es darum geht, was mit mir geschieht.* Wir können uns das verdeutlichen, indem wir verschiedene Varianten der fatalistischen Resignation betrachten. Eine erste Variante lautet so: *Was sein wird, wird sein, gleichgültig, was ich tue.* Das stimmt für den allergrößten Teil der Welt: für das außerirdische Geschehen, für das Wetter, für die Entscheidungen der Mächtigen. Es stimmt offensichtlich nicht, wenn es um die Dinge geht, die mein privates und berufliches Leben betreffen: Dort hängt das, was sein wird, durchaus davon ab, was ich tue. Doch der äußere Weltenlauf ist eigentlich nicht das, was der Fatalist im Auge hat. Wichtig ist ihm, wie das mit *mir selbst* ist. Davon handelt die zweite Variante: *Ich werde tun, was ich tue, gleichgültig, was ich will.* Das wäre in der Tat schrecklich: Meine Handlungen würden vollständig an mir vorbeilaufen, unerreichbar für meinen Willen, es wäre der Alptraum eines vollständig entfremdeten Tuns. Aber diese Gefahr gibt es in Wirklichkeit nicht, und zwar aus begrifflichen Gründen: Gehorchten meine Handlungen nicht dem Diktat meines Willens, so wären sie keine *Handlungen.* Handlungen sind exakt solche Ereignisse, für die es *nicht* gleichgültig ist, was ich will. Also kein Grund für eine fatalistische Befürchtung. Wir rükken uns selbst immer näher, wenn wir nun diese Variante betrachten: *Ich werde wollen, was ich will, gleichgültig, wie ich urteile.* Auch das wäre ein Alptraum, und dieses Mal einer ohne begriffliche Unstimmigkeit. Wir kennen ihn schon lange: Es wäre der Alptraum einer stetigen und umfassenden *Unfreiheit des Willens.* Wir wissen, daß wir unter einer derart durchgängigen Unfreiheit nicht leiden, also ist der Fatalismus in dieser

Lesart faktisch falsch. Doch nehmen wir an, es gäbe einen Unglücklichen, an dessen Überlegen und Urteilen der Wille vollständig vorbeiliefe: Das wäre nicht, wie der Fatalist befürchtet, eine Folge der Bedingtheit *von allem*, nicht einmal der durchgängigen Bedingtheit des *Willens*, sondern eine Folge davon, daß bei diesem Unglücklichen eine *falsche* Bedingtheit vorliegt. Wiederum also folgt aus der universellen Bedingtheit nichts, was uns beunruhigen müßte. Wie ist es mit: *Ich werde tun, was ich tue, gleichgültig, wie ich mich entscheide?* Hier gilt dasselbe wie oben bei Wollen und Tun: Das ist begrifflich unmöglich, denn das Entscheiden ist das erfolgreiche Beeinflussen des Willens, der mein Tun bestimmt.

Gibt es eine weitere Variante – eine, die der fatalistischen Klage doch noch als Grundlage dienen könnte? Versuchen wir es! Beginnen müssen wir mit: *Ich werde entscheiden, wie ich entscheide, gleichgültig, wie …* Wie kann es weitergehen? Es kann *überhaupt* nicht weitergehen. Warum nicht? Weil es keinen *Standpunkt* mehr gibt, von dem aus ich konstatieren und beklagen könnte, daß die Dinge an mir vorbeilaufen. Bisher gab es stets einen solchen Standpunkt: Erst mein Handeln, dann das Wollen, dann das Urteilen. Jetzt aber sind all diese Standpunkte gedanklich verbraucht, das Entscheiden hat auch noch den letzten verschluckt. Und außerhalb des Entscheidens *gibt* es keinen Standpunkt, den ich einnehmen könnte, denn ich *bin*, könnte man sagen, das Entscheiden. Damit aber gibt es kein *Motiv* mehr für eine fatalistische Klage, denn es gilt, was ich oben sagte: Ich bin dabei, wenn es darum geht, was mit mir geschieht. Und ich bin nicht nur dabei im Sinne passiver Anwesenheit: Ich bin dabei in dem Sinne, daß ich es bin, der *bestimmt*, was mit mir geschieht. Und das ist das exakte Gegenteil von dem, was uns der Fatalist als trostlose, bedrohliche Aussicht vor Augen führen wollte: daß ich über den Verlauf meines Lebens in keiner Weise mitbestimmen könne.

Der Fatalist, möchte man sagen, tut, als säßen wir am Ufer des reißenden Lebensstroms und müßten resigniert und ergeben zusehen, was er anrichtet. Aber so ist es nicht: Als Wollende, Entscheidende und Handelnde sind wir *im* Strom, oder: Wir *sind* der Strom, und sein Fließen *ist* oftmals – wenngleich nicht immer – die Ausübung unserer Freiheit der Entscheidung. Das ist es, was der Fatalist vergißt. Ist es ein Zufall, daß er es vergißt? Nach allem, was wir an diagnostischem Verstehen bisher erreicht haben, möchte man sagen: Nein. Er vergißt es, weil er sich, ohne es zu merken, ein Subjekt denkt, das am Ufer sitzt: das reine Subjekt, das an der Position des absoluten inneren Fluchtpunkts sitzt. Und es ist wahr: An ihm liefe alles vorbei, selbst mein Entscheiden. Nur eben: Dieses Subjekt, diesen heimlichen Homunculus, gibt es nicht. Und so fällt die fatalistische Klage in sich zusammen.

»Es hat ja doch keinen Sinn, etwas zu tun«, mag jemand in fatalistischer Laune sagen, »es wird ohnehin geschehen, was geschehen wird.«

»Es wird durchaus etwas anderes geschehen, wenn du etwas tust, als wenn du nichts tust«, erwidern wir.

»Gut, aber was ich tue, ist doch auch vorherbestimmt, also was soll's.«

»Was du tust, ist nicht einfach so vorherbestimmt. Dein Tun ist ein anderes, je nachdem, was du willst.«

»Gut, aber was ich will, ist eben auch vorherbestimmt, also was soll's.«

»Auch was du willst, ist nicht einfach so vorherbestimmt. Dein Wille ist ein anderer, je nachdem, wie du überlegst und dich entscheidest.«

»In Gottes Namen. Aber wie ich mich entscheide, ist eben *auch* vorherbestimmt. Und nun laßt mich endlich in Ruhe!«

»Eine Frage noch«, sagen wir: »Was ist es denn nun eigentlich, was du möchtest?«

»Blöde Frage: Daß *ich* bestimme, was mit mir passiert, und nicht ein blindes Schicksal!«

»Aber so ist es doch: Das bist doch *du*, der sich da ständig entscheidet und aus freiem Willen das eine statt etwas anderes tut!«

»Aber auch das ist doch, verdammt noch mal, *bedingt* und also *zum voraus festgelegt*!«

»Na und?« könnten wir sagen. Aber es würde nicht genügen. Wie bei allen intuitiven Widerständen müssen wir auch hier tiefer bohren und die Quelle aufdecken.

Die Quelle besteht wiederum in der Vergeßlichkeit des Fatalisten. Was er vergißt, ist, daß wir keine Golfbälle sind. Er geht einer Assoziation auf den Leim, die mit dem Gedanken verbunden sein kann, daß es vorherbestimmt und festgelegt ist, wie unsere Lebenslinie verläuft. Es ist, wie gesagt, nicht die Assoziation eines Herrn, der die Linie seiner Knechte festlegt. Es ist eine andere Assoziation: daß die Linie, weil es eine *bestimmte* Linie ist, *einfach* und *starr* sein müsse. Die Bahn des Golfballs ist einfach und starr: Gegeben die Erdanziehung, eine bestimmte kinetische Energie und bestimmte Luftverhältnisse, verläuft sie vollkommen übersichtlich und ist ohne Überraschungen. Erinnern wir uns an den ledigen Emigranten. Nach einem Blick in die Zeitung, die eine Deportation zeigt, setzt er sich am Bahnsteig auf den Koffer. Dann sieht er den Freund und flieht aus dem Bahnhof. An der Ecke kommen ihm die Schergen des neuen Regimes entgegen. Er macht kehrt, geht zum Bahnhof zurück und steigt in den Zug. Eine Zickzacklinie auf der Oberfläche der Erde. Doch nicht das Zickzack unterscheidet den Emigranten vom Golfball, sondern die Tatsache, daß seine Linie ihren Ursprung *in ihm* hat. Zwar ist sie auch ausgelöst durch das, was ihm die Welt an Umständen zuspielt: das Auftauchen des Freundes und der Schergen. Vor allem aber ist es sein empfindliches Reagieren auf ihren Anblick, das ihn zweimal kehrtmachen läßt. Und er reagiert nicht nur auf diese beiden Ereignisse. Er reagiert auf tausend Dinge: den Anblick des Bahnhofs, die Anzeige des Bahnsteigs, das Bild und die Buchstaben in der Zeitung, das Haus an der Ecke, den Verkehr, und so weiter. Und nicht nur auf äußere Dinge reagiert er. Die Linie, die er zieht, ist bestimmt durch die Erinnerungen, die aufsteigen, die Phantasiebilder, die Gedanken und Gefühle, die seinen Willen drehen und nochmals drehen. Im Sinne der Vielfältigkeit der Einflüsse und der Empfindlichkeit des Reagierens ist es eine *flexible* Linie. Aber es ist trotzdem eine *ganz bestimmte* Linie! Ja; aber diese Bestimmtheit könnte den Emigranten nur stören, wenn darin nicht er mit seiner ganzen Empfindsamkeit und der Freiheit seines Entscheidens zum Ausdruck käme. Wenn ihm die Linie von Kräften diktiert würde, die sich um seinen entschiedenen Willen nicht scherten. Wenn er wie ein Golfball durch seine Schicksalsbahn getrieben würde. Nur dann könnte er die Bahn als *starr* erleben – als etwas, an dem er sich reiben könnte und gegen das er sich auflehnen möchte. Sich gegen eine Lebensbahn auflehnen, die dem eigenen entschiedenen Willen entspringt – das ergäbe keinen Sinn: Es gibt gar nichts, *wogegen* man sich auflehnen könnte.

Die Überlegung zeigt: Bedingtheit und Vorherbestimmtheit sind nicht etwas, wogegen man sich *an und für sich* auflehnen könnte. Es gibt also keinen Grund für die Gereiztheit unseres Fatalisten.

»Aber es gibt doch Krebs, den Gehirntumor und den verstümmelnden Unfall«, wird er vielleicht sagen: »Sind das etwa nicht Dinge, gegen die man sich auflehnen kann? Und kommt mir nicht mit dem Spruch ›Es hat keinen Sinn, sich aufzulehnen, es kam, wie es kommen mußte‹! Denn *genau das ist es, wogegen ich mich auflehne*! Und wenn ihr mir jetzt sagt, daß es keinen Sinn hat, sich gegen etwas aufzulehnen, das sich nicht ändern läßt, so sage ich euch: Ihr habt offenbar nicht verstanden, was das hier bedeutet: sich auflehnen. Es ist nicht wie eine Revolte gegen etwas, das sich umstürzen läßt. Es ist eine innere Revolte, zu deren *Inhalt* es gehört, daß die Dinge *nicht* zu ändern sind. Schicksalsergebenheit – das ist eine mögliche Einstellung für müde Leute, aber versucht mir nicht weiszumachen, daß es die einzig *sinnvolle* Einstellung ist. Daß die Revolte zermürbend sein kann, nimmt ihr nicht ihren besonderen Sinn.«

Er ist ein komplizierter Mann, unser Fatalist, und an dem, was er sagt, kann man ablesen: Fatalismus muß nicht die ergebene Gemütsverfassung bedeuten, die man mit dem Wort gewöhnlich verbindet. Es gibt auch den wütenden Fatalisten. Wie kann das sein? Es kann deshalb sein, weil der Kern des Fatalismus eine Einschätzung ist, die noch vor – oder hinter – der Ergebenheit oder Auflehnung liegt: *Die Vorherbestimmtheit ist ein Übel.* Und es ist genau diese Einschätzung, die den Irrtum des Fatalisten ausmacht. Das erklären wir ihm jetzt:

»Der Gehirntumor ist ohne Zweifel ein schreckliches Übel. Und wer von sich denkt oder sagt, daß er sich dagegen nicht auflehnt, lügt oder täuscht sich selbst. Aber es ist eben der *Tumor*, der das Übel ist, und nicht die Tatsache, daß er sich zwangsläufig aus einer langen Geschichte von Vorbedingungen ergeben hat. Das Übel ist nicht seine Vorherbestimmtheit, sondern die verheerende Wirkung des Tumors. Denn nimm an, daß dir nicht ein Tumor widerfährt, sondern ein großes Glück. Dagegen wirst du dich nicht auflehnen, auch wenn du daran denkst, daß auch dieses Glück ein Glied in einer langen Kette von Bedingungen ist. Das wird dich nicht im geringsten stören. Und das zeigt, daß du in Wirklichkeit auch beim Tumor nicht die Vorherbestimmtheit verflucht hast, sondern das Übel, das er darstellt.«

Und weil die Vorherbestimmtheit an und für sich kein Übel ist, *kann auch die Vorherbestimmtheit unserer freien Ent-*

scheidungen kein Übel sein. Der Fatalist mag ergeben oder wütend sein – in beiden Fällen hat er unrecht. Und er hat unrecht, weil er vergeßlich ist: Er hat vergessen, daß wir uns nur gegen ein unglückliches Schicksal auflehnen, nicht gegen ein glückliches, und hat daraus geschlossen, daß er sich gegen das Schicksal *insgesamt* auflehnt. Er hat sich über den Gegenstand seiner Auflehnung getäuscht.

»Etwas stört mich trotzdem«, sagt er jetzt ohne Gereiztheit: »die bloße Tatsache, daß schon jetzt feststeht, was ich in einem Jahr wollen werde. Ist es nicht irgendwie erstickend, das zu wissen? Hindert es einen nicht daran, frei zu atmen?«

»Du vergißt eines: Es steht nicht in dem Sinn fest, daß dein Wille sein wird, wie er sein wird, *unabhängig davon, was du in der Zwischenzeit denkst, tust und entscheidest.* Das wäre in der Tat fürchterlich – es wäre, als müßtest du wie gelähmt auf deinen zukünftigen Willen starren, ohne irgend etwas dagegen tun zu können. Aber dein zukünftiger Wille kommt nicht auf dich zu wie eine Lawine. Du *führst ihn herbei*, du *erarbeitest ihn dir*, indem du von freier Entscheidung zu freier Entscheidung fortschreitest, bis du bei ihm angekommen bist. Was bedrückt dich dabei?«

Unser Mann wird immer sanfter.

»Vielleicht ist es dieses: daß die Vorherbestimmtheit von allem bedeutet, daß auch alles zum voraus *vorhersehbar* ist. Im Prinzip, meine ich.«

»Ist es die Allwissenheit Gottes, die dir auf die Nerven geht?«

»Äh ... nein. Die ginge mir zwar auf die Nerven, aber eher deshalb, weil man so entblößt dastünde, wenn es sie gäbe. Ich glaube, ich meine etwas anderes.«

»Ist es, weil wir, die anderen, im Prinzip alles in deinem Leben vorhersehen könnten – wenn wir es eben könnten?«

»Auch nicht, denn das wäre nicht anders als bei Gott.«

»Dann muß es eigentlich sein, weil es *für dich selbst* im

Prinzip vorhersehbar wäre, was du wollen, entscheiden und tun wirst.«

»Ja. Denn wäre es nicht auch irgendwie schrecklich, eine lange Strecke von freien Entscheidungen vor sich zu sehen, die *eigentlich schon gefallen sind*? Wäre es nicht zumindest dies: fürchterlich *langweilig*?«

»Da brauchst du dir keine Sorgen zu machen. Und wir wollen dich nicht trösten, indem wir sagen: Du *wirst* es eben nie voraussehen können. Wir wollen nicht das übliche Lob-lied auf den Schleier unserer Unwissenheit singen. Unser Trost ist ein tiefergehender Trost: *Was du dir vorstellst, geht nämlich überhaupt nicht.* Nimm an, daß in diesem Augenblick der Schleier der Unwissenheit vor dir weggezogen wird. Was du glaubst, ist, daß du nun all deine Entscheidungen vor dir aus-gebreitet sähest, wie sie *hinter* dem Schleier fallen werden. Aber der Schleier ist ja nun nicht mehr da, und das bedeutet: Du, der Entscheidende, wirst in Zukunft aus einer ganz an-deren Position heraus entscheiden. Deine perfekte Übersicht über die Zukunft wird nun in deine nächsten Entscheidun-gen miteinfließen. Nimm die nächste Entscheidung, die an-steht, und laß es eine gewichtige sein, etwa die, den Arbeit-geber zu wechseln. Du bist allwissend und weißt, daß die frühere Firma pleite gehen und die neue florieren wird. Die-ses Wissen bestätigt dich in der Entscheidung, du weißt jetzt: Es ist eine *richtige* Entscheidung. Also triffst du sie. Nimm die nächste, bei der es darum geht, ob du die ehemalige Geliebte deines Chefs heiraten sollst. Weil du alles weißt, weißt du auch: Das ist eine *falsche* Entscheidung mit verheerenden Kon-sequenzen, zu Hause und in der Firma. Oder besser: Es *wäre* eine falsche Entscheidung, *denn natürlich entscheidest du jetzt anders.* Bleibt es bei dieser einen Abweichung? Natürlich nicht. Denn nun wird dein Leben ja anders verlaufen, so daß es zu allen weiteren Entscheidungen, die angestanden hätten, wenn du die Frau – hinter einem, wie du jetzt weißt, tiefschwarzen

Schleier von Unwissenheit agierend – geheiratet hättest, gar nicht mehr kommt. Und weil es dazu nicht mehr kommt, kannst du sie auch nicht als ein feststehendes Schicksal vor dir ausgebreitet sehen. *Deine Entscheidungsfreiheit als Allwissender ändert dein Schicksal.* Und die Änderung besteht nicht nur darin, daß du diese eine falsche Entscheidung nicht triffst. Du wirst auf deinem neuen Lebensweg *keine* falsche Entscheidung mehr treffen, denn du erkennst zum voraus, daß sie falsch wäre. Du triffst nur noch richtige Entscheidungen, du kannst gar nicht mehr anders. Wäre das nicht toll?«

»Dann wäre mein Leben eine mir zum voraus bekannte Folge von perfekt informierten, absolut richtigen Entscheidungen. Wäre das nicht auch langweilig?«

»Sterbenslangweilig. Aber für *eine* Klage gäbe es keinen Grund: daß es kein Leben aus *Freiheit* sei.«

Der Fatalismus ist, so wissen wir jetzt, eine gedanklich unstimmige Einstellung. Er ist darüber hinaus auch eine psychologisch unmögliche Lebenseinstellung. Sie müßte lauten: *Mal abwarten, was ich wollen werde.* Es wäre der Versuch, *sich selbst immer nur geschehen zu lassen.* Das geht für kurze Zeit, im Kino, beim Tagträumen, am Strand – überall da, wo uns keine Entscheidung abverlangt wird und wir gewissermaßen Pause haben. Der Fatalismus im Sinne einer psychologischen Empfehlung tut, als könnten wir daraus eine dauerhafte Einstellung machen. Das ginge nur, wenn wir uns in Getriebene verwandelten, so daß wir nicht mehr wüßten, was das ist: sich entscheiden. Solange wir es wissen, ist es unmöglich, das Entscheiden sein zu lassen, und in dieser Unmöglichkeit besteht unsere Freiheit.

Da die Einsicht, daß alles kommt, wie es kommt, die Erfahrung der Freiheit und die Freiheit selbst unangetastet läßt, ist sie eine Einsicht, die uns in keiner Weise zu *interessieren* braucht, weil sie uns gar nicht *betrifft*. Sie enthält nicht *Neues* und bedeutet keine *Korrektur* in unserem Denken über die

Freiheit. Daß die Linie, die wir auf der Oberfläche der Erde ziehen, nur eine einzige Linie sein kann, weil alles andere so ist, wie es ist, nimmt uns kein Iota von unserer Freiheit weg. Abhängig davon, wie mir die Welt begegnet, entwickle ich mich auf eine ganz bestimmte Weise, und diese Entwicklung enthüllt mir, wer ich bin. Vieles in dieser Entwicklung geschieht aus Freiheit, einiges nicht. Wenn mich Unfreiheit beherrscht, so kann ich das beklagen, so wie ich jedes Übel beklagen kann. Daß die Unfreiheit, ebenso wie die Freiheit, Bedingungen unterworfen ist, kann ich nicht beklagen: Es gibt keinen Standpunkt, von dem aus ich die Klage vortragen könnte.

9. Lebensgeschichte und Verantwortung: Raskolnikov vor dem Richter

Die begriffliche Tatsache, daß es keine unbedingte Freiheit geben kann, macht unsere Freiheitserfahrung nicht zu einer Illusion. Es ist umgekehrt: Diese Erfahrung ist nur im Rahmen durchgängiger Bedingtheit zu verstehen. Und inzwischen haben wir auch die Irrtümer aufgeklärt, die den gegenteiligen Eindruck hervorrufen können. Doch das diagnostische Verstehen, das wir uns zur Aufgabe gemacht haben, ist damit noch nicht abgeschlossen. Wir wissen aus dem sechsten Kapitel, daß es noch eine ganz andere Art von Überlegung gibt, die es so aussehen läßt, als hätte der Verlust der unbedingten Freiheit zerstörerische Folgen für unser Selbstverständnis als Personen. Es ist der Gedanke, daß die Idee der Verantwortung und die Praxis des Bestrafens ihren Sinn und ihre Berechtigung verlieren, wenn wir nicht im unbedingten Sinn frei sind. Und aus demselben Grund kann es scheinen, als verlören auch unsere moralischen Empfindungen Sinn und Berechtigung, wenn sie nicht auf Personen gerichtet sein können, deren Wille ein unbewegter Beweger ist.

Die Eröffnung

Eines Tages, so können wir uns vorstellen, steht Raskolnikov vor dem Richter. Der Richter hat vor, ihn schuldig zu sprechen und nach Sibirien ins Arbeitslager zu schicken. Er ist, wollen wir annehmen, seit jeher ein nachdenklicher Richter gewesen, und deshalb hat er in all den Jahren nie die Tatsache aus den Augen verloren, daß er einem Menschen, wenn er ihn schuldig spricht, mit vollem Bewußtsein Leid zufügt und nicht selten sein ganzes Leben zerstört. Der Gedanke daran hat ihn manche schlaflosen Nächte gekostet, in denen er unsicher wurde, ob das, was er tat, auch wirklich richtig war. Wenn ihm mit Raskolnikov nun jemand gegenübertritt, der ihm zu beweisen sucht, daß er, der Richter, ein Leben lang das Falsche getan und einen schrecklichen Fehler nach dem anderen begangen hat, so läßt das den Richter nicht kalt. Wir können uns vorstellen, daß er sich sagt: Wenn es mir nicht gelingt, meine Rolle und Tätigkeit gegen diese Herausforderung zu verteidigen, so werde ich den Mann nicht verurteilen und meinen Richtersessel für immer räumen. Für beide, Raskolnikov und den Richter, steht also viel auf dem Spiel: für den einen die Freiheit, für den anderen der Sinn seines beruflichen Lebens.

RICHTER: Was haben Sie zu Ihrer Verteidigung vorzubringen?

RASKOLNIKOV: Ich konnte nicht anders. Ich kann also nichts dafür. Und deshalb bin ich nicht verantwortlich für meine Tat.

RICHTER: Das ist Unsinn. *Natürlich* konnten Sie anders.

RASKOLNIKOV: Beweisen Sie es mir!

RICHTER: Sie hätten an jenem Tag und zu jener Stunde einfach zu Hause bleiben können, statt zu der Pfandleiherin zu gehen und sie zu erschlagen.

RASKOLNIKOV: Nein, eben nicht: Ich hatte den Willen, die Alte umzubringen, und wußte, daß sie an jenem Tag und zu jener Stunde allein zu Hause sein würde. Dieser Wille und dieses Wissen haben mich zu ihr getrieben. Dagegen konnte ich gar nichts machen.

RICHTER: Sicher. Einmal gegeben, daß Sie diesen Willen

hatten, mußte es zu dem Mord kommen. Aber natürlich *hätten Sie etwas anderes wollen können*, und dann hätten Sie etwas *anderes* getan.

RASKOLNIKOV: Keineswegs. Ein Wille entsteht ja nicht aus dem Nichts. Er hat eine Vorgeschichte, die ihn festlegt. So war es auch bei mir: Ich habe lange überlegt, und am Ende stand mein Wille fest, die Alte umzubringen. Dagegen konnte ich gar nichts machen. Ich *mußte* den Mord wollen.

RICHTER: S*ie hätten anders überlegen können.* Dann hätten Sie etwas anderes gewollt und also etwas anderes getan.

RASKOLNIKOV: Auch Überlegungen entstehen nicht aus dem Nichts. Auch sie haben eine Vorgeschichte, die festlegt, wie sie verlaufen. Und die Vorgeschichte meines Überlegens legte fest, daß ich so und nicht anders überlegte. Dagegen konnte ich gar nichts machen. Ich mußte einfach so überlegen. Und deshalb, wie gesagt, bin ich nicht verantwortlich.

RICHTER: Sie sind ein Mensch, und Menschen überlegen nicht zwangsläufig so, daß in ihnen der Wille entsteht zu morden. Auch nicht Menschen, die dringend Geld brauchen und eine Möglichkeit sehen, es sich durch einen Mord zu verschaffen. Menschen *können* einer solchen Versuchung widerstehen.

RASKOLNIKOV: Es geht nicht darum, wie Menschen *im allgemeinen* überlegen und was sie *im allgemeinen* wollen können. Ich stehe ja nicht als *irgendein* Mensch vor Ihnen, sondern als ein *bestimmter*. Worum es also geht, ist, ob *ich, dieser bestimmte Mensch*, zu jenem Zeitpunkt anders hätte überlegen und deshalb etwas anderes hätte wollen und tun können. Der Hinweis auf andere Menschen tut nichts zur Sache. Und im übrigen gilt für jeden von ihnen dasselbe: Die Frage ist immer, ob ein bestimmter Mensch zu einem bestimmten Zeitpunkt anders gekonnt hätte, was sein Überlegen, Wollen und Tun betrifft. Und die Antwort ist immer die gleiche: nein. Auch der Grund ist immer der gleiche: Es gab eine Vorgeschichte. Und deshalb gilt für jeden von ihnen: Er ist für seine Taten nicht verantwortlich.

RICHTER: Gut, konzentrieren wir uns ganz auf Sie. Fest steht doch: Sie besitzen und besaßen auch damals die *Fähigkeit*, Verschiedenes zu überlegen, zu wollen und zu tun. Sie sind nicht wie ein Tier oder ein kleines Kind, das keinerlei Abstand zu seinen Wünschen hat und sie einfach auslebt. Sie werden von Ihren Wünschen nicht einfach zu einem Tun *getrieben*. Sie können einen Schritt hinter die Wünsche zurücktreten, sie bewerten und durch Ihr bewertendes Urteil darüber bestimmen, welcher Wunsch zum Willen werden soll. Das ist die entscheidende Voraussetzung für Verantwortung, und Sie erfüllen sie. Also sind Sie verantwortlich für den Mord.

RASKOLNIKOV: Ich leugne nicht, diese Fähigkeit zu besitzen. Was ich aber bestreite, ist, daß sie für Verantwortung ausreicht. Denn sehen Sie: Sie bedeutet doch nur, daß ich zu jedem Zeitpunkt mit meinen Gedanken Einfluß auf meinen Willen nehmen kann. Darin, und nur darin, besteht die Fähigkeit. Sie besteht *nicht* darin, daß es mir zu jedem Zeitpunkt möglich ist, meine Wünsche auf ganz *unterschiedliche* Weise zu bewerten und mich auf diesem Wege dazu zu bringen, ganz *Unterschiedliches* zu wollen – einfach so. Daß ich einen Spielraum des Denkens, Bewertens und Wollens besitze, gilt nur, wenn wir *verschiedene* Zeitpunkte in Betracht ziehen und nicht, wenn wir von ein und demselben Zeitpunkt sprechen. Und daß mein Denken und Wollen zu einem späteren Zeitpunkt anders ausfallen kann als zu einem früheren, liegt einfach daran, daß die Vorgeschichte des Denkens und Wollens inzwischen eine andere geworden ist. Doch für den späteren Zeitpunkt gilt dasselbe wie für den früheren: Es gibt jetzt nur die *eine* Möglichkeit der Bewertung von Wünschen und somit nur den *einen* Wunsch, der unter dem Einfluß dieser Bewertung zum Willen werden kann. Der Hinweis auf die Fähigkeit der Selbstbewertung – oder auch auf irgendeine andere Fähigkeit – nützt Ihnen also nichts. Es kommt immer darauf an, welchen Verlauf die *Ausübung* dieser Fähigkeit zu einem bestimmten Zeitpunkt nimmt. Es kann immer nur ein einziger Verlauf sein, abhängig von der Vorgeschichte. Und das eben heißt: Niemand kann anders überlegen, wollen und handeln, als es tatsächlich geschieht. Deshalb kann niemand etwas für seine Taten. Und deshalb ist niemand dafür verantwortlich.

RICHTER: Immerhin räumen Sie ein, daß Sie die Fähigkeit zur überlegten Willensbildung besitzen. Das macht Sie zu jemandem, der die Fähigkeit zur freien Entscheidung besitzt. Und Sie räumen ebenfalls ein, daß Ihr Wille zu töten unter dem Einfluß Ihres Überlegens zustande kam. Das heißt: Sie töteten aus freiem Willen. Das ist die entscheidende Voraussetzung für Verantwortung. Sie erfüllten sie. Also sind Sie verantwortlich für den Mord.

RASKOLNIKOV: Was Sie sagen, läuft auf folgendes hinaus: Sie legen die Bedeutung dreier Wörter fest: ›Entscheidung‹, ›frei‹ und ›Verantwortung‹. Das können Sie natürlich tun. Aber das heißt nicht, daß ich mich Ihrer Festlegung beugen muß. Und ich tue es auch nicht, denn ich erkenne mich darin mit meinen Vorstellungen von der Sache nicht wieder. Noch am ehesten bin ich bereit, mir Ihre Ansicht zu eigen zu machen, daß eine Entscheidung die Festlegung des Willens durch Überlegen ist. Aber ich kann überhaupt nicht einsehen, was das mit *Freiheit* zu tun haben soll. Für Sie, so scheint es, *besteht* Freiheit in nichts anderem als darin, daß einer mit seinem Denken über seinen Willen bestimmt. Das finde ich intuitiv unbefriedigend, um es milde auszudrücken. Und ich kann Ihnen auch genau sagen, warum. Mit dem Entscheiden verhält es sich nämlich nicht anders als mit dem Überlegen und Wollen, also seinen Komponenten: Niemand kann sich zu einem bestimmten Zeitpunkt anders entscheiden, als er es tatsächlich tut. Ob eine bestimmte Überlegung in der Willensbildung den Ausschlag gibt, ist durch eine Vorgeschichte festgelegt. Meine eigene Vorgeschichte des Denkens, Fühlens, Erinnerns und Phantasierens machte es unausweichlich, daß es letztlich der Gedanke ans Geld war, der mich in meinem Willen bestimmte. Ich hatte keine *Macht* über diese Entscheidung: Ich konnte sie nicht *verhindern* und nicht *aufhalten*, sie nahm den Verlauf, den sie nehmen mußte. Wie kann man *das* Freiheit nennen? Ich kann nur sagen und muß mich damit wiederholen: Auch was meine Entscheidung betrifft, konnte ich nicht anders. Ich *mußte* mich so entscheiden. Ich kann also nichts dafür. Und somit bin ich nicht verantwortlich, denn die Voraussetzung der Freiheit war nicht gegeben. Sie haben dem Wort ›Verantwortung‹ eine Bedeutung gegeben, nach der es genügt, daß der Tat eine Entscheidung vorausging, und weil Sie die Freiheit im Entscheiden sehen, kann es so aussehen, als hätten Sie dem intuitiven Prinzip *Ohne Freiheit keine Verantwortung* Genüge getan. In Wirklichkeit ist das eine verdrehte, beinahe zynische Lesart des Prinzips. Denn ich frage Sie: Wie kann jemand für eine entschiedene Tat verantwortlich sein, wenn es nicht in seiner Macht lag, sich anders zu entscheiden?

Es ist Zeit für eine erste Bilanz. Raskolnikovs Strategie ist geradlinig und klar: Er beharrt darauf, daß es stets um das Wollen und Tun einer bestimmten Person mit einer bestimmten Vorgeschichte geht und nicht um Personen und ihre Fähigkeiten im allgemeinen. Und damit hat er recht: Die Frage nach der Verantwortung ist immer die Frage nach der Verantwortung einer ganz bestimmten Person zu einem ganz bestimmten Zeitpunkt. Recht hat er ferner damit, daß sich der

Wille und die Entscheidungen einer Person aus ihrer Vorgeschichte ergeben und daß sie kraft dieser Geschichte keine
anderen sein können, als sie tatsächlich sind. *Keine Auskunft
über Verantwortung, die sich an dieser Tatsache vorbeizumogeln
versucht, kann überzeugen.* Der Richter, wenn er in dem Disput bestehen will, muß einen Gedankengang vortragen können, der ihm erlaubt, zu Raskolnikov zu sagen: »Sie tragen für
den Mord die volle Verantwortung, auch wenn sich aus Ihrer
Vorgeschichte ergab, daß Sie zu jenem Zeitpunkt nur diese
eine Entscheidung treffen konnten.«

Obwohl Raskolnikov mit seinem Beharren recht hat, müssen wir ihm auf die Finger sehen. Und da fällt schnell auf,
daß er sich, um seinen Punkt zu machen, der verführerischen
Sprache des Zwangs und der Ohnmacht bedient. Er habe so
wollen, überlegen und entscheiden *müssen*, sagt er. Doch das
ist nicht wahr: Niemand hat ihn dazu gezwungen. Daß sein
Wollen, Überlegen und Entscheiden von Bedingungen abhing, bedeutet kein Müssen, das im Gegensatz zu Freiwilligkeit stünde. »Dagegen konnte ich gar nichts machen«, ist sein
Refrain. Und von seiner mörderischen Entscheidung sagt er:
»Ich hatte keine *Macht* über diese Entscheidung: Ich konnte
sie nicht *verhindern* und nicht *aufhalten*.« Wir wissen längst,
daß der Eindruck der Ohnmacht, der durch solche Worte beschworen wird, ein trügerisches Gebilde ist, das in sich zusammenfällt, wenn wir es auf begriffliche Stimmigkeit hin
überprüfen: Die Rede von Ohnmacht setzt einen Standpunkt
voraus, von dem aus sie erlebt – oder auch nur gedacht – werden könnte, und einen solchen Standpunkt gibt es bei einer
freien Entscheidung nicht. Bedingte Freiheit schließt Ohnmacht begrifflich aus. Auf Raskolnikovs rhetorische Schluß-
frage sollte der Richter deshalb erwidern: »Wenn sich jemand
zu einer Tat entscheidet, so hat er alle nur denkbare Macht
über diese Entscheidung: Sie besteht einfach darin, daß er sich
so und nicht anders entscheidet – daß er seinen Willen also

durch diese und nicht eine andere Überlegung bestimmt. Darüber hinaus gibt es keinen Sinn mehr, in dem die Entscheidung in seiner Macht liegen oder nicht liegen kann.« Und er sollte Raskolnikov ermahnen, in Zukunft bei der nüchternen Beschreibung seines Punkts zu bleiben: daß sich aus einer Vorgeschichte eine bestimmte Entscheidung ergibt. Damit wird dem Vorwurf des Zynismus die Spitze genommen.

Der Richter beginnt mit dem Hinweis auf das, was Menschen im allgemeinen können, und erinnert Raskolnikov dann an die Fähigkeit der distanzierten Selbstbewertung, die er insgesamt betrachtet besitzt. Das ist weder willkürlich noch ein Trick von ihm. Es ist die Perspektive, die wir oft einnehmen, wenn es um Verantwortung geht: Wir prüfen, ob man etwas von einem Menschen als solchem verlangen konnte, beispielsweise dieses: daß er, wie unser bedrohter Bankkassierer, sein Leben riskierte. Und wir fragen uns, ob jemand die generelle Fähigkeit besaß, seine Wünsche kritisch zu bewerten, anders als etwa im Fall des Hypnotisierten oder Hörigen. Man kann sich einen Richter vorstellen, der sagt: »Das ist *alles*, worum es bei Verantwortung geht. Wenn diese Prüfung positiv ausfällt, so liegt Verantwortung vor. Punkt. Um die persönliche innere Geschichte brauchen wir uns nicht zu kümmern.« Unser nachdenklicher Richter dagegen spürt, daß man Raskolnikov nicht auf diese dogmatische Weise zum Schweigen bringen kann, und deshalb läßt er sich widerstandslos auf den Gedanken der Vorgeschichte ein, die eine Entscheidung festlegt. Worauf er sich dann konzentriert, ist, daß eine derart bedingte Entscheidung trotzdem eine freie Entscheidung ist und daß diese Freiheit für Verantwortung genügt. Wiederum keine Sophisterei, sondern eine Art der Betrachtung, wie sie von den meisten von uns als selbstverständlich angesehen wird, solange wir nicht mit den weiteren Schritten in Raskolnikovs Herausforderung konfrontiert werden, die nun folgen.

Raskolnikov ist nicht zufrieden mit der Art, wie der Richter die Schlüsselwörter ›Freiheit‹ und ›Verantwortung‹ gebraucht. Er möchte sie in einem anderen, anspruchsvolleren Sinn verwendet wissen. Was macht man in einem solchen Fall? Eines ist klar: Es kann in dem Streitgespräch nur dann einen Fortschritt geben, wenn die beiden Parteien die gleiche Sprache sprechen, sich also auf eine von beiden geteilte Bedeutung der Wörter einigen können. Denn nehmen wir an, das ist nicht der Fall. Dann wäre folgender Wortwechsel zu erwarten:

RASKOLNIKOV: Es ist ein Hohn, wie billig Sie die Wörter verwenden, wenn Sie sagen, ich sei in meiner Tat frei gewesen und trage deshalb die Verantwortung dafür. Und Ihre billige Lesart kommt mich teuer zu stehen, denn Sie in Ihrer Robe sind der Mächtige und können mich abführen lassen. Das Gesetzbuch ist dabei auf Ihrer Seite, denn darin wird auch so billig dahergeredet. Und Sie werden, nachdem Sie mich verurteilt haben, nach Hause gehen und gut schlafen, denn Sie werden sich sagen: Er war frei, also muß er die Konsequenzen tragen. Aber ich sage Ihnen: Sie haben nicht das geringste moralische Recht, mein Leben zu zerstören. Ich war *nicht* frei, und deshalb bin ich *nicht* verantwortlich für meine Tat.

RICHTER: Ob billig oder nicht: Ich gebrauche die Wörter so, wie wir sie gewöhnlich gebrauchen. Nicht ich allein habe ihnen diese Bedeutung gegeben. Die Regeln des Gebrauchs, denen ich folge, sind die Regeln, denen alle Sprecher dieser Sprache folgen. Wenn Sie in die Wörter mehr hineinlegen wollen, so stellen Sie sich außerhalb der Sprachgemeinschaft. Das können Sie tun. Aber dann können Sie nicht erwarten, daß die anderen Ihre Klage ernst nehmen.

Von der Logik der Sache her ist es, als erklärten Sie: »In St. Petersburg gibt es keine Menschen.« Auf die erstaunte Nachfrage hin sagen Sie: »Unter einem Menschen verstehe ich ein unsterbliches Wesen. Alle, die hier herumlaufen, sind aber sterblich. Also gibt es hier keine Menschen. Und kommt mir nicht mit einer billigen Lesart, die für das Menschsein keine Unsterblichkeit verlangt!« Wir würden lachen, denn das Argument ist zwar schlüssig, aber nur, weil Sie mit der Idee des Menschen eine Bedingung verknüpfen, die niemand sonst damit verknüpft und die nicht erfüllbar ist. Niemand fühlte sich durch das Argument *getroffen*, und es würde niemanden *interessieren*. Und so ist es auch mit Ihrer Rede von Freiheit und Verantwortung: Sie knüpfen an diese Dinge offenbar Bedingungen, die niemand sonst daran knüpft und die nicht erfüllbar sind. Es ist dann zwar richtig, wenn Sie sagen: »Ich war nicht frei und bin daher nicht verantwortlich«. Aber das ist nur dem Schein nach ein Satz unserer gemeinsamen Sprache und also nur dem Schein nach ein Beitrag zu unserem Gespräch über das Thema. In Wirklichkeit spielen Sie mit diesen Worten ein Spiel ganz für sich allein und sagen nichts, was uns angeht und beunruhigen muß.

Im Prinzip hat der Richter recht. Aber er hat nicht *ganz* recht. Es gibt bei ›Freiheit‹ und ›Verantwortung‹ einen intuitiven Spielraum, wie es ihn bei ›Mensch‹ und ›Unsterblichkeit‹ nicht gibt. Dort ist es vollkommen klar, daß die vorgeschlagene Lesart gänzlich abwegig ist. Hier ist das anders: Wir haben schließlich eine ganze Reihe von intuitiven Quellen kennengelernt, aus denen sich die Auffassung speist, daß die Idee von Freiheit, mit der der Richter operiert, nicht die einzige Idee ist, und aus denselben Quellen kann sich nun auch die Auffassung speisen, daß die Idee – *unsere* Idee – der Verantwortung mehr als die Freiheit verlangt, die der Richter

Raskolnikov zuschreibt. Wäre es anders, so würde niemand das Thema der Willensfreiheit verwirrend und aufregend finden, und niemand brauchte ein Buch wie dieses zu schreiben. Es ist die Tatsache dieses intuitiven Spielraums, die dem nachdenklichen Richter manchmal den Schlaf raubt und ihn überlegen läßt, ob die Angeklagten, die vor ihm stehen, tatsächlich verantwortlich sind, wo es doch für ihren Willen und ihre Entscheidungen keine Alternativen gab. Es ist deshalb nicht nur ein geschickter Schachzug, sondern entspringt einem echten Interesse, wenn er Raskolnikov nun fragt:

RICHTER: Worin bestünde denn Ihrer Ansicht nach eine Freiheit, die Verantwortung entstehen ließe? Wie müßte es in Ihnen zugehen, damit Sie sich als frei und also verantwortlich betrachten würden?

RASKOLNIKOV: Ganz einfach: *Ich* müßte es sein, der über meinen Willen bestimmt, und nicht meine Vorgeschichte. Meine Entscheidungen müßten Entscheidungen sein, die nicht von der Last einer Vorgeschichte erdrückt werden. *Freie* Entscheidungen eben.

Es ist klar, was wir jetzt tun müssen: Wir müssen dem Richter die beiden vorangegangenen Kapitel zu lesen geben, damit auch er weiß, was wir inzwischen wissen. Nämlich dieses: daß Raskolnikov, wenn er emphatisch von *sich* als einer Instanz spricht, die unabhängig von irgendwelchen Vorbedingungen etwas will und entscheidet, von der Chimäre des reinen Subjekts spricht, das eine unbedingte Freiheit ausübt. Der Richter kann ihm dann all die Dinge vorhalten, auf die wir gestoßen sind: die begriffliche Tatsache, daß ein unbedingter Wille kein bestimmter Wille, kein persönlicher Wille und damit überhaupt kein Wille wäre; daß er, wenn doch ein Wille, ein gänzlich fremd anmutender, bloß zufälliger, unberechenbarer, verrückter und unverständlicher Wille sein müßte, den wir als etwas erleben müßten, das uns nur zustieße und das also meilenweit von der Erfahrung der Urheberschaft entfernt wäre. Und der Richter kann seine Ausführungen beschließen, indem er zu Raskolnikov etwas sagt, das wir diesem früher selbst in den Mund gelegt hatten:

RICHTER: Entscheidungen, die in diesem Sinn frei wären, wären gar keine Entscheidungen, weil es überhaupt keine Einflußnahme auf den Willen gäbe. Sie könnten sich, wären Sie in diesem Sinne frei, in keiner Weise um Ihren Willen kümmern. Das hieße, daß es überhaupt *nicht bei Ihnen läge*, was Sie wollten. Was Ihren Willen betrifft, wären Ihnen die Hände gebunden. Und das wiederum hieße: *Sie konnten nichts anderes wollen als den Mord.* Und sehen Sie: *Das* wäre ein guter, ja schlagender Grund zu sagen: Sie sind nicht verantwortlich. Sie haben mit Ihrer Idee von Freiheit das genaue Gegenteil von dem erreicht, was Sie wollten: Statt daß uns eine solche Freiheit Verantwortung in einem besonders anspruchsvollen Sinne gäbe, würde sie jede Verantwortung, auch die bescheidene, von der ich spreche, zerstören.

Raskolnikov hatte so zu argumentieren versucht: »Verantwortung setzt unbedingte Freiheit voraus. Die gibt es nicht. Also gibt es auch keine Verantwortung.« Der Einwand des Richters zeigt: So *kann* er jetzt nicht mehr argumentieren. Denn erstens hat sich gezeigt, daß die angebliche Voraussetzung in sich nicht stimmig ist, und was in sich nicht stimmig ist, kann für nichts eine Voraussetzung sein. Und zweitens hat ihm der Richter bewiesen, daß seine Vorstellung von Freiheit uns die Verantwortung wegnehmen statt garantieren würde.

Das ist in mehrfacher Hinsicht ein wichtiges Ergebnis. Einmal bedeutet es, daß Raskolnikov nicht mehr anders kann, als sich mit derjenigen Idee von Verantwortung auseinanderzusetzen, die der Richter ins Spiel gebracht hat und die auf die bedingte Freiheit des Willens baut. Es ist absehbar, daß er gegen diese Idee weiterhin Sturm laufen wird. Aber seine Revolte kann von nun an nicht mehr darin bestehen, dem Richter eine andere Idee von Freiheit entgegenzuhalten: Es *gibt* keine solche Idee. Das bedeutet, zweitens, daß der frühere Streit über die richtige Lesart von ›Freiheit‹ und ›Verantwortung‹ *entschieden* werden konnte. Es muß nicht bei einem enttäuschenden Unentschieden bleiben, auf das hin die beiden Parteien, trotzig in ihre Auffassung verbissen, auseinandergehen. Das ist ein weiteres Beispiel für das, was ich zu Ende des Prologs sagte: Philosophie ist die Anstrengung und der Weg, solche Dinge entscheidbar zu machen, statt sie als unaufhebbare weltanschauliche Differenzen zu betrachten, angesichts derer man nur die Schulter zucken kann. Und schließlich hat sich gezeigt, daß es, obwohl der Streit zunächst wie ein Streit um Worte aussah, nicht darum ging, über die Verwendungsregeln von Wörtern, also sprachliche Konventionen, zu rechten, sondern darum, über die Stimmigkeit von Ideen und ihren Beitrag zu unserer Erfahrung nachzudenken.

Erschaffene Verantwortung

RICHTER: Verantwortung verlangt keine unbedingte Freiheit des Willens und kann sie gar nicht verlangen, denn es handelt sich um eine unstimmige Idee. Verantwortung verlangt nur bedingte Freiheit. Die hatten Sie, als Sie zuschlugen. Also sind Sie verantwortlich für die Tat. Und deshalb habe ich allen Grund, Sie zu verurteilen.

RASKOLNIKOV: Aber es ist einfach nicht *fair*, mich für eine Tat verantwortlich zu machen, die sich zwangsläufig aus meiner Vorgeschichte ergab!

Das ist es, was Raskolnikov schon die ganze Zeit über sagen wollte. Sein Ausruf leitet die entscheidende Wende in dem Streitgespräch ein. Sie ergibt sich aus zwei Dingen. Zum einen ist hier zum erstenmal die Rede davon, daß wir andere verantwortlich *machen*, und zum anderen wird diese Handlungsweise, indem sie als unfair gebrandmarkt wird, von einem moralischen Gesichtspunkt aus kritisiert. Bisher lautete die Streitfrage: *Ist* Raskolnikov verantwortlich? Das konnte so klingen, als ginge es darum, über das Vorliegen einer Eigenschaft zu entscheiden, die es unabhängig von uns und unserem Tun in der Welt einfach *gibt*. Die Frage schien die gleiche Logik zu haben wie etwa die Frage: Ist Raskolnikov intelligent? Um diese letzte Frage zu beantworten, wird man sich Klarheit über die Voraussetzungen für Intelligenz verschaffen und prüfen, ob Raskolnikov sie erfüllt. Besitzt er etwa die Fähigkeit, aus Erfahrung zu lernen? Es konnte scheinen, als könnten oder müßten wir dem gleichen Muster auch bei Verantwortung folgen: Wir prüfen, wieviel Freiheit für Verantwortung vorausgesetzt ist, und fragen uns, ob Raskolnikov genügend davon besitzt. Es sah so aus, als sei die Frage »Was ist Verantwortung?« der Frage »Was ist Intelligenz?« genau analog: Sie fordert uns auf, eine in der Welt vorfindliche Eigenschaft zu analysieren. Die Antwort auf die Frage nach Intelligenz muß erklären, worin Intelligenz *besteht* und was sie *ausmacht*. Und es konnte scheinen, als ginge es darum, auf analoge Weise zu erklären, worin Verantwortung besteht und was sie ausmacht.

Indem Raskolnikov davon spricht, daß man ihn nicht verantwortlich *machen* kann, erinnert er uns daran, daß es so nicht ist. Wir *machen* andere nicht intelligent, wenn wir sie als intelligent beschreiben. Wir *stellen fest*, daß sie es sind oder nicht sind. Die sprachliche Handlung, sie als intelligent zu bezeichnen, gehört nicht zu der bezeichneten Eigenschaft, sondern ist ihr äußerlich. Ganz anders bei Verantwortung. Wir *kon-*

statieren nicht, daß jemand verantwortlich ist, sondern *erklä-ren* ihn für verantwortlich. Durch diese Erklärung, und nur durch sie, *wird* er verantwortlich. Es gibt nicht hinter dieser Erklärung noch einen Sachverhalt des Verantwortlichseins, dem wir mit der Erklärung Rechnung tragen müßten. Mit dem Zuschreiben von Verantwortung ist es wie mit dem Geben eines Versprechens oder mit dem Vollziehen einer Taufe. Die Äußerung »Ich verspreche es« *ist* schon das Versprechen selbst, es gibt nicht dahinter noch ein »wirkliches Versprechen«, das durch die Aussage beschrieben würde. Und entsprechend bei der Taufe: Die Worte »Ich taufe dich« *sind* die Taufe, und ihre Funktion ist nicht, über einen von ihnen unabhängigen Sachverhalt des Taufens Auskunft zu geben. Entsprechend sind Sätze, die ein Versprechen oder eine Taufe darstellen, nicht *wahr* oder *falsch*, denn sie sind keine *Beschreibungen*, die einen unabhängigen Sachverhalt treffen oder verfehlen könnten. Sie beschreiben nichts, sie *erschaffen* etwas: ein Versprechen, eine Taufe. Und so ist es auch, wenn wir jemanden für verantwortlich erklären: Wir erschaffen mit dieser Erklärung seine Verantwortung.

Raskolnikov erklärte ursprünglich: »Ich *bin* nicht verantwortlich.« Darauf hätte der Richter gleich sagen können: »Doch, denn ich *mache* Sie hiermit verantwortlich.« Sollte Raskolnikov entgegnen: »Das *können* Sie nicht, denn ich *bin* es nicht«, so wäre die trockene Erwiderung des Richters: »Bevor ich es tat, waren Sie es nicht; jetzt aber sind Sie es«. Wie kann sich Raskolnikov dagegen wehren? Wenn er sagt: »Es ist *falsch*, daß ich es bin«, so bekommt er die Antwort: »Es ist überhaupt nicht falsch, denn es ist wahr, daß ich Sie verantwortlich mache.« Was tun? Raskolnikovs einzige Möglichkeit der Verteidigung besteht darin, die *Handlung* anzugreifen, die der Richter vollzieht, wenn er ihn für verantwortlich erklärt. Damit ändert sich die Logik des Disputs grundlegend. Von nun an geht es nicht mehr darum, wer die *Tatsachen* richtig beschreibt, sondern darum, ob der Richter *richtig handelt,* wenn er Raskolnikov verantwortlich macht. Sollte Raskolnikov an dem Wort ›falsch‹ festhalten wollen und sagen: »Es ist falsch, mich verantwortlich zu machen«, so hieße das Wort etwas ganz anderes als vorhin: Es bezeichnete nicht das Verfehlen einer Tatsache, sondern brächte den Vorwurf zum Ausdruck, daß der Richter gegen eine *Regel* oder *Norm* verstößt. Es ist diese Art von Vorwurf, die in Raskolnikovs Rede von der Unfairneß zum Ausdruck kommt.

Um diesen Vorwurf wird es im gesamten Rest des Dialogs gehen. Es ist seit jeher dieser Vorwurf, den der Richter fürchtet. Er ist es, der ihm den Schlaf raubt, wenn er wieder einmal hatte zusehen müssen, wie die Wache jemanden abführte, den er verurteilt hatte. Bevor er in den düsteren Gemäuern des Kerkers verschwand, hatte der Verurteilte oft ein letztes Mal seinen Blick gesucht. Es waren unterschiedliche Blicke gewesen, denen er hatte begegnen müssen: Blicke voller Zorn und Rachebedürfnis, Blicke voll von Ohnmacht und Verzweiflung, oder Blicke, die einfach nur von tiefem Unverständnis zeugten. Doch allen Blicken war diese eine Botschaft gemeinsam gewesen: *Sie haben nicht das geringste moralische Recht, mir das anzutun, denn ich kann nichts dafür, daß es mit mir so gekommen ist.* Was den Richter immer schon bedrückte, war, daß er nach all den Jahren immer noch zu keiner Gewißheit hatte gelangen können, ob dieser Vorwurf berechtigt war oder nicht. Seine nächtlichen Gedanken beschrieben stets den gleichen engen Kreis: »Nach dem Gesetz konnte ich nicht anders, als ihn zu verurteilen, denn er besaß – das wurde zweifelsfrei festgestellt – die Freiheit der Entscheidung. Er entschied sich bei klarem Verstand zu einem Verbrechen. Er ließ es zu, daß verbrecherische Gedanken Regie über seinen Willen führten. Das Problem ist, daß das unter dem Einfluß einer Vorgeschichte geschah, die festlegte, daß es nicht anders geschehen konnte. Muß man nicht am Ende zugeben: Der eine – wie zum Beispiel ich, der ich aus großbürgerlichem Hause und einer intakten Familie stamme – hat das Glück, daß sein Wille nicht unter den Einfluß von verbrecherischen Gedanken gerät; ein anderer dagegen hat das Pech, in der Gosse aufzuwachsen, wo man, vielleicht sogar aus Gründen des nackten Überlebens, lernt, auf Gesetz und Moral zu pfeifen. Und nun bestraft derjenige, der in der sozialen Lotterie Glück gehabt hat, denjenigen, der Pech gehabt hat. Der Unglückliche wird also *doppelt* bestraft: einmal durch die schlechten Ausgangsbedingungen und dann noch einmal durch das Urteil der Glücklichen, die ihn in den Kerker schicken. Haben die Leute mit ihren Blicken, die mich der Unfairneß bezichtigen, nicht einfach *recht*? Andererseits: *Muß* man jemanden, der einen kaltblütigen Mord begangen hat, nicht anders behandeln als diejenigen, die sich an die rechtlichen und moralischen Spielregeln halten? Wäre es nicht ebenfalls ungerecht, hier *keinen* Unterschied zu machen?«

Wenn wir erreichen wollen, daß die Gedanken des Richters zur Ruhe kommen, müssen wir uns näher mit Sinn und Logik der Praxis beschäftigen, in der wir Verantwortung zuschreiben. Was wir in dieser Praxis tun, ist, daß wir jemandem einen *Status verleihen*: Wir machen ihn zu einem Verantwortlichen. Auch diejenigen, die den Richter ernannten, verliehen ihm damit einen Status. Sein Status besteht darin, daß er bestimmte Befugnisse und bestimmte Pflichten hat, wie das auch bei einem Präsidenten, einem Offizier und einem approbierten Arzt der Fall ist. Der Status der Verantwortlichkeit ist damit verglichen elementarer und umfassender: Er bedeutet, daß wir den Betreffenden an den Regeln des Gesetzes und der Moral insgesamt messen, daß wir ihn im Lichte dieser Normen kritisieren, und daß wir ihn für Verstöße bestrafen dürfen. Wir bringen ihm die Erwartung entgegen, daß er sich an die Regeln hält, und wenn diese Erwartung enttäuscht wird, lassen wir es ihn spüren.

Ein Status beruht auf einer Verabredung oder Abmachung derer, die in der betreffenden Gemeinschaft leben. Und ein Status kann, weil er etwas Gesetztes ist, auch rückgängig gemacht werden, wie wenn ein Richter seines Amtes enthoben wird. Macht das einen Status nicht zu etwas Willkürlichem?

RASKOLNIKOV: Sie sagen zu mir: »Sie sind verantwortlich für den Mord, weil ich Sie dazu *mache*.« Sie glauben, daß das Ihre Position stärkt. Denn was soll ich schon dagegen tun? Aber Sie täuschen sich: Ihre Position ist durch die neue Lesart von Verantwortung nicht stärker, sondern schwächer geworden. Verantwortung nämlich wird dadurch zu etwas, das Sie mir einfach andichten *wollen*, und das heißt: zu einer gänzlich *willkürlichen* Angelegenheit, einer Sache, die in Ihr Belieben gestellt ist. Ihrem Willen aber setze ich nun den meinen entgegen: Ich *akzeptiere* den Status der Verantwortlichkeit nicht, ich *weise* ihn *zurück*. Ich weiß: Sie werden mich trotzdem abführen lassen. Aber das zeigt nur, daß Sie der Mächtige sind; es zeigt in keiner Weise, daß Sie auch im Recht sind.

RICHTER: Es ist keineswegs so, daß ich Sie aus persönlicher Willkür heraus verantwortlich mache. Man hat mich zum Richter ernannt, damit ich den Willen der Gemeinschaft, in der wir beide leben, repräsentiere. Es ist diese ganze Gemeinschaft, die Sie durch mich verantwortlich macht.

RASKOLNIKOV: Das ändert nichts. Eher macht es die Sache noch schlimmer. Damit nämlich habe ich einfach eine kollektive Willkür gegen mich. Nicht nur Sie hetzen mich, die ganze Meute der Gesellschaft hetzt mich. Doch die Vielzahl, wie groß auch immer, schafft kein moralisches Recht und hebt die Willkürlichkeit nicht auf. Ihr Urteil wird nicht dadurch fairer, daß Ihnen die Kollegen in der Kneipe und die ganze Presse nachher anerkennend auf die Schulter klopfen werden. Ich bleibe dabei: Es ist einfach nicht fair, mich für eine Tat verantwortlich zu machen, die sich zwangsläufig aus meiner Vorgeschichte ergab!

Wir wissen: Das ist der Punkt, der den Richter stets von neuem hilflos macht. Der Hinweis darauf, daß er nur tut, was die anderen von ihm erwarten, hilft ihm gegen den nagenden Zweifel nicht. Denn insgeheim gibt er Raskolnikov recht: Daß er einer gesellschaftlich akzeptierten Praxis folgt, stellt noch lange keine Rechtfertigung seines Tuns dar. Weil er das weiß, ist er ein Richter, der nachher nicht in die Kneipe geht und niemals liest, was die Zeitungen über seine Urteile schreiben. Und manchmal überfällt ihn nachts die blanke Wut: Warum nur sind die anderen so selbstsicher? Warum *denken* sie nicht *nach*? Warum bin ich von lauter gedanklichen Mitläufern umgeben?

Der Richter hat keinen Fehler gemacht, als er Raskolnikov daran erinnerte, daß die Praxis des Verantwortlichmachens in einem gemeinschaftlichen Willen verankert ist. Wir werden noch sehen, daß dieser Tatsache eine große Bedeutung zukommt, wenn es darum geht, denjenigen Gedanken zu formulieren, der Raskolnikovs Herausforderung schließlich aus den Angeln zu heben vermag. Aber der Richter tut gut daran, dem Vorwurf der Willkürlichkeit noch auf andere Weise zu begegnen. Wie das geschehen kann, wird deutlich, wenn wir die Abmachung darüber, wer wann und wofür verantwortlich ist, mit einer anderen Art von gemeinschaftlicher Einschätzung vergleichen, die tatsächlich vollkommen willkürlich ist: dem Urteil darüber, was *chic* ist. Charakteristisch für dieses Urteil ist, daß es kommt und geht, ohne in irgendwelchen *Tatsachen* verankert zu sein. Chic ist, was für chic gehalten wird. Punkt. Man kann sich dabei auf nichts berufen und für nichts argumentieren. Diejenigen, die den Trend setzen, begründen ihn nicht, sondern setzen ihn einfach. Es gibt keinen an Tatsachen und Belegen orientierten Übergang von der einen Mode zur anderen. Es wäre lächerlich, gegen eine Mode Einspruch erheben zu wollen. Modeurteilen ist man wehrlos ausgeliefert; das einzige, was man tun kann, ist, sie zu ignorieren.

Ganz anders ist es bei der Zuschreibung von Verantwortung. Sie stützt sich sehr wohl auf Fakten und Belege. Diese Fakten *machen* die Verantwortung nicht *aus*. Aber sie sind etwas, an das wir uns *halten*, wenn wir entscheiden, ob wir jemanden für etwas verantwortlich machen. Auf sie berufen wir uns, wenn wir eine Zuschreibung von Verantwortung zu verteidigen haben, und wir lassen uns von ihnen darüber belehren, daß wir den früher ausgesprochenen Status der Verantwortlichkeit widerrufen sollten. Was sind diese Fakten, und was ist ihnen gemeinsam?

Entschuldigungen

Wenn Raskolnikov stürzt und ein Passant dadurch zu Schaden kommt, machen wir ihn nicht verantwortlich. »Es war nicht Absicht«, sagen wir, und wir könnten auch sagen: »Es war keine Handlung«. Das ist die einfachste und elementarste Form der Entschuldigung. Es muß jemand etwas *getan* haben, damit wir ihn verantwortlich machen können. Eine ähnlich elementare Regel ist diese: Der Betreffende muß *gewußt* haben, daß er mit seinem Tun gegen eine Regel verstieß. Ein Kind, das im Kaufhaus fröhlich seine Tasche füllt, um dann singend dem Ausgang zuzustreben, machen wir nicht verantwortlich, weil es kein Bewußtsein davon hatte, einen Diebstahl zu begehen und also gegen eine Regel zu verstoßen. Entschuldigt ist auch jemand, der etwas anrichtete, weil er *die Situation falsch einschätzte*. So ist es etwa bei einem Notarzt, der jemanden mit einer Spritze tötet, weil er von der seltenen Allergie gegen das Medikament, die der Patient hat, nichts weiß. Wir verlangen Umsicht, aber nicht Allwissenheit. Diese drei Arten von Entschuldigungen können wir in dem Gedanken zusammenfassen: Jemand ist nicht verantwortlich, wenn er *keinen rechtlichen oder moralischen Fehler begangen hat*. Und das heißt: wenn er nicht wissentlich gegen ein rechtliches oder moralisches Prinzip verstoßen hat. Auf dieses Prinzip, das ist klar, kann sich Raskolnikov nicht berufen: Er beging wissentlich einen kaltblütigen Mord.

Doch das ist nicht das einzige Prinzip, das uns leitet, wenn wir Verantwortung absprechen oder zumindest zögern, sie zuzusprechen. Wir lassen uns auch von einem anderen Prinzip leiten: Jemand *mußte die Freiheit besitzen, einen rechtlichen oder moralischen Fehler nicht zu begehen*. Es ist dieses Prinzip, das die Idee der Verantwortung mit der Idee der Freiheit verknüpft. Jede Einschränkung der Freiheit stellt die Zuschreibung von Verantwortung in Frage. Diesem Gedanken sind wir schon im sechsten Kapitel begegnet, und wir brauchen ihn uns jetzt nur in Erinnerung zu rufen. Einen Getriebenen, der dem Hund auf dem Corso genußvoll auf den Schwanz tritt, können wir nicht verantwortlich machen, weil er insgesamt die Freiheit der Entscheidung nicht besitzt, da ihm jeder kritische Abstand zu sich selbst fehlt, der notwendig ist, um die Idee des Sollens und der Forderung zu verstehen. Auch den Hypnotisierten und den vollständig Hörigen entschuldigen wir, wenn sie bekannte Regeln verletzen: Sie besaßen nicht die Freiheit, sie einzuhalten. Dasselbe gilt für den Unbeherrschten, der im Affekt explodiert, und für den Zwanghaften, der gegen die Wucht seines abgelehnten Willens nicht ankommt: Sie können sich zur Entschuldigung auf die mangelnde Freiheit des Willens berufen. Das kann der Erpreßte, der wissentlich gegen die Regeln verstößt, nicht im selben Sinne: Er hat die Kontrolle über seinen Willen. Trotzdem werden wir ihn entschuldigen, denn sein Wille zur Regelverletzung ist ein Wille, der ihm aufgezwungen wurde.

Man könnte hie und da noch Differenzierungen anbringen, aber im Prinzip ist der Katalog möglicher Entschuldigungen damit vollständig. Er läuft auf das hinaus, was jeder, der in unsere Praxis des Verantwortlichmachens eingeführt worden ist, intuitiv für richtig hält: Verantwortlich ist man nur für freiwillige Taten – für Taten, die einem freiem Willen entstammen. Die fragliche Freiheit ist die bedingte Freiheit: die Bestimmung des Willens durch Überlegen. Eine unbedingte Freiheit, selbst wenn sie begrifflich möglich wäre, würde uns hier nichts *nützen*. Das wird deutlich, wenn wir nun auf die beiden Formeln zurückblicken, die Raskolnikov in der Antwort auf die Eröffnungsfrage des Richters benutzte: »Ich konnte nicht anders« und »Ich kann nichts dafür«. Sie besitzen eine enorme suggestive Kraft, diese Formeln, und stellen in jeder Verteidigung eine wirksame Waffe dar. Deshalb ist es besonders wichtig, ihnen nicht auf den Leim zu gehen. Aus dem Fortgang des Disputs wissen wir, daß Raskolnikov sie in Anspruch nimmt, um die Tatsache zu beschreiben, daß sein Wollen, Entscheiden und Tun durch eine Vorgeschichte bestimmt waren. Doch aus dem dritten Kapitel wissen wir: Das ist keineswegs die wahre *Funktion* dieser Worte. Wir haben sie nicht erfunden, um der durchgängigen Bestimmtheit unseres Wollens und Tuns Ausdruck zu verleihen. Ihre wahre Botschaft ist vielmehr diese: *Was ich wollte und tat, entsprach nicht meinem Urteil.* So wie Raskolnikov ›anders können‹ liest, müßte es bedeuten: *Beliebiges anderes* wollen und tun können. Doch niemand, der diese Worte jemals gebraucht hat, hat *das* gemeint. Was jemand damit meint, ist: Ich konnte etwas *Bestimmtes anderes* nicht wollen und tun, nämlich dasjenige, was mein Urteil mir riet. Wenn der Spieler geschlagen aus dem Casino tritt und verzweifelt sagt: »Ich konnte wieder nicht anders«, so dient ihm das Wort ›anders‹ dazu, dasjenige anzuzeigen, was er seinem Urteil nach statt dessen hätte tun sollen: dem Casino fernbleiben. Und genauso ist es, wenn ein Hypnotisierter oder Höriger rückblickend davon spricht, daß er nicht anders konnte: Seine Klage ist nicht, daß er damals nicht Beliebiges wollen und tun konnte, sondern daß er nicht in der Lage war, etwas zu tun, das seinem selbständigen Urteil entsprochen hätte. Und wenn es der Bankkassierer ist, der die Worte gebraucht, so meint er nicht: »Es ist bedauerlich, daß ich in jenem Moment nicht eine von beliebig vielen Alternativen verwirklichen konnte«, sondern: »Es war mir unmöglich, angesichts der Drohung dasjenige zu tun, was ich eigentlich für richtig halte: das Geld nicht herauszurücken.« Der Klang der Unbestimmtheit, den die Worte ›etwas anderes‹ mit sich führen, ist eine Falle. Sie lassen an einen Spielraum der Beliebigkeit denken, wo in Wirklichkeit eine ganz bestimmte Alternative gemeint ist: ein Wollen und Tun, das sich dem Urteil über das Richtige fügt. Entsprechend ist es zu verstehen, wenn wir über jemanden sagen: »Er konnte anders«, oder: »Er hätte auch anders gekonnt.« Wiederum sprechen wir dabei nicht von beliebigen Möglichkeiten, sondern davon, daß der Betreffende in der Lage war, dasjenige zu wollen und zu tun, was seinem Urteil entsprach. Mit anderen Worten: *Er besaß die Freiheit der Entscheidung.*

Raskolnikov besaß diese Freiheit, und deshalb sagt er etwas geradewegs *Falsches*, wenn er geltend zu machen versucht, daß er ja nicht anders konnte. Der Hinweis auf die Bedingtheit seines Wollens kann ihm da kein bißchen helfen. Und ähnliches gilt für seine andere Formel: »Ich kann nichts dafür.« Was heißt das Gegenteil: daß jemand etwas dafür kann? Es heißt, daß er tat, wozu er sich entschieden hatte. Raskolnikov kann nichts für den Unfall des Passanten: Er hatte sich nicht entschieden, ihn vor das Fahrzeug zu stoßen. Wenn wir sagen, daß der Hypnotisierte, der Hörige, der Unbeherrschte und der Zwanghafte nichts dafür können, so meinen wir: Was sie taten, entsprang nicht ihrer freien Entscheidung. Diese Entschuldigung hat Raskolnikov für den Mord nicht. Er kann, könnte man sagen, *alles* dafür. Und wiederum hilft ihm der Hinweis auf die Bedingtheit kein bißchen. Wiederum ist es schlicht *falsch*, was er sagt.

Die Crux

All das wird der Richter Raskolnikov vorrechnen, und man kann sich vorstellen, daß er es mit wachsendem Nachdruck tut und sich schließlich in einen wahren Rausch hineinredet, weil er die Chance sieht, endlich auf Grund zu kommen und Raskolnikov zum Schweigen zu bringen. Doch er ist, wie gesagt, ein sehr nachdenklicher Richter, und deshalb spürt er, gleichsam hinter dem Rausch, daß er noch immer nicht gewonnen hat. Und so ist es auch.

RASKOLNIKOV: Alles schön und gut. Und ich bin bereit, die beiden Dinge zuzugeben, auf die es Ihnen ankommt: Ich habe wissentlich gegen die Regeln verstoßen und also einen Fehler gemacht, und ich hatte dabei – um mich Ihrer Sprachregelung zu beugen – die Freiheit der Entscheidung. Es war tatsächlich so, daß der Gedanke ans Geld in mir die Oberhand gewann und meinen Willen bestimmte. Deshalb kann ich keine der Entschuldigungen, von denen Sie gesprochen haben, für mich in Anspruch nehmen. Und ich komme Ihnen noch einen weiteren Schritt entgegen: Wenn wir ›anders können‹ und ›etwas dafür können‹ so verstehen, wie Sie es erläutert haben, dann ziehe ich zurück, was ich am Anfang sagte: daß ich nicht anders konnte und also nichts dafür kann. Sie haben nun also einen Mann vor sich, von dem gilt: Er beging aus freiem Willen einen

Mord, nachdem er sich durch rechtswidrige und unmoralische Gedanken dazu entschieden hatte. Und ich weiß, daß ich im Lichte der Praxis, die Sie repräsentieren, verantwortlich gemacht werden kann, denn ich habe keine Entschuldigung, wie diese Praxis sie anerkennt. Doch all das beeindruckt mich nicht. Denn zu einer Sache haben Sie bisher kein einziges Wort gesagt: der Tatsache, *daß es nicht anders kommen konnte, als daß mein unmoralischer Gedanke ans Geld die Oberhand gewann*. Es kam so, wie es kommen mußte, gegeben meine Vorgeschichte. Ich respektiere, wie gesagt, Ihre Ausführungen zu der Rede vom ›anders können‹ und ›etwas dafür können‹. Aber sehen Sie: Sie haben dabei immer das Entscheiden im Auge gehabt, also die Situation, wo ich als Denkender Regie über meinen Willen führe. Da gibt es immer einen *Standpunkt*, von dem aus einer anders könnte und etwas dafür kann: den Standpunkt des Denkens. *Doch für das Denken selbst gibt es keinen weiteren Standpunkt, von dem aus einer darüber Regie führen könnte.* Man denkt zu einem Zeitpunkt, wie man zu diesem Zeitpunkt eben denkt. Es gibt dahinter nicht noch einen Regisseur, der die Gedanken auswählt. Das Denken geschieht einfach, und es kommt, wie ich schon früher sagte, nicht aus dem Nichts, sondern ist das Ergebnis einer Vorgeschichte. Und deshalb muß ich nun doch auf die früheren Worte zurückkommen, denn ich kenne keine besseren: Ich konnte damals nicht anders denken, als ich es tat, und ich konnte nichts dafür, daß mir diese und keine anderen Gedanken kamen. Genau so wenig wie Sie, übrigens. Auch Ihnen ist es nur zugestoßen, daß Sie stets in Einklang mit den Regeln dachten, und Sie brauchen sich darauf gar nichts einzubilden. Sie hatten einfach das *Glück*, daß der Strom Ihrer Gedanken Sie nach oben auf den Richtersessel gespült hat, während ich einfach das *Pech* hatte, daß mein Strom mich hier auf die Anklagebank spülte. Und deshalb, genau deshalb, ist es nicht fair, mich zur Verantwortung zu ziehen – ganz gleich, was die tatsächliche Praxis darüber sagt.

RICHTER: Sie können nicht daraus, daß *ganz bestimmte* Formen der inneren Bedingtheit eine Entschuldigung darstellen, darauf schließen, daß Bedingtheit *insgesamt* als eine Entschuldigung gelten muß. Dieser Schluß vom Besonderen aufs Allgemeine ist ein Fehlschluß, da ohne Bedingtheit über dieses Thema überhaupt nicht zu reden ist.

RASKOLNIKOV: Diesen Fehler mache ich auch gar nicht. Ich verkenne nicht, daß mein Hinweis auf die Bedingtheit des Denkens als letzter Instanz etwas *anderes* ist als eine Entschuldigung durch Unwissenheit sowie durch äußeren oder inneren Zwang. Nichts von dem, was ich sagte, war darauf angelegt, diesen Unterschied zu leugnen. Ich sage nur: Es ist nicht fair, jemanden für eine Tat verantwortlich zu machen, die einem Denken entsprang, das nicht anders sein konnte, als es war. Das ist alles, und dazu habe ich von Ihnen nach wie vor kein einziges Wort gehört.

RICHTER: Reden wir also über Fairneß. Das ist nicht eine Kategorie, die vom Himmel fällt und die wir von außen an die Praxis, Personen verantwortlich zu machen, herantragen können, so wie Sie das tun. Es ist eine Kategorie, welche in ihrem Gehalt und Umfang durch die Praxis selbst bestimmt wird. Was fair ist und was nicht, entscheiden wir, indem wir die Praxis vollziehen.

RASKOLNIKOV: Das kann nicht Ihr Ernst sein. Es würde nämlich bedeuten, daß diese folgenreiche Praxis, die so viele Menschen ins Unglück stürzt, *überhaupt nicht kritisierbar wäre*. Es *muß* möglich sein, eine solche Praxis von außen in Frage zu stellen. Sonst könnten ja beliebige Gruppen eine abstruse normative Praxis entwickeln und auf jede Kritik mit der Auskunft reagieren: Ob diese Praxis in Ordnung ist, entscheiden ganz allein wir, die Praktizierenden.

RICHTER: Gut; aber die Kritik muß auf einem *Argument* beruhen. Es genügt nicht, einfach auszurufen: Das ist nicht fair!

RASKOLNIKOV: Zugegeben. Aber ich *habe* ein Argument. Und es ist ein besonders starkes Argument, denn es überführt die Praxis, für die Sie in Ihrer Robe stehen, eines inneren *Widerspruchs*. Auf der einen Seite nämlich macht sie *bestimmte* Menschen verantwortlich und bestraft *einzelne* Menschen. Sie machen *mich* verantwortlich, mich ganz persönlich, und nicht mich als beliebigen Fall eines Menschen. Auf der anderen Seite sehen Sie in Ihrem Urteil von etwas ab, das mich als Individuum ausmacht: vom Verlauf und der Bedingtheit meines Denkens. Es scheint Richter überhaupt nicht zu *interessieren*, daß das Denken eines bestimmten Menschen gar nicht anders verlaufen *kann*, als es tatsächlich verläuft. Wenn es sie überhaupt interessiert, dann nur in besonderen Fällen, in denen ein Denken Wege geht, die nicht nachvollziehbar sind, so daß man von einem kranken Denken sprechen kann. Doch wenn das Denken, wie bei mir, normale, wenn auch unmoralische Wege geht, interessiert seine Herkunft und Entwicklung den Richter plötzlich nicht mehr. Das ist eine ganz und gar widersprüchliche Einstellung, und das ist etwas vom Schlimmsten, was man über eine derart folgenreiche Praxis sagen kann: daß sie in sich nicht stimmig ist. Und ich will Ihnen sagen, was für diese Unstimmigkeit verantwortlich ist: Es ist entweder eine besonders krasse Form von *Gedankenlosigkeit* oder etwas noch Schlimmeres: *Unaufrichtigkeit* und *Heuchelei*. Denn eigentlich wird ja getan, als sei das Denken eines Menschen unbedingt frei: als könne er jederzeit und ohne Vorbedingungen darüber bestimmen, wie er denkt. Obwohl jeder weiß, daß es so nicht ist. Und nun möchte ich noch hinzufügen: Was für die Zuschreibung von Verantwortung gilt, gilt auch für Groll und moralische Empörung. Diese Empfindungen müßten sofort in sich zusammenfallen, wenn die Empörten darüber nachdächten, daß die Gedanken des Übeltäters einfach keine anderen sein konnten als die, die sie waren. Deshalb sage ich Ihnen: Auch die gesamte moralische Empfindlichkeit beruht auf Gedankenlosigkeit oder Heuchelei.

Der falsche Zug

Jetzt tritt der Richter die Flucht nach vorne an und packt den Stier bei den Hörnern.

RICHTER: Also gut: Es gibt da eine Unstimmigkeit, und es ist eine gewisse Unfairneß im Spiel. Zwar gibt es eine reiche Palette von Entschuldigungen, die wir anerkennen, und ein gesetzlicher oder moralischer Richter versucht skrupulös, den besonderen Umständen Rechnung zu tragen. Aber Sie haben recht: In unseren Urteilen wie unseren Empfindungen verfahren wir irgendwann nach dem Prinzip: »Menschen, die moralische Gründe außer acht ließen, ziehen wir zur Rechenschaft« – und wir kümmern uns nicht weiter um die Geschichte, die dazu führte, daß sie sie außer acht ließen. Aber das geschieht weder aus Gedankenlosigkeit noch aus Unaufrichtigkeit oder Heuchelei. Es geschieht aus guten *Gründen*, und die Unfairneß, von der Sie sprechen, ist keine *willkürliche* Unfairneß, sondern eine, für die es zwingende Gründe gibt. Der erste Grund ist, daß uns die Aufgabe, die Gesellschaft zu organisieren, dazu zwingt. Stellen Sie sich nur einmal vor, was geschähe, wenn wir niemanden für seine Taten zur Rechenschaft zögen, weil wir sagten: »Er kann doch nichts dafür, denn es war unvermeidlich, daß er so unmoralisch dachte, wie er dachte.«

Ein einziges Chaos von Mord und Totschlag wäre die Folge, denn das ließen sich die anderen, die laufend moralische Anstrengungen unternehmen und dabei auf die Befriedigung vieler Wünsche verzichten, nicht bieten. Eine permanente Serie von Akten der privaten Lynchjustiz wäre die Folge.

RASKOLNIKOV: Nicht in einer aufgeklärten Gesellschaft, wo es die Regel wäre, sich die Bedingtheit des Denkens, auch des moralischen Denkens, vor Augen zu halten. Die Moralischen müßten die Unmoralischen ja nicht *lieben*. Aber sie würden sie *in Ruhe lassen*, wissend, daß sie letztlich nichts dafür können und daß sie einfach das Pech hatten, daß ihr Denken, das ja nichts weiter als ein kleiner Ausschnitt aus dem Weltenlauf ist, am Gesetz und der Moral vorbeilief. Die Gesellschaft zu organisieren: Das müßte eben heißen, dieser Einsicht zum Durchbruch zu verhelfen, statt die Übeltäter unfairerweise hinter Kerkermauern zu vergraben und ihr Leid aus dem Bewußtsein zu verbannen, um ruhig schlafen zu können.

RICHTER: Wir würden damit ein wichtiges Instrument der *moralischen Erziehung* aus der Hand geben. Diese Erziehung funktioniert nur, wenn es Strafe gibt. Wenn wir in einer friedlichen und angenehmen Gesellschaft leben wollen, müssen wir die Leute dahin bringen, daß sie sich an die Regeln halten. Und so wie die Menschen nun einmal sind, geht das nur, wenn wir ihnen das Leid vor Augen führen, das sie riskieren, wenn sie die Regeln verletzen. Ohne Abschreckung bringt man sie nicht dazu, moralisch zu denken, gutes Zureden allein reicht nicht. Und so sehen Sie: Die Unfairneß, von der wir sprechen, ist *unverzichtbar*.

RASKOLNIKOV: Also muß *ich*, der ich für meine mörderischen Gedanken nichts kann, im sibirischen Straflager zugrunde gehen, nur damit *andere* moralisch erzogen werden können. Das ist ja wohl das Letzte!

Auch das ist etwas, was sich der Richter in schlaflosen Nächten schon gefragt hat: Darf man Menschen, die mit ihrer Unmoral einfach Pech gehabt haben, *benutzen*, um die Erziehung zu Gesetzestreue und Moral zu befördern? Macht man diese Menschen in ihrem Unglück nicht zu einem bloßen *Instrument*? Ist das nicht eigentlich zynisch? Ein gutes Gefühl hatte er deshalb bei dieser Rechtfertigung der Unfairneß nicht. Und so nimmt er einen zweiten Anlauf:

RICHTER: Nehmen wir an, wir würden einander so begegnen, wie Sie das als aufgeklärt und wünschenswert beschrieben haben: im stetigen Bewußtsein, daß die Übeltäter und Wohltäter für ihre Taten nichts können, da ihr Denken seinen unvermeidlichen Lauf nimmt. Sie haben recht: Unsere Reaktionen und Empfindungen müßten nun ganz andere sein. Wir könnten den anderen nichts übelnehmen und uns über sie nicht empören. Auch moralisches Lob und besondere moralische Achtung wären jetzt nicht mehr am Platz. Unser Blick auf die anderen wäre wie der Blick eines Insektenforschers: neugierig und von leidenschaftsloser Nüchternheit. Oder zumindest so distanziert wie der Blick eines Therapeuten auf seine Patienten. Das würde die ganze Art der *Begegnung* zwischen den Menschen verändern. Es gäbe in dieser Begegnung nichts mehr von der besonderen *Nähe*, die entsteht, wenn Menschen sich mit moralischen Empfindungen begegnen. Nicht nur empört könnte man über die anderen nicht sein. Man könnte ihnen auch nicht *dankbar* sein und ihnen etwas *verzeihen*. All die Empfindungen, die Sonja Ihnen bei Dostojewski entgegenbringt, verlören ihren Sinn. Es ist nicht vorstellbar, daß wir uns in eine derartige Kälte hineinsteigern könnten. Aber das Können ist nicht der entscheidende Punkt: Wir *wollen* eine solche Kälte einfach nicht. Wir alle zusammen wollen sie nicht. Am Ende des Romans sind ja auch Sie dankbar für Sonjas

Empfindungen. Und sehen Sie: Das ist der Grund, weshalb wir die besprochene Unfairneß in Kauf nehmen. Sie ist, wenn man so will, eine Voraussetzung dafür, daß unser Leben den Gefühlsreichtum besitzt, den wir auf keinen Fall verlieren möchten.

RASKOLNIKOV: Also bezahle *ich*, der unfair Behandelte, dafür, daß ihr, die *anderen*, in wohliger Wärme und Nähe miteinander leben könnt. Auch das ist das Letzte! Denn ich sage Ihnen: Mir wäre es unendlich viel lieber, in kalter Freiheit zu leben, als von einer sentimentalen Gesellschaft nach Sibirien geschickt zu werden. Und auch beim Thema Gefühle vergessen Sie eines: Einer wie Sie muß doch *unglaublich* hartherzig sein, um nachher ungerührt zuzusehen, wie mich die Wache abführt. In einer aufgeklärten, fairen Gesellschaft würde eine gewisse Kühle herrschen. Aber diese Art von Kaltschnäuzigkeit gäbe es in ihr nicht.

Wir wissen: Das trifft den Richter ins Mark. Denn er ist alles andere als hartherzig. Das zeigt die Tatsache, daß ihm die letzten Blicke der Verurteilten den Schlaf rauben. Was er nun sagt, ist der verzweifelte Versuch, den Spieß umzudrehen.

RICHTER: Ihre Worte sind die ganze Zeit über voll von moralischer Empörung. Damit widerlegen Sie das, was Sie sagen, durch den Gestus, mit dem Sie es sagen. Eigentlich müssen Sie sich doch dieses sagen: »Der dort oben in seiner Robe kann auch nicht anders denken, als er denkt. Was rege ich mich also auf? Ich muß sein unfaires Denken und Tun genauso gelassen hinnehmen wie alles andere auch.«

RASKOLNIKOV: Na ja, gelassen nicht gerade. Schließlich geht es um die Zerstörung meines Lebens. Aber Sie haben recht: Meine Aufregung dürfte keine *moralische* Aufregung sein. Nur: Sie irren, wenn Sie glauben, daß dieses Eingeständnis meinem Vorwurf die *Berechtigung* nimmt. Ich sollte mich über Ihre Unfairneß nicht aufregen, aber das ändert nichts daran, daß es unfair *ist*, was Sie mit mir machen.

Die richtigen Züge

Mit der bisherigen Strategie ist der Richter gescheitert. Zwar ist es ihm gelungen, den *Zweck* oder *Nutzen* der Praxis zu erläutern, die Raskolnikov angreift. Aber der Preis war hoch: das Eingeständnis der Unstimmigkeit und – schlimmer noch – der Unfairneß, das nichts weniger als das Eingeständnis war, daß er, der Richter, Raskolnikov gegenüber etwas Unmoralisches tut. Es war ein Gambit, was der Richter versuchte, und es ist schiefgegangen. Denn was ihm nicht gelungen ist, ist dieses: den tieferen *Sinn* der angeblichen Unfairneß ans Licht zu bringen, einen Sinn, der über jede äußere Zwecksetzung hinausgeht. Doch immerhin ist er in die Nähe dieses Ziels gelangt, als er den Spieß umdrehte. Und nach dem letzten Wortwechsel können wir im Umriß erkennen, was es ist, was er Raskolnikov beweisen muß: *daß es keinen Standpunkt gibt, von dem aus man den Vorwurf der Unfairneß erheben könnte.* Alles, was Raskolnikov vorbrachte, lebte von der Voraussetzung, daß es einen solchen Standpunkt gibt. Erwiese sie sich als falsch, würde Raskolnikovs Angriff in sich zusammenbrechen. Und das würde bedeuten: Es gibt keinen in sich stimmigen Gedanken, der es erlaubte, die Bedingtheit aller Freiheit gegen die Idee der Verantwortung zu wenden.

Doch wie erreicht man dieses Beweisziel? Indem man sich daran erinnert, was es letztlich ist, das in der Praxis des Verantwortlichmachens und in den moralischen Empfindungen zum Ausdruck kommt. Erinnern wir uns an den Fahrerflüchtigen, der ein Kind angefahren hatte. Er fuhr weiter, weil er das Gefängnis fürchtete. Doch als er in der Zeitung las, daß das Kind noch zu retten gewesen wäre, zuckte er zusammen und machte sich auf den Weg zur Polizeistation. Vergleichen wir diesen Mann mit einem anderen, der auf der verlassenen Straße ebenfalls ein Kind anfährt. Auch er hält an. Aber er ist nicht, wie der erste, zutiefst erschrocken, sondern nur indigniert. Er steigt aus, holt das Taschentuch hervor und wischt das Blut von der Stoßstange. Er putzt so lange, bis die Stange wieder glänzt. Dann streicht er zärtlich über das blitzblanke Auto, steigt ein und fährt zufrieden davon. Es wäre widerwärtig und ein Schock, das beobachten zu müssen. Warum? Weil dieser Mann offenbar etwas Elementares nicht kennt oder jedenfalls nicht anerkennt: den *moralischen Standpunkt*. Worin besteht er? In dem Gedanken, *daß die Interessen der anderen für mich einen Handlungsgrund darstellen*. Der erste Mann kennt diesen Gedanken, und er reagiert mit Empfindungen, die ihm verpflichtet sind. Der zweite nicht: Für ihn zählt einzig und allein sein eigenes Interesse: die Sauberkeit des geliebten Autos. Das Leben des Kindes betrachtet er als etwas, das ihn nichts angeht. »Wieso«, würde er sagen, wenn ihn jemand anklagte, »es war doch nicht *mein* Leben, das auf dem Spiel stand; warum also sollte es mich beschäftigen?« Was diesem Mann fehlt, ist der Gedanke und die Empfindung der *Rücksicht* und der *Achtung* vor den anderen und ihren Interessen. Und so ist es auch mit Raskolnikov: Wenn er, das gehortete Geld vor Augen, zuschlägt, so verstößt er gegen den Grundgedanken des moralischen Standpunkts: Er anerkennt die Interessen der Pfandleiherin nicht als etwas, das für ihn ein Grund sein könnte, etwas nicht zu tun.

Wenn wir jemandem den Status des Verantwortlichen verleihen, so drücken wir damit unsere Absicht aus, ihn und sein Tun im Lichte des moralischen Standpunkts zu betrachten. Es ist also nicht nur so, daß wir durch einen Blick auf einen gedachten oder geschriebenen Regelkatalog entscheiden, ob jemand richtig oder falsch gedacht, entschieden und gehandelt hat. Zwar ist das etwas, das ein gesetzlicher Richter tut, und auch ein moralisches Urteil kann die Form haben: Das verletzt das So-und-so-Prinzip. Aber die Regeln, die uns dabei besonders wichtig sind, sind ihrerseits im moralischen Standpunkt verankert. Insgesamt also stellen wir uns, wenn wir jemanden für verantwortlich erklären, die Frage: Hat er anerkannt, daß die Interessen derer, mit denen er es zu tun hatte, auch für ihn und sein Handeln leitend sein mußten? Ist er einer, der anerkennt, daß die Berücksichtigung fremder Interessen das Eigeninteresse überwiegen kann? Hat er mit seinem Tun auf die anderen Rücksicht genommen und ihnen darin die nötige Achtung entgegengebracht? Und auf genau der gleichen Logik beruhen auch unsere moralischen Empfindungen. Wir sind empört und grollen, wenn wir in einer Tat zu erkennen glauben, daß der Handelnde den moralischen Standpunkt verlassen hat und, wie wir dann sagen, ganz und gar selbstsüchtig entschieden hat. Es ist also immer das gleiche Vergehen, das wir ahnden: daß jemand seinen Willen nicht im Lichte des moralischen Standpunkts formte. Es ist diese Überlegung, die dem Richter ein erstes Argument gegen Raskolnikov an die Hand gibt:

RICHTER: Sie haben mit Ihrer Tat auf offensichtliche und besonders krasse Weise gegen den moralischen Standpunkt verstoßen. Es ging Ihnen nur ums Geld, das Leben der Pfandleiherin war Ihnen egal. Damit haben Sie sich zu jemandem gemacht, der außerhalb des moralischen Standpunkts steht. Dadurch haben Sie jeglichen Anspruch verwirkt, in Kategorien beurteilt und behandelt zu werden, die zu diesem Standpunkt gehören. Fairneß aber ist eine solche Kategorie. Somit haben Sie nicht den geringsten Grund zu erwarten oder einzuklagen, daß ich als Vertreter der Gesellschaft mich in meinem Urteil Ihnen gegenüber von dieser Kategorie leiten lasse. Sie haben sich selbst außerhalb ihrer Reichweite begeben. Da *Sie* sich entschieden haben, die Interessen der anderen zu mißachten, können Sie von uns nun nicht erwarten, daß *wir* Ihre Interessen berücksichtigen. Das wäre ein glatter Widerspruch: Sie würden im selben Atemzug auf den moralische Standpunkt pochen und ihn ablehnen. Was Sie sich sagen sollten, ist dieses: »Die anderen ächten mich und schließen mich aus dem Kreis derjenigen aus, die Fairneß in Anspruch nehmen können. Und das geschieht nicht aus Willkür und weil es irgendwie ihren Wünschen entspricht: Es geschieht, weil ich mich zuvor *selbst* ausgeschlossen habe. Die anderen behandeln mich genauso, wie ich mich selbst sah, als ich den moralischen Standpunkt verließ: als Outcast. Die anderen sind einfach nur *konsequent*.«

Man mag sich fragen: *Gibt* der Richter damit nicht eigentlich *zu*, daß es unfair *ist*, wenn er die Bedingtheit von Raskolnikovs unmoralischem Denken nicht als Entschuldigung gelten läßt? Die Antwort ist: nein. Er sagt *weder*, daß es unfair *ist, noch*, daß es fair *ist*. Das sind Urteile, die er von *seinem* – dem moralischen – Standpunkt aus fällen müßte, und bis hierher ist noch gar nicht die Rede davon, wie sich die Sache von diesem Standpunkt aus darstellt. Der Richter erinnert Raskolnikov einfach daran, daß *er* keinen *Anspruch* auf Fairneß erheben kann. Damit ist noch beides verträglich: daß der Richter selbst es für unfair hält, sich aber sagt: »Darüber kann er sich nicht beklagen«; oder daß er es für fair hält und sich sagt: »Er irrt sich; sein Anspruch, obgleich unberechtigt, ist erfüllt.«

RASKOLNIKOV: Daß es in mir so geschah, daß ich den moralischen Standpunkt verließ, war etwas, das ich nicht verhindern konnte. Darüber hatte ich keinerlei Macht. Es stieß mir einfach zu, daß ich mich zum Outcast machte. Erklären Sie mir, warum ich nicht erwarten kann, daß Sie darauf *Rücksicht* nehmen.

Der Richter könnte sich stur stellen und erwidern, daß er diese Frage bereits beantwortet hat, weil für die Kategorie der Rücksichtnahme dasselbe gilt wie für Fairneß: Raskolnikov besitzt nicht mehr die moralische *Autorität*, die hinter einem solchen Appell, der ja ein moralischer ist, stehen müßte. Wenn der Richter trotzdem zu einer erneuten Antwort ausholt, dann deshalb, weil es eine Gelegenheit ist, seinen Gedanken zuzuspitzen.

RICHTER: Sehen Sie: Als Sie sich für den Mord entschieden, war es, als trügen Sie eine Tafel vor sich her, auf der stand: *Es gibt keinen Grund, auf andere Rücksicht zu nehmen.* Dieser Satz hat die Form eines allgemeingültigen Prinzips. Das bedeutet, daß er auch für Sie gilt. Deshalb muß auf der Tafel auch stehen: *Es gibt keinen Grund, auf mich Rücksicht zu nehmen.* Damit teilen Sie uns, den anderen, mit, daß Sie keinen Grund sehen, warum wir auf Sie Rücksicht nehmen und Ihnen gegenüber fair sein sollten. Und das kommt der Botschaft gleich, daß Sie auf jeglichen Anspruch auf Fairneß verzichten. Nun gäbe es in unserem Zusammenhang nur einen einzigen Grund, sich mit der Bedingtheit Ihres unmoralischen Denkens zu beschäftigen: den Wunsch, Ihnen gegenüber fair zu sein. Da jedoch auf Ihrer Tafel in Wirklichkeit steht: *Es gibt keinen Grund, mir gegenüber fair zu sein,* können Sie nicht erwarten, daß wir einen solchen Wunsch entwickeln. Und mehr noch: Was auf der Tafel steht, bedeutet nicht nur, daß Sie keinen Anspruch auf Fairneß erheben, sondern auch, daß Sie es für *unbegründet* und also *unvernünftig* hielten, wenn wir versuchten, Ihnen gegenüber fair zu sein. Daraus folgt, daß Sie es für unver-

nünftig hielten, wenn wir uns – mit dem Ziel der Fairneß – um die Bedingtheit Ihres unmoralischen Denkens
kümmerten. Und das heißt: Sie selbst, *indem Sie unmoralisch denken*, führen den Beweis, daß diese Bedingtheit bedeutungslos ist.

Dieses Argument des Richters ist nur dann triftig, wenn seine
erste Voraussetzung stimmt: daß jemand, der den moralischen
Standpunkt mißachtet, nach einem Prinzip handelt, das lautet: Es gibt keinen Grund, auf andere Rücksicht zu nehmen.
Das ist etwas, das Raskolnikov in Zweifel ziehen könnte.
Doch nehmen wir an, daß er das vorläufig nicht tut. Statt dessen wechselt er die Taktik und greift den Richter an, indem er
ihn an dessen *eigenem* Maßstab mißt.

RASKOLNIKOV: Vielleicht haben Sie recht, und *ich* in *meiner*
Position kann nicht erwarten, daß Sie auf die Bedingt-
heit meines unmoralischen Denkens Rücksicht nehmen.
Aber ich frage Sie: Müssen Sie von *Ihrem*, dem moralischen
Standpunkt aus, nicht darauf Rücksicht nehmen? Der
Standpunkt besagt ja: Die Interessen der anderen sind ein
Grund, bestimmte Dinge zu tun oder zu lassen. Und gebe
ich nicht einem legitimen Interesse von mir Ausdruck, wenn
ich darum bitte, daß man der Bedingtheit und Unausweich-
lichkeit meines unmoralischen Denkens Rechnung trägt?

Ist das ein legitimer Schachzug von Raskolnikov? Kann er
den Standpunkt des Richters, der ja nicht sein eigener ist, in
dieser Weise benutzen? Ja. Denn der Einwand, den er nun
macht, ist, obwohl vom moralischen Standpunkt die Rede ist,
kein *moralischer*, sondern ein Einwand, der mit dem Krite-
rium der *Stimmigkeit* operiert. Und er trifft den Richter, denn
es ist ein Einwand, den er, wie wir wissen, vor sich selbst
schon oft erhoben hat.

Der Richter tut daraufhin etwas, was er schon tausendmal getan hat, wenn er an diesem Punkt war und sich gefragt hatte: Hat nicht *jeder* Anspruch auf Nachsicht, weil sein verbrecherischer Wille eine Vorgeschichte hat? Bevor er weiterspricht, blickt er für eine Weile ins Leere. Er sieht einen gedungenen Mörder vor sich, einen eiskalten, berufsmäßigen Killer, der grinsend auf die Bedingtheit seines rücksichtslosen Willen verweist und ihm vorschlägt, großzügig zu sein. Und wenn wir den Richter in der Zeit reisen lassen, so können wir uns vorstellen, daß er Höß vor sich sieht, den Lagerkommandanten von Auschwitz. Jetzt weiß der Richter weiter:

RICHTER: In moralischen Dingen kommt es einzig und allein auf den *Inhalt* des Denkens an und nicht auf seine *Herkunft*. Wenn jemand in einer Weise denkt, die den moralischen Standpunkt verletzt, so sind wir nicht bereit, diese Verletzung zu entschuldigen, indem wir auf die durchgängige Bedingtheit allen Denkens verweisen. Warum nicht? Weil wir damit etwas aus der Hand gäben, was zur inneren Logik dieses Standpunkts gehört: daß wir auf ihm *bestehen* und ihn *verteidigen* wollen. Wenn einer durch sein Denken, Wollen und Tun den moralischen Standpunkt mißachtet, erleben wir ihn als jemanden, der unsere gesamte äußere und innere Ordnung angreift, die wir uns in unserer Eigenschaft als Personen geschaffen haben. Das ist der radikalste Angriff, den wir kennen, und er bewirkt in uns einen tiefen Aufruhr und eine erbitterte Feindschaft. Moralische Großzügigkeit kommt uns dann nicht nur *unmöglich* vor, sondern *absurd*. Der moralische Grandseigneur nämlich, der auch das schlimmste Verbrechen noch entschuldigt – er müßte uns als jemand erscheinen, dem es letztlich mit dem moralischen Standpunkt nicht wirklich *ernst* ist, denn dieser Standpunkt *verlangt*, um seine Substanz behalten zu können, die Feindschaft seinen Feinden gegenüber. Wir würden den Standpunkt *verraten*, wenn wir seine Feinde nicht ächteten.

RASKOLNIKOV: Meine Frage aber lautet: Ist diese Einstellung *fair*?

Der Richter stutzt. Es kommt ihm vor, als sei mit dieser Frage etwas nicht in Ordnung. Kann man eine Kategorie, die ihren Gehalt dem moralischen Standpunkt verdankt, auf diesen Standpunkt selbst anwenden? Nach einer Weile entschließt er sich zu dieser Antwort:

RICHTER: Ich sehe nicht, wie man die Einstellung *unfair* nennen könnte, wenn es einfach zu ihrer inneren Logik gehört, daß sie Verstöße – wie bedingt sie auch immer sein mögen – ahndet. Und auch *fair* würde ich sie nicht nennen, denn es gibt keinen weiteren moralischen Maßstab für den Maßstab. Wollte man hier trotzdem von Fairneß sprechen, so ist das einzige, was man sagen könnte, dieses: Es gehört zur *Natur* des moralischen Standpunkts, fair zu sein, wobei seine Fairneß einfach darin besteht, daß seine Verfechter *konsequent* sind. Im Grunde aber kann ich Ihre Frage nur so beantworten: Ich *bekräftige* den moralischen Standpunkt, so wie *jeder*, der ihm ernsthaft verpflichtet ist, ihn gegenüber seinen Feinden bekräftigen wird.

Wenn es mit dem Gedankengang des Richters seine Richtigkeit hat, dann gilt: Raskolnikovs Vorwurf der Unfairneß ergibt weder von außerhalb des moralischen Standpunkts noch von innerhalb einen Sinn. Damit ist das früher gesetzte Beweisziel erreicht: zu zeigen, daß es keinen Standpunkt gibt, von dem aus man den Vorwurf der Unfairneß erheben könnte. Und für das Thema dieses Buches bedeutet das: Die Bedingtheit aller Freiheit kann nicht gegen die Idee der Verantwortung ausgespielt werden.

Hat Raskolnikov noch einen Trumpf? Ja: Er kann die Berechtigung oder den Sinn des moralischen Standpunkts *insgesamt* in Frage stellen.

RASKOLNIKOV: Ich sehe jetzt, daß ich Ihnen von Anfang an viel zu weit entgegengekommen bin. Im Grunde nämlich wollte ich schon protestieren, als Sie das Prinzip des moralischen Standpunkts nannten: daß die Interessen der anderen für mich ein Handlungsgrund sein sollen. Wenn wir ehrlich sind: Das *versteht* man doch gar nicht. Handlungsgründe – das können doch nur die *eigenen* Wünsche sein. Darunter mögen auch Wünsche sein, die das Wohlergehen anderer betreffen, altruistische Wünsche also. Aber davon, daß wir alle *darüber hinaus* einen Grund hätten, auf die anderen Rücksicht zu nehmen, kann keine Rede sein. Wo sollte ein solcher Grund auch *herkommen*? Deshalb hätte ich mich auch zur Wehr setzen sollen, als Sie mir das allgemeine Prinzip zuschrieben: Es gibt keinen Grund, auf andere Rücksicht zu nehmen. Als ich den Mord beging, habe ich mich keineswegs auf ein solches Prinzip gestützt. Ich verstehe nämlich auch dieses Prinzip nicht, und aus demselben Grund, aus dem ich das angebliche moralische Prinzip nicht verstehe. Ich hatte damals einfach den *Wunsch* – *meinen* ganz persönlichen Wunsch –, an das Geld zu kommen, und ich hatte einfach nicht den *Wunsch*, auf die Wucherin Rücksicht zu nehmen. Das ist die ganze Geschichte. Allgemeine, den eigenen Wünschen entgegenstehende Gründe, etwas zu tun oder zu lassen, *gibt* es nicht. Und sehen Sie: Deshalb sollten Sie von Ihrem Amt zurücktreten und aufhören, die Chimäre eines moralischen Standpunkts zu beschwören, um zu rechtfertigen, daß Sie mich hinter Gitter bringen.

Wir sind in die tiefsten Gewässer der Moralphilosophie geraten. Die Diskussion, die jetzt zu führen wäre – über Moral und Vernunft, über Moral und Glück –, würde den Rahmen des Buches sprengen, und sie würde auch weg vom Thema der Freiheit führen. Trotzdem soll der Richter noch ein letztes Mal das Wort haben:

RICHTER: Ihre Auskunft, daß Sie den Grundgedanken des moralischen Standpunkts nicht verstehen, kommt mir wie eine Schutzbehauptung vor. Ich nämlich und diejenigen, die mich ins Amt gewählt haben – *wir* verstehen den Gedanken und verteidigen ihn, indem wir Leute wie Sie zur Verantwortung ziehen. Aber ich will einmal zu Ihren Gunsten annehmen, daß er eine bloße Fiktion ist und ein Stück Selbsttäuschung. Dann bleibt immer noch diese Tatsache: Wir – die meisten von uns – *haben* den Wunsch, auf andere und ihre Bedürfnisse Rücksicht zu nehmen. Und das ist für uns nicht etwas bloß Beiläufiges. Es ist etwas, das unsere ganze *Lebensform* bestimmt. Wir *wollen* aus diesem Wunsch heraus leben und fänden ein anderes Leben nicht lebenswert. Deshalb *dulden* wir es einfach nicht, wenn jemand so rücksichtslos handelt wie Sie – auch wenn diese Rücksichtslosigkeit eine Vorgeschichte hatte, die sie unvermeidlich machte. Und deshalb, genau deshalb, rufe ich jetzt die Wache.

Das ist es, woran sich der Richter in Zukunft festhalten kann, wenn er den letzten Blicken der Verurteilten standhalten muß. Es ist nicht etwas, das ihm künftig jeden inneren Konflikt ersparen wird. Aber wenn er den Gerichtssaal doch wieder bedrückt verläßt, so wird es nicht daran liegen, daß er Zweifel an der Schlüssigkeit des Gedankens hegt, mit dem er Raskolnikov schließlich zum Schweigen gebracht hat. Es sind andere Zweifel, die er, der nachdenkliche Richter, nie endgültig los sein wird. Einmal wird er sich bei jedem Angeklagten fragen: War er in seinem Willen wirklich ganz frei? Gab es nicht doch Elemente von innerem oder äußerem Zwang, und war die Entscheidungsfähigkeit nicht doch beschädigt? Und wenn er Dostojewskis Roman noch einmal liest, wird er sich bei Raskolnikov nicht mehr so sicher sein. Die andere Frage, die für ihn bedrängend bleibt: Ist, was das Gesetz an Strafe vorschreibt, die angemessene Reaktion darauf, daß sich jemand aus dem moralischen Standpunkt davongeschlichen hat? Ist es die angemessene Form der Ächtung, jemanden in eine enge Zelle zu sperren und dadurch in seiner ganzen Persönlichkeit zu zerstören?

Wovon handelt Reue?

Raskolnikov, so läßt uns Dostojewski zwischen den Zeilen wissen, empfindet am Ende Reue. Es könnte sein, daß uns die Gedanken des Richters zur inneren Logik des moralischen Standpunkts, der sich gegen seine Feinde verteidigen muß, hilft, das komplizierte Gefühl moralischer Reue zu verstehen. Ich drücke mich vorsichtig aus, weil Gefühle uns ihren Gehalt und ihre Logik nicht von sich aus enthüllen. Man weiß über ein Gefühl nicht dadurch schon alles, daß man es hat oder gehabt hat. Auch unsere eingeschliffene, routinierte Rede über Gefühle bedeutet nicht, daß wir vollständige Klarheit über sie hätten. Man kann ins Stocken geraten, wenn man gefragt wird, wovon ein vertrautes Gefühl eigentlich handelt, und man kann entdecken, daß man sich über seinen Gehalt im Irrtum befunden hat. Wie also vorgehen? Man hat vier Orientierungspunkte: die Erlebnisqualität, die Überzeugungen, die das Gefühl bedingen, die Verwendung des Worts und die Situation, in der von dem Gefühl die Rede ist. Eine Auskunft über ein Gefühl, die diese vier Dinge berücksichtigt, ist, wie ich sagen werde, eine Art, das Gefühl zu *lesen*.

Wie also kann man Reue lesen? Über eines kann es keinen Zweifel geben: Das Gefühl gilt einer Tat, die Sie begangen haben und die Sie moralisch verurteilen. So ist es, wenn Sie der Fahrerflüchtige sind, der weiterfuhr, statt sich um das verletzte Kind zu kümmern: Daß Sie Reue empfinden, heißt mindestens, daß Sie Ihr Verhalten moralisch verwerflich finden. Es ist also eine Empfindung, die nur jemand haben kann, der den moralischen Standpunkt kennt, und er kann sie nur zu einem Zeitpunkt haben, zu dem er sich diesen Standpunkt zu eigen macht. Derjenige, der nach dem Unfall nur die Stoßstange putzt, ist unfähig zu Reue. Aus dieser ersten Beobachtung folgt, daß Reue in der Nachbarschaft von anderen Dingen liegt, mit denen Sie auf vergangene Verfehlungen antworten: schlechtes Gewissen, Schuldempfinden, Selbstvorwürfe, Hadern mit sich selbst, Zerknirschung, Scham, Ärger und Enttäuschung über sich selbst. Zu all diesen Reaktionen gehört das Bewußtsein, daß die Tat nicht rückgängig zu machen ist, und deshalb ist ihnen Verzweiflung beigemischt. Und es ist ein Wunsch mit ihnen verbunden, der in den Worten Ausdruck findet: »Hätte ich nur …!«

Sie mögen denken: »Reue – das ist einfach die Gesamtheit dieser Empfindungen und Reaktionen. Es gibt darüber hinaus nicht noch eine besondere Erfahrung der Reue.« Und vielleicht haben Sie recht, denn die verschiedenen Wörter, die gefallen sind, werden oft austauschbar verwendet, und der Blick nach innen enthüllt uns nicht ohne weiteres ein Gefühl der Reue mit abgegrenzten Konturen.

Doch nehmen wir an, Reue sei eine besondere, eigenständige Erfahrung. Worin könnte sie bestehen? Wenn Sie so empfinden und reagieren, wie oben beschrieben, dann setzen Sie voraus: Ich hätte auch anders gekonnt. Da tritt Ihnen der trotzige Raskolnikov entgegen und sagt: »Aber das ist falsch, denn

Ihre Vorgeschichte ließ gar nichts anderes zu als die Verfehlung. Also ist das alles selbstquälerischer Unsinn: Wie können Sie sich etwas vorwerfen, wenn Sie doch gar nicht anders konnten!« Inzwischen wissen wir, was darauf zu erwidern ist: »Daß wir anders gekonnt hätten, heißt nicht, daß wir etwas *Beliebiges* anderes hätten wollen und tun können. Es heißt, daß wir die Fähigkeit besaßen, etwas ganz *Bestimmtes* anderes zu wollen, nämlich dasjenige, was uns unser Urteil, wenn es moralisch gewesen wäre, geraten hätte. Mit anderen Worten: daß wir die Freiheit der Entscheidung besaßen. Und das ist wahr.« »Aber *in jenem Moment* konnte es nicht anders sein, als daß Sie unmoralisch dachten und also eine unmoralische Entscheidung trafen«, wird Raskolnikov natürlich sagen, »und deswegen ist es trotz allem Unsinn, sich Vorwürfe zu machen.«

Reue, könnte man sagen, ist das klare, taghelle Bewußtsein davon, daß dieser Gedanke ohne jede Einschränkung falsch ist. Sie ist ein Gefühl, das aus der Einsicht entspringt und ihr standhält, daß die lebensgeschichtliche Bedingtheit einer Verfehlung keinerlei Entschuldigung darstellt und uns in keiner Weise entlastet. Wenn wir Reue so lesen, dann beruht sie auf des Richters Gedanken, daß wir uns, indem wir uns von unmoralischem Denken leiten ließen, vom moralischen Standpunkt entfernt und damit zu jemandem gemacht haben, der keinen Anspruch auf eine Entschuldigung hat. Und daß das nicht nur aus der Sicht der anderen so ist, sondern auch aus der Sicht, die wir auf uns selbst haben. Das würde erklären, warum der Reuige zum Feind desjenigen werden kann, der sich angesichts seiner Schuld zu beschwichtigen sucht, indem er sich die unglückliche Herkunft seiner Tat vorbetet und darüber sagt, daß er nur versuche, »sich selbst gegenüber fair zu sein«. Es ist Ekel und Wut, was man angesichts solchen Tuns empfinden kann, weil man mit dem Richter weiß, daß eine solche Einstellung auf einem Denkfehler beruht, der aus Feigheit, Selbstgerechtigkeit und Selbstgefälligkeit entsteht.

Wütend kann einen auch die hemdsärmlige Devise machen: »Immer nach vorne blicken und es einfach das nächste Mal besser machen, denn nur das ist *produktiv*!« Denn diese Devise will uns um eine Erfahrung betrügen, die, obwohl schmerzlich, eine besondere *Tiefe* besitzt, die zu unserem Personsein gehört. Es ist die Erfahrung einer unaufhebbaren *Zerrissenheit*. Es handelt sich um eine ganz andere Zerrissenheit als diejenige, die der Chef der Résistance erfährt, wenn er die zur Gefahr gewordene Geliebte erschießt, um die Kameraden zu retten. Das ist eine Zerrissenheit, die daraus entsteht, daß der Mann auf kompromißlose Weise dem moralischen Standpunkt verpflichtet ist. Die Zerrissenheit, von der die Reue handelt, entsteht dagegen dadurch, daß ich unwiderruflich mit einem Teil meiner Vergangenheit leben muß, in dem ich mich selbst zum Ausgestoßenen gemacht habe. Reue, könnte man sagen, ist eine nie verjährende *Trauer* darüber, daß ich mich vorübergehend *verloren* hatte. Nicht so verloren wie in einem seelischen Zusammenbruch, der alles Frühere zum Einsturz brachte. Verloren vielmehr als eine Person, die sich vorher vom moralischen Standpunkt her verstanden hatte und dies nun wieder tut. Es ist ein bißchen abenteuerlich, aber man könnte sagen: Es kann gar nicht anders sein, als daß es eine solche Empfindung gibt. Und ihr Name ist eben ›Reue‹.

Wenn man Reue so versteht, so erklärt sich einem ein Gedanke oder Eindruck, der sonst nur schwer verständlich bleibt: Sühne kann vielleicht Schuld tilgen, Reue auslöschen kann sie nicht. Auch wird verständlich, warum Reue eine eher leise Empfindung ist und keine heftige Aufwallung des Gemüts: Sie ist nicht etwas nur Momentanes, sondern etwas, das zu unserer langfristigen Identität gehört. Und noch etwas anderes erklärt sich: die Erwartung der anderen, daß wir ›Reue zeigen‹. Denn wir können sie nun als eine Erwartung erkennen, die uns nicht etwas Unsinniges abringt und uns knechtet, sondern als eine begründete Erwartung, die von uns die Einsicht verlangt, daß wir trotz der Bedingtheit unserer verwerflichen Tat nicht Anspruch auf eine Entschuldigung hatten. Die Erwartung also, daß wir in dieser Frage ein Einvernehmen mit den anderen herstellen.

So, wie gesagt, könnte es sein mit der Reue und der bedingten Freiheit.

ZWEITES INTERMEZZO

Ideen mißverstehen –
Erfahrungen mißverstehen

I

Als ich nach dem ersten Teil des Buches innehielt und mich fragte, was ich denn nun gemacht hatte, lautete die Antwort: begriffliche Analyse und Artikulation von innerer Wahrnehmung. Ich hatte – so sagte ich – den Beitrag untersucht, den die Idee der Freiheit zu unserer Erfahrung leistet, und ich hatte nach den richtige Worten gesucht, um den erlebten Unterschied zwischen der Freiheit und der Unfreiheit des Willens auf den Begriff zu bringen. Die beiden Dinge zusammen bildeten den Versuch, stillschweigendes Wissen in ausdrückliches Wissen zu verwandeln. Ich habe Sie durch Musterbeispiele und Gedankenexperimente an Ihre begrifflichen Intuitionen erinnert, und indem ich mich erzählerisch ins Innere bestimmter Figuren versetzte, wollte ich Ihnen die vielfältigen Erfahrungen in Erinnerung bringen, die wir mit dem freien und unfreien Willen machen.

Was im zurückliegenden zweiten Teil geschah, knüpfte an dieses methodische Vorhaben an. Doch der Brennpunkt der analytischen Aufmerksamkeit war ein anderer: Es ging darum zu verstehen, wie es bei unserem Thema zu *Mißverständnissen* kommen kann. Es sind solche Mißverständnisse, sagte ich im ersten Intermezzo, die für das gedankliche Labyrinth verantwortlich sind, in das uns der Prolog geführt hatte. Inzwischen wissen wir, daß es sich um zwei verschiedene Arten von Mißverständnissen handelt, die ineinandergreifen. Die eine Art besteht darin, daß man die *Idee* der Freiheit falsch liest. Man faßt sie als eine Idee auf, die in scharfem, unversöhnlichem Kontrast zu der Idee der Bedingtheit steht. Das ist, wie wir gesehen haben, keine Lesart, die einfach aus der Luft gegriffen und vollkommen willkürlich ist. Sie ist in bestimmten Erfahrungen verwurzelt, welche diese Lesart zwingend zu machen scheinen. Und hier gibt es eine zweite Quelle von Mißverständnissen: Man kann nicht nur Ideen, sondern auch *Erfahrungen* mißverstehen. Man kann, was man erlebt, in falsche Worte und Begriffe fassen. Die beiden Arten von Mißverständnissen sind ineinander verwoben und stützen sich wechselseitig: Man deutet Erfahrungen der Freiheit falsch, weil man sich auf eine irrtümliche Lesart der Freiheitsidee festgelegt hat, und man fühlt sich zu dieser Lesart hingezogen, weil man das, was man erlebt, falsch deutet. Weil es dieses Wechselspiel gibt, wird keine Analyse überzeugen können, die sich entweder nur mit dem Begriff der Freiheit oder nur mit dem Freiheitserleben beschäftigt. Man muß beide Dimensionen im Auge behalten, wenn man sich seinen Weg aus dem Irrgarten sucht. Nur wenn man gegenüber beiden Arten von Mißverständnissen wachsam ist, kann es gelingen, den Bann derjenigen Deutung von Freiheit zu brechen, die das Labyrinth entstehen läßt.

2

Ideen und Begriffe zu untersuchen, sagte ich zu Beginn des ersten Kapitels, heißt, Wörter in Aktion zu betrachten. Das ist der Grund, warum die Beschäftigung mit der Sprache für die Philosophie so wichtig ist. Im ersten Teil führte diese Beschäftigung zu einem Vorschlag, wie man die Freiheit des

Handelns, Wollens und Entscheidens verstehen kann, ohne sich begrifflich zu verirren. Im zweiten Teil dann war die Konzentration auf Wörter ein wichtiges Instrument, um Quellen des Mißverstehens aufzudecken. So war es, als ich die Sprache der Bedingtheit, der Abhängigkeit und der Ohnmacht unter die Lupe nahm. Es ging darum zu zeigen, daß die vertrauten Wörter, wenn man sie benutzt, um den bedingten Willen als unfrei zu brandmarken, einen intuitiven Eindruck erzeugen, der keinen begrifflichen Halt hat. Um das zu zeigen, habe ich die Wörter verfremdet und aus der Distanz heraus nach den Bedingungen und Assoziationen gefragt, von denen sie gewöhnlich geleitet sind. Das half uns zu sehen, daß sie auf die bedingte Freiheit des Willens ganz einfach nicht anwendbar sind: Die Bedingungen für ihren sinnvollen Gebrauch sind hier nicht erfüllt.

Auch an einer anderen Stelle kam es darauf an, der tieferen Logik von Wörtern nachzugehen: beim Thema der Verantwortung. Erst wenn man sich klar gemacht hat, daß Zuschreibungen von Verantwortung nicht Beschreibungen eines unabhängigen Sachverhalts sind, sondern sprachliche Handlungen, die den fraglichen Sachverhalt erst erschaffen, gelangt man zu derjenigen Frage, die Raskolnikov und den Richter beschäftigt: ob es fair sein kann, jemanden trotz der Bedingtheit seines Denkens und Wollens zur Verantwortung zu ziehen. Diese Frage käme gar nicht in Gang, wenn man die Rede von Verantwortung als beschreibende, konstatierende Redeweise mißverstünde. Auch hier war die Analyse von Wörtern nichts Nebensächliches oder bloß Propädeutisches, sondern Dreh- und Angelpunkt für eine gedankliche Einsicht.

Das ist die eine Weise, in der philosophische Untersuchungen *genau* sind: Die Verfremdung von Wörtern erlaubt ihnen, Unschärfen, Mehrdeutigkeiten und Gebrauchsweisen zu erkennen, die verdunkeln, statt zu erhellen. Es ist nicht selten, daß wir bei einem philosophischen Thema verwirrt sind, weil wir sprachlichen Gewohnheiten auf den Leim gehen, die in praktischen Zusammenhängen harmlos sind, sich der gedanklichen Klarheit aber in den Weg stellen, wenn wir darüber hinaus nach theoretischer Stimmigkeit suchen. Sprachanalyse ist deshalb oft das probate Mittel, wenn wir nach dem Ausgang aus einem gedanklichen Labyrinth suchen. Das ist auch deshalb so, weil die Intuitionen – die spontanen Meinungen –, auf die wir uns berufen, oft nicht mehr sind als ein Pochen auf sprachliche Wendungen. »Wie kann einer *frei* sein, wenn er gar nicht *anders kann*!« Der Ausruf besitzt enorme suggestive Kraft, und wir geraten stets von neuem in seinen Bann und haben den Eindruck, daß es eben doch einen Konflikt zwischen Freiheit und Bedingtheit gibt. Das ändert sich erst dann, wenn wir die Wendung vom ›anders können‹ unter die Lupe nehmen und feststellen, daß nicht von beliebigen anderen Möglichkeiten und einer beliebigen Verzweigung unseres Tuns und Wollens die Rede ist, sondern davon, daß jemand, wenn er frei ist, die Fähigkeit besitzt, seinen Willen in Abhängigkeit von seinem Urteil zu verändern. Wenn wir uns klar gemacht haben, daß die Wendung in Wirklichkeit einfach von unserer Freiheit der Entscheidung handelt, verändert sich auch unsere Intuition: Wir meinen jetzt nicht mehr, zur Rettung der Freiheit gegen den Gedanken der universellen Bedingtheit anrennen zu müssen.

3

Sprachanalytische Genauigkeit ist nicht die einzige Art von Genauigkeit, die eine philosophische Untersuchung anstrebt. Genau ist eine solche Untersuchung auch in dem Sinne, daß sie Begriffe und angefangene Gedankengänge rigoros auf ihre Konsequenzen hin überprüft. In alltäglichen, praktischen Zusammenhängen macht es nichts, daß unsere Begriffe vage und instabil sind, und oft reichen Gedankenfragmente oder Gedankenfetzen, um mit praktischen Anforderungen zurecht-zukommen. Das ändert sich, wenn es darum geht, über die allgemeinsten Themen, die uns beschäftigen können, theore-tische Klarheit zu gewinnen. Eine philosophische Entdeckung besteht nicht selten in der Feststellung, daß etwas, das wie ein klarer, unproblematischer Begriff aussah – etwa ›Wissen‹, ›Wahrheit‹ und eben ›Freiheit‹ –, voller Rätsel ist und daß et-was, das wie ein harmloser Gedanke aussah, verblüffende und beunruhigende Konsequenzen hat, auf die man reagieren muß, wenn einem an der Stimmigkeit und Transparenz der eigenen Gedankenwelt gelegen ist. In diesem Sinne ist die Philoso-phie eine *strenge* Disziplin: Sie erinnert uns daran, daß wir auch an die Konsequenzen einer Meinung glauben müssen, die wir mit uns herumtragen. Das klingt nach einer harm-losen Forderung. In Wirklichkeit ist es so, daß vieles, was wir zunächst geglaubt haben, ins Wanken geraten kann, wenn wir ihr nachzukommen suchen. Der Prolog ist ein Beispiel dafür.

Viele Analysen im zweiten Teil des Buches waren von die-ser Strenge. Ihr Muster war oft dieses: Nehmen wir die Idee der unbedingten Freiheit beim Wort und ziehen wir kompro-mißlos die gedanklichen Linien aus, die in der Idee angelegt sind; dann sehen wir, daß es keine gute Idee ist. Diese Schluß-folgerung kam in zwei Varianten vor. In der einen lautete sie: Was wie eine Idee aussah, ist in Wirklichkeit gar keine, denn sie kann nicht stimmig gemacht werden. So war es, als wir der Frage nachgingen, was es für den Willen bedeuten würde, wenn wir seine Freiheit als Unbedingtheit auffaßten. Was wir feststellten, war, daß diese Lesart dasjenige, von dem sie aus-gegangen war, nämlich den Begriff des Willens, zerstören wür-de: Der unbedingte Wille könnte niemandes Wille sein, und er könnte keinen Gehalt besitzen. Indem der Wille als unbe-dingt beschrieben wird, geht er als Wille verloren. Der Ge-danke der Unbedingtheit bringt sich selbst um sein Thema.

Umgekehrt ausgedrückt: Wer sein ursprüngliches Thema, den Willen, behalten will, dem steht die Lesart der Freiheit als Unbedingtheit nicht offen. Wer sie vertritt, reiht bloße *Wörter* aneinander, die keinen *Gedanken* ausdrücken.

Die andere Variante der Schlußfolgerung war: Selbst wenn sich der Wille ohne Widerspruch als unbedingt beschreiben ließe, so entspräche das Beschriebene doch nicht unserer *Erfahrung* von Freiheit. Und auch zu diesem Ergebnis sind wir dadurch gelangt, daß wir die gedanklichen Linien auszogen, die in der vermeintlichen Idee des unbedingten Willens angelegt sind: Den unbedingten Willen müßten wir als verrückt, unbelehrbar und unverständlich erleben – Merkmale, die einer Erfahrung von Freiheit im Wege stünden.

Als ich im ersten Intermezzo über die begriffliche Analyse sprach, die bis dahin stattgefunden hatte, sagte ich, die analytischen Überlegungen seien nicht von der Art eines Beweises, sondern hätten zum Ziel, begriffliche Zusammenhänge sichtbar zu machen, in denen man sich wiedererkennen kann, und dieses Wiedererkennen sei der Prüfstein dafür, daß ein Vorschlag als nicht willkürlich empfunden wird. Bei den Überlegungen, die inzwischen dazugekommen sind, liegt der Fall etwas anders: Man *kann* sie als eine Art Beweis auffassen. Gemeint ist dann nach wie vor nicht eine Ableitung aus Axiomen, sondern dieses: Man zeigt, daß man über ein Thema auf bestimmte Weise nicht denken *kann* – daß man darüber auf andere Weise denken *muß*. Das ›nicht können‹ und ›müssen‹ handelt dabei von begrifflicher oder gedanklicher Stimmigkeit, nicht von der psychologischen Möglichkeit oder Unmöglichkeit, bestimmte Gedanken – oder was man dafür hält – zu unterhalten. Und entsprechend sieht hier ein Disput aus: Es wird darüber gestritten, ob es stimmt, daß die fraglichen Begriffe so und nicht anders *zusammenhängen*, und ob ein bestimmter Gedanke aus einem anderen *folgt*. Das ist gemeint, wenn man sagt: Das Medium der Philosophie ist das *Argument*.

4

»In der Philosophie genügt es nicht, recht zu haben; man muß darüber hinaus verstehen, wo der Fehler liegt.« So sagte ich im siebten Kapitel, nachdem klargeworden war, daß es sich bei der Rede von der unbedingten Freiheit um eine rhetorische Fata Morgana handelt. Ich hätte auch sagen können: Philosophie ist nicht nur nebenbei, sondern *wesentlich* ein diagnostisches Verstehen möglicher Irrtümer. Dem entspricht, daß der zweite, überwiegend kritische und diagnostische Teil des Buches bei weitem der längste ist. Woher rührt die große Bedeutung, die das diagnostische Verstehen hat?

Erinnern wir uns an etwas, das ich im ersten Intermezzo sagte: Auch wenn die Funktion unserer allgemeinsten Begriffe darin besteht, Erfahrung insgesamt zu ermöglichen, so sind sie doch zunächst für alltägliche Situationen gemacht worden. Entsprechend sind ihre Konturen nur so scharf, wie die praktischen Erfordernisse es verlangen, und nicht schärfer. Es bleibt eine Zone der Unschärfe und des Dunkels. Wenn wir dann – und das macht die philosophische Anstrengung aus – in diese Zone vordringen, so muß uns die Frage beschäftigen, inwiefern das, was wir an neuen, nunmehr theoretischen Auskünften über ein Thema geben, *nicht willkürlich* ist. Was kann hier der Maßstab sein? Man wird erwarten, daß die theoretisch konturierte Idee nicht einfach über die Dinge hinweggeht, von denen der vortheoretische Begriff handelt, und man wird das aus einem ganz einfachen Grund erwarten: Nur so ist gewährleistet, daß die philosophische Auskunft noch vom ursprünglichen Thema handelt und nicht unter dem Deckmantel gleichlautender Wörter das Thema wechselt. Doch diese Forderung allein genügt nicht. Denn daß die ursprünglichen begrifflichen Konturen unscharf sind, heißt ja, daß es *verschiedene* theoretische Auskünfte geben kann, die mit ihnen verträglich sind. Das wirft die irritierende Frage auf, wie man sicher sein kann, daß einer solchen Auskunft nicht Will-kür und Beliebigkeit anhaftet. Wie kann man das ausschlie-ßen, wenn es zur Natur theoretischer Auskünfte gehört, daß sie über die vagen intuitiven Begrenzungen des Themas hin-ausgehen? Die vortheoretische Rede von der Freiheit des Han-delns, Wollens und Entscheidens läßt – die Literatur beweist es – Spielraum für viele, miteinander nicht verträgliche Wei-sen, sich das Thema theoretisch zurechtzulegen. Was kann man tun, wenn man sich einem Vorschlag nicht nur *verschreiben*, sondern ihn gegen andere *verteidigen* möchte?

Eine Verteidigung wird in einer Kritik anderer Vorschläge bestehen. Eine solche Kritik kann lauten: Dieser Vorschlag ist – dem ersten Anschein zum Trotz – in sich nicht stimmig. Manchmal ist dies das Ende. Es ist das Ende, wenn die auf-gedeckte Unstimmigkeit auf mangelnde Übersicht oder feh-lende Sorgfalt der Überlegung zurückgeht. Es ist nicht das Ende – oder sollte es nicht sein –, wenn der kritisierte Vor-schlag *trotz* seiner Unstimmigkeit eine intuitive Anziehungs-kraft behält. In einem solchen Fall kann man etwas *über das Thema selbst* lernen, wenn man den gedanklichen Wurzeln von dem nachgeht, was man für einen Irrtum hält. Warum? Weil man nun die Aufgabe in Angriff nimmt, *den gedanklichen An-laß für den Irrtum neu zu beschreiben*. Statt nur zu sagen: »Das gibt es nicht« oder »Das stimmt nicht«, sucht man nach einer Auskunft der Form: »Ja, das gibt es; aber man kann es anders beschreiben, und zwar so, daß die Unstimmigkeit vermieden wird.« Dadurch kann ein Vorschlag an *Umfang* gewinnen, und er kann *reicher* und *differenzierter* werden, als wenn man sich darauf beschränkte, kurz und trocken darzulegen, wie man die Sache sieht.

Das diagnostische Verstehen, könnte man deshalb sagen, hat eine doppelte Funktion und einen doppelten Wert: Auf der einen Seite dient es der Abgrenzung und Fixierung der eige-nen Sichtweise; auf der anderen stellt es sicher, daß die Sichtweise den Umfang des Themas nicht verfehlt. Ein bißchen überspitzt ausgedrückt: Das diagnostische Verstehen ist nicht nur ein Mittel zur Verteidigung eines Vorschlags, es trägt darüber hinaus zu dessen *Identität* bei. Auch die Tatsache, daß sich die Philosophie oft mit ihrer Geschichte beschäftigt, hat mit dieser Beobachtung zu tun: Manche philosophischen Themen *gäbe* es gar nicht, wenn wir nicht das wohlbegründete Bedürfnis hätten, uns kritisch und diagnostisch mit Irrtümern auseinanderzusetzen, die wir für *interessante* Irrtümer halten, weil sie uns helfen, unser eigenes Thema zu identifizieren, indem wir die gedanklichen Anlässe der Irrtümer neu zu beschreiben versuchen.

Wenden wir diesen Gedanken auf das an, was in dem Buch bisher geschehen ist. Nehmen wir an, ich hätte auf den ganzen zweiten Teil verzichtet und wäre nach dem ersten gleich zum dritten Teil übergegangen, der die Ideen des ersten weiter entfalten wird. Das gedankliche Bild, das wir von der Freiheit des Willens hätten, wäre um vieles ärmer. Zwar hätten wir zum Beispiel eine Idee von der Urheberschaft des Tuns und Wollens, und es wäre die richtige Idee. Aber das Verständnis der Idee wäre blasser, als es jetzt ist, wo wir die Mißverständnisse ausgeleuchtet haben, denen man dabei verfallen kann: die begriffliche Falle des heimlichen Homunculus etwa oder die falsche Deutung des inneren Fluchtpunkts als reines Subjekt. Ähnlich ist es mit der Idee der verschiedenen Möglichkeiten, die zur Idee der Freiheit gehört: Man versteht sie besser, wenn man weiß, daß man sie nicht im Sinne einer beliebigen Verzweigung des Weltenlaufs lesen darf, und das ist auch dann so, wenn man selbst nicht versucht war, die falsche Lesart zu wählen. Auch was die Spontaneität von Tun und Wollen angeht, hat man ein zusätzliches Verständnis gewonnen, wenn man sich klargemacht hat, daß ihre irrtümliche Lesart als Ausdruck eines unbedingten Willens auf das Phänomen zurückgeht, daß wir unsere Gedanken und unseren

Willen stets auf den Gegenstand hin überschreiten. Ähnlich ist es bei der Furcht vor dem Fatalismus und der Idee der Verantwortung. Auch wenn man, die Freiheit der Entscheidung vor Augen, die fatalistische Furcht nie gespürt hat, wird die gedankliche Situation klarer, wenn man verstanden hat, *warum* sie nicht angebracht ist. Und die Auskunft, die der Richter Raskolnikov schließlich gibt, bekommt ihr volles Gewicht erst dadurch, daß sie sich in dem Streitgespräch bewährt.

Philosophische Einsichten, könnte man sagen, bekommen ihre besondere Tiefe durch das Bewußtsein, daß bestimmte Dinge *nicht* der Fall sind. Diesem Gedanken entspricht eine stilistische Eigentümlichkeit von Texten, die wir als besonders hilfreich empfinden: Sie enthalten oft längere Passagen, die in *Rollenprosa* geschrieben sind. Damit meine ich nicht die ausdrückliche Form des Dialogs, wie sie das Kapitel über Verantwortung bestimmt. Ich meine den Kunstgriff, den ich im sechsten Kapitel verwende: den gedanklichen Widersacher erst einmal ausreden lassen und seine Argumente dabei so stark machen wie möglich. Und hier finden wir – neben der sprachanalytischen und argumentativen Genauigkeit – eine dritte Form von philosophischer Genauigkeit: die diagnostische Genauigkeit im Sinne der Anstrengung, die gedanklichen Motive eines Irrtums *umfassend* aufzuklären.

5

Einige philosophische Themen haben mit der Innenperspektive unseres Erlebens mehr zu tun als andere. Das Thema des freien Willens hat viel damit zu tun. Viele Intuitionen darüber, worin unsere Freiheit besteht, sind in der Art und Weise verwurzelt, wie wir uns selbst erleben. Das bedeutet, daß die diagnostische Genauigkeit unter anderem davon abhängt, wie gut es uns gelingt, diejenigen Aspekte des Erlebens zu beschreiben, die eine Quelle von Irrtümern sein können. Auch hier geht es um Genauigkeit. Das größte Hindernis auf dem Weg zu dieser Genauigkeit ist die oberflächliche, verarmte und schematische Beschreibung von Beispielen. Philosophische Texte, die in den anderen Hinsichten ein Vorbild an Genauigkeit sind, bleiben oft verblüffend ungenau, wenn es darum geht, sich die Komplexität unseres Erlebens zu vergegenwärtigen. Die Art, wie dieses Buch geschrieben ist, hat viel mit dem Versuch zu tun, auch in dieser Hinsicht genau zu sein. Das Schematische und also Ungenaue an der Beschreibung von Beispielen kommt oft dadurch zustande, daß die Beispiele – sozusagen nachträglich – als bloße Illustrationen für etwas eingefügt werden, das man begrifflich und argumentativ zuvor schon entschieden hat. Mein Plan dagegen war, die begrifflichen Differenzierungen langsam aus der sorgfältigen Betrachtung des Freiheitserlebens heraus entstehen zu lassen. Das geht nur, wenn man unsere Formen des Erlebens an Figuren festmacht, die eine Geschichte haben. Es geht also nur durch *Erzählen*. Phänomenologische Genauigkeit ist erzählerische Genauigkeit. Das ist der Grund, warum die Textur des Buches eine Mischung aus analytischen und erzählerischen Passagen aufweist. Das Motiv dahinter ist der Wunsch nach umfassender Genauigkeit.

DRITTER TEIL

Angeeignete Freiheit

10. Die Aneignung des Willens

Nachdem ich im ersten Teil des Buches die Freiheit des bedingten Willens als die Freiheit der Entscheidung beschrieben und mit den verschiedenen Spielarten der Unfreiheit verglichen hatte, stellte sich die Frage, ob das Freiheit genug ist. Ist das schon die ganze Geschichte? Ist das alles, was wir unter Freiheit *verstehen*, und ist es alles, was wir uns an Freiheit *wünschen*? Nein, sagte ich, es ist keineswegs schon die ganze Geschichte, und dann unterschied ich zwischen zwei verschiedenen Lesarten des Gedankens, daß etwas fehlt. Die eine Lesart besagte, daß das Eigentliche an der Freiheit noch gar nicht zur Sprache gekommen sei und daß wir noch einmal ganz neu einsetzen müßten, um diejenige Freiheit einfangen zu können, um die es uns eigentlich geht. Inzwischen wissen wir: Damit war die unbedingte Freiheit des Willens gemeint. Und wir haben uns klargemacht: Die Idee einer solchen Freiheit ist eine Idee, die eigentlich keine ist, weil sie in sich unstimmig ist, und außerdem ist es eine Idee, für die wir gar keine Verwendung haben. Das läßt nur die zweite Lesart des Gedankens übrig, daß noch etwas fehlt. Sie lautet, daß es darum geht, die bisherige Analyse unserer Freiheitserfahrung fortzuentwickeln und anzureichern, bis wir uns darin vollständig wiedererkennen können. Das ist die Aufgabe für diesen letzten Teil des Buches.

Als Leitlinie kann uns ein Gedanke dienen, der bereits in der Analyse des Entscheidens eine wichtige Rolle spielte. Es ist der Gedanke, daß wir, indem wir die Freiheit der Entscheidung ausüben, etwas mit uns und für uns machen. Indem wir durch Überlegen und durch das Spiel der Phantasie einen Willen ausbilden, arbeiten wir an uns selbst. Wir geben dem Willen ein Profil, das vorher nicht da war. In diesem Sinn ist man nach einer Entscheidung ein anderer als vorher. Dieser gestaltende, schöpferische Aspekt des Entscheidens beruht – so sahen wir früher – auf der Fähigkeit, einen inneren Abstand zu uns selbst aufzubauen und uns dadurch in unserem Willen zum Thema zu werden. Und es ist nun wiederum diese Fähigkeit, die uns zu einer Freiheit des Willens verhelfen kann, die über die Freiheit der Entscheidung, wie ich sie bisher beschrieben habe, hinausgeht.

Was kann der intuitive Gehalt dieser weitergehenden, reicheren Form von Willensfreiheit sein? Auch hier können wir an Dinge anknüpfen, die wir früher bereits gestreift haben. So war bei der Beschreibung substantieller Entscheidungen davon die Rede, daß ich angesichts widerstreitender Wünsche für den einen und gegen andere ›Partei ergreifen‹ und mich ›hinter ihn stellen‹ muß. Das ist ein Akt, den ich als ›Identifikation‹ mit einem Wunsch bezeichnet habe, der dem Wunsch eine besondere ›Zugehörigkeit zu mir selbst‹ verleiht. Und bei der Analyse der Unfreiheit des Willens war oft von den gegenteiligen Erfahrungen die Rede, daß mir ein Wille ›fremd‹, ›abgespalten‹ und ›äußerlich‹ vorkommt. Das sind alles treffende Wörter, und man hat keine Mühe, die Intuitionen in sich zu erzeugen, die damit eingekreist werden. Aber man darf sich nicht darüber hinwegtäuschen, wie wenig es ist, was man damit verstanden hat. Was genau kann es heißen, daß sich jemand mit einem Wunsch identifiziert? Worin genau besteht die erlebte Fremdheit, die einem unfreien Willen anhaftet? Man gerät schnell ins Stocken, wenn man nach einer Antwort auf solche Fragen sucht. Wie kann man dem, was hier intuitiv richtig getroffen erscheint, schärfere begriffliche Konturen verleihen? Das sind einige der Fragen, die es zu beantworten gilt, wenn man ein reicheres und tieferes Verständnis von Willensfreiheit erreichen will. Hinzu kommt eine Frage, die den Zusammenhang zwischen Willensfreiheit und Zeiterfahrung betrifft. Wie wir zu Ende des ersten Teils gesehen haben, spiegelt sich die Unfreiheit des Willens in verzerrten Formen des Zeiterlebens. Entsprechend kann man sich nun die Frage stellen, woran es liegt, wenn es uns gelingt, solche Verzerrungen zu überwinden. Was ist es, was wir mit uns machen können, um von einem unfreien zu einem freien Verhältnis der Vergangenheit, Gegenwart und Zukunft gegenüber zu gelangen?

Für jemanden, der die Freiheit in der fiktiven Unbedingtheit des Willens sucht, müßte diese Art der Fragestellung abwegig erscheinen. Ob ein Wille unbedingt wäre oder nicht, läge nicht am Wollenden. Er könnte es nur hinnehmen; dafür *tun* könnte er nichts. Auch stünden Freiheit und Unfreiheit ein für allemal fest, und es gäbe keine Abstufungen. Ganz anders in der Geschichte, die es nun zu erzählen gilt. Sie geht davon aus, daß die Freiheit des Willens etwas ist, das man sich *erarbeiten* muß. Man kann dabei mehr oder weniger erfolgreich sein, und es kann Rückschläge geben. Was man an Freiheit erreicht hat, kann wieder verlorengehen. Willensfreiheit ist ein zerbrechliches Gut, um das man sich stets von neuem bemühen muß. Und es ist dieser Idee zufolge eine offene Frage, ob man sie jemals in vollem Umfang erreicht. Vielleicht ist sie eher wie ein Ideal, an dem man sich orientiert, wenn man sich um seinen Willen kümmert.

Die Gesamtheit der Dinge, die man unternehmen kann,

um diesem Ideal näherzukommen, werde ich die *Aneignung* des Willens nennen, und entsprechend werde ich vom freien Willen als dem *angeeigneten* Willen sprechen. Man kann an dieser Aneignung drei Dimensionen unterscheiden. Die eine ist die Dimension der *Artikulation*. Hier geht es um Klarheit darüber, was genau es ist, was man will. Entsprechend ist die Unfreiheit zu verstehen als der Zustand der Ungewißheit über das, was man will, eine Ungewißheit, die wie ein Gefängnis sein kann. Eine zweite Dimension der Aneignung betrifft die Anstrengung, den eigenen Willen zu *verstehen*. Wir können einen Willen als unfrei erfahren, weil er sich unserem Verständnis widersetzt und uns in diesem Sinne als fremd erscheint. Ihn sich anzueignen, bedeutet dann, den Eindruck der Fremdheit aufzulösen, indem man nach einer Betrachtungsweise sucht, die ein neues Verständnis ermöglicht. In einer dritten Dimension der Aneignung schließlich geht es um die *Bewertung* des eigenen Willens. Ein Wille kann einem auch deshalb als unfrei und fremd erscheinen, weil man ihn ablehnt. Es wird sich die Frage stellen, wo eine solche Bewertung herkommt und wie es geschehen kann, daß aus einem mißbilligten, unfreien Willen ein gutgeheißener, als frei empfundener Wille wird. Die drei Dimensionen der Aneignung sind, wie sich zeigen wird, nicht unabhängig voneinander. Verstehen etwa setzt Artikulation voraus, und die Bewertung eines Willens kann sich verändern, wenn das Verständnis wächst. Die nun folgende Analyse hat zum Ziel zu zeigen, wie die verschiedenen Leistungen, die wir hier erbringen, ineinandergreifen.

Es ist erstaunlich schwierig zu wissen, was man will. Das gilt nicht so sehr für den kurzfristigen Willen und das Wollen, das mit der Frage beschäftigt ist, welches die besten Mittel sind, um ein Ziel zu erreichen. Es ist vor allem der langfristige Wille, über den wir oft im Unklaren sind. Wenn wir innehalten und uns fragen, was uns insgesamt antreibt und welche Wünsche es sind, die unserem Leben gerade diese Gestalt geben, so kann es uns vorkommen, als stünden wir vor einer undurchdringlichen Wand der Unwissenheit. Wünsche sind dem Wünschenden nicht schon dadurch transparent, daß er sie hat. Er muß etwas *tun*, um sie in ihrer Richtung und ihrem Gehalt zu erkennen. Er muß nach Mitteln und Wegen suchen, sie zu artikulieren.

Das kann auf ganz unterschiedliche Weise geschehen. Naheliegend ist der Versuch, sich mit ausgesprochenen oder aufgeschriebenen Worten Klarheit zu verschaffen. Das bedeutet nicht, daß man einfach nach innen blickt und benennt, was man dort an Wünschen antrifft. Eine solch direkte Innenschau gibt es nicht. Die sprachliche Artikulation eines Willens ist ein umwegiger Prozeß. Wichtig dabei ist, daß der Gehalt des Willens durch die Worte *äußerlich* gemacht wird. Wenn man ihn in Worte gefaßt hat, kann er einem gewissermaßen von außen entgegentreten, und nun hat man etwas vor sich, das man überprüfen, korrigieren und genauer machen kann. Denken wir an unseren Emigranten, der mit sich ringt, ob er gehen oder bleiben soll. Solange sein Willenskonflikt nicht zur Artikulation gelangt ist, wird er ihn als einen dumpfen inneren Kampf erleben, dem er in wehrloser Passivität ausgeliefert ist. Erst wenn er seine gegenläufigen Wünsche auszusprechen oder aufzuschreiben beginnt, kann er einen Standpunkt entwickeln, von dem aus er über sein Wollen urteilen und den Konflikt bearbeiten kann. Was genau ist es eigentlich, was mich hier festhalten könnte?, kann er sich nun fragen. Die Loyalität meinem Land gegenüber? Die Verbundenheit mit den Kameraden vom Widerstand? Der Wunsch, den kompromißlosen Freund nicht zu enttäuschen? Oder einfach nur der Wunsch, moralisch mit mir im reinen zu sein und mir später keine Vorwürfe machen zu müssen? Und was genau ist es, das mich in die andere Richtung zieht: die Angst um mein Leben? Der Wunsch, die Dinge, die ich in meinem Leben noch vorhabe, zu verwirklichen? Die Abneigung dem Gedanken gegenüber, daß man von jemandem verlangen kann, sich für sein Land zu opfern? Oder ist es am Ende einfach der Wunsch, mich aus alten Beziehungen zu befreien und noch einmal neu anzufangen? Erst wenn es dem Emigranten gelungen ist, solche Beschreibungen seines Willens vor sich zu bringen, kann er die Freiheit der Entscheidung im vollen Umfang ausüben, indem er sich überlegend und bewertend mit den nun differenzierten Wünschen auseinandersetzt. Und es ist nicht nur so, daß er jetzt von Wünschen weiß, die schon vor der Artikulation in dieser Bestimmtheit vorlagen. Es gibt Wünsche, die erst durch die Artikulation zu bestimmten, klar abgegrenzten Wünschen *werden*, weil der Prozeß der sprachlichen Artikulation Rückwirkungen hat und in die Bildung von Wünschen eingreifen kann. Deshalb ist das Wollen eines sprachbegabten Wesens ein anderes als das Wollen eines Wesens, das der sprachlichen Artikulation nicht fähig ist.

Doch Worte sind nicht das einzige Medium der Artikulation eines Willens. Was ich will, kann sich auch in den Bildern zeigen, die ich male, und in den Bildern, die meine Phantasie und meine Träume bestimmen. Worauf es dann ankommt, ist, die Zeichen richtig zu deuten. Als im ersten Teil von substantiellen Entscheidungen die Rede war und von der Rolle, welche die Phantasie dabei spielt, sind wir der Frau begegnet, die es immer wieder zu Bahnhöfen und Flughäfen zieht, obwohl es dafür keinen praktischen Grund gibt. Es ist der Wunsch, aus der beengenden Familie auszubrechen, der darin zum Ausdruck kommt, und dieser Wunsch äußert sich weiter im Phantasiebild einer Mansarde, in der das neue Leben stattfinden würde. Auch einem Pianisten sind wir begegnet, der davon träumt, lauter skandalöse Dinge zu tun, die ihn befreien würden, indem sie seiner verhaßten Karriere ein Ende setzten. Gerade wenn es um bedrohliche, verstoßene und verbannte Wünsche geht, ist die Phantasie mit ihren verschlungenen Wegen und ihren hintergründigen Bildern ein unersetzliches Mittel der Artikulation. Wenn wir richtig deuten, was sie hervorbringt, kann das ein erster Schritt hin zur Aneignung eines Willens sein, der bis dahin aus verborgener Tiefe heraus gewirkt hat.

Es sind vor allem Lebenskrisen, die uns zu einer genaueren und tieferen Artikulation unseres Willens zwingen. Denn häufig besteht die Krise darin, daß der bisherige Wille nicht mehr trägt, ohne daß bereits ein neuer erkennbar wäre, der ihn ablösen könnte. Um zu einem neuen Willen zu finden, müssen wir uns mehr Klarheit über unsere Wünsche verschaffen, als wir bisher hatten, und bei dieser Klarheit geht es zunächst darum herauszufinden, was genau es ist, was wir uns langfristig wünschen. In diesem Sinn zwingt uns eine Krise, an der Freiheit unseres Willens zu arbeiten.

Es kann zur Aneignung des Willens im Sinne der Artikulation gehören, Selbsttäuschungen aufzudecken. Manchmal schreiben wir uns einen Willen zu, den wir gar nicht haben, um die Last einer Situation erträglicher zu machen; oder wir leben aus einem Willen heraus, den wir vor uns selbst falsch beschreiben, um ihn für uns annehmbar zu machen. Selbsttäuschungen sind interessegeleitete Irrtümer über uns selbst. So kann es sein, daß ich mir altruistische Wünsche zuschreibe, die ich in Wahrheit gar nicht habe, um mit der bedrükkenden Tatsache besser zurechtzukommen, daß mein Leben darin besteht, hauptsächlich für die anderen da zu sein. Dadurch wird es leichter, mich damit abzufinden, daß ich mit meinen eigenen Wünschen nicht zum Zuge komme. Oder ich lüge mir vor, daß ich jemand bin, der sein Leben im Verborgenen leben will, um weniger unter dem ausbleibenden Erfolg zu leiden. Und wenn ich die Kinder wegschicke, um vor ihnen Ruhe zu haben, so mag ich mir das als den Wunsch zurechtlegen, ihnen frühzeitig zur Selbständigkeit zu verhelfen. Solche Schönfärbereien, die ich vor mir selbst inszeniere, können ein Kerker sein. Denn indem sie die wahren Wünsche vor mir selbst verbergen, rauben sie mir die Chance, mich damit auseinanderzusetzen und zu einem realistischen Selbstbild zu gelangen, wie es für Freiheit Voraussetzung ist. Artikulation als der erste Schritt der Aneignung ist unter anderem die Anstrengung, Lebenslügen, sofern sie den Willen betreffen, aufzulösen und durch eine unvoreingenommene Bestandsaufnahme des eigenen Wünschens zu ersetzen.

Eine Artikulation des Willens, die der Aufrichtigkeit sich selbst gegenüber verpflichtet ist, kann der Beginn eines neuen, freieren Verhältnisses zur Zeit sein. Denken wir zurück an unsere Urlauberin, die ihre Reise zunächst unter der Tyrannei eines Begleiters macht, um sie später allein zu wiederholen. Wir haben uns drei Fassungen der Geschichte ausgemalt. In der ersten bewahrt sich die Frau einen gewissen Abstand zum beherrschenden Willen des Mannes, indem sie das, was eigentlich ihre Reise wäre, wenigstens in der Phantasie erlebt. Auf diese Weise gelingt es ihr, sich im Verborgenen eine Art von eigener Gegenwart zu schaffen, auch wenn es eine blasse Gegenwart bleibt, weil sie vom Handeln abgeschnitten ist. In der zweiten Version verliert die Frau auch diesen Rest von Gegenwart, weil ihr die Hörigkeit jede selbständige Phantasie verbietet. Und in der letzten Variante wird aus der dumpfen Gegenwartslosigkeit die Selbsttäuschung einer gemeinsamen, geteilten Zeit. Wenn die Frau die ganze Reise noch einmal macht, dann tut sie es mit dem Ziel, die verlorene Zeit zurückzugewinnen, indem sie jeden einzelnen Moment aus ihrem eigenen freien Willen heraus durchlebt und ihm dadurch lebendige Gegenwart verleiht. Sie ist anstrengend, diese zweite Reise, und die Anstrengung besteht darin, daß die Frau ihren eigenen Willen vor sich selbst artikuliert, indem sie ihn gegen den erinnerten Willen des Mannes abgrenzt. Wenn sie ihre Gegenwart schließlich wiedergewonnen hat, bekommen damit auch ihre Vergangenheit und Zukunft die Tiefe zurück, die sie besessen hatten, bevor der fremde Wille die erstickende Regie übernommen hatte. Die Vergangenheit ist jetzt wieder im emphatischen Sinne ihre eigene Vergangenheit, und die Zukunft ist eine Dimension, in die sie mit einem Willen hineingeht, den sie sich durch die Anstrengung der Artikulation zu eigen gemacht hat.

Der freie als der verstandene Wille

Nehmen Sie an, Sie sind jemand, der die Nähe anderer sucht, auch die körperliche Nähe in ihren vielen Ausprägungen. Ein großer Teil Ihres Handelns ist um diese Art von Wunsch herum angelegt. Doch dann, als käme es von einem anderen Stern, überfällt Sie immer wieder das übermächtige Bedürfnis nach viel leerem Raum um sich herum, Sie suchen das Weite und kommen erst am Rande eines großen, leeren Platzes zur Ruhe. Sie kennen sich nicht mehr aus in sich selbst und sind verzweifelt, denn der fremde, allem Nähebedürfnis widersprechende Wille wegzulaufen ist nicht nur ein lästiger Fremdkörper in Ihrem Leben; er gibt Ihnen das Gefühl, in Ihrem Willen zutiefst unfrei zu sein.

Was diese Unfreiheit ausmacht, ist, daß Sie den befremdlichen Willen zur Flucht nicht *verstehen*. Was kann das heißen? Was kann es überhaupt bedeuten, daß sich jemand in seinem Willen versteht? Welche Art von Einsicht ist im Spiel, wenn aus einem fremd anmutenden, undurchsichtigen Wunsch ein verständlicher Wunsch wird?

Wünsche sind kausal in den Rest der Person eingebettet, und so könnte man erwarten, daß die Antwort lautet: Es geht um das vertiefte kausale Verstehen eines Wunsches, dessen vorläufige Fremdheit die Fremdheit einer kausalen Anomalie ist. Zieht es jemanden beispielsweise immer wieder an Orte, wo er panische Angst empfindet, so kann das als eine kausale Anomalie erscheinen, vergleichbar einer verblüffenden chemischen Reaktion. Und entsprechend bei Ihrem Fluchtwillen, der so überhaupt nicht zu Ihren sonstigen Wünschen zu passen scheint. Das Verständnis zu vergrößern, hieße dann, die Gesetze kennenzulernen, welche die Feinmechanik unserer Innenwelt steuern, so wie wir im chemischen Fall die Gesetze für die materielle Feinmechanik genauer erforschen.

Doch so ist es nicht. Erstens hat niemand eine Vorstellung davon, wie das gehen sollte, und das scheint keine zufällige Phantasielosigkeit zu sein. Und zweitens gäbe uns ein feinmechanisches Innenweltverständnis gar nicht das, worauf es ankommt. Das wird deutlich, wenn man das Phänomen des *überraschenden* Willens betrachtet. Wäre die chemische Anomalie das richtige Modell, so müßte ich einen überraschenden Willen zwangsläufig als fremd erleben, während ein vorhersehbarer Wille mir nicht äußerlich vorkommen könnte. Intuitiv jedoch ist es anders. Es kann Ihnen mit einemmal ein Wille gelingen, auf den Sie nicht mehr zu hoffen wagten und den Sie vom ersten Augenblick an als ganz zu sich gehörig empfinden. Und umgekehrt kann es sein, daß es in Ihrem Leben weniges gibt, was Sie so genau vorhersehen können wie Ihren süchtigen, zwanghaften Willen zu arbeiten oder zu gefallen oder zu helfen.

Wenn wir unsere Wünsche nicht verstehen, so liegt es nicht

daran, daß sie die kausalen Gesetze zu verletzen scheinen, nach denen Wünsche aus anderen Wünschen hervorgehen. Was rätselhaft erscheint, ist vielmehr die Tatsache, daß ein Wunsch seinem *Gehalt* nach nicht zum sonstigen Wunschprofil der Person paßt. So ist es mit Ihrem rätselhaften Bedürfnis nach leeren Plätzen: Es ist das Bedürfnis nach *Distanz* zu den anderen, wo Sie doch sonst von dem Bedürfnis nach *Nähe* geleitet werden. Rätselhaft ist der Wunsch nach Abstand also deshalb, weil er *ungereimt* ist. Wenn Sie sich, was diesen Willen anlangt, unfrei fühlen, dann deshalb, weil Sie ihn als *unstimmig* erleben. Vor dem Hintergrund Ihrer sonstigen Wünsche ergibt er keinen *Sinn*. Entsprechend muß es sich bei dem Versuch, diesen Willen trotz allem zu verstehen und dadurch seine Aneignung zu erreichen, um den Versuch handeln, Sinn zu entdecken, wo auf den ersten Blick keiner ist. Es ist nicht eine kausale Geschichte, die zur Aneignung beiträgt, sondern eine *Interpretation*, die den zunächst unverständlichen Willen für das Verstehen öffnet.

Das bedeutet nicht, daß es unwichtig wäre, die Entstehung eines Willens zu verfolgen. Im Gegenteil: Die Logik eines Willens erschließt sich oft erst, wenn wir sie in ihrer zeitlichen Ausbreitung, nämlich in der Form einer Lebensgeschichte, betrachten. Entscheidend aber ist, daß es auch bei dieser Betrachtung um den Gehalt des Willens geht und nicht bloß um seine kausalen Eigenschaften, die man unabhängig vom Gehalt erforschen könnte, als hätten wir es mit einer Art blinder Wunschhydraulik zu tun. Wenn man die lebensgeschichtliche Entstehung eines Willens nachzeichnet, so orientiert man sich an seinem Thema in dem Sinne, daß man ihn als bedeutungsvolle Antwort auf eine bedeutungsvolle Situation liest. Man wird auch über die kausale Wucht der Situation sprechen, etwa dann, wenn es um einen Willen geht, der in einer traumatischen Erfahrung begründet liegt. Doch auch die Heftigkeit und Hartnäckigkeit eines Willens, der auf ein

Trauma antwortet, erklären wir uns durch die inhaltliche Dramatik der gemachten Erfahrung und nicht durch inhaltsblinde kausale Energie. Wenn man sich eine fanatische Sparwut und einen krankhaften Geiz erklärt, indem man auf die traumatische Erfahrung bitterer Armut zurückgeht, so ist es der inhaltliche und nicht der energetische Zusammenhang – die Interpretation und nicht die bloß kausale Geschichte –, der Verstehen schafft.

Worin nun kann die Interpretation eines Willens bestehen, die Ungereimtheit verringert, Stimmigkeit vergrößert und damit zur Aneignung und Freiheit dieses Willens beiträgt? Sie ist für ihr Gelingen auf eine genaue Artikulation der fraglichen Wünsche angewiesen. Ist es leerer Raum *überhaupt*, den Sie sich um sich herum wünschen? Oder ist es die Abwesenheit *bestimmter* Dinge, um die es Ihnen geht? Stören die Tische und Stühle eines Cafés auf dem leeren Platz? Stören streunende Hunde und Katzen? Oder sind es im besonderen *Menschen*, die Sie da nicht haben wollen? Männer? Frauen? Beides? Und wenn es Menschen insgesamt sind: Möchten Sie sie fernhalten, weil Sie sie nicht *mögen*? Oder weil Sie denken, sie könnten Ihnen etwas *wegnehmen*? Oder weil Sie sich durch ihre Anwesenheit *erstickt* fühlen? Erst wenn wir diese Art von Klarheit besitzen, können wir den Versuch machen, den fraglichen Wunsch so zu interpretieren, daß verständlich wird, wie er mit dem sonstigen, gegenläufigen Nähebedürfnis zusammenhängt.

Was können die Leitlinien eines solchen Versuchs sein? Der nächstliegende Gedanke ist, daß es an *Unwissenheit* liegt, wenn Sie den Wunsch nicht verstehen: Vielleicht kennen Sie sich einfach in der inneren Landschaft Ihrer Wünsche nicht genügend aus, um erkennen zu können, daß der Wunsch nach Abstand ganz gut hineinpaßt. Es kann dann sein, daß Sie in sich Wünsche kennenlernen, die bisher im Dunkel lagen und in deren Licht betrachtet der erratische, unverständliche Wille plötzlich einen guten Sinn ergibt. Beispielsweise könnten Sie herausfinden, daß Ihr Nähebedürfnis ein doppelbödiges Gebilde ist und viel komplexer als angenommen. Es gibt darin starke Wünsche nach Abhängigkeit, die Sie als bedrohlich erleben, und in Ihrer scheinbar unvernünftigen Sucht nach leeren Plätzen kommt der selbstverständliche Wunsch zum Ausdruck, sich dagegen zu schützen. Jetzt passen die Dinge plötzlich zusammen, und je besser Sie diesen hintergründigen Zusammenhang in Ihrem Wünschen verstehen, desto mehr verliert sich der Eindruck der Fremdheit, der Ihrem paradoxen Wunsch nach Abstand und Ferne vorher anhaftete. Es ist, als rückte der Wunsch durch das wachsende Verstehen näher an Sie heran, so daß Sie ihn immer mehr als etwas erleben können, das zu Ihnen gehört, und immer weniger als etwas, das Ihre Freiheit bedroht.

In der Art, wie ich dieses Beispiel beschrieben habe, steckt bereits eine zweite Form der Entdeckung, die zu einer verstehenden Aneignung beitragen kann. Es ist die Entdeckung, *daß ein Wille eigentlich einen anderen Gehalt hat als angenommen.* Wenn es bei der ersten Art von Entdeckung um die Beseitigung einer Wissenslücke ging, geht es jetzt um die Beseitigung eines *Irrtums.* Was Sie herausfinden, ist, daß es Ihnen gar nicht um die leeren Plätze draußen geht – die Sie sogar, kaum sind Sie angekommen, ratlos machen mögen –, sondern um etwas in der Innenwelt, nämlich die Fähigkeit, sich gegen andere abzugrenzen. Es zeigt sich, daß dasjenige, was Sie zu den leeren Plätzen treibt, ein Bedürfnis nach innerer Abgrenzung ist, das sich als Wunsch nach einer bestimmten räumlichen Situation verkleidet hat.

Wenn man das Phänomen so beschreibt, wird eine weitere Art von Entdeckung sichtbar, die im Spiel sein kann, wenn es gelingt, sich einen zunächst unverstandenen, fremd erscheinenden Willen verstehend anzueignen: die Entdeckung, daß ein bestimmter, sehr spezifischer Wille nur scheinbar für sich selbst steht und in Wirklichkeit stellvertretend für einen Willen entwickelt wurde, der viel mehr umfaßt: *pars pro toto*. Der Wunsch, viel leeren Raum um sich zu haben, ist ein konkreter und augenfälliger Stellvertreter für den abstrakteren, weitläufigeren Wunsch, die inneren Grenzen gegen die eigenen Verschmelzungswünsche zu verteidigen. Der skurril erscheinende Wunsch, es möge niemand den leeren Platz vor Ihnen überqueren, und niemand außer Ihnen möge während der Vorstellung im Kinosaal sitzen, steht für den komplizierteren und nach innen gewandten Wunsch, die eigenen Bedürfnisse davor zu schützen, von den anderen und ihren Erwartungen erstickt zu werden. Wenn man den Wunsch aus dieser Perspektive sieht, so verliert er seine Skurrilität und kann als perfekt passendes Stück im Puzzlespiel Ihrer Wünsche erkannt werden.

Und noch etwas kann man an dem Beispiel ablesen: Wenn wir feststellen, daß wir etwas wollen, das wir nicht verstehen, so kann es helfen, sich klarzumachen, daß Wünsche sich, was ihr Thema betrifft, *verwandeln* und *verschieben* können, und zwar vom Schwierigen zum Einfacheren, von einem kostspieligen Ziel hin zu etwas, das mit geringerem Aufwand zu bekommen ist. Es ist viel leichter, einen leeren Platz zu finden, als gegen die Unfähigkeit zum Neinsagen anzukämpfen und die Neigung zur Selbstaufgabe in Schach zu halten.

All dies sind Mittel und Wege, das Verständnis dem eigenen Willen gegenüber zu vergrößern. Und natürlich ist damit noch längst nicht alles genannt, was diesem Ziel dienen kann. Einen rätselhaft erscheinenden Willen verstehen zu wollen kann außerdem heißen, nach verborgenen *Überzeugungen* zu suchen, die ihn entstehen ließen und ihn in Gang halten. Es kann sein, daß man von einem Willen angetrieben wird, der sich aus einer im Untergrund wirkenden Überzeugung speist, man habe Schuld auf sich geladen. Oder der Wille geht auf weltanschauliche Überzeugungen zurück, die immer noch fortwirken, obwohl man sie überwunden glaubte. Und auch die Verwurzelung des Willens in *Emotionen* ist etwas, woran man denken kann, wenn es darum geht, Ungereimtheiten im eigenen Wollen aufzuklären. Wir tragen widersprüchliche Gefühle wie etwa eine Haßliebe mit uns herum, die sich in einem widersprüchlichen Willen spiegeln können.

Wenn es uns gelingt, einem scheinbar ungereimten Willen auf die skizzierte Art und Weise einen Sinn zu geben und seine verborgene Stimmigkeit aufzudecken, so bedeutet das einen Zuwachs an Willensfreiheit. Das ist in doppeltem Sinne so. Zum einen verschwindet der Eindruck, daß ein Riß durch uns hindurchgeht und daß es Wünsche gibt, die als Fremdkörper in uns wuchern. Im Inneren von fremd anmutenden Wünschen umstellt zu sein, ist, als ob man innerhalb von Gefängnismauern lebte, und das Verstehen ist das Mittel, sie niederzureißen. Zum anderen kann das Verstehen zu einer inneren Umgestaltung führen, die den Wunschkonflikt zum Verschwinden bringt. Wenn Sie einmal verstanden haben, daß es Angst vor Abhängigkeit ist, die Sie zu den leeren Plätzen treibt, so können Sie neue Lösungen zur Bewältigung dieser Angst ausprobieren, und dann kann es sein, daß Sie keine äußere Sicherheitszone mehr brauchen. Und auch das werden Sie als Zuwachs an Freiheit erleben.

Die Anstrengung, das Verständnis des eigenen Willens zu vergrößern, ist oft das einzige Mittel, um eine Lebenskrise zu bewältigen. Die genauere und tiefere Artikulation des Willens, die durch die Krise erzwungen wurde, wird oft ganz von selbst die Frage aufwerfen, wie es zu dem versklavenden Durcheinander der Wünsche hatte kommen können und welche Bedeutung es hat, daß die bisherige Struktur der Wünsche nicht mehr trägt. Denken wir an den Leistungssklaven, von dem früher die Rede war, oder an die Frau, die jede neue Beziehung durch zwanghafte Wiederholung alter Fehler zerstört. Wenn es eines Tages aus innerer Erschöpfung nicht mehr weitergeht, so werden die beiden den Versuch machen müssen, die Macht des inneren Zwangs dadurch zu brechen, daß sie seine Herkunft im Sinne einer interpretierenden Geschichte aufklären. Dabei mögen auch Selbsttäuschungen ans Licht kommen, und statt daß sie, wie bei der bloßen Artikulation, nur aufgedeckt werden, können sie nun auch verstanden werden, indem klar wird, *warum* es nötig war, sich etwas vorzumachen. Überhaupt handelt es sich bei solchem Verstehen um die wachsende Einsicht in die Logik einer Entwicklung hin zur Unfreiheit, eine Einsicht, die der Beginn der Befreiung sein kann. Wenn einer denkt, daß die Freiheit des Willens in seiner Unbedingtheit besteht, dann ist die Einsicht in die Herkunft seines Willens für ihn gleichbedeutend mit der Entdeckung, daß er in diesem Willen unfrei ist. Genau umgekehrt in dem Bild, das hier gezeichnet wird: Die Herkunft und Entwicklung eines Willens zu verstehen ist etwas, das zur Freiheit dieses Willens beiträgt.

Wie die Artikulation des Willens kann auch sein Verstehen dazu beitragen, daß der Wollende eine in der Unfreiheit verlorene Zeit wiederfindet. Unser Leistungssklave etwa ist ein Mann, der sich um seine Gegenwart betrügt, indem er sie als etwas vor sich herschiebt, das er erst würde erleben dürfen, wenn die nächste Leistung erbracht wäre. Er erstickt sich die Gegenwart von einer Zukunft her, die er sich offen vorstellt, obwohl sein zwanghafter Wille dafür sorgen wird, daß sie genauso sein wird wie die Gegenwart, nämlich ohne Gegenwart. Und entsprechend die Vergangenheit: Sie besteht für ihn nicht aus vergangener Gegenwart, sondern aus vergeblichem Warten darauf. Wenn es ihm nun gelingt, den Leistungswillen, der ihn wie eine fremde Macht durch die Zeit hetzt, als ein verinnerlichtes Relikt der elterlichen Autorität zu sehen und zu verstehen, was an der Beziehung zu den toten Eltern es ist, das es ihm so schwer macht, es abzuschütteln, so wird es ihm vielleicht gelingen, die Starrheit des blinden Willens aufzubrechen, sich von der nächsten versklavenden Erwartung an sich selbst zu distanzieren und sich Zeiten zu gönnen, wo er sich auf unkomplizierte Weise der Gegenwart überlassen kann. Dadurch wird die Hoffnung auf eine offene Zukunft weniger trügerisch, und es wird immer mehr Abschnitte der Vergangenheit geben, an die er sich als Zeiten erinnern kann, die er im Bewußtsein der Freiheit durchlebte, das ihnen Tiefe verlieh. Indem er die Gegenwart als die Zeit der eigentlichen Wünsche entdeckt, wird er auch Vergangenheit und Zukunft gegenüber zum Autor einer eigenen Zeit.

Der freie als der gebilligte Wille

In dem Maße, in dem die Aneignung des Willens auf Artikulation und Verstehen beruht, handelt es sich um einen Erkenntnisprozeß. Wachsende Erkenntnis bedeutet wachsende Freiheit. So gesehen ist Selbsterkenntnis ein Maß für Willensfreiheit. Dieser Zusammenhang gibt uns eine erste Lesart der intuitiven Idee, daß ein freier Wille ein Wille ist, mit dem ich mich ›identifizieren‹ kann: Es ist ein Wille, den ich mir zurechnen kann, weil ich ihn in seinen genauen Konturen erkannt und weil ich verstanden habe, wie er in die Geschichte und die gegenwärtige Struktur des Wünschens eingebettet ist, die mich zu dieser bestimmten Person machen.

Doch damit ist nur ein Teil des intuitiven Eindrucks erfaßt, daß die Freiheit des Willens mit der Einstellung zu tun hat, die wir ihm gegenüber einnehmen. Die denkende und verstehende Einstellung ist nicht die einzige, auf die es ankommt. Ein Wesen könnte von seinen Wünschen wissen, sie ständig registrieren und sogar verstehend kommentieren, ohne daß es dadurch schon in vollem Umfang über einen Standpunkt ihnen gegenüber verfügte, der die Erfahrung der Fremdheit des

Willens und den Gedanken der Identifikation mit ihm verständlich machte. Was hinzukommen muß, ist ein innerer Abstand zu unserem Willen, der darin besteht, daß wir ihn *bewerten*. In dieser bewertenden Einstellung billigen oder mißbilligen wir unsere Wünsche, wir akzeptieren sie oder lehnen sie ab, wir verfluchen sie oder heißen sie gut. Fällt die Bewertung positiv aus, so können wir uns mit ihnen identifizieren; distanzieren wir uns kritisch von ihnen, so führt das zur Erfahrung der Fremdheit des eigenen Wünschens. Auf diese Weise können wir die Rede verstehen, daß wir für oder gegen bestimmte Wünsche ›Partei ergreifen‹: Die Parteinahme ist nichts anderes als die Bewertung.

Doch der bewertende Standpunkt ist in seiner Herkunft und Logik schwerer zu verstehen, als es auf den ersten Blick scheinen mag. Was ist der Gehalt der Bewertungen, wo kommen sie her, und was ist dafür verantwortlich, wenn sie sich ändern? Eine erste Beobachtung ist, daß es die bewertende Einstellung in zwei Ausprägungen gibt. Die eine Frage, die ich mir vorlegen kann, lautet: Welche meiner Wünsche sind *funktional günstig*, welche dagegen störend und schädlich? Dieser Blickwinkel bedeutet eine nüchterne Bilanzierung der Art und Weise, wie ich mit meinen Wünschen in der Welt, wie sie nun einmal ist, zurechtkomme. Meinen Wunsch etwa, viel mit mir allein zu sein, kann ich in dieser Einstellung als ungünstig bewerten, weil es Einzelgänger in einer Welt der Außenlenkung, der Imagepflege und des Mitläufertums schwer haben. Dagegen ist das Streben, immer der Beste zu sein, für einen erfolgreichen Weg in der Außenwelt offensichtlich günstig.

Eine ganz andere Form der Bewertung liegt vor, wenn die Frage lautet: Welchen Willen *möchte ich haben*, und welchen nicht, gleichgültig, was er mir nützt? Hier geht es um die Frage, was für eine Art Person ich sein möchte. Es geht, wie wir sagen, um mein *Selbstbild*. Die beiden Einstellungen können sich im Ergebnis widersprechen: Ich kann ein Unangepaßter sein wollen, einer also, dessen Wille sich den Umständen gar nicht fügt und daher unpraktisch ist. Wenn es so ist, dann stört es mich nicht, daß mich meine einzelgängerischen Wünsche ins Abseits treiben, und mein Leistungswille, obgleich zweckmäßig, geht mir auf die Nerven. In diesem Fall dominiert die substantielle Bewertung die instrumentelle Einschätzung meiner Wünsche.

Jetzt, so scheint es, haben wir eine zweite, von der ersten unabhängige Lesart der intuitiven Idee, daß ein freier Wille ein Wille ist, mit dem ich mich identifizieren kann. Daß ich mich mit einem Willen identifiziere, kann man nun so lesen: Es ist ein Wille, der zu meinem Selbstbild paßt, und deshalb heiße ich ihn gut. Sehe ich mich beispielsweise als jemanden, dem soziales Engagement über alles geht, so werde ich meine besessene Beschäftigung mit der Verteidigung armer Schlukker vor Gericht als etwas erleben, das der Freiheit entspringt, auch wenn es bedeutet, daß ich weder mit dem Geld noch mit dem Prestige auf einen grünen Zweig komme. Und wenn ich mich als illusionslosen Zyniker sehe, so wird mir mein gewohnheitsmäßiges, unaufhaltsames Bedürfnis, anderen die Träume zu zerschlagen, nicht als etwas Unfreies vorkommen. Wunsch und Selbstbild stimmen perfekt überein. Mein Wille ist frei, weil er der Wille ist, den ich haben möchte.

Entsprechend gibt es jetzt auch eine weitere Lesart für die Fremdheit eines Willens: Ein fremder, mir äußerlicher Wille ist einer, den ich ablehne, weil er nicht zu der Art paßt, wie ich mich sehe. Wiederum handelt es sich um eine Art von Ungereimtheit, dieses Mal um die Kluft zwischen der erträumten und der wirklichen Person. Es ist eine Kluft, wie sie etwa einen zwanghaften Willen auszeichnet. Der beklemmende Eindruck des süchtigen Spielers, daß da ein fremder Wille in ihm ist, der stärker ist als er selbst, ist nun so zu verstehen: Er hält diesen Willen für zerstörerisch, lehnt ihn ab und verbannt ihn rigoros aus seinem Selbstbild. Daß der geächtete

Wunsch sich dennoch durchsetzt und zum Willen wird, ist die Erfahrung des Spielers, nicht aus Freiheit ins Casino zu gehen. Entsprechendes gilt, wenn Sie sich als Sklave Ihres Leistungswillens erleben. Wenn Ihnen dieser Wille als unfrei erscheint, dann deshalb, weil Sie sich viel lieber als einen unbeschwerten Lebenskünstler sehen möchten. Ihr bevorzugter Tagtraum ist es, dem Ticken einer Uhr im Bewußtsein zuzuhören, daß Sie es sich leisten können, die Zeit einfach verstreichen zu lassen. Nichts wünschen Sie sich sehnlicher als das. Aber eben: Sie können nicht aufhören, an jeder Ecke eine Aufgabe zu sehen, die Sie zu bewältigen haben, und natürlich auf mustergültige Weise. Es ist zum Davonlaufen, denn der Wunsch, der Sie stets von neuem hektisch in Bewegung setzt, paßt hinten und vorn nicht zu dem erträumten Selbstbild, und in dieser Unstimmigkeit liegt Ihre Unfreiheit.

Dieser Gedanke hat intuitiv vieles für sich, und er besticht durch seine Geradlinigkeit. Aber er hält einer genaueren Prüfung nicht stand, jedenfalls nicht in dieser einfachen Form. Die Schwierigkeiten werden deutlich, wenn man sich klar macht, daß Selbstbilder nicht aus der Luft gegriffen, sondern ihrerseits Ausdruck von Wünschen sind. Niemand entwickelt ein Selbstbild, das *allem*, was er wünscht, entgegensteht. Und das ist keine zufällige Tatsache, die auch anders sein könnte. Sie ergibt sich aus dem begrifflichen Zusammenhang zwischen Bewerten und Wünschen: Wenn ich es als etwas Positives ansehe, eine bestimmte Art von Person – etwa ein unbeschwerter, schlitzohriger Lebenskünstler – zu sein, so *heißt* das, daß ich mir wünschte, so zu sein. Man verstünde nicht, wo Bewertungen herkommen sollten, wenn sie nicht in unseren Wünschen verankert wären. Wären wir Wesen ohne Wünsche, so könnten wir die *Idee* einer Bewertung gar nicht verstehen.

Neben den Wünschen, die am Selbstbild *gemessen* werden, gibt es also Wünsche, die das Selbstbild *ausmachen*. Das

Bewerten von Wünschen geschieht im Lichte anderer Wünsche, welche die ersten zum Thema haben. Dieser Gedanke birgt – wie ich im ersten Teil sagte, als ich die Idee des inneren Abstands einführte – keine prinzipiellen Schwierigkeiten in sich: Es gibt nichts in der Natur von Wünschen, was der Möglichkeit entgegenstünde, daß sie Gegenstand anderer Wünsche werden können und daß sie ihrerseits andere Wünsche zum Gegenstand machen können. Daran liegt es nicht, wenn der Versuch, die Freiheit des Willens durch Übereinstimmung mit dem Selbstbild zu erklären, problematisch erscheint. Wenn es da ein Problem gibt, dann dieses: Diejenigen Wünsche, auf denen mein Selbstbild beruht, müssen, um als Maßstab dienen zu können, in einem emphatischen Sinne *meine* Wünsche sein – Wünsche also, mit denen ich *identifiziert* bin. Nun haben wir uns zwar, und gerade mit Hilfe der Idee des Selbstbilds, eine Lesart dieser emphatischen Zugehörigkeit von Wünschen zurechtgelegt. Aber dieses Verständnis von Zugehörigkeit nützt uns nichts, wenn es um die Wünsche geht, die das Selbstbild ausmachen: Es gibt kein Selbstbild, an dem wir das Selbstbild messen könnten, um uns damit zu identifizieren oder es abzulehnen. Selbst wenn wir – und es wäre ein fadenscheiniges, aus Erklärungsnot geborenes Manöver und kein erfahrungsgesättigter Gedanke – von einem Selbstbild zweiter Stufe sprechen würden: Es würde uns nicht das geringste nützen, denn exakt dieselbe Frage würde sich bei ihm wiederholen. Wenn man sagen will, daß die Freiheit des Willens darin besteht, daß er mit dem Selbstbild zur Deckung kommt, so muß man sich die Frage gefallen lassen, wie es sich mit der Freiheit desjenigen Willens verhält, der hinter dem Selbstbild steht.

Um am Ende eine überzeugende Antwort auf diese Frage zu haben, ist es wichtig, sich in Erinnerung zu rufen, daß die Wünsche, die das Selbstbild erzeugen, und diejenigen, die an ihm gemessen werden, nicht sauber getrennt und berührungslos nebeneinander bestehen. Auch ist es nicht so, daß es eine Beeinflussung nur in der einen Richtung gibt, indem das Selbstbild die bewerteten Wünsche zur Anpassung zwingt. Es gibt auch die umgekehrte Erfahrung: Selbstbilder verändern und entwickeln sich unter dem Einfluß von Wünschen, die nicht zu ihnen passen. Das ist die Erfahrung, daß sich in mir ein Wille herausbildet, der nicht mehr zum bisherigen Selbstbild paßt, der aber deswegen nicht als fremd gebrandmarkt wird, sondern umgekehrt eine Überprüfung des Selbstbilds erzwingt.

Zwei Spielarten dieser Erfahrung sind besonders lehrreich. Die eine ist das Erlebnis der *Resignation* angesichts eines hartnäckigen Willens. Ich gestehe mir ein, daß ein Wille durchaus meiner ist – nicht abgespalten und mir äußerlich –, daß er aber leider meinem Selbstbild gar nicht entspricht. So mag sich jemand, der sich stets für einen nachsichtigen, großzügigen Menschen gehalten hat, nach einem lebenslangen Kampf eingestehen, daß er ein kleinlicher, nachtragender, rachsüchtiger Mensch ist, der nicht anders kann als wollen, daß die anderen für das bezahlen, was sie ihm angetan haben. Daß er jetzt resigniert, bedeutet, daß er den bekämpften Willen endlich als den seinigen anerkennt, obwohl er seinem Selbstbild Hohn spricht. Und das heißt, daß es eine Anerkennung eines Willens und eine Identifikation mit ihm geben kann, die nicht in der Übereinstimmung mit einem Selbstbild besteht.

So ist es auch bei der zweiten Art von Erfahrung: der *Revolte gegen die innere Zensur.* Es gehört zum Wesen von Selbstbildern, daß sie Zensur mit sich bringen: Was ihnen nicht entspricht, ist verboten. Wenn mein Selbstbild vorsieht, daß ich ein pflichtbewußter, zuvorkommender, bescheidener und fairer Mensch bin, dann wird mir der Wunsch, endlich einmal nur an mich zu denken und rücksichtslos über die Stränge zu schlagen, als ein Wunsch erscheinen, der niemals zum Willen werden darf, als ein Wunsch sogar, den es ganz auszumerzen gilt. Und im Lichte des Selbstbilds würde es sich, wenn er doch zum Willen werden sollte, um einen zutiefst unfreien Willen handeln. Doch die innere Perspektive kann sich ändern. Wir können entdecken, daß uns nicht nur ein zensierter Wille fremd sein kann, sondern auch eine Zensur. Dann ergreifen wir Partei für den verbotenen Willen und gegen das Verbot und haben dabei den Eindruck, einem freien gegen einen geknechteten Willen Geltung zu verschaffen.

Daß es zu einfach wäre, die Freiheit des Willens in seiner Übereinstimmung mit einem feststehenden, unanfechtbaren Selbstbild zu sehen, zeigt sich auch dann, wenn wir an unsere frühere Idee anknüpfen, nach der sich Freiheit und Unfreiheit des Willens in der Art zeigen, in der wir Zeit erfahren. Das Zeiterleben nämlich kann sich in der Dimension der Bewertung des Willens auf zwei gegenläufige Weisen verformen. Auf der einen Seite kann es geschehen, daß ich die Gegenwart verliere, weil sich Wünsche zu Wort melden, die das Selbstbild gefährden. Es kann sein, daß ich mich über viele Jahre in einem Beruf eingerichtet habe, der meinem Selbstbild entsprach und mir das Gefühl gab, ganz in der Gegenwart aufzugehen, weil mein Tun Ausdruck eines Willens war, den ich haben wollte. Doch dann, sei es auf schleichende oder plötzliche Art und Weise, weicht die lebendige Gegenwart aus meinem beruflichen Leben und läßt mich mit einer Zeit zurück, die ich nur noch als etwas erlebe, das es mühsam zu durchwaten oder einfach abzusitzen gilt. Und wenn ich diesem Verlust nachspüre, so kann sich zeigen, daß die Zeit des Selbstbilds aus der Tiefe heraus durch Wünsche gestört wird, die zur Vorstellung von mir selbst nicht mehr passen wollen. Dann muß ich mich, um zu einer neuen Gegenwart zu finden, mit diesen Wünschen beschäftigen und ihnen zu ihrem Recht verhelfen. Die Zeiterfahrung hat mir gezeigt, daß die Freiheit meines Willens, statt in einer Durchsetzung des Selbstbilds um jeden Preis zu bestehen, eine Revision dieses

Bilds verlangen kann. Auf der anderen Seite kann es geschehen, daß ich meine Gegenwart verfehle, weil ich zwischen widerstreitenden Wünschen hin- und hergerissen bin und es mir nicht gelingt, durch bewertende Parteinahme ein Selbstbild aufzubauen. Dann ist es nicht die Macht des Selbstbilds, die mir die Zeit verstellt, sondern, umgekehrt, das Fehlen einer bewertenden Identifikation, wie sie in einem Selbstbild Ausdruck findet.

Diese unbestreitbaren Erfahrungen werfen Fragen auf, die den Grundgedanken, daß der freie der gebilligte Wille ist, insgesamt zweifelhaft erscheinen lassen: Warum eigentlich gelte ich als freier, wenn ich als Zensor meinen Willen zur Anpassung zwinge, als wenn ich als der Zensierte mich mit den unterdrückten Wünschen gegen die Zensur auflehne? Stimmt es überhaupt, daß ich mir selbst näher und in diesem Sinne intuitiv freier bin, wenn ich meinen Willen bewerte, als wenn ich, als Autor des Willens, die Bewertung entgegennehme? Was am Standpunkt des Zensors ist es denn, das ihn angeblich innerlich und freiheitsstiftend macht und das negativ Zensierte äußerlich und unfrei?

Aus diesen unabweisbaren Fragen kann man für die Idee der Aneignung etwas Wichtiges lernen: Der Hinweis auf die bewertende Einstellung zum eigenen Willen ergibt nicht, wie es zunächst scheinen konnte, eine selbstgenügsame Erklärung von Freiheit, die für sich allein stehen könnte. Zwar kann die Idee des Bewertens in keiner solchen Erklärung fehlen. *Aber sie muß mit der früher besprochenen Idee des Verstehens verknüpft werden.* Die bewertende Übereinstimmung mit mir selbst muß, wenn sie zur Erfahrung der Freiheit beitragen soll, etwas sein, das mir nicht nur zustößt und das ich als eine innere Tatsache einfach zur Kenntnis nehme, sondern etwas, das sich aus dem Verstehen meiner selbst ergibt.

Ein Gedankenexperiment kann das verdeutlichen. Nehmen Sie an, Sie wünschten, nach Jahren der Aufopferung für andere endlich an sich selbst denken zu können und Ihren eigenen, lange zurückgestellten Wünschen zur Verwirklichung zu verhelfen. Es könnten Wünsche nach einer schöpferischen Tätigkeit sein, etwa der Wunsch zu komponieren, zu malen oder sich in künstlerischer Fotografie zu versuchen. Die Fähigkeit dazu hätten Sie, das spüren Sie seit langem. In den vergangenen Jahren gab es immer wieder Momente, wo Sie sich sagten, daß Ihnen solche Vorhaben inzwischen wichtiger geworden sind als der früher vorherrschende Wunsch, für andere da zu sein. Die Bewertung Ihrer Wünsche hat sich im Laufe der Zeit verschoben, Ihr Selbstbild ist ein anderes geworden, Sie möchten nun einen anderen Willen haben als früher. Das Problem ist, daß die Gegenwart der anderen trotzdem immer wieder dazu führt, daß es der alte, aufopfernde Wille ist, der Sie in Bewegung setzt, und daß es den neuen und neu bewerteten Wünschen nicht gelingt, sich dagegen zu behaupten. Gestern nun sind Sie Ihrer alten Willensgewohnheit wieder einmal auf den Leim gegangen und haben eine Verpflichtung übernommen, welche die Erfüllung der anderen Wünsche, für die Sie eigentlich Partei ergreifen wollten, in weite Ferne rückt. Sie sind mit einem Gefühl der Zerrissenheit und Unfreiheit zu Bett gegangen, die Kluft zwischen dem neuen Selbstbild und der Macht des alten Willens machte Sie verzweifelt. Heute morgen dann geschah es: Als Sie aufwachten, war der Konflikt verschwunden, wie nie gewesen.

Zwei Varianten sind denkbar. Einmal könnte es sein, daß die Wünsche, die sich zuvor dem Selbstbild widersetzt hatten, verschwunden sind und neuen Platz gemacht haben, die Sie alle gutheißen können. Der alte Wille, vor allem an die anderen zu denken, ist mit einemmal nicht mehr da, Sie erinnern sich zwar noch daran, aber die überholten Wünsche haben ihre Macht vollständig verloren und stehen dem neuen Selbstbild nicht mehr im Wege. Sie sind über Nacht zu einem geworden, dem es vor allem anderen um seine kreativen Pläne geht, und deshalb ziehen Sie sich aus der gestern eingegangenen Verpflichtung ohne große Gewissensbisse zurück. Sie sind mit der neuen inneren Gestalt Ihrer Person ganz einverstanden; Sie haben den Willen, den Sie haben möchten. Oder es könnte sein, daß es – umgekehrt – Ihr Bedürfnis nach schöpferischer Tätigkeit ist, das über Nacht verschwunden ist. Es ist nur noch Erinnerung und nichts mehr, das Ihnen wichtig wäre und in Konkurrenz zu den alten, altruistischen Wünschen treten könnte. An seine Stelle ist wieder das ehemalige Selbstbild getreten, dem zufolge es Ihnen vor allem um die anderen geht. Sie nehmen die neue Aufgabe, zu der Sie sich gestern verpflichtet haben, mit voller Kraft in Angriff, ohne dabei vom Gedanken an Ihre eigenen Pläne gestört zu werden. Und wiederum gilt: Sie haben den Willen, den Sie haben möchten.

Wäre die Idee des freien als des gebilligten Willens eine Idee, die sich selbst trüge, so müßten Sie sich nach beiden Varianten des nächtlichen Geschehens als jemanden erleben, der in seinem neuen Willen gänzlich frei ist, denn in beiden Fällen kommen Selbstbild und antreibender Wille zur Deckung. Doch das wäre nicht Ihre Erfahrung. Es wäre gespenstisch, ein bißchen wie bei Dr. Jekyll und Mr. Hyde. Das Gespenstische, möchten Sie vielleicht sagen, wäre das *Abrupte* am verblüffenden Verschwinden des gestern noch so quälenden Konflikts. Doch wenn Sie ausloten, was der Gehalt der Erfahrung ist, die Sie mit diesem Wort belegen möchten, werden Sie sehen, daß es dieser ist: Sie *verstehen* nicht, warum sich Ihr Wille und dessen Bewertung verändert haben. Und das vollständige Dunkel, das die Willensveränderung umgibt, verstellt Ihnen die Erfahrung der Freiheit.

Nehmen Sie dagegen an, daß Sie den gestrigen und auch heute noch fortbestehenden Konflikt als die Aufgabe lesen, mehr Licht in die Welt Ihrer Wünsche zu bringen. Es gilt, sagen Sie sich, an der Freiheit Ihres Willens zu arbeiten, indem Sie den Abstand zwischen Selbstbild und tatsächlich wirkendem Willen verkleinern, und es gilt, dies zu erreichen, indem Sie ausleuchten, wie es zur Entstehung dieses Abstands gekommen ist und worin die verborgene Logik des Konflikts besteht. Sie könnten dabei entdecken, daß der Wille zur Aufopferung, der Ihr bisheriges Leben bestimmt hat, einem moralischen Diktat entstammt, das Sie im Elternhaus und in der Gemeinschaft, in die Sie später hineinwuchsen, aufgesogen haben wie durch Osmose, und daß das Tückische daran war, daß man Ihnen dieses Diktat so dargestellt hat, als entspringe es Ihren ganz eigenen Wünschen. Indem Sie das entdecken, lernen Sie verstehen, daß die Macht Ihrer scheinbar altruistischen Wünsche in der Angst verwurzelt ist, geächtet zu werden, wenn Sie Ihren eigenen Wünschen folgen. Auf der anderen Seite könnte Ihnen aufgehen, daß Ihre Vision von einem künstlerischen Leben, das sich um die anderen überhaupt nicht mehr schert, nichts anderes ist als eine überspitzte Revolte gegen eine moralische Umklammerung, die Sie erstickt. Es geht Ihnen, so finden Sie heraus, gar nicht wirklich um Kunst, und wenn Sie sich die entsprechenden Talente zugeschrieben haben, so war viel Selbsttäuschung dabei, die der Not entsprang, der nicht durchschauten moralischen Einschnürung etwas Respektableres entgegenzusetzen als ganz gewöhnliche Eigeninteressen. Mit diesen Einsichten vor Augen können Sie nun insgesamt eine Neubewertung in der Welt Ihrer Wünsche vornehmen. Jetzt, da Sie unterscheiden können zwischen denjenigen altruistischen Wünschen, die Ihrem Naturell entsprechen, und denjenigen, die im Grunde einfach einer Unterwerfung unter ein moralisches Diktat gleichkamen, von dem Sie sich nun zu distanzieren wissen, brauchen Sie keinen unversöhnlichen Gegensatz zwischen dem Interesse an den anderen und dem Interesse an sich selbst mehr aufrechtzuerhalten. Und damit wird es auch unnötig, Ihre eigenen Wünsche als künstlerischen Willen zu maskieren, der auf niemanden Rücksicht nimmt. Es kann Ihnen jetzt ein Gleichgewicht der verschieden orientierten Wünsche gelingen, das Ihnen erlaubt, sich mit der Gesamtheit Ihres Willens zu identifizieren, statt in einem Konflikt gefangen zu bleiben, in dem Sie von der einen Parteinahme zu der genau gegenteiligen taumeln. Auch jetzt hat eine Revision der Bewertung stattgefunden, und auch jetzt sind Sie ein anderer als vorher. Aber der Übergang hat sich im Medium des Verstehens vollzogen, und das macht es aus, daß er ein Übergang von Unfreiheit zu Freiheit ist.

Die fluktuierende Freiheit eines fließenden Selbst

Wir haben jetzt ein Bild davon, was es heißen kann, über die bloße Freiheit der Entscheidung hinaus an der Freiheit des Willens zu arbeiten, indem man sich den eigenen Willen aneignet. Es geht um Genauigkeit und Tiefe der Artikulation, die eine größere Reichweite des Verstehens vorbereitet, das wiederum zu einer Bewertung führen kann, die uns erlaubt, in größerem Umfang aus einem Willen heraus zu leben, den wir gutheißen können. Und dieser Zusammenhang gibt der Rede von der ›Identifikation‹ mit dem eigenen Willen und seiner ›Zugehörigkeit zu uns selbst‹, die zunächst wie eine hohle Beschwörung von Worten aussehen konnte, einen reichen und genauen Sinn.

Trotzdem kann es sein, daß einen dieses Ergebnis irritiert. All das nämlich, was wir artikulierend, verstehend und bewertend mit uns und für uns machen können, hat den Charakter eines vorläufigen und vorübergehenden Geschehens, das sich zu keinem dauerhaften Ergebnis einfrieren und verfestigen läßt, und deshalb mag man sich fragen, ob der Hinweis auf diese Anstrengungen und Erfahrungen geeignet ist, die Idee der Willensfreiheit zu erläutern. Müßte die Aneignung des Willens, um Freiheit erzeugen zu können, nicht zu etwas *Feststehendem* und *Eindeutigem* führen? Ist die Frage nach der Willensfreiheit nicht eine Frage, die eine verbindliche und endgültige Ja-nein-Antwort verlangt? Es läßt sich nicht beweisen, aber man kann – im Sinne eines diagnostischen Verstehens, wie es den zweiten Teil des Buches bestimmt hat – vermuten, daß jemand, der hier auf etwas Eindeutigem und Dauerhaftem besteht, letztlich der Idee des unbedingt freien Willens verhaftet bleibt. Es ist die Freiheit als Unbedingtheit, die eine Freiheit ein für allemal wäre und eine Freiheit, die entweder eindeutig besteht oder nicht besteht. Wenn man sich nämlich von dieser Idee und ihrem Schatten, den sie in so viele Richtungen wirft, ganz löst, so erscheint es einem *selbstverständlich*, daß die Freiheit des Willens etwas ist, das kommen und gehen, erreicht werden und wieder verlorengehen kann. Wie sollte es anders sein können, wo doch unsere Wünsche und alles, was wir über sie denken, offensichtlich in einem ständigen Fließen begriffen sind, weil wir uns in jeder Sekunde mit einer fließenden Welt auseinandersetzen müssen?

Eine ähnliche Überlegung gilt, wenn es um den *Umfang* geht, den die Freiheit des Willens zu einem Zeitpunkt haben kann. Bestünde diese Freiheit in der Unbedingtheit, so könnte man mit Sinn davon sprechen, daß unser Wille *insgesamt* frei ist. Ganz anders ist es, wenn man den freien als den angeeigneten Willen versteht. Denn die Aneignung ist etwas, das *innerhalb* des fließenden Wollens und Denkens geschieht, nicht etwas, das über ihm oder außerhalb von ihm vor sich gehen könnte. Und das bedeutet, daß man sich die Frage nach der Freiheit falsch zurechtlegt, wenn man glaubt, sie für die Gesamtheit des Willens aufwerfen zu können. Es gibt in jedem Moment, wo ich nach der Freiheit meines Willens frage, ein Stück inneres Terrain, das nicht Thema dieser Frage sein kann. Und das ist kein bedauerliches Defizit, kein beklagenswerter blinder Fleck, sondern eine Voraussetzung dafür, daß die Frage nach der Freiheit überhaupt in Gang kommen und einen Sinn haben kann. Während ich artikulierend, verstehend und bewertend damit beschäftigt bin, meinen Willen zu modellieren, stellt sich die Frage nach der Freiheit dieser Beschäftigung nicht. Und das ist nicht deshalb so, weil ich, engagiert in der Beschäftigung, einfach keine Zeit hätte, sie zu stellen. Es ergäbe keinen *Sinn*, sie zu stellen, denn die aneignende Beschäftigung bildet den *Rahmen* für das Stellen jeder solchen Frage. »Aber was ist mit dem Willen zur Aneignung *selbst*? Ist *er* frei?« Das wäre eine Frage, die den Pfiff der Idee einer angeeigneten Freiheit verkennte. Und wiederum kann man vermuten, daß es eine Frage wäre, die noch im Schatten des Unbedingtheitsgedankens stünde.

Ich will den Gedanken einer relativen Aneignung, die sich in einer fließenden Innenwelt vollzieht, abrunden, indem ich die Idee eines *Selbst* betrachte. Sie nimmt ein Thema auf, dem wir in verschiedenen Formulierungen durch das ganze Buch hindurch immer wieder begegnet sind: Es gehört zur Freiheitserfahrung, daß wir Urheber, Subjekt oder Autor nicht nur unseres Tuns, sondern auch unseres Wollens sind. Daß das nicht heißen kann, als reines Subjekt hinter allem Willensgeschehen Regie zu führen, wissen wir aus dem zweiten Teil. Im ersten Teil hatten wir die Urheberschaft und das Subjektsein denn auch anders verstanden: Sie bestehen darin, daß wir es sind, die durch Überlegen bestimmen, wie unser Wille sein soll. Vor dem Hintergrund des Aneignungsgedankens können wir diese Lesart nun anreichern. Wenn es uns gelingt, einen Willen zu entwickeln, den wir uns artikulierend, verstehend und bewertend zu eigen gemacht haben, so sind wir in einem volleren Sinn sein Urheber und Subjekt, als wenn wir uns nur aufgrund irgendwelcher Überlegungen für ihn entscheiden. Das hat damit zu tun, daß die Aneignung jedes gewöhnliche, alltägliche Raisonnement sowohl an Tiefe als auch an Reichweite übertrifft. Struktur, Gehalt und Dynamik unserer Wünsche werden in weit größerem Umfang zum Thema, und damit ist die Erfahrung verbunden, daß wir uns ein größeres Stück der Innenwelt zu eigen machen. Wir breiten uns in unserem Subjektsein immer weiter nach innen aus, so daß das Erlebnis, von unseren Wünschen auf blinde Art und Weise bloß getrieben zu werden, seltener und das Bewußtsein, Herr der Dinge zu sein, häufiger wird.

Die beiden Beispiele, an denen wir uns bisher orientiert haben, können auch diesen Gedanken verdeutlichen. Stellen Sie sich noch einmal in dem Zustand vor, in dem Sie von der Sucht nach leeren Plätzen getrieben werden, die Ihr sonstiges Bedürfnis nach Nähe durchkreuzt. Solange diese Sucht keine genauere und tiefere Artikulation erfahren hat und Ihnen jegliches Verständnis dafür fehlt, werden Sie sie wie ein nervöses Zucken und als eine Anomalie an der Peripherie Ihrer Person erleben. In dem Maße dann, in dem Ihnen der wahre Gehalt und Sinn des bizarren Bedürfnisses nach leerem Raum klar wird, wird sich das Gefühl einstellen, daß es sich um etwas handelt, das seinen Ursprung im Zentrum Ihrer selbst hat. Die Barriere, die das Bedürfnis fremd und aufsässig erscheinen ließ, wird durchlässig, und dadurch wird Ihnen möglich, es als etwas zu sehen, zu dem Sie stehen können. Da Sie seinen tieferen Sinn verstehen, verliert es den Charakter des lästigen Zwangs und kann als Teil Ihrer selbst anerkannt werden. Sie haben es gewissermaßen in sich selbst hereingeholt. Und weil es Ihnen gelungen ist, die innere Grenze auszudehnen, um es zu umfassen, ist es nun nicht mehr nötig, darauf zu reagieren, indem Sie die äußere Grenze weit in den Raum hinaus verlegen.

Entsprechendes gilt für den erbitterten Willen, sich rücksichtslos in ein Leben zu stürzen, in dem es nur noch um Ihre

Kunst geht. Solange Sie die Logik Ihrer Revolte nicht durchschaut haben, wird dem neuen Willen der Geschmack des Krampfhaften anhaften, und Sie werden es nötig haben, sich in ihn mit aller Macht zu verbeißen. Anders wird es, wenn Sie ihn als das umfassendere Bedürfnis zu deuten lernen, sich gegen die Tyrannei einer kruden und überspannten Moral zur Wehr zu setzen. Denn anders als den vielleicht künstlichen Wunsch nach künstlerischer Tätigkeit können Sie diese Selbstverteidigung leicht als etwas sehen, das in einem ganz ursprünglichen Sinne zu Ihnen gehört, und nun müssen Sie auch nicht mehr, umgekehrt, Ihre naturellbedingten altruistischen Wünsche zu etwas erklären, das fortan nicht mehr zu Ihnen gehören soll. Wiederum haben Sie den inneren Radius Ihrer Urheberschaft vergrößert und sind in einem umfänglicheren Sinne zum Autor Ihres Willens geworden.

Was sich in diesem Sinne nach innen ausweitet und durch zunehmende Integration von zuvor unverstandenen oder geächteten Wünschen an Umfang und Stärke gewinnt, ist das, was man ein Selbst nennen kann. Seine Entwicklung ist prinzipiell mit der Fähigkeit des inneren Abstands gegeben, den wir uns gegenüber einnehmen können. Entsprechend ist der Getriebene eine Figur, die kein Selbst ausbilden kann. Ein Selbst zu haben, bedeutet, mit sich selbst die Erfahrung einer gewissen *Kontinuität* zu machen. Diese Kontinuität fehlt dem Getriebenen, denn seine Innenwelt ist bestimmt durch Wünsche, die aufflackern und verlöschen, ohne sich unter einem verstehenden und bewertenden Blick zu einem Ganzen zu fügen. Freilich darf man diese Kontinuität nicht mißverstehen. Damit kann nicht Gleichheit des Willens über die Zeit gemeint sein, denn sie müßte Unbelehrbarkeit bedeuten, wie sie einem unbedingten oder zwanghaften Willen eigen wäre. Gemeint ist eine Stimmigkeit des Willens, die sich über die Veränderung des Gehalts hinweg fortschreibt. Die Erfahrung solcher Stimmigkeit ist etwas Zerbrechliches, das vorübergehend verlorengehen kann. Das geschieht in denjenigen Phasen – etwa Lebenskrisen –, in denen sich eine größere Umwertung des bisherigen Willens vollzieht. Es kann mir dann geschehen, daß ich weder mit dem alten Selbstbild noch mit denjenigen Wünschen identifiziert bin, die seine Erosion herbeigeführt haben. Übergangsphasen dieser Art erleben wir als Zeiten, in denen das Selbst insgesamt in Gefahr gerät. In der Rückschau können sie uns als Stationen der Befreiung erscheinen. Doch während wir sie durchleben, gibt es tausend Schattierungen des Übergangs, wo nicht klar ist, ob es treffender ist, von Freiheit zu sprechen als von Unfreiheit. Und es ist *wesentlich* für die Idee des freien als des angeeigneten Willens, daß es Zeiten gibt, wo diese Frage nicht entscheidbar ist. Auch das unterstreicht den krassen Gegensatz zwischen dieser Idee und der Idee des freien als des unbedingten Willens. Im Rahmen dieser letzten Idee wäre es purer Unsinn zu erwägen, daß es einmal nicht klar sein könnte, ob Freiheit vorliegt oder nicht.

In dem Maße, in dem ein Selbst aus der Artikulation und dem Verstehen des Willens entsteht, hat seine Ausbildung etwas damit zu tun, daß wir den anderen und uns selbst *erzählen* können, wie wir geworden sind. Aber man sollte es mit dem suggestiven Gedanken, daß ein Selbst wie ein erzählerisches Gravitationszentrum ist, nicht übertreiben. Zwar offenbaren sich in der Art, wie wir uns selbst erzählen, das erreichte und verfehlte Verstehen des Willens sowie dessen Bewertung. Selbsterzählungen werfen Schatten der Freiheit und Unfreiheit. Aber zum einen ist es nicht jede beliebige Form der Erzählung, die dabei von Bedeutung ist. Rhapsodisches Erzählen, das Episode an Episode reiht, genügt für eine Aneignung des Willens nicht. Gewicht wird letztlich nur dasjenige Erzählen haben, das die tieferen Zusammenhänge in einer Willensstruktur ans Licht bringt, ein Erzählen also, das den Auflagen genügt, die erfüllt sein müssen, um Selbsterkenntnis zustande zu bringen. Hüten muß man sich außerdem vor dem Trugschluß, daß ein Selbst, weil es erzählerisch darstellbar ist, in sich selbst erzählerisch verfaßt sei. Bestenfalls kann das als eine elliptische Formulierung durchgehen, die man wählt, weil sie chic klingt. Wörtlich genommen ist sie nicht weniger unsinnig als die Auskunft, das Leben, weil man es erzählen kann, habe eine erzählerische Struktur.

Die Aneignung des Willens ist nicht etwas, was ein Selbst, das es zuvor schon gibt, in Gang setzt. *Das Selbst ist, umgekehrt, etwas, das sich erst durch die Aneignung herausbildet.* Die Aneignung selbst ist in gewissem Sinne ein *subjektloses* Geschehen. Das zu sagen hat einen paradoxen Klang. Ist die Pointe nicht gerade die, daß durch Aneignung die konturierte innere Identität des Wollenden entsteht und damit ein Subjekt im gewichtigen Sinne des Worts? Ja, so ist es. Aber man muß aufpassen, daß man die Regie in diesem Entwicklungsprozeß nicht an der falschen Stelle sucht. Wenn die Bewertung meines bisherigen Willens unter dem Druck von Erfahrung und Verstehen ins Wanken gerät, um sich dann zugunsten eines neuen Selbstbildes zu verschieben, so gilt natürlich, daß sich all dies in *mir*, der ganzen Person, ereignet, und in diesem formalen Sinne handelt es sich um *meine* Bewertung und *mein* Verstehen. Doch das heißt nicht mehr, als daß sie zu dieser Person gehören und zu keiner anderen. Weiter innen in der Person gibt es keine Instanzen mehr, keine Minisubjekte, welche das verstehende und bewertende Geschehen zu lenken vermöchten. Daß es da den Zensor und den Zensierten, den Verstehenden und den Verstandenen gibt, das sind Redeweisen, die man jeweils nicht im Sinne von Homunculi mißdeuten darf. Die Verdoppelung der Person nach innen ist auch hier zu vermeiden, und aus demselben Grund wie früher: Sie erzeugt den Schein des Verstandenen, ohne auch nur den Schatten einer Erklärung zu enthalten. Ich, die ganze Person, kann eine Vielfalt von Vorkehrungen treffen, um meine Willensbildung zu beeinflussen. Doch dann, wenn ich mir die Bühne gebaut habe, läuft das innere Drama der gelungenen oder mißlungenen Aneignung ab, ohne daß hinten im Dunkeln noch ein Regisseur säße. Das Bröckeln alter Bewertungen und vermeintlicher Einsichten, den Willen betreffend, und das Entstehen neuer Strukturen – all das gleicht eher einer geologischen Umschichtung als einem planvollen Spiel.

Weil das so ist, kann man mit einer gewissen Überspitzung sagen: Willensfreiheit ist ein Stück weit *Glückssache*. Es ist nicht nur Glückssache, was für ein Los man in der natürlichen Lotterie zieht. Man kann auch darin Glück oder Pech haben, wie mühelos oder mühevoll all die Dinge sind, die zusammenkommen müssen, damit man etwas aus Freiheit wollen kann. Damit hängt zusammen, daß der Prozeß der Aneignung selten linear und verläßlich ist; auf einen Schritt vorwärts folgen nicht selten zwei rückwärts. Sich seinen Willen anzueignen ist ein holpriger Prozeß mit Rückschlägen. Es gibt keine reibungslose Alchemie der Aneignung. Auch die ein für allemal erreichte Freiheit des Willens, auf der man sich für immer ausruhen könnte, gibt es nicht. Man gerät stets von neuem in Strudel des Erlebens, die einen im Willen taumeln lassen und dazu zwingen, die Anstrengung der Aneignung zu unternehmen. Ob solche Anstrengungen je dazu führen, daß unser Wille die volle Transparenz und Stimmigkeit erreicht, von der ich gesprochen habe, ist zweifelhaft. Vielleicht ist Willensfreiheit – wie ich zu Beginn des Kapitels sagte – in ihrer vollkommenen Ausprägung eher ein Ideal als eine Wirklichkeit.

11. Facetten der Selbstbestimmung

Nehmen wir an, wir verfügen zu einem Zeitpunkt über die Freiheit der Entscheidung in dem Sinne, daß unser Wollen nicht durch Erfahrungen der Unfreiheit überschattet ist, wie wir sie im ersten Teil besprochen haben. Und nehmen wir ferner an, daß wir eine Sternstunde des Wollens erleben in dem Sinne, daß wir aus einem substantiellen Willen heraus leben, den wir uns in einem umfassenden Prozeß der Aneignung ganz zu eigen gemacht haben. Haben wir nun genügend Freiheit? Können wir zufrieden sein?

In diesem letzten Kapitel will ich einige Facetten der Freiheitserfahrung beleuchten, die bisher noch nicht ausdrücklich zur Sprache gekommen sind. Es mag zunächst scheinen, als bräuchten wir, um ihnen gerecht zu werden, noch eine andere Idee von Freiheit als diejenige des angeeigneten Willens. Die Art, wie ich darüber sprechen werde, enthält dagegen den Vorschlag, sie als weitere Spielarten des angeeigneten Willens zu verstehen. Die Streiflichter, die darauf fallen, sollen dem Grundgedanken des Buches Nachdruck verleihen, den man auf diese Weise ausdrücken kann: Die Freiheit des Willens – betrachten Sie sie einmal *so*, dann werden Sie sehen, daß Sie alles bekommen, was sich zu wünschen lohnt!

Selbständigkeit des Willens
und die anderen

Wir möchten in unserem Willen *selbständig* sein. Das ist ohne Zweifel ein Aspekt des Wunsches nach Willensfreiheit. Doch was heißt es? Und was ist der Kontrast zu der erstrebten Selbständigkeit?

Die vielleicht nächstliegende Auskunft ist, daß ein Wille selbständig ist, wenn er nicht *manipuliert* ist. Das Gewicht dieses Kontrasts kann man sich durch einen Gedankengang klarmachen, aus dem noch einmal die Anziehungskraft verständlich wird, welche die Idee eines unbedingt freien Willens trotz ihrer beweisbaren Unstimmigkeit immer von neuem ausübt. Der Gedankengang geht so: Mein Wille, auch der freie, soll mit dem Rest meiner Person kausal – also durch Beziehungen der Bedingtheit – verflochten sein. Doch die Dinge in mir, aus denen er sich ergibt, werden ihrerseits kausal von der Welt draußen bestimmt. Wird mein Wille damit nicht zum bloßen Spielball des Weltgeschehens, so daß es ein Hohn ist, von seiner Freiheit zu sprechen? Macht uns das als Wollende nicht zu bloßem Treibsand? Dieses Unbehagen läßt sich noch weiter zuspitzen: Vieles, was ich will, geht darauf zurück, daß andere mir etwas gesagt oder sonstwie bedeutet und auf diese Weise dafür gesorgt haben, daß ich bestimmte Dinge glaube und fühle. Die anderen setzen Kausalketten in Gang, an deren Ende sich mein Wille und dann mein Tun verändern. Werde ich dadurch nicht zum bloßen Instrument und Spielzeug der anderen? Wenn jemand durch ein ferngesteuertes Spielzeugauto oder ein Modellflugzeug eine Bombe plaziert, so hat *er* den Anschlag begangen, nicht die manipulierten Zwischenträger. Wenn mich nun jemand, indem er in mir Meinungen, Wünsche und Überlegungen, also einen bestimmten Willen, hervorruft, dazu bringt, eine Bombe zu plazieren:

Gilt dann nicht analog, daß gar nicht *ich*, sondern *er* den Anschlag verübt hat? Ist es nicht in Wirklichkeit so, daß *er* meinen Arm mit der Bombe bewegt und daß *er* meine Finger dazu bringt, die Uhr an der Bombe einzustellen? Ich bin, so kann es scheinen, nicht besser dran als eine Marionette in den Händen der anderen; denn mein Wille, weil kausal eingebettet in den Lauf der Welt, ist aus der Sicht der anderen nicht mehr als eine Durchgangsstation, ein Umschlagplatz zur Verwirklichung ihrer Ziele. Für die anderen gilt natürlich dasselbe; sie sind ihrerseits beeinflußt, unter anderem auch durch mich. Das Bild eines Ringelreihens von sich wechselseitig manipulierenden Marionetten drängt sich auf. Es kann dann so aussehen, als könne es im Rahmen des bedingten Willens keinen Platz für Selbständigkeit geben. Und nun hat man ein starkes Motiv, sich doch wieder der Idee eines unbedingten Willens zuzuwenden, um diese Selbständigkeit zu retten.

Was ist die Alternative? Wie kann ein Wille, obwohl verwoben in den unerbittlich kausalen Lauf der Welt, selbständig sein? Betrachten wir die mögliche Entstehungsgeschichte eines Willens und fragen uns dieses: Welche Art der Beeinflussung finden wir intuitiv in Ordnung, und welche nehmen wir übel, weil sie uns die Selbständigkeit raubt? Da gibt es einmal die Beobachtung, daß die Selbständigkeit in Gefahr gerät, wenn die *physiologische* Entstehung eines Willens ungewöhnlich ist, wie etwa im Fall von Drogen. Wenn wir wissen, daß unser Wille nur dank einer chemischen Krücke besteht, so ist die Erfahrung der Freiheit brüchig. Die erlebte, vielleicht sogar emphatisch erlebte Selbständigkeit eines solchen Willens ist nicht echt. Es ist interessant, daß wir anders urteilen, wenn die ungewöhnlichen physiologischen Bedingungen aus dem Körper selbst kommen, etwa wenn wir lange in der Sonne liegen, tauchen, die Nacht durcharbeiten oder Leistungssport treiben. Wenn man die intuitiven Reaktionen hier sorgfältig abklopft, so stellt man fest, daß sich durch unsere

Idee von Willensfreiheit ein stark naturalistischer Faden hindurchzieht: Es muß in der Entstehung eines Willens, denken wir, mit rechten Dingen, also *natürlich* zugegangen sein, wenn dieser Wille echte Selbständigkeit besitzen soll.

Doch die Frage der Selbständigkeit hat vor allem mit der *psychologischen* Beeinflussung des Willens durch die anderen zu tun. Den einen Fehler muß man dabei von Beginn an vermeiden: Daß ein Wille selbständig ist, kann nicht bedeuten, daß er sich in innerer Abgeschlossenheit entwickelt und ein Monadendasein führt. Einmal ist das kausal unmöglich, und im übrigen gehört es zur Freiheit, daß man mit anderen Personen Erfahrungen macht, und das heißt: durch sie verändert wird, unter anderem in seinem Willen. Die entscheidende Frage lautet demnach: *Was ist der Unterschied zwischen einem im Austausch mit anderen entwickelten und durch sie veränderten selbständigen Willen und einem von den anderen bloß übernommenen, durch sie manipulierten Willen?* Es gibt einiges, was wir eindeutig übelnehmen. Da ist einmal der Fall der Hypnose und der eingestreuten Werbebilder, die unterhalb der Bewußtseinsschwelle bleiben. Aus dem ersten Teil des Buches wissen wir auch, woran das liegt: Wir werden in der Freiheit der Entscheidung übergangen. Zweitens fühlen wir uns in der Selbständigkeit unseres Willens angegriffen, wenn uns für die Willensbildung bedeutsame Informationen vorenthalten werden, etwa vom Arzt. Ähnliches gilt, wenn sich unser Wille auf eine bestimmte Weise bildet, weil die anderen uns getäuscht haben. Weiter empfinden wir Groll, wenn wir nachträglich entdecken, daß andere eine starke Gefühlsbeziehung – der Liebe, Bewunderung oder Dankbarkeit – ausgenutzt haben, um in uns einen bestimmten Willen hervorzubringen. Und schließlich sind wir auch irritiert, wenn sich herausstellt, daß unser Wille sich unter Umständen entwickelt hat, die dem harmlosen Anschein zum Trotz von langer Hand geplant und arrangiert wurden, um uns zu genau diesem Willen zu verleiten. Ein Beispiel ist der früher erwähnte Fall, in dem sich ein Kommissar als Bankier ausgibt und jemanden durch gezielt gestreute Informationen dazu verleitet, einen Überfall zu begehen.

Verblüffend ist nun, wieviel Schwierigkeiten es bereitet, klare Bedingungen für die Abwehr von Manipulation zu nennen. Drei Dinge sind mir durch den Kopf gegangen, und keines überzeugt. Man könnte erstens denken, daß es darauf ankommt, stets eine *vollständige bewußte Übersicht* über das Beeinflussungsgeschehen zu haben. Doch einmal wäre diese Bedingung unrealistisch, und dann: Stört uns mangelnde Übersicht wirklich immer? Im Gegenteil, man kann sie interessant finden und neugierig in eine neue Beziehung hineingehen, die einen überwältigt, während dort, wo vermeintliche Übersicht besteht, Langeweile herrscht. Und dabei hat man nicht den Eindruck, daß der Preis für die Lebendigkeit die Unfreiheit des Willens ist. Zweitens könnte man für ausschlaggebend halten, daß wir das Beeinflussungsgeschehen jederzeit *abbrechen* können. Doch meistens kann man nicht einfach weglaufen. Auch würde das nichts nützen: Der beeinflussende Wille der anderen wird auch in der Ferne noch in einem fortwirken, vielleicht in der Form negativer Abhängigkeit. Sie können beispielsweise auch dadurch unfrei sein, daß Sie nur deshalb um keinen Preis Arzt werden wollen, weil der Vater seine Praxis schon immer für Sie vorgesehen hatte. Drittens schließlich könnte der springende Punkt der scheinen, daß ich mich stets dann wehren muß, wenn es die erklärte *Absicht* der anderen ist, meinen Willen zu beeinflussen. Doch auch damit bekommt man den Gedanken der Selbständigkeit eines Willens nicht zu fassen: Wir gehen – freiwillig – zu Lehrern, Trainern und Therapeuten, oft gerade, um unter ihrem gezielten Einfluß zu einem selbständigen Willen zu finden.

Die Lösung ist, an den Gedanken der Aneignung anzuknüpfen: Der Einfluß der anderen trägt zur Freiheit meines

Willens bei, wenn er mir bei der Aneignung hilft, und er ist freiheitszerstörend, wenn er mich darin behindert. Das läßt sich ausbuchstabieren, wenn wir die einzelnen Komponenten der Aneignung durchgehen. Jemand kann mir dabei helfen, die Artikulation des Willens zu schärfen und zu vertiefen. Wir können anderen zu erkennen geben, was wir für unseren Willen halten, und können beobachten, wie gut die probeweise Beschreibung zu der fremden Wahrnehmung von außen paßt. Dann betrachten wir die anderen als eine mögliche Korrekturinstanz. Ihre Freundin mag zu Ihnen sagen: »Wenn ich mir ansehe, was du sagst und tust: Ist das, was du willst, wirklich das, was du sagst: reisen? Oder geht es vielleicht eher um den Wunsch, dein *hiesiges* Leben intensiver und farbiger zu gestalten? Guck dir an, wie enttäuscht du jeweils zurückkommst, weil die ferne Welt wieder nur wie eine leblose Kulisse war!« Wann sind solche Äußerungen befreiend, weil sie uns über eine Selbsttäuschung hinweghelfen, und wann erleben wir sie so, als wolle uns jemand einen Willen *einreden*? Es hat damit zu tun, wie groß wir das Interesse des anderen an dem suggerierten Willen einschätzen. Ist es vielleicht die Freundin, welche die ewige Reiserei leid ist? Aber das ist nicht alles, und nicht das Entscheidende. Ihr Eindruck, daß *sie* nicht mehr möchte, daß alles Geld ins Reisebüro fließt, darf Sie nicht blind dafür machen, daß sie vielleicht *recht* hat. Auch durch Trotz kann man seine Selbständigkeit einbüßen und eine Chance der Befreiung verspielen. Das spiralförmige Wechselspiel von Trotz und Selbständigkeit haben wir seinerzeit kennengelernt, als wir zusahen, wie es unserer Urlauberin auf der wiederholten Reise ging, die sie ohne den Tyrannen machte.

Woran also kann man sich festhalten, wenn das Urteil schwankt? An der Frage, ob der Vorschlag zur Neubeschreibung des Willens, den man uns macht, das Verstehen unseres Willens insgesamt vergrößert. Auch das Eigeninteresse eines anderen, selbst wenn es rücksichtslos und manipulativ gedacht ist, kann uns zu größerer Willensfreiheit verhelfen, vorausgesetzt, es setzt ein wachsendes Verständnis in Gang. *Darüber* entscheiden letztlich *wir*, und darin liegt unsere Selbständigkeit im Trommelfeuer fremder Einflüsterungen. Es sind Einsicht und Verstehen, die uns zu befreiender Abgrenzung verhelfen, nicht Abschottung und das Verstecken in einem inneren Schützengraben. Das gilt auch, wenn es um die Bewertung des Willens geht. Es gibt immer Leute, die uns ummodeln möchten, allen voran die Eltern. »Warum verfolgst du nicht lieber dein früheres Interesse an der Musik, statt mit deinen neuen Kumpanen herumzuziehen? Ist das nicht viel mehr *wert*?« Vielleicht haben sie ja am Ende recht, und wenn wir das Instrument jetzt erst recht verstauben lassen, so kann das auch das Gegenteil von Selbständigkeit sein. Wissen werden wir es erst, wenn wir verstanden haben, warum wir es jetzt vorziehen, den Kick zu suchen, den uns die Gesellschaft der Kumpane gibt.

Der selbständige als der angeeignete Wille: Die Fruchtbarkeit dieses Gedankens zeigt sich auch, wenn wir eine besondere und besonders häufige Form der Unselbständigkeit betrachten: das Gefangensein in einer undurchschauten Identifikation mit jemandem. Wenn wir einmal von den Eltern absehen: Es kann ein halbes Leben dauern, bis man sich aus der Identifikation mit einem Vorbild zu lösen vermag. Die Unfreiheit besteht zunächst darin, daß alle Artikulation des Willens, wie wortreich sie auch sein mag, im Grunde auf die Auskunft zusammenschrumpft: Ich will, was sie auch will. Die Vergewaltigung, die darin liegt, zeigt sich nachträglich am Fehlen eines verstehenden Bewertens, das erlaubt hätte, den verinnerlichten Willen mit den eigentlichen Wünschen zu verknüpfen. Der Wille ist wie eine übergestülpte Maske, hinter der sich ein verworrenes Drama unverstandener Wünsche abspielt. Die Logik dieses Dramas zu durchschauen und ihm durch eine Umwertung Geltung zu verschaffen, ist das, was geschieht, wenn es uns schließlich gelingt, die Macht der Identifikation zu brechen und zu einem selbständigen Willen zu finden.

Wenn wir diesen Gedankengang mit den früheren Beobachtungen zur Idee eines Selbst verknüpfen, ergeben sich eine Reihe von Schlußfolgerungen, die ein anderes Stichwort betreffen, das hierher gehört: Autonomie. Wir möchten uns das Gesetz unseres Willens selber geben können. Inzwischen wissen wir: Das kann nicht heißen, daß wir wie Burgbewohner in einer inneren Festung leben, in einer Zitadelle, die es insgesamt gegen äußere Einflüsse zu verteidigen gilt. Auch ein Zweites wissen wir: Das Gesetz des eigenen Willens gilt nie für immer, denn es ist das Gesetz eines fließenden Selbst. Dazu gehört die Einsicht, daß ein solches Gesetz unmöglich ein ganzes Leben umspannen kann. Die Vorstellung, wir könnten unser ganzes Leben in den Blick nehmen und ihm als einer Ganzheit unseren Stempel aufdrücken, so daß es sich leben ließe wie aus einem Guß, ist eine Illusion. Und sie ist nicht nur falsch: Sie kann uns auch versklaven, indem sie uns verbietet, uns auf größere Umwälzungen einzulassen, die nötig wären, um von einem überholten, unfrei gewordenen Willen zu einem neuen Willen zu gelangen, mit dem wir uns für die nächste Zukunft identifizieren können. Ein Selbst, wie es sich aus dem inneren Abstand zu uns selbst entwickelt, ist ein vorübergehendes Gebilde auf schwankendem Grund, und es gehört zu den Voraussetzungen für Willensfreiheit, diese einfache und eigentlich offensichtliche Tatsache anzuerkennen. Genauso wie die Tatsache, daß es Zeiten gibt, in denen wir weder autonom sind noch das Gegenteil. Diese Erfahrung zu leugnen hieße, die wichtige Idee der Autonomie zu einer Chimäre zu machen.

Wenn man an die fließende Wechselhaftigkeit eines Selbst erinnert, so leugnet man damit nicht, daß ein Leben für lange Zeit im Banne eines bestimmten Willens stehen kann und daß man das als eine Form der Freiheit erleben kann. Einen lebensbestimmenden Willen, der nicht versklavende Starrheit, sondern befreiende, identitätsbildende Kontinuität besitzt, kann man eine *Leidenschaft* nennen. Gemeint ist dann nicht eine überwältigende Aufwallung des Gemüts, sondern eine Konstellation von Wünschen, welche die Substanz eines Lebens ausmachen. So ist es bei jemandem, der aus Leidenschaft Arzt ist, Strafverteidiger, Landwirt oder Maler. Es gilt dann nicht nur, daß er seine Arbeit *mag* und *glaubt*, daß sie wertvoll ist. Das wären viel zu blasse Beschreibungen für das, was mit ihm geschieht. Von ihm gilt Stärkeres: Er *muß* wollen, was er will. Aber ganz anders als der Zwanghafte, den man mit den gleichlautenden Worten beschreiben kann, erlebt er dieses Müssen nicht als etwas, das ihn *überrollt* wie eine innere Lawine, gegen die er sich nicht wehren kann, sondern als etwas, das ihn *trägt*. Das ist der Unterschied zwischen jemandem, der die Praxis des Vaters übernimmt und ein Leben lang Arzt ist, weil er sich dem Wunsch des Vaters nicht zu widersetzen wagte, und jemandem, der die Praxis übernimmt, weil er mit dem Vater die Leidenschaft für die ärztliche Tätigkeit teilt. Der Wille des ersten Arztes besitzt Notwendigkeit im Sinne der inneren Ohnmacht: Es ist ihm nicht möglich, einem anderen Willen zu folgen, obwohl es in ihm einen Standpunkt – den Standpunkt der eigentlichen Wünsche – gibt, von dem aus gesehen es wünschenswerte Alternativen gäbe. Der Wille des zweiten Arztes besitzt auch Notwendigkeit: Auch er kann nicht anders. Aber da gibt es keine verschwiegene Distanzierung und deshalb auch keine Ohnmacht. Im Gegenteil: Ihm liegt daran – es liegt ihm *alles* daran –, einer zu sein, der keine Alternative zu seinem Willen sieht.

Daß ein leidenschaftlicher Wille, obgleich alternativlos, für den Wollenden Freiheit bedeutet, zeigt sich daran, daß er planvoll alles – jede äußere und innere Situation – vermeidet, was ihn von seinem Willen abbringen könnte. Denn er weiß: Ein solches Abbringen müßte Entfremdung und also Unfreiheit bedeuten. In dieser Gewißheit kommt zum Ausdruck, daß er seinen Willen als angeeigneten Willen erfährt: als vollständig klar in seinem Gehalt, als einen Willen, der ihm nicht nur keine Rätsel des Verstehens aufgibt, sondern der fester Bezugspunkt für alles Verstehen ist, und als einen Willen, den er emphatisch bejaht.

Leidenschaften sind nicht etwas, das einer sich auferlegt hat. Sie sind nicht in dem Sinne frei, daß sie willentlich zustande gebracht worden sind. Freiheit stiften sie, indem sie das innere Gravitationszentrum von Wünschen bilden. Und für diese Idee von leidenschaftlicher Freiheit ist wesentlich, daß der innere Schwerpunkt der Wünsche nicht nur etwas ist, das den Wollenden bestimmt, sondern etwas, von dessen bestimmender Kraft er weiß. Eine Leidenschaft, wie sie hier verstanden wird, ist nicht einfach eine Kraft, sondern eine Kraft, die ein Selbst zu konturieren vermag, weil sie eine aus der inneren Distanz heraus angeeignete Kraft ist. Der Getriebene kann keine Leidenschaften haben. Zwar kann es sein, daß er sich nicht im kaleidoskopischen Flackern seiner Wünsche verzettelt, sondern von dominierenden Wünschen getrieben wird, die in einem längerfristig organisierten Verhalten Ausdruck finden. Doch da er über keinen Abstand zu sich selbst verfügt, kann er diese Wünsche weder als lästige Zwänge noch als bestimmende Träger im Gerüst seines Lebens erfahren. Er ist leidenschaftslos, auch wenn er in die stets gleiche Richtung getrieben wird.

Der frühere Gedanke, daß Zeiterfahrung ein Maß für Freiheit und Unfreiheit des Willens ist, läßt sich auch auf Leidenschaften anwenden. Nichts schafft so intensive Gegenwart wie eine Leidenschaft. Die Zeit wird vom Leidenschaftlichen insgesamt als die Dimension erlebt, in der sich Freiheit entfaltet. Sie ist nicht eine flache Strecke wie für den Getriebenen, und sie ist nichts, was es abzuwarten, aufzuschieben oder zu überspringen gilt wie bei Erfahrungen der Unfreiheit. Leidenschaft – das ist eine Organisation der inneren Zeit, welche diese Zeit in besonderer Weise zu meiner Zeit macht. Sie schafft, könnte man sagen, angeeignete Zeit.

Willenskitsch

Es trifft uns, wenn wir zu hören bekommen, wir seien kitschig. Warum? Weil darin der Vorwurf enthalten ist, wir seien unfrei, ohne es zu merken. Das jedenfalls ist der Gedanke, dem ich nachgehe, wenn ich nun die selten aufgeworfene Frage verfolge, was an einem Willen es ist, das uns urteilen läßt, er sei kitschig.

Es sind, denke ich, zwei Gruppen von Merkmalen, die wir im Auge haben. Die eine könnte man mit dem Satz überschreiben: Ein Wille ist kitschig, wenn er seinen Gehalt einem *Klischee* verdankt. Man hat über Albert Schweitzer gelesen und will nun auch orgelspielend nach Lambarene. Man hat von Marie Curie gehört und will nun auch auf den Nobelpreis hin forschen. Man will auf Gauguins Spuren nach Tahiti. Man trägt Zeitungen aus mit dem festen Ziel, den amerikanischen Traum zu verwirklichen. Man will ein Star werden. Wie wird etwas zu einem Klischee? Indem es aus dem konkreten Zusammenhang, in dem es ursprünglich stand, herausgelöst und als etwas propagiert wird, das auch auf andere paßt, obwohl deren Lebensgeschichte eine ganz andere ist.

Ein klischeehafter und dadurch kitschiger Wille ist *schematisch* und in diesem Sinne *abstrakt*, auch wenn es der Wille ist, nach Lambarene oder Tahiti zu gehen. Es ist ein Wille, der sich nicht als Konsequenz aus einer ganz besonderen, unverwechselbaren Innenweltgeschichte ergibt, und deshalb ist er nicht *echt*. Es ist ein *nachgeahmter* Wille, ein Wille aus zweiter Hand, der sich durch eine sonderbare Art von *Ungenauigkeit* auszeichnet. Nach Lambarene: Aber was ist es eigentlich, was ich dort will? Wie haben sich die Dinge dort in der Zwischenzeit verändert? Warum ist es wichtiger, den Kranken dort zu helfen als den Kranken hier? Ist es wahr, daß ich im Urwald leben will? Und ist dort überhaupt noch Urwald? Klischees sind *konventionelle* Gebilde, in denen sich Meinungs- und Bewertungsgewohnheiten verdichten. Ein kitschiger Wille hat deshalb auch diese Komponente: Es ist ein Wille, den man hat, weil man glaubt, ihn haben zu *müssen*, wie etwa der Wille, regelmäßige Klassentreffen zu organisieren, weiß zu heiraten oder nach der Beerdigung für einen Leichenschmaus zu sorgen. Wenn ein Wille kitschig ist, so kann es daran liegen, daß es ein *ritueller* Wille ist, der sich aufbaut, ob er nun zu dem, was man sonst denkt und fühlt, paßt oder nicht. Auch der Wille eines Macho kann purer Kitsch sein, wenn er nur da ist, weil sich der Betreffende nicht gegen die Ritualisierung seiner Innenwelt wehren konnte.

Die zweite Gruppe von Merkmalen, die zu Willenskitsch beitragen, ließe sich überschreiben: *für die Galerie*. Kitschig kann ein Wille sein, weil ich ihn nur deshalb habe, damit mich die anderen *toll* finden. Es ist ein Wille, der von *Eitelkeit* und *Selbstgefälligkeit* umgeben ist und nach Applaus verlangt. So kann es mit dem Willen zu einer spektakulären Leistung sein. Aber es kann auch moralische Selbstgefälligkeit sein, die den Kitsch ausmacht, wie wenn einer seine Reichtümer verschenkt, um endlich ins Fernsehen zu kommen. Es ist ein effekthascherischer Wille, der vor allem der Selbstinszenierung dient. Es kommt darin eine unangenehme Art von *Selbstbezogenheit* zum Ausdruck, eine Form des Narzißmus, die perfekt getarnt sein kann wie im Willen einer Mutter, die sich vor allem deshalb aufopfert, weil sie den Kindern als Aufopfernde im Gedächtnis bleiben möchte. Man kann auch selbst die Galerie sein, für die man seinen Willen aufführt, wie wenn man sich in Anstrengungen verzehrt, die niemand sieht, um sich toll finden zu können in der verborgenen Selbstlosigkeit. Und all diese Dinge verlangen, daß man seinen Willen *dramatisiert*, um ihm die nötige Aufmerksamkeit der Galerie zu verschaffen. Deshalb ist der kitschige Wille auf rhetorische Selbstbespiegelung hin angelegt: Er muß mit vollmundigen Worten angestrahlt werden, um vom Publikum gewürdigt werden zu können.

Jetzt kann man erkennen, warum der Vorwurf des Kitschs der Hinweis auf unbemerkte Unfreiheit ist. Was dem kitschigen Willen nämlich fehlt, ist die Selbständigkeit und Genauigkeit eines angeeigneten Willens, und deshalb ist er kein Wille, der in einer Weise in die Person integriert ist, wie das einen freien Willen kennzeichnet. Er ist eine Potemkinsche Willensfassade, die in sich zusammenfällt, wenn wir anfangen, hartnäckige Fragen zu stellen, wie sie die Anstrengung der Artikulation und des Verstehens anleiten. Es kann wehtun, sich von einem kitschigen Willen zu trennen, weil es so angenehm war, sich darin zu gefallen. Aber es war ja auch anstrengend, ihn vor sich herzutragen, und wenn er abgestoßen, aufgelöst oder durch Aneignung in einen authentischen Willen verwandelt wird, ist es eine Erfahrung der Freiheit.

Eigensinn

Frei zu sein heißt, eigenwillig zu sein. Es heißt, zwischen einem Willen unterscheiden zu können, der sich einem von den anderen her aufgeprägt hat, und einem Willen, in dem die eigene Individualität und Einzigartigkeit zum Ausdruck kommt. Es würde uns stören – im Freiheitsempfinden stören –, jemandem zu begegnen, der bis in die letzte Verästelung hinein exakt den gleichen Willen hätte wie wir. Daß es uns stören würde, hätte auch damit zu tun, daß Doppelgänger überhaupt irritierend sind. Wir möchten nicht Doubletten sein. Besonders beunruhigend aber wäre der verdoppelte Wille, weil er die Frage aufwürfe, ob das, was wir für unseren ganz eigenen, echten Willen gehalten haben, am Ende doch nur der Fall eines Willens ist, der, weil er vervielfältigt werden kann, die schematische Allgemeinheit eines Klischees besitzt.

Eigenwillig kann man auf mancherlei Weise sein: durch das, was man tut, durch die Art, wie man sich darstellt, durch die besondere Bewertung, die man den Dingen gibt. Doch es gibt zwei Spielarten des Eigensinns, die besonders viel mit Willensfreiheit zu tun haben: der Eigensinn der Phantasie und der sprachliche Eigensinn. Wir machen tausendmal mehr Erfahrungen, als unsere Biographie zeigt. Wer wir sind und wie unser Leben verläuft, hat mit diesen verschwiegenen Erfahrungen mindestens ebensoviel zu tun wie mit unseren Taten. Und die Textur dieser Erfahrungen wird durch die Textur unserer Phantasien bestimmt, die alles, was wir tun, ständig umspielen und den Taten eine Bedeutung und Dichte verleihen, die nur wir selbst kennen. Auch in diesen Gebilden der Phantasie kommen Freiheit und Unfreiheit zum Ausdruck. Sie können dem Klischee verfallen und also kitschig sein, und sie können Ausdruck von Eigensinn sein, der es nicht nötig hat, sich als solcher zu feiern und dadurch seine Echtheit aufs Spiel zu setzen. Wenn Phantasie zum pointierten Ausdruck von Freiheit wird, ist sie erarbeitete und bearbeitete Phantasie, die einbezogen ist in den Prozeß der Aneignung des Willens.

Eine besondere Form der Aneignung ist die Entwicklung von sprachlichem Eigensinn oder, wie man auch sagen kann, stilistischer Individualität. Es könnte jemanden geben, der nichts lieber tut, als immer von neuem im umfassendsten Wörterbuch seiner Sprache zu lesen und sich zu fragen, welche Wörter und Wendungen zu ihm passen und welche nicht. Er wäre damit beschäftigt, die Grenzen seines Selbst zu erkunden, indem er über die Grenzen seines Wortschatzes nachdenkt. Dieser Mensch wäre ein erbitterter Gegner aller sprachlichen Mitläufer, die auf den Wellen der Sprachmode reiten. Er würde sie als Feinde der Freiheit bekämpfen, deren schleichende Gefährlichkeit darin besteht, daß sie an einer Unfreiheit strikken, über die niemand spricht. Er könnte nach außen hin einen verschrobenen Eindruck machen, dieser Mensch, und die anderen würden ihn belächeln. Doch wenn wir mit ihm sprächen, würden wir bald bemerken, daß er viel von Freiheit verstünde und im besonderen von der Freiheit des Willens.

EPILOG

Philosophische Verwunderung

Werfen wir einen letzten Blick zurück auf die Geschichte, die in diesem Buch erzählt wird. In welchem Sinn kann man sie als lehrreich empfinden?

Man muß über die Natur und Logik von philosophischer Verwunderung nachdenken, um die Frage beantworten zu können. Als erste Feststellung ist dabei wichtig, daß es sich um keine *gewöhnliche* Verwunderung handelt. Eine gewöhnliche Verwunderung kann eine enttäuschte Erwartung sein: Warum funktioniert das Gerät nicht, wo es doch richtig angeschlossen ist? Warum kommt sie nicht, wo wir doch verabredet sind? Verwundert im gewöhnlichen Sinn können wir auch angesichts bestimmter Phänomene sein, die wir nicht erwartet hatten: Wir staunen über exotische Fische, über die Fähigkeiten von Rechenkünstlern und über Zaubertricks. »Daß es so etwas geben kann!« rufen wir aus. Und auch über allgemeine, umfassende Sachverhalte können wir uns im gewöhnlichen Sinn wundern: daß sich Körper anziehen, statt sich abzustoßen; daß einige Milliarden von ähnlich arbeitenden Nervenzellen eine Innenwelt des Erlebens hervorbringen können; daß die Natur für alle Lebewesen die passenden Nischen bereithält. »Wie ist das möglich?« fragen wir.

Wenn wir über die Freiheit des Willens ins Staunen geraten, dann ist es nicht ein Staunen dieser Art. Es gibt kein alltägliches Problem der Willensfreiheit. Solange wir in den alltäglichen, praktischen Zusammenhängen bleiben und die vertrauten Begriffe einsetzen, scheint alles in Ordnung zu sein. Ob einer etwas freiwillig oder unfreiwillig tut – das wissen wir für gewöhnlich gut zu unterscheiden. Und wenn wir von Raskolnikovs Mord lesen, so kommen uns die entsprechenden Kommentare leicht über die Lippen: Er war frei, niemand zwang ihn dazu, er hätte es auch lassen können, und deshalb ist er verantwortlich. Und selbst vor Gericht, wo viel auf dem Spiel steht, ist es nicht anders: Es gibt ein festgefügtes Repertoire an Unterscheidungen und einen Katalog von Entschuldigungen, auf die sich das Urteil stützt. Die Urteilsfindung mag kompliziert sein. Aber dann handelt es sich um Schwierigkeiten in der Anwendung des vorgegebenen begrifflichen Rahmens auf den Einzelfall und nicht um ein prinzipielles Problem, wie wir ihm im Prolog begegnet sind. Auch vor Gericht gibt es kein prinzipielles Problem der Willensfreiheit.

»Wie ist Willensfreiheit möglich?« Die Frage hat die gleiche Form wie die Fragen gewöhnlicher Verwunderung. Aber hinter den gleichlautenden Worten verbirgt sich eine andere Logik. Die Frage nämlich hat einen verborgenen Zusatz: »... wo eine solche Freiheit doch eigentlich gar nicht möglich sein *kann*!« Und wir können im Lichte des Prologs hinzufügen: Wo es doch *aus begrifflichen Gründen* eine solche Freiheit nicht geben kann.

Um ein Problem dieser Art zu sehen, muß man *zuvor* schon philosophisch nachgedacht haben, etwa über die Ideen der Freiheit, der Bedingtheit und des Verstehens. Die Botschaft lautet dann: »Auch wenn ihr euch bisher darüber nicht gewundert habt: Ihr *solltet* euch darüber wundern!« Ist das Problem also ein *künstliches*? Sind Philosophen Leute, die Schwierigkeiten sehen, wo andere zu Recht keine sehen? Leute, die Probleme *erzeugen*, um etwas zu haben, womit sie sich beschäftigen können?

Es ist in der Tat so, daß unser Problem, wie ich es im Prolog entwickelt habe, in gewissem Sinne ein erzeugtes Problem ist. Aber nicht im Sinne willkürlicher Spielerei. Und ›erzeugen‹ ist am Ende auch nicht das richtige Wort. Das Problem wurde *sichtbar gemacht*, indem Gedankenlinien ausgezogen wurden, die in praktischen Zusammenhängen im Verborgenen bleiben. Die resultierende Verwirrung dann ist etwas *Hervorgebrachtes* und also *Neues*. Doch das macht sie nicht zu etwas Künstlichem. Sie ist nicht überraschend wie ein kunstvoll geschmiedetes Rätsel. Die Überraschung ist vielmehr die, daß wir uns in unserer Erfahrung, wenn wir einen Schritt zurücktreten und sie insgesamt betrachten, nicht so gut auskennen, wie wir geglaubt hatten. Das gibt dem sichtbar gewordenen Problem etwas *Zwingendes*: Wir spüren das Bedürfnis, ihm auf den Grund zu gehen, denn wir möchten, wenn es um so viel geht wie bei der Freiheit, nicht im dunkeln tappen.

Es ist also nicht falsch, wenn jemand sagt: »Die Probleme, mit denen sich die Philosophen beschäftigen, sind solche, die sie selbst geschaffen haben.« Denn es ist in der Tat eine philosophische Beschäftigung, diejenigen Gedankenlinien auszuziehen, die in praktischen Zusammenhängen unter der Oberfläche bleiben. Falsch aber wäre es, wenn die Diagnose im Ton der Häme und Geringschätzung geäußert würde. Der Prozeß, in dem wir zunächst entdecken, daß uns grundlegende Dinge an unserer Erfahrung unklar sind, um dann Klarheit und besseres Verständnis zu suchen, ist nichts, das als gering einzuschätzen wäre. Er verleiht der Erfahrung eine Artikuliertheit, die sie vorher nicht besaß. Das hat damit zu tun, daß der gedankliche Druck, den das Problem entstehen läßt, uns dazu bringt, Zusammenhänge zwischen Elementen der Erfahrung aufzudecken, die sonst im Verborgenen blieben. Die Sichtweise, nach der die Freiheit des Willens in seiner Aneignung besteht, ist ein Beispiel: Wenn wir sie uns zu eigen machen, fügen sich Dinge zu einem Muster zusammen, zwischen denen wir sonst, wenn überhaupt, nur einen sehr lockeren Zusammenhang sehen: das Verstehen und Bewerten eines Willens, seine Selbständigkeit und ihr Beitrag zu geglückter Zeiterfahrung, der Zusammenhang zwischen Freiheit, Leidenschaft und Kitsch. In diesem Sinne kann das Aufwerfen und Lösen eines philosophischen Problems *produktiv* sein. Und es ist nicht nur theoretische Einsicht, die auf diese Weise entsteht. Im Falle der Freiheit geben das Gewahrwerden einer gedanklichen Verwirrung und ihre Auflösung auch dem Handeln und der moralischen Sicht der Dinge zusätzliche Tiefe.

Quellen

In dem Maße, in dem die Geschichte dieses Buches eine eigene gedankliche Dynamik entwickelte, geriet vieles von dem, was ich gelesen hatte, in den Hintergrund oder ganz in Vergessenheit. Die Quellen, von denen ich im folgenden spreche, sind Texte, die mich bis zuletzt begleitet haben und ohne die ich die Geschichte nicht hätte erzählen können.

Prolog

Die Idee von Bedingungen und Bedingtheit, die ich hier und durch das ganze Buch hindurch in Anspruch nehme, scheint mir eine intuitiv hinreichend klare Idee zu sein. Es ist natürlich die Idee der *empirischen* und nicht der logischen Bedingtheit. Sie eignet sich, um die Idee der *Verursachung* oder *Kausalität* zu erläutern. Das ist der Grund, warum ich an einigen Stellen des Buches, wenn von Bedingtheit die Rede ist, umstandslos das Wort *kausal* benutze. Die Auskunft, daß diese Idee von Bedingtheit mit der Idee des (Natur)gesetzes verknüpft ist, ist etwas, das von den meisten Autoren akzeptiert wird. Freilich stellt sich das ganze Thema, wenn man es näher beleuchtet, als äußerst vertrackt heraus und verlangt eine komplizierte technische Diskussion. Die beiden Bücher, die mir beim Verständnis dieser Diskussion am meisten geholfen haben, sind: J. L. Mackie, *The Cement of the Universe*, Oxford: Clarendon 1980, und E. Sosa (ed.), *Causation and Conditionals*, Oxford: Oxford University Press 1975. Bei der Entscheidung, nicht auf die Details einzugehen, haben mich zwei Gründe geleitet: Zum einen hätte eine technische Diskussion nicht zu der Form, die das Buch insgesamt hat, gepaßt; zum anderen glaube ich nicht, daß Details am zentralen Gedankengang etwas ändern würden.

Auch der Gedanke, daß es ein Verstehen gibt, das im Finden

und Benennen von notwendigen und hinreichenden Bedingungen für ein Phänomen besteht, scheint mir für die Zwecke des Buchs intuitiv klar genug zu sein. Auf eine Sache jedoch will ich aufmerksam machen: Wenn es um Handlungen und den Willen geht, haben die fraglichen Bedingungen – anders als bei Naturphänomenen – mit dem *Gehalt* der Phänomene zu tun. Um diesen Punkt zu vertiefen, müßte man zentrale und komplizierte Fragen aus der Philosophie des Geistes aufnehmen: Wodurch bekommen Wünsche ihren Gehalt? Wie verhalten sich die inhaltlichen Beziehungen zwischen Wünschen zu den kausalen Beziehungen, in denen sie als natürliche Phänomene stehen? Wie verhalten sich die Ideen der *Ursache* und des *Grundes* zueinander? Und ähnliche Fragen würden sich zum Zusammenhang von Überlegen und Wünschen stellen. Über all diese Dinge sowie über das Leib-Seele-Problem insgesamt gehe ich in dem Buch hinweg und vertraue darauf, daß die erzählte Geschichte trotz der theoretischen Untiefen aus sich selbst heraus verständlich und überzeugend ist. Wer das Bedürfnis hat, hier hinter die Kulissen zu blicken, liest am besten das Buch von Ansgar Beckermann, *Analytische Einführung in die Philosophie des Geistes*, Berlin: de Gruyter 1999.

Das (von mir übersetzte) Zitat von d'Holbach stammt aus: Paul-Henry Th. D'Holbach, *Système de la Nature*, 1770, Chapitre XI: *Du système de la liberté de l'homme.*

Was den intuitiven Konflikt zwischen der äußeren und der inneren Perspektive auf unser Tun und Wollen betrifft, habe ich am meisten gelernt von Thomas Nagel, *The View from Nowhere*, Oxford: Oxford University Press 1986, ch. VII (deutsch: *Der Blick von nirgendwo*, Suhrkamp, stw, 1992). Nagel hält die beiden Perspektiven für unversöhnlich. Das hängt mit folgender Intuition über Freiheit zusammen: »… to be really free we would have to act from a standpoint completely outside ourselves, choosing everything about ourselves, including all our principles of choice – creating ourselves from nothing, so to speak« (118). Das ist die Idee von unbedingter Freiheit, die ich im zweiten Teil des Buches kritisiere.

Den Gedanken, daß es zwar eine Lösung für das Problem *gibt*, daß wir sie aber wegen unserer kognitiven Begrenztheit nicht *finden* können, hat Colin McGinn entwickelt in *Problems in Philosophy*, Oxford: Blackwell 1993: ch. 5.

Kapitel 1 und 2

Was ich zu Beginn des ersten Kapitels als *Verfremdung* von Wörtern beschreibe, die der Auftakt für eine begriffliche Analyse ist, findet man – nach meinem Verständnis – in vielen Dialogen Platons. Der wichtigste Text dazu aus neuerer Zeit ist Ludwig Wittgenstein, *Philosophische Untersuchungen*, Frankfurt: Suhrkamp 1960.

Die hier entwickelte Idee einer Handlung hat viel mit der Idee zu tun, die Harry G. Frankfurt entwickelt in *The Importance of what we care about*, Cambridge: Cambridge University Press 1988: ch. 6. Das gilt besonders für die Beobachtung, daß eine Handlung eine von innen geführte Bewegung ist. Frankfurt ist der Meinung, daß es nicht zur Natur einer Handlung gehört, daß sie auf bestimmte Weise verursacht – bedingt – ist. Ich sehe indessen keinen Grund, warum sich die beiden Gesichtspunkte ausschließen sollten. Im Gegenteil: Nur wenn man sie – wie es im Text geschieht – verbindet, erhält man einen Begriff des Tuns, der reich und genau genug ist.

Auch was die Idee des Willens angeht, schließe ich mich Frankfurt an (ch. 2), wenn ich sage, daß ein Wille ein handlungswirksamer Wunsch ist. Was darüber hinausgeht, sind eigene Überlegungen. Beim Nachdenken über die sprachlichen Fakten hat mir das Buch von Gottfried Seebass geholfen: *Wollen*, Frankfurt: Klostermann 1993.

Die Erläuterung von Handlungsfreiheit, die ich gebe, findet sich bei vielen Autoren, ist also in keiner Weise neu. Wenn etwas neu ist, dann die Art, wie diese Erläuterung mit dem Thema der Bestimmtheit des Willens verknüpft wird.

Kapitel 3

Das oben zitierte Buch von Harry G. Frankfurt ist für mich in mancher Hinsicht das überhaupt wichtigste Buch gewesen. Auch wenn ich seine Ideen selten übernehme, ohne sie zu verwandeln, sind sie doch beim Schreiben stets gegenwärtig gewesen. So war es auch bei diesem Kapitel. Im 12. Kapitel findet sich die folgende Stelle: »It is difficult to articulate what the act of deciding consists in – to make fully clear just what we do when we perform it. But while the nature of deciding is aggravatingly elusive, at least it is apparent that making a decision is something that we do *to ourselves*« (172). Wenn man so will, ist das, was in meinem Text geschieht, der Versuch, diese Beobachtung so weit zu entfalten wie möglich. Offensichtlich ist das, wenn ich davon spreche, daß man mit substantiellen Entscheidungen etwas »*mit sich* und *für sich*« macht. Doch auch sonst knüpft meine Analyse von substantiellen Entscheidungen an Frankfurts Ideen an, vor allem an die Überlegungen in den Kapiteln 5 und 12 seines Buches. Dasselbe gilt für das Thema des inneren Abstands, den man zu seinen Wünschen aufbauen kann. Es ist Frankfurts bleibendes Verdienst, dieses Thema ins Zentrum einer Diskussion der Willensfreiheit gerückt zu haben. Ursprünglich geschah das mit dem Text *Freedom of the will and the concept of a person*, der nun das 2. Kapitel des Buches ausmacht (deutsch in: P. Bieri (Hrsg.), *Analytische Philosophie des Geistes*, Beltz Athenäum 1997).

Als mir bewußt wurde, daß es ein Paradox des widerwilligen Tuns gibt, suchte ich nach Literatur und war verblüfft, keine zu finden.

Was die Offenheit der Zukunft betrifft, war mir besonders ein Text von Max Planck hilfreich: *Vom Wesen der Willensfreiheit*, in: Vorträge und Erinnerungen, Darmstadt 1975, wiederabgedruckt in: U. Pothast (Hrsg.), *Seminar: Freies Handeln und Determinismus*, Suhrkamp, stw, 1978.

Die Art, wie ich unbekümmert vom Überlegen und seinem Einfluß auf den Willen rede, geht über manche Subtilität hinweg, die in der Literatur besprochen wird. Mein Eindruck ist, daß die Vergröberung dem entscheidenden sachlichen Punkt, um den es mir geht, nicht schadet. Einen Einblick in die Verästelungen des Themas gibt das von Stefan Gosepath herausgegebene Buch: *Motive, Gründe, Zwecke*, Frankfurt: Fischer 1999.

Kapitel 4 und 5

In diesen Kapiteln habe ich mich fast ausschließlich der phänomenologischen Phantasie überlassen. Es ging um das, was ich im ersten Intermezzo beschreibe: die Artikulation von Differenzierungen des Erlebens, wie man sie in der inneren Wahrnehmung findet.

Die Figur des Getriebenen ist ursprünglich inspiriert durch Frankfurts Figur des *wanton* im 2. Kapitel seines Buches. Aber es ist nicht dieselbe Figur; sie ist radikaler als bei Frankfurt. »I shall use the term ›wanton‹«, schreibt er, »to refer to agents who have first-order desires but who are not persons because, whether or not they have desires of the second order, they have no second-order volitions« (16). Ein *wanton* kann sich also durchaus wünschend auf seine Wünsche beziehen, er besitzt diesen inneren Abstand. Was er nicht ausbilden kann, sind Wünsche des Inhalts, daß bestimmte seiner Wünsche zu seinem Willen werden (das wären »second-order volitions«). Der Getriebene dagegen kann von vornherein keine Wünsche zweiter Stufe ausbilden, weil ihm jeglicher innere Abstand fehlt.

Aus dem Thema der Willensschwäche, das ich nur kurz streife, kann man mehr machen, und es gibt Analysen, die das Phänomen ganz anders beschreiben oder als eigenständiges Phänomen leugnen. Wichtig dafür: J. Elster (ed.), *The Multiple Self*, Cambridge: Cambridge University Press 1986; A. Mele, *Irrationality*, Oxford: Oxford University Press 1987; T. Spitzley, *Handeln wider besseres Wissen*, Berlin: de Gruyter 1992; U. Wolf, *Zum Problem der Willensschwäche*, in: Gosepath, *Motive, Gründe, Zwecke*, op. cit.

Was ich über den Zusammenhang von Unfreiheit und verzerrtem Zeiterleben sage, ist der Versuch, Dinge auf den Begriff zu bringen, die mich literarisch beschäftigt haben. Wann immer sich die Zeiterfahrung meiner Romanfiguren quälend verformte, stellte sich heraus, daß sie in ihrem Willen auf pointierte Weise unfrei waren. Hier nun hatte ich die Gelegenheit, dieser Beobachtung auf mehr theoretische Weise nachzugehen. Hin und wieder frage ich mich, *warum* es diesen Zusammenhang gibt. Aber ich bin nicht sicher, daß das eine gute Frage ist, denn eigentlich weiß ich nicht, was ›warum‹ hier heißt.

Erstes Intermezzo

Das Verständnis von Philosophie, das hier skizziert wird, deckt sich weitgehend mit der Konzeption, die Peter F. Strawson entwickelt hat und die er *deskriptive Metaphysik* nennt. Die Konzeption geht auf Kants Vorhaben zurück, die Bedingungen der Möglichkeit aller Erfahrung aufzudecken, läßt aber sowohl Kants Psychologie der Erkenntnis als auch seine besondere Form des Idealismus beiseite. Wie die Konzeption bei Strawson im einzelnen aussieht, kann man aus den folgenden beiden Büchern ersehen: *Individuals*, London: Methuen 1959 (deutsch: *Einzelding und logisches Subjekt*, Stuttgart: Reclam 1972); *The Bounds of Sense*, London: Methuen 1966 (deutsch: *Die Grenzen des Sinns*, Beltz Athenäum 1992).

Ich lese Frankfurts Untersuchungen als Studien zu einer deskriptiven Metaphysik von Personen, die etwas aus Freiheit tun und wollen.

In meinem Bild von der philosophischen Methode gibt es etwas, das bei Strawson kein Gegenstück hat: den Gedanken, daß es auch um die Artikulation von innerer Wahrnehmung geht, und daß diese Artikulation eine erzählerische Seite hat. Ich will nicht verschweigen, daß dieser Gedanke problematischer ist, als er sich zunächst anhört. Die hauptsächliche Schwierigkeit wird deutlich, wenn man sich fragt: Wie kann die innere Wahrnehmung, die vor aller begrifflichen Artikulation liegen soll, ein *Prüfstein* für eine solche Artikulation sein? Anders ausgedrückt: Wie kann etwas, das in sich nicht begrifflich verfaßt ist, darüber entscheiden, ob eine begriffliche Artikulation *richtig* ist? Ich habe keine gute Antwort auf diese Frage. Auf der anderen Seite scheint es mir *offensichtlich*, daß die innere Wahrnehmung von Erlebnisformen etwas ist, das uns beim Thema der Willensfreiheit *leitet*. Wie sonst sollten wir wissen können, ob ein Vorschlag die Sache *trifft*? Wie sonst läßt es sich erklären, daß wir uns in einigen Beschreibungen *wiedererkennen* und in anderen nicht?

Kapitel 6

Der Autor, der die Metapher vom unbewegten Beweger eingesetzt hat, um Freiheit zu erläutern, ist Roderick M. Chisholm in *Human Freedom and the Self*, in: Gary Watson (ed.), *Free Will*, Oxford: Oxford University Press 1982. »At times«, schreibt Chisholm, »the agent, if he chooses, may rise above his desires and do something else instead« (33). Das ist letztlich die Idee des unbedingt freien Willens.

Ein Buch, das rigoros für die Unverträglichkeit von Freiheit und Bedingtheit argumentiert, ist Peter van Inwagen, *An Essay on Free Will*, Oxford: Clarendon Press 1983. Ein Teil meines Texts im zweiten Teil des Buches ist eine implizite Auseinandersetzung mit van Inwagens Argumenten.

Für dieses Kapitel, das den Gegner so stark zu machen versucht wie möglich, habe ich am meisten von den Seminaren profitiert, die ich über das Thema abgehalten habe. Über die Macht und Hartnäckigkeit der Intuitionen, die hinter der Idee der unbedingten Freiheit stehen, habe ich dort viel mehr gelernt als aus der gesamten Literatur.

Was in diesem und den beiden folgenden Kapiteln fehlt, ist eine Auseinandersetzung mit Jean-Paul Sartres Theorie der Freiheit in *L'être et le néant* (Paris: Gallimard 1943; deutsch: *Das Sein und das Nichts*, Hamburg: Rowohlt 1997). Man kann ihr nicht gerecht werden, ohne sich auf große Stücke der ganz besonderen Ontologie einzulassen, die im Hintergrund steht, und das hätte den Rahmen des Buches gesprengt. Wenn ich es in einem Satz sagen müßte: Ich glaube, daß Sartre vor allem das Phänomen des inneren Fluchtpunkts mißversteht.

Kapitel 7 und 8

Diese beiden Kapitel haben ihren Ursprung in der Lektüre des Buches von Daniel C. Dennett: *Elbow Room*, Cambridge, Mass.: MIT Press 1984 (deutsch: *Ellenbogenfreiheit*, Beltz Athenäum 1994). Im ersten Kapitel entwickelt Dennett den Gedanken, daß das traditionelle Problem der Willensfreiheit (also das Problem, wie es in meinem Prolog beschrieben wird) auf Mißverständnissen und falschen Dramatisierungen der Bedingtheit beruht und daß es darauf ankommt, diese Dinge aufzudecken. Ich war wie elektrisiert, als ich das las. Freilich war ich dann auch enttäuscht: Die Diagnosen kamen mir viel zu arm und kurzatmig vor. Man könnte sagen: Dennett ist, wenn es um die Beschreibung der inneren Erfahrung geht, nicht geduldig genug. Das hole ich nach.

Der Abschnitt über die verführerische Sprache der Ohnmacht und des Zwangs ist natürlich inspiriert durch Wittgensteins Leitidee, daß philosophische Probleme entstehen, wenn wir uns von der Sprache verhexen lassen.

In dem Abschnitt über moderate Unbedingtheit reagiere ich auf einen Einwand, der mir in Seminaren oft gemacht wurde. Im besonderen hatte ich einen Text von Christian Wirrwitz über disjunktive Entscheidungsprozesse vor Augen.

Das Phänomen, daß sich Gedanken, Phantasiebilder und der Wille auf ihren Gegenstand hin überschreiten, ist das, was man in der Philosophie des Geistes ihre *Intentionalität* nennt.

Was ich über farblose und gläserne Freiheit sage, ist etwas, das ich in dieser Zuspitzung in der Literatur nicht gefunden habe. Es ist mir besonders wichtig, denn ich bin überzeugt: Wenn die Freiheit des Willens nicht von der besprochenen Innerlichkeit und Intimität umgeben wäre, hätte der Gedanke der Unbedingtheit nicht die Anziehungskraft entwickeln können, die ihm anhaftet. Die Themen der Urheberschaft und der Spontaneität des Wollens sähen dann genau so harmlos aus, wie sie in Wirklichkeit sind. Und auch die Gefahr, daß man, ohne es zu merken, einen heimlichen Homunculus einschmuggelt, wäre – so scheint mir – geringer.

Das Gespräch mit dem Fatalisten ist die verdichtete Fassung vieler Gespräche, die ich mit Studierenden geführt habe. Sie haben mich sehen gelehrt, daß man mit der fatalistischen Klage erst fertig ist, wenn man gezeigt hat: Sie ist in sich nicht stimmig, weil es keinen Standpunkt gibt, von dem aus man sie vortragen könnte.

Kapitel 9

Für die Konstruktion des Dialogs zwischen Raskolnikov und dem Richter hat mir am meisten das Buch von R. Jay Wallace geholfen: *Responsibility and the Moral Sentiments*, Cambridge, Mass.: Harvard University Press 1996. Vor allem die folgenden Dinge sind es, die ich übernommen habe: die Lesart des ganzen Problems, nach der es ein Problem der Fairneß ist; die Betonung von Erwartungen in der Analyse moralischer Empfindungen; die Analyse moralischer Entschuldigungen; der Hinweis, daß die These der Unverträglichkeit von Bedingtheit des Willens und Verantwortung damit zu tun hat, daß, was von *besonderen* Arten der Bedingtheit gilt, auf Bedingtheit *überhaupt* übertragen wird, und daß dies ein Fehlschluß ist. Wallace ist der Ansicht, daß der Vorwurf der Unfairneß allein durch eine Analyse moralischer Entschuldigungen und die Entlarvung dieses Fehlschlusses zurückgewiesen werden kann. Das halte ich für eine falsche Einschätzung: Damit allein wird man mit Raskolnikovs Vorwurf nicht fertig. Vor allem reicht es nicht, wenn man sagt: Nun, unsere Praxis der Zuschreibung von Verantwortung orientiert sich nur am Vorliegen der *Fähigkeit* zu moralischer Überlegung; die Tatsache, daß eine Vorgeschichte festlegt, ob sie zu einem bestimmten Zeitpunkt auch *ausgeübt* werden kann, interessiert uns nicht. Indem ich Raskolnikovs Position stark mache, argumentiere ich also gegen Wallace.

Zu dem Buch von Wallace kam als wichtige Quelle dazu der Aufsatz von Peter F. Strawson, *Freedom and Resentment*, Proceedings of the British Academy 48 (1962), wieder in: Gary Watson (ed.), *Free Will*, op. cit. (deutsch: *Freiheit und Übelnehmen*, in: U. Pothast, *Seminar: Freies Handeln und Determinismus*, op. cit.). Strawson argumentiert, daß wir einfach nicht anders wollen und nicht anders können, als anderen gegenüber die typischen Einstellungen einzunehmen, die der Zuschreibung von Verantwortung zugrunde liegen. Die Frage der Fairneß diskutiert er nicht, und deshalb glaube ich – wie mein Text zeigt –, daß seine Auskunft zu kurz greift. Die letzten Sätze des Richters freilich kommen dann wieder auf Strawson zurück.

In einer früheren Fassung des Kapitels brach der Dialog dort ab, wo der Richter Raskolnikov zeigt, daß er keinen Anspruch auf Fairneß hat. Es ist Mario Brandhorst gewesen, der mir gezeigt hat, daß die Sache komplizierter ist: daß Raskolnikov das Recht hat, das Tun des Richters an dessen eigenem Maßstab zu messen; daß man etwas zu der Frage sagen muß, inwiefern diejenigen, die den moralischen Standpunkt gegen seine Feinde verteidigen, in ihrer Ächtung fair sind; und daß Raskolnikov die Möglichkeit hat, das Prinzip des moralischen Standpunkts und die Idee objektiver moralischer Gründe in ihrer Verständlichkeit anzuzweifeln.

Was dieses letzte Thema anlangt – die »tiefsten Gewässer der Moralphilosophie«, von denen ich spreche –, finde ich zwei Aufsätze von Bernard Williams besonders lehrreich: *Internal and external reasons*, in: R. Harrison (ed.), *Rational Action*, Cambridge: Cambridge University Press 1997, wieder in: Williams, *Moral Luck*, Cambridge: Cambridge University Press 1981 (deutsch in: S. Gosepath (Hrsg.), *Motive, Gründe, Zwecke*); sowie *Internal Reasons and the Obscurity of Blame*, in: *Making Sense of Humanity*, Cambridge: Cambridge University Press 1995. Ein wichtiger Text für die Idee objektiver moralischer Gründe ist Thomas Nagel, *The Possibility of Altruism*, Princeton: Princeton University Press 1970 (deutsch: *Die Möglichkeit des Altruismus*, Frankfurt/M.: Philo Verlagsgesellschaft 1998).

Ergibt es einen Sinn, für den moralischen Standpunkt insgesamt die Frage der Fairneß aufzuwerfen? Hier habe ich lange geschwankt. Was ich den Richter schließlich sagen lasse, geht auf einen Vorschlag von Jörg Hardy zurück, der zu diesem Kapitel auch sonst viele wichtige Beobachtungen beigesteuert hat.

Zweites Intermezzo

Was ich hier schreibe, entwickelt Dinge, die ich von Wilfrid Sellars und seinem Schüler Jay F. Rosenberg gelernt habe. Für Sellars war es so selbstverständlich, daß Philosophie die diagnostische Auseinandersetzung mit tatsächlichen und potentiellen Irrtümern ist, daß er gar nicht anders *konnte*, als seine eigenen Ideen im Medium von Rollenprosa zu entwickeln. Am besten zeigen das die Texte in seinem Buch: *Science, Perception and Reality*, London: Routledge & Kegan Paul 1963. Lange Zeit brachten mich Sellars' Texte zur Verzweiflung: Warum sagt er nicht einfach, was er meint! Auch meine Studenten reagierten so: Sie blieben weg, wenn es um Sellars ging. Zurück kamen sie erst, als ich ihnen – und mir selbst – den *Clou* von Sellars' Umwegigkeit erklärt hatte.

Vieles von dem, worum es dabei geht, hat Rosenberg mit unnachahmlicher Klarheit beschrieben in *The Practice of Philosophy*, Englewood Cliffs, NJ: Prentice Hall 1984 (deutsch: *Philosophieren*, Frankfurt: Klostermann 1986). Seine Besprechung von Beispielen illustriert die Idee der philosophischen Genauigkeit.

Vor allem zwei Autoren haben bei meiner Idee des angeeigneten Willens Pate gestanden: Sigmund Freud und – einmal mehr – Harry Frankfurt. Die Anknüpfung freilich ist eher locker als strikt. Frankfurt schreibt: »… the statement that a person enjoys freedom of the will means that he is free to want what he wants to want. More precisely, it means that he is free to will what he wants to will, or to have the will he wants … It is in securing the conformity of his will to his second-order volitions, then, that a person exercises freedom of the will« (*Freedom of the will and the concept of a person:* 20). Willensfreiheit ist nach Frankfurt also die Erfüllung eines Wunsches zweiter Ordnung des Inhalts, daß ein bestimmter Wunsch erster Stufe zum Willen werden möge. Anders ausgedrückt: Der freie ist der gewollte Wille. In meinem Text wird daraus der Gedanke, daß es zur Freiheit des Willens gehört, daß es ein Wille ist, der zum Selbstbild paßt, also gutgeheißen wird. Beide Fassungen des Gedankens werfen Fragen auf, die dieser Ansatz nicht aus sich selbst heraus zu beantworten vermag. Frankfurt räumt das ein: »… the assignment of desires to different hierarchical levels does not by itself provide an explanation of what it is for someone to be *identified* with one of his own desires rather than with another« (Kapitel 12: 166). Die einzige Auskunft, die er schließlich hat, ist, daß bei der Identifikation eine besondere Art von *Entschiedenheit* im Spiel ist. Es ist an dieser Stelle, daß ich seinen Ansatz um die Idee des verstandenen Willens erweitere.

Und hier – ebenso wie beim Gedanken der Artikulation des Willens – kommt Freud ins Spiel. Nicht seine Instanzenlehre und auch nicht andere Einzelheiten der Psychoanalyse. Was ich mache, ist einfach dieses: Ich lege mir in eigenen Worten seinen Grundgedanken zurecht, daß wir unsere innere Freiheit vergrößern können, indem wir das Verständnis der Innenwelt erweitern, sowohl was ihre innere Logik als auch was ihre Entstehung betrifft. »Wo Es war, soll Ich werden« – das berühmte Diktum trifft in mancher Hinsicht die Richtung, in die meine Rede von der Aneignung weist. Auch manches, was ich – über das ganze Buch verstreut – über die Rolle und Macht der Phantasie sage, ist den Ideen Freuds verpflichtet. Die Beispiele sind durchweg meine eigenen. Aber ich habe das vage Gefühl, daß sie mir nicht in den Sinn gekommen wären, hätte ich nicht das Buch von Fritz Riemann gelesen: *Grundformen der Angst*, München/Basel: Ernst Reinhardt 1993. *The Thread of Life* von Richard Wollheim (Cambridge: Cambridge University Press 1984) ist ein anderes Buch, das Spuren hinterlassen hat, und beim Thema des erzählten Willens hatte ich das Buch von Dieter Thomä im Kopf: *Erzähle dich selbst*, München: C. H. Beck 1998.

»Ist das nicht eigentlich *Psychologie*?« Diese Frage habe ich mehrfach gehört, wenn ich die Idee des angeeigneten Willens irgendwo vortrug. Meine Antwort: »Irgendwie schon, denn es geht ja um uns und unsere Selbsterfahrung. Aber es ist sehr *abstrakte* Psychologie, weil von keinen empirischen Einzelheiten, sondern nur von den Grundkategorien des Selbstverständnisses die Rede ist. Und insofern ist es dann wiederum Philosophie – nämlich deskriptive Metaphysik des Personseins.«

Was ich im letzten Kapitel über die Selbständigkeit des Willens sage, schließt an einen früher veröffentlichten Text an: *Cosa accadrebbe se fossimo liberi?*, in: Quaderni Interdisciplinari 2, Cosenza: Pellegrini Editore 2000. Geholfen hat mir dabei die Anthologie von John Christman (ed.), *The Inner Citadel*, Oxford: Oxford University Press 1989.

Was schließlich die Bemerkungen über leidenschaftliche Freiheit angeht, so gehen sie auf zwei Texte von Frankfurt zurück: *On the Usefulness of Final Ends* und *Autonomy, Necessity, and Love*, beide in: *Necessity, Volition, and Love*, Cambridge: Cambridge University Press 1999.

Die Anmerkungen zu Willenskitsch und Eigensinn gehen – zum Guten oder Schlechten – ganz allein auf mein Konto.

Pierre Hadot
Philosophie als Lebensform
Antike und moderne Exerzitien der Weisheit

Band 15517

Pierre Hadot hat mit seinen Büchern und Studien das moderne Bild der antiken Philosophie nachhaltig geprägt. Im Zentrum seines Interesses steht die wieder zu gewinnende Aufmerksamkeit für die existenzformende Funktion philosophischer Lehren und Exerzitien.

»Ich habe erkannt, dass die Philosophie nicht nur eine bestimmte Art ist, die Welt zu sehen, sondern eine Art zu leben, und dass alle theoretischen Diskurse nichts sind im Vergleich mit dem konkreten gelebten philosophischen Leben.« Pierre Hadot

Fischer Taschenbuch Verlag